赵静 ◎ 著

区域视角

川西康区的语言认同与语言教育

团结出版社

UNITY PRESS

图书在版编目（CIP）数据

区域视角：川西康区的语言认同与语言教育／赵静
著. -- 北京：团结出版社，2023.11
ISBN 978-7-5234-0521-5

Ⅰ.①区… Ⅱ.①赵… Ⅲ.①汉语-少数民族教育-
研究-四川 Ⅳ.①H19

中国国家版本馆 CIP 数据核字（2023）第 208972 号

出　　版：团结出版社
　　　　　（北京市东城区东皇城根南街 84 号　邮编：100006）
电　　话：（010）65228880　65244790
网　　址：www.tjpress.com
E － mail：65244790@163.com
经　　销：全国新华书店
印　　刷：四川科德彩色数码科技有限公司

开　　本：170mm×240mm　1/16
印　　张：29.5
字　　数：417 千字
版　　次：2023 年 11 月第 1 版
印　　次：2023 年 11 月第 1 次印刷

书　　号：ISBN 978-7-5234-0521-5
定　　价：80.00 元

本书为教育部人文社会科学研究规划基金项目

"川西康区的语言认同与语言教育研究"

（项目编号：17XJA740003）的研究成果

前　言

关于"区域研究"中的"区域"概念，日本学者立本成文认为："当然不是国家的框架就能成为区域，区域是拥有区域性、固有性的相对而言被划分的空间单位。"在社会学及人类学学科中"区域研究"实质上指的是"区域共同体研究"，这里的"共同体"可以小至村落、乡镇，也可大到地方及国家。但都必须是共同生活在某个特定的地域，形成共通的风俗习惯、传统、语言、文化等。

康区指藏语康巴方言地区，它既是藏语三大方言区之一，也是青藏高原一个独特的人文地理单元。该地区是著名的横断山脉地区，也是藏彝走廊和汉藏民族走廊的核心区。康区在地理上是一个十分重要的连接带与过渡地带，在东西方向上，它是青藏高原向川西平原的一个过渡地带；在南北方向上，它则处于青藏高原向云贵高原的连接地带。康区也是藏、汉民族及藏族与西南地区众多民族交汇与连接的地带，是汉藏民族与汉藏文化深度交融的地区。《史记》在描述川西高原地区人群时，称"或土著，或移徙"。藏学家石硕先生认为康区在我国民族格局中具有典型性和示范意义。因此，康区其"区域性"特征是非常鲜明和富有特色的。

目前对这一区域的人类学、民族学，包括语言学的研究都已经取得了非常丰富的成果。比如语言学家孙宏开先生的"川西民族走廊地区的语言"，日本学者池田巧的"西南中国'川西民族走廊'地域的语言分布"等都为川西康区区域基础语言文化层的分析提供了强大的支撑。基于田野调查的少数民族语言使用状况的研究成果，如戴庆厦先生主编的《新时期中国少数民族语言使用情况研究丛书》已由商务印书馆出版了十几种，这些著作一般以具体的某个少数民族的语言生活为对象，对其语言使用状况、语言活力、语言态度等进行全面调查研究。可以发现，目前语言学的研究主要还是针对单一民族的单一语言进行描写和研究，还不能反映区域边缘、民族交界地带、语言接触地带、语言边界地带的更为复杂的语言状况。而康区最重要的特点就是多民族多语言的接触交融，因此对这些民族交界地带的语言研究很有必要。

区域研究推崇田野调查、专题考察，重视田野调查和实地生活体验。但目前没有相关的理论或方法论文章系统阐述在当今中国语境下区域研究到底应该用什么样的研究范式，特别是如何开展扎实的、系统的、深度的区域语言调查研究？早在抗日战争期间，罗常培等语言学家就对我国西南少数民族地区的语言文字进行过田野调查，认为"语言学的研究万不能抱残守缺地局限在语言本身的资料以内，必须要扩大研究范围，让语言现象跟其他社会现象和意识联系起来，才能格外发挥语言的功能，阐扬语言学的原理。"周庆生先生的《语言生活与语言政策》一书提供了研究少数民族语言生活的一种方法，就是对少数民族语言生活中的特定领域或某个方面进行剖面式研究，即针对语言生活的具体领域进行专题式研究。这也为我们的研究提供了一种思路。因为前期研究时我们注意到，康区在长期的历史发展中，由于民族之间的频繁接触交往，甚至出现了相互毗邻的不同民族之间的共同性远大于同一民族内部的共同性，区域性语言文化认同超越本民族语言文化认同的情形。因此，我们选择了对康区不同民族和族群的边界地带的语言认同状况进行专题式研究。这也是本书研究的起点，即从特定区域出发，来分析语言与民族以及族群认同之间的共生关系。

田野调查作为一种方法，首先在社会科学领域中被提出并得到运用，与人类学、社会学的关系尤为密切。那么，如何开展社会语言学的田野调查？关于语言学本体研究的田野调查，"语保"工程已经提供了非常明确的、详尽的田野调查规范和语言记录规则。但关于社会语言学的田野调查，特别是语言认同的田野调查还没有系统的方法论。我们第一阶段的田野调查主要是入户做问卷调查、乡镇相关负责人的访谈、村民座谈等。在选择田野调查点时，采用了点面结合和分层的方法，以川西康区的语言生活作为"面"，以几个田野点的调查作为"点"。对当地民族语言使用和语言认同状况进行分层考察。在"点"的选择上，重点关注民族和语言边界地带、语言嵌套融合分布地区。分别选取了母语强势双（多）语型地区、母语与汉语均衡型地区、母语强势型向汉语强势型过渡型地区、汉语强势双（多）语型地区、语言转用型地区等典型个案进行深入调查分析。

　　川西康区道路崎岖险峻，加之高寒缺氧，气候也变化无常，因对高原反应、泥石流、地震等缺乏充分认识和准备，需随时调整田野调查方案。加之一些偏远地方还未通公路，工作难度和强度极大。来自康巴之外的学者进行长时间田野调查异常艰难。而且当地历史文献保存较少，一般地方志都是在市县这两级层面，深入到乡村一级的文献记录都是寥寥数语。历史上形成的藏族、彝族等民族文字文献，由于年代久远，加之语言障碍使用不易。在这些语群中，除了汉语、藏语和彝语有文字外，其他民族支系语言（地脚话）均无文字。因此，实地调查不仅工作量巨大，而且其后的补充调查成本很高。在第一阶段的田野调查过程中，我们发现，由于调查点居民识读汉字和民族文字的能力低，特别是一些支系民族中的中老年人完全不懂汉语或者藏语、康方言，因此无法开展大规模线上调查或者纸质问卷调查。问卷调查只能采取一对一口头问答的方式，完成一份问卷可能需要 30 分钟以上。一些地方和人群需要既懂母语又懂当地通用语的翻译人员。第二阶段的田野调查工作重点，主要是补充调查、实地考察。在进村进行问卷调查的同时，也考察当地寺庙等重要公共空间，此外还参与观察了一些村落、家庭仪式、婚礼仪式等。进行入户调查，需要取得村民的信任。与当地人建立良好的关系，对于田野调查的顺利推进非常重要。

　　本研究的田野调查工作陆续开展了 3 年半，组建了多个田野调查队伍。参与田野调查工作和调查问卷数据整理工作的同学主要有：蒲娜、门学坤、何玉馨、汪晓意、周云飞、陶雁茹、曹梦媛、邓玉娥、潘禹妃、杨津金、张若男、叶锦怡、刘玉玲、周睿琪、曾蕙心、李瑞雪、彭剑等，参与文献资料搜集整理工作的同学有：杨津金、刘丹、王蓉等。部分研究成果已通过硕士学位论文发表。本书正文部分"普沙绒乡语言认同与语言使用现状调查"的调查数据统计和分析主要参考杨津金的硕士论文《康定普沙绒乡语言生态调查与评估研究》；"贡嘎山乡的语言认同与语言使用现状调查""朋布西乡的语言认同与语言使用现状调查"和"沙德镇语言认同与语言使用现状调查"的调查数据统计和分析主要参考蒲娜的硕士论文《康定木雅藏族语言使用状况调查研究》；"九龙县汤古乡语言认同与语言使用现状调查"的调查数据统计和分析主要参考何钰馨的硕士论文《川西木雅藏区九龙县汤古乡语言生态研究》；"甲根坝镇语言认同与语言使用现状调查"的调查数据统计和分析主要参考曹梦媛的硕士论文《康定市甲根坝镇语言生态研究》；"普沙绒乡火山村的语言使用与语言态度"的调查数据统计和分析主要参考周睿琪、曾蕙心、安鹤、乔玮、唐天利等的 SRTP 项目"康定市普沙绒乡火山村语言生态调查研究"成果；"九龙县汤古乡学生汉语认同与汉语教育研究"主要参考汪晓意的硕士论文《川西木雅藏族学生汉语语言认同和汉语教学研究》；"甲根坝镇学生的语言认同与社区汉语教学"主要参考陶雁茹的硕士论文《川西康定甲根坝镇藏族学生的语言认同与社区汉语教学研究》。在进行田野调查的同时，我们也积极参与了当地的语言服务工作，一些同学参与了"推普脱贫攻坚"全国大学生暑期社会实践专项活动，以及社区语言教学工作。

本书受到了西南交通大学研究生专著经费建设项目专项资助（SWJTU-ZZ2022-049）。西南交通大学人文学院经费资助。

赵　静

2023 年 2 月

目 录
CONTENTS

第 1 章 绪 论

1.1 研究背景

边界问题是近 20 年来国际学术界的热点话题。康区为传统的西藏三大地理区域（卫藏、康、安多）之一，是我国五大藏区的接合部和交通枢纽，也是连接西藏与祖国腹地的纽带，素有"治藏必先安康"之说。其中，川西康区（甘孜藏族自治州一带）处于康区的中心，为康巴的主体与代表。由于川西康区民族和语言的关系错综复杂，除主体使用藏语外，还有十几个使用羌语支语言的藏族支系，部分羌语支的藏族由于他们的语言和藏语明显不同而引发族群和语言认同的分歧。语言认同深刻影响着一个族群的语言及其自身的命运，特别是边疆民族的语言关系与民族关系近年来比较突出，表现得更为复杂，如何处理这一问题，关系到社会的和谐与国家的稳定。

现代康区研究发轫于 20 世纪上半叶，任乃强、谢国安、李安宅等对康区的调查实录奠定了康巴学的基础。关于康区语言研究，可以分为两条研究路径，一是描写语言学的研究。从 20 世纪 30 年代初到 40 年代末，李方桂、罗常培、马学良、袁家骅、闻宥等对藏缅语进行了一些田野调查；1956 年，国家进行民族地区语言普查，对藏族使用的嘉绒语和羌语进行了全面调查；50 年代末和 60 年代初，中国社会科学院民族研究所又对藏语各方言进行了重点核查和补充调查；80 年代，四川省民族研究所、中国社会科学院民族研究所和中央民族大学先后对川西地区的语言进行了调查研究，藏族所使用的其他语言中，除嘉绒、羌和普米等语言外，大多是这一时期发现和调查的。黄布凡和孙宏开发表了关于川西地区语言调查情况的系列论著，孙宏开主编了"中国新发现语言研究丛书"；另一条研究路径是关于康区语言使用状况的研究。20 世纪 80 年代，中国社会科学院民族研究所进行了全国各少数民族语言文字使用情况的调查；90 年代末，中国社会科学院对语言文字使用的活力进行了调查和研究。代表性成果还有周庆生（2015）、戴庆厦（2010）的相关研究，以及戴庆厦主编的"新时期中国少数民族语言使用情况研究丛书"等。

国外康巴研究始于 19 世纪下半期，早期较为著名的如法国藏学家石泰安（Rolf Alfred Stein）和美国藏学家劳伦斯·艾普斯坦（Lawrence Epstein）对康区历史文化的考察研究。另外是一些传教士对康区的个人实录，如英国的陶然士（Rev. Thomas Torranee）、美国的葛维汉（David Crockett Graham）等。对藏缅语的研究，代表学者如：美国学者谢飞（Robert Shafer）、白保罗（Paul K. Benedict）、马提索夫（James A. Matisoff）、法国学者沙加尔（Laurent Sagart）、日本学者西田龙雄（にしだ たつお）等，他们主要是对藏缅语系属分类的研究。近几十年来，利用汉语与亲属语言关系探索汉语史的研究得到较大发展，如包拟古（Nicholas C. Bodman）、柯蔚南（Coblin W. South）、白一平（William H. Baxter）等。关于藏缅语言的描写研究，直接或间接地受到了结构主义描写语言学的影响。其研究对藏缅语的基本特征有了一定认识，积累了一套适合藏缅语特点的描写方法。目前在国外，对印欧语语言的共时描写已不受重视，取而代之的是各种理论、方法的翻新。但川西康区语言的情况则有所不同，还有大量语言空白等待研究，这种基础性的共时描写研究还很有必要。

关于康区语言使用状况的研究，即对语言的社会使用而不是语言本体的研究，其学术发展脉络，可以追溯到陈原、罗常培、陈章太等语言学家，目前，"语言生活研究"已从现象级话题发展成中国社会语言学最具活力的分支（郭熙 2016）。由于"中国语言资源有声数据库""国家语言保护工程"等的实施，对康区语言本体结构研究有了一定成果，先后编写并出版了部分单一语言的概况和简志。但关于更为复杂的康区语言使用状况的研究，特别是建立在严格抽样基础上的数据和资料的考察还阙如。随着近年来康区社会经济的快速发展，康区少数民族的社会网络越来越多元，这必然对康区的语言生活和语言使用带来影响。

学术界已经注意到，少数民族语言已经不单是交际工具，同时还是阐释民族传统和族群认同的重要符号。语言承载着一个族群的历史与文化，是族群认同的重要标志，人们需要保持其族群特性才能区别他族，界定自我，找到身份归属和文化认同（韩晓明 2016）。社会和民族认同很大程度上都是依靠语言建立的，语言认同是其他认同的基础（Gumperz1982）。因此，语言的认同功能，这种依附于语言的象征价值，是少数民族语言保持和发展的动力源泉，语言认同深刻影响着一个族群的语言演化和语言习得。特别是民族边界地区的语言关系与民族关系表现得更为复杂。

川西康区语言生态复杂多样，除了国家划定的大的民族，还包含了很多支系民族，这就涉及一个族群或者亚族群如何认同其自身的母语和族群文化，以及如何协调多种语言认同与文化身份的问题。而且，随着城市化发展、社会经济交往、族际通婚等带来的不少新问题都跟语言认同相关，如何在国家认同、民族认同，以及中华民族命运共同体的建构诸方面做到和谐发展，语言认同都扮演着重要角色（郭熙 2018），因此开展川西康区的语言认同研究，并提出适合时代和国情的理论阐释和解决方案，具有重要的理论和实践价值。本研究尝试从区域视角出发，考察川西康区的语言认同与语言教育状况，结合田野调查数据，重点探讨以下问题：川西康区语言的功能分布、功能分类和使用模式的状况及其发展趋势；川西康区少数民族的语言认同、身份认同等在其参与社会交往互动和学习国家通用语或其他少数民族语言的过程中出现了怎样的动态变化；如何处理普通话与多层民族语的并存，以及如何完善国家内陆边疆民族的语言教育规划。

1.2 基于文献计量的语言认同研究

1.2.1 语言认同研究的知识图谱分析

关于语言认同的研究，不同的学科有不同的理论背景和研究方法，研究重点和研究结论也各不相同。本章运用文献计量统计和可视化知识图谱分析的方法，以 CNKI 数据库 2000—2020 年收录的论文以及 Web of Science 数据库中高被引文献为原始数据，从发文量和发文时间分布、发文作者及机构分布、主要期刊分布、主题与热点分布、突现词、高频关键词、高被引文献等方面进行可视化图谱分析，并且对国内外相关研究的聚类图进行对比分析研究。旨在厘清这一领域在近二十年中的整体发展脉络，总结国内外相关研究的发展趋势、研究热点和前沿动态。

本研究以 CNKI 数据库为基础数据源，辅以 Web of Science（WOS）核心数据库，检索文献起止时间为 2000 年 1 月 1 日至 2020 年 12 月 31 日，限定主题词段为 "语言认同" "language identity"。通过 CNKI 和 Web of Science 的主题词检索，人工筛选与 "语言认同" 相关的文献，限定语种为中文和英文。共获得文献 944 篇，软件最终识别 681 篇。研究采用 CiteSpace 计量软件进行文献数据的可视化分析。根据研究目的选择关键词、机构、作者、发文期刊、类别、词、参考文献等内容作为节点类型；术语来源设为标题、摘要、作者关键词和附加关键词。研究热点采用似然法（LLP）聚类，提取聚类词语，研究趋势以突现词为节点显示。时间分区设置为每一年一区间，分成 10 个时段处理。在每个时间区间中提取 N 个被引次数最高的文献，N 越大生成的网络相对更全面。

语言认同研究基本情况

根据发文量折线图 1.1 可以看到，2000 年至 2004 年间关于语言认同研究的发文量较少；2005 年至 2015 年这十年间发文量呈现波动上升趋势，发文量总体增多且增速较快；过了 2015 年的峰值之后，2016 年至 2020 年之间虽有波动，但发文量仍然处于 30 篇以上。

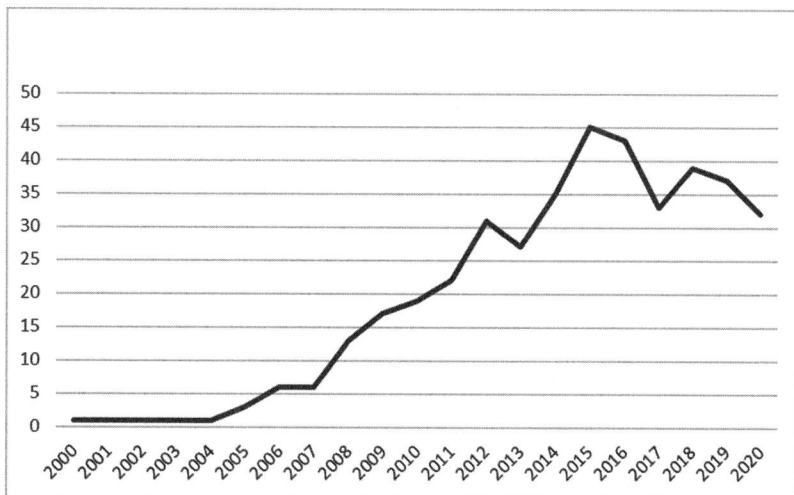

图 1.1　国内语言与认同研究发文量趋势图

从发文机构来看，发文数量最多的是四川大学公共管理学院和上海交通大学国际与公共管理学院，其次是中国人民大学心理系，再次是福建师范大学文学院和浙江师范大学文学院。在机构发文方面，各个地区的分布较为均衡，说明语言认同这个主题受到广泛的关注和重视。根据研究机构关系聚类图，发文量较高的机构同其他机构的合作度较低，说明研究机构更倾向于独立研究。

发文期刊在一定程度上反映出文献的质量和数量以及文献的热度。通过分析来源期刊的分布情况，可以发现样本文献的分布领域和来源期刊的水平及特点，并且可以为研究领域走向提供依据。近 20 年关于语言与认同主题的文献录用数量，其中《语言战略研究》以相对优势位列第一，其次是《语言文字应用》。《语言战略研究》中被引量和下载量最多的文献为周庆生（2016）《语言与认同国内研究综述》、黄行（2016）《论中国民族语言认同》。《语言文字应用》被引量和下载量最高的文献为俞玮奇（2012）《城市青少年语言使用与语言认同的年龄变化——南京市中小学生语言生活状况调查》、孙德平（2011）《语言认同与语言变化：江汉油田调查》。

语言认同研究主题与热点分布

关键词用于表达文献主题内容，搜索关键词可以观察到相关领域的主要研究内容和研究趋势。通过分析关键词共现图谱，若某一领域中关键词之间的关联度较高，分布较密集，说明这一领域中与此相关的研究较多。分析关键词共现能够把握学科领域内各个研究主题之间的关联状况，也有助于了解某一学科领域的知识结构体系和当前的研究热点。通过 CiteSpace 软件分析绘制出关键词共现知识图谱和关键词共现聚类图谱，共产生 485 个关键词节点和 781 条连线。图谱中的节点（圆圈）表示关键词，节点越大，表明某个关键词出现的次数越多，同时也在一定程度上表明其为该领域的研究热点和主要研究方向。图谱中的聚类块（矩形）也表示关键词，聚类块越大，表明某个关键词出现的次数越多，聚类块之间相互交叉可以反映研究主题之间的关联性程度和共性特征。同时也在一定程度上显示出各个相关的关键词之间共现的密切程度。

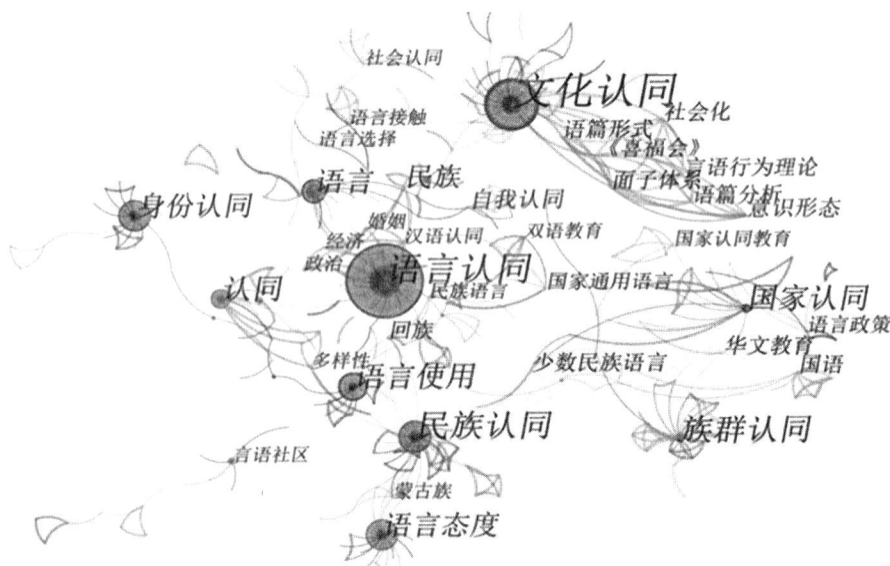

图 1.2　国内语言与认同研究关键词知识共现图谱

根据图 1.2 国内语言与认同研究关键词知识共现图谱，频次最高的关键词"语言认同"作为主要研究主题，其次是文化认同，再次是身份认同、民族认同、国家认同等。从连线来看，围绕着高频词"语言认同"展开的研究包括"婚姻""政治""经济""汉语认同""民族语言""语言""民族""自我认同感""双语教育""语言使用"等子主题；围绕着次高频关键词"文化认同"展开的研究包括"语篇形式""社会化""言语行为理论""面子体系""语篇分析""意识形态""社会认同"等子主题；围绕着次高频关键词"国家认同"展开的研究包括"语言政策""华文教育""国语""国家通用语言"等子主题。

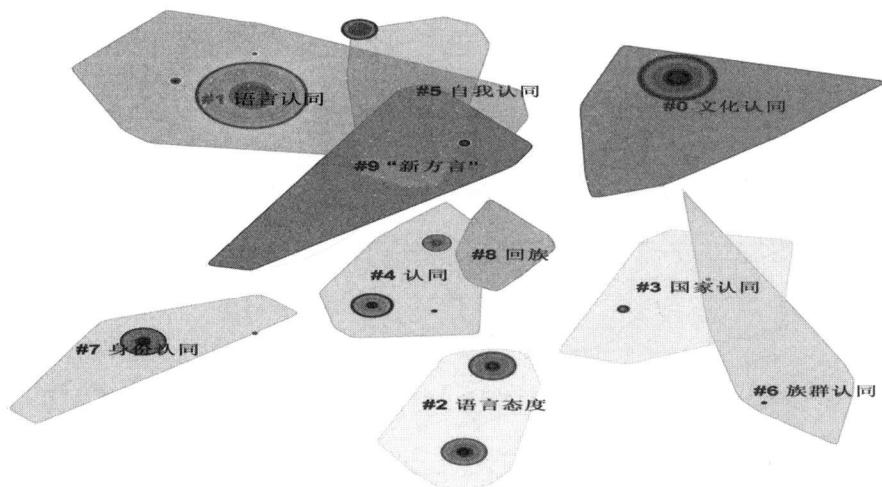

图 1.3 国内语言认同研究关键词共现聚类图谱

聚类图谱可以清晰地反映出各主题之间的联系紧密程度，根据图 1.3 国内语言认同研究关键词共现聚类图谱，语言认同主题板块超过其他主题板块而成为主要的高频关键词，语言认同、自我认同、新方言三者产生明显交叉，即三者之间具有一部分共性研究。国家认同和族群认同产生交叉，而文化认同、身份认同、语言态度三者相对独立，不与其他高频主题产生明显交叉。

图 1.4 是 CiteSpace 软件生成的国内语言与认同研究关键词共现和聚类时间线图，可以看出，语言认同这个话题是最大的节点，处于时间线的前端，与其大致在同一时间段的大节点有文化认同和民族认同，说明这三个研究方

向几乎是在同一时间段受到大量关注和广泛研究。相关研究内容主要涉及在推行普通话的环境下，各方言区对普通话和方言的认同；在多民族环境的背景下，少数民族对本民族语和汉语的语言态度，以及自我认同和族群认同；全球化背景之下，外国人对汉语的认同以及对中国文化的认同情况也是热点之一。

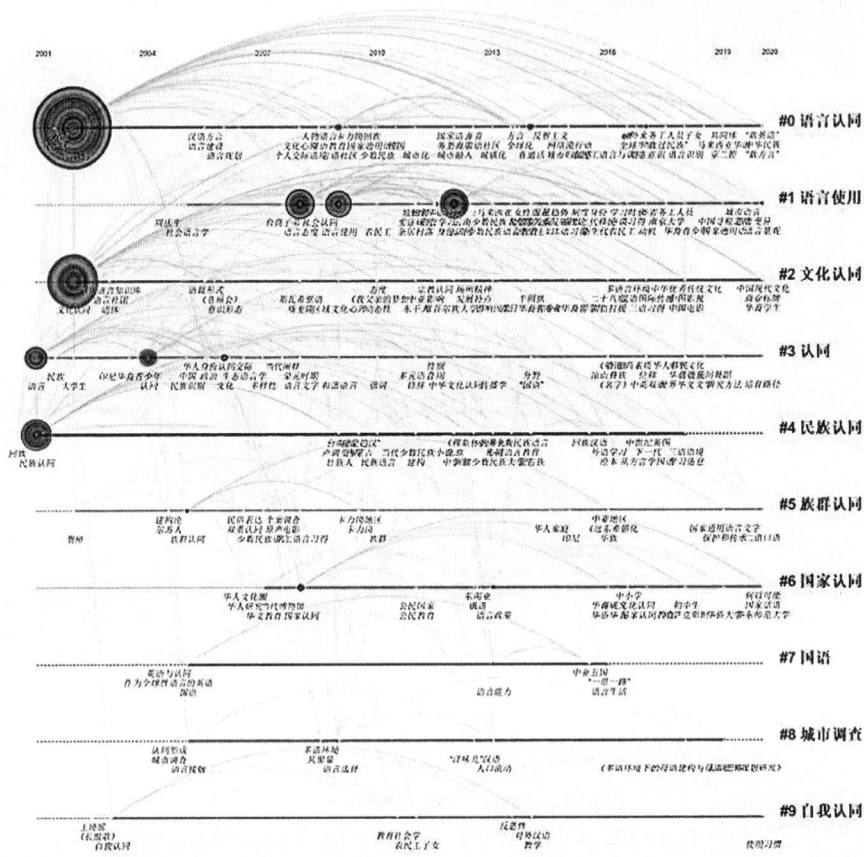

图 1.4　国内语言与认同研究关键词共现和聚类时间线图

高被引文献一般是具有奠基性作用的重要论文，可以被视为研究领域的知识基础，一个研究领域可以被概念化为从研究前沿到知识基础的时间映射（代凤菊，刘承宇 2020）。表 1.1 所示国内语言与认同研究高被引文献，语言认同研究领域前 5 篇高被引文献中，高一虹等（2008）的《从结构观到建构观：语言与认同研究综观》是该领域引用率最高的文献，该文以"结构观""建构观"的理论视角为框架，从宏观层面综述了有关语言与认同，特别是语言学习者二语认同的理论与实证研究，为学者们提供了语言认同理论研究视角的转变路径。

表 1.1 国内语言与认同研究高被引文献表

序号	频次	作者	年份	标题
1	133	高一虹，李玉霞，边永卫	2008	从结构观到建构观：语言与认同研究综观
2	80	杨玉	2013	云南少数民族大学生民族认同与语言态度研究
3	62	王远新	2009	青海同仁土族的语言认同和民族认同
4	61	王爱平	2006	汉语言使用与华人身份认同——对 400 余名印尼华裔学生的调查研究
5	58	陈志明	1999	华裔族群：语言、国籍与认同

这些高被引文献，共被引越大说明这些文献经常共同出现在参考文献中，在内容上越相似，他们间的联系也就越紧密。但是这几篇高被引文献从研究内容来看，大多是针对某些特定族群的调查研究，系统深入的理论研究较少，引用最多的论文《从结构观到建构观：语言与认同研究综观》也是综述类文章。这表明语言认同研究领域仍缺乏一些能够系统总结学科的知识基础，同时也能为后续研究提供基础的理论资源和研究范式的文献。这提示语言认同研究还要系统总结学科知识和概念体系，拓展语言认同研究的视野，深化语言认同的研究领域和研究方法，加强学科理论体系建设。

语言认同研究趋势

激增主题探测可以发现研究领域在特定时间段内的研究热点。通过对样本文献进行突变探测，如图 1.5 激增主题探测所示，得到了以下突变主题及其对应的突显率，以识别其最新动态和发展走向。

Top 10 Keywords with the Strongest Citation Bursts

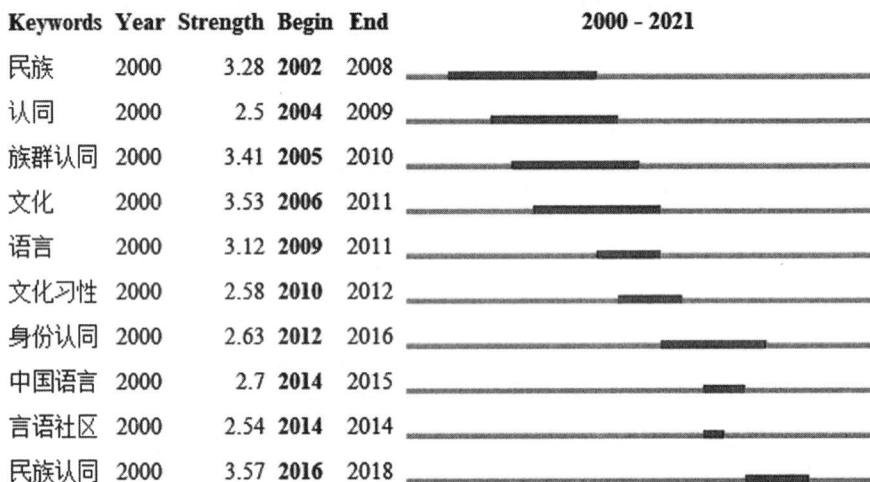

Keywords	Year	Strength	Begin	End	2000 - 2021
民族	2000	3.28	2002	2008	
认同	2000	2.5	2004	2009	
族群认同	2000	3.41	2005	2010	
文化	2000	3.53	2006	2011	
语言	2000	3.12	2009	2011	
文化习性	2000	2.58	2010	2012	
身份认同	2000	2.63	2012	2016	
中国语言	2000	2.7	2014	2015	
言语社区	2000	2.54	2014	2014	
民族认同	2000	3.57	2016	2018	

图 1.5　激增主题探测

从图 1.5 可以看到，2000—2020 年出现的激增主题包括：民族、认同、族群认同、文化、语言、文化习性、身份认同、中国语言、言语社区、民族认同。从激增的强度来看，民族认同>文化>族群认同>民族>语言>中国语言>身份认同>文化习性>言语社区>认同；从激增的时间来看，民族>认同>族群认同>文化>身份认同>语言>文化习性>民族认同>中国语言>言语社区。关于语言认同激增主题的出现与学者们的关注角度和社会的发展演变密切相关：（1）激增主题涵盖了语言认同研究的各个方面，包括族群认同、身份认同、文化习性、言语社区、民族认同、文化、语言等；（2）对语言认同的研究呈现出微观化和具体化的研究趋势，逐渐关注某一特定族群、言语社区、二语习得者等具体内容和对象；（3）该领域依旧呈现出强有力的发展态势，研究主题广泛，呈现出细分领域的深入研究，内容丰富多样。

通过激增主题持续时间可以发现，主题持续时间最长的为 6 年，最短的仅只有 1 年，由于研究层面趋向于宏观层面和微观层面相结合，而微观领域的新主题是随机性和必然性的结合，因此未来在较短时间内可能会出现新的激增主题。总的研究趋势将会围绕微观层面深入探讨关于"语言认同"的实际应用和实践中的现实问题。

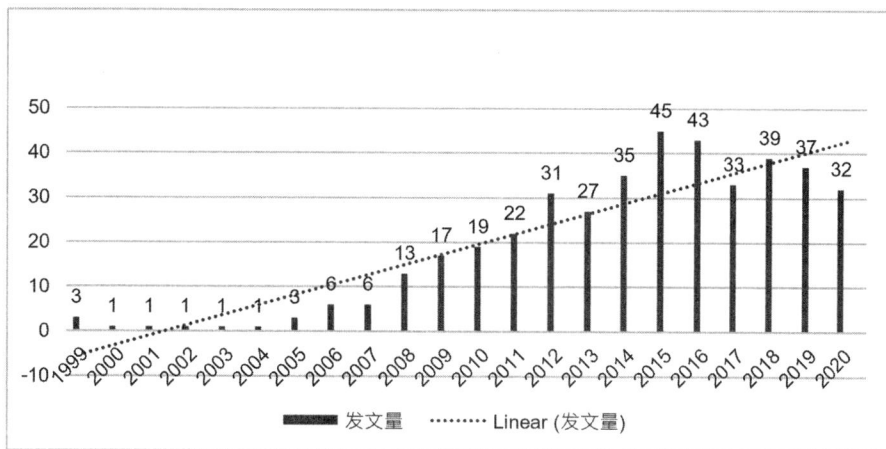

图 1.6 国内语言与认同研究发展趋势图

　　国际上有关"认同"的研究已有近半个世纪的历史，在近二三十年逐步发展起来。21 世纪初国内引入语言与认同研究，国内研究者广泛吸收国外语言认同理论和研究方法，"语言认同"研究成为近二十年来国内社会语言学、社会心理语言学、人类语言学、语用学、跨文化交际、语言习得、语言教学、语言传播、话语研究等领域中的一个前沿和热点论题。根据图 1.6 "国内语言与认同研究发展趋势图"，2000 年至 2004 年，研究成果寥寥无几；随着改革开放政策的深入，我国逐步形成全方位、多层次、宽领域的对外开放格局，人们在语言上的需求愈加显著，双语甚至多语学习者增多。2006 年我国开始实施九年义务教育，普通话开始全面普及，英语成为必修外语，双语学习者突增，2006 年语言认同相关发文量相较之前明显增多，至 2012 年呈逐年递增的趋势，2012 年发文量突破 30 篇，出现一个小高峰，研究视角主要集中在语言教育与认同、外语选择及自我认同等；随后在中国的现代化进程中，城乡二元经济体制逐渐被瓦解，城市间移民增多，城乡语言文化碰撞交融，经历过 2013 年的小低谷，发文量至 2015 年又攀升到 45 篇，研究视角主要集中在社会语言（方言）与认同、流动人口的语言与认同、少数民族语言与认同、海外华人华侨的语言与认同等。但由于该理论引入的时间较短，理论体系不太完善，以及研究路径、研究方法比较单一化，近几年的研究成果有明显的滑坡趋势，年度研究成果始终没有突破100篇。可见目前我国的语言认同研究仍处于初步发展阶段，未来需要加强构建系统的理论网络，借鉴其他学科方法的优势，突破语言认同研究的瓶颈。

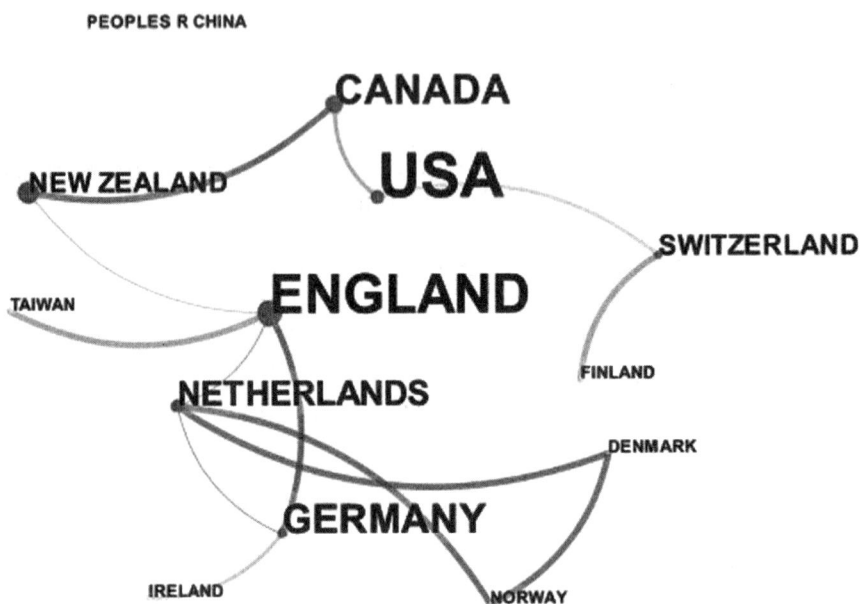

图 1.7 国际语言与认同研究国家关系聚类图

结合 Web of Science 的研究数据来看，根据图 1.7 "国际语言与认同研究国家关系聚类图"，过去 20 年国际语言认同研究领域发文量较多的国家主要集中在欧美国家，美国、英国发文量遥遥领先，代表了其在该领域发展中的重要地位。在前 13 位排名中，我国未能上榜，说明我国与欧美国家相比还存在较大差距。主要原因在于，语言认同理论源于西方，西方学者已经有了较为深入的研究，而"认同"这一术语在中西语言文化语境下存在概念偏差，国内对"语言认同"理论和研究方法的介绍和阐释还不够全面，缺少系统性的理论研究框架。同时，还涉及西方理论的本土化等问题，所以相关研究还有待进一步深入。

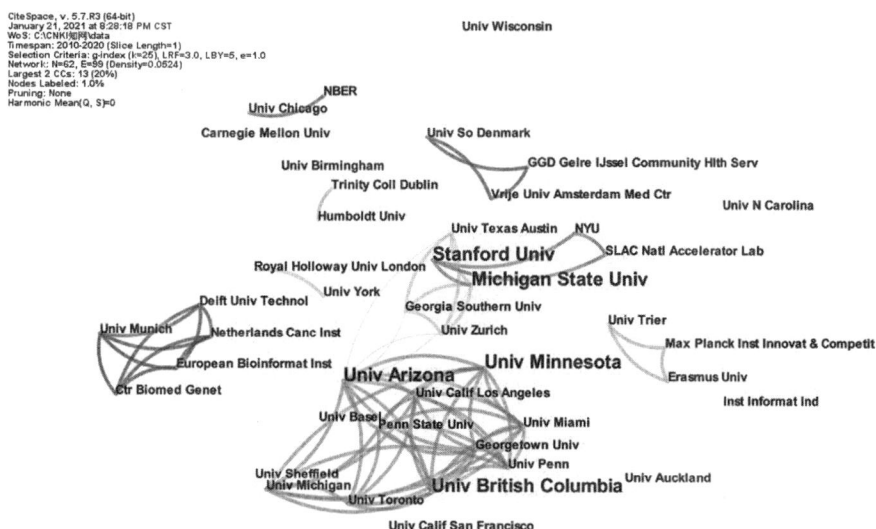

图 1.8　国际语言与认同研究机构关系聚类图

根据图 1.8 "国际语言与认同研究机构关系聚类图"，国外的发文机构主要为大学，已经形成了一些联系比较紧密的研究机构和团队。但国内的发文机构与国际的相比，机构和作者之间的合作关系不甚紧密，团队之间尚无稳定的合作关系，显示出我国在语言认同领域尚未形成持续稳定和分布均衡的研究队伍。这提示我国学者在开展语言认同研究时，可根据本地语言、文化、教育等实际情况借鉴国外先进的研究成果，必要时开展多中心的合作以及与其他学科的合作，以拓宽语言认同研究的领域和范围，推动本学科发展。

总之，从文献计量分析结果来看，语言认同相关研究文献呈现多样化的学科属性，包含了语言习得、语言使用、语言态度、语言教育、语言规划、族群认同、身份认同等研究主题，其主要研究内容则包括流动人口的语言及身份认同、少数民族或移民的语言使用情况、语言教育中的群体和种族差异、多语环境中的语言选择及认同、特殊社会阶层的语言认同状况等。语言认同的研究热点丰富且分布广泛，目前研究趋势主要是关注族群认同、身份认同、民族认同，尤其是探索微观层面的如特定族群的语言认同、言语社区的语言认同、特定群体的身份认同等。语言认同的研究范围和研究领域逐渐扩大，呈现出学科交叉化，跨学科研究的发展趋势，并且更加注重语言实际的使用和语言实践问题的研究。在研究方法上呈现出宏观探索和微观调查相结合的趋势，在研究内容上更加注重各主题之间的交叉融合。中国民族众多，语言分布复杂，语言认同在促进民族融合和建构中华民族共同体等方面具有重要的作用，因此关于语言认同的实际应用研究尤为重要和迫切。

1.2.2　语言认同的研究维度

"语言与认同的关系极为复杂，或对应、或建构、或映射，认同理论的研究也同社会语言学、社会心理学、语言习得、语言教学、跨文化交际等领域交织组合，其是一个前沿、热点的讨论课题。"[1] 近年来，"语言认同"一词已成为一个专门术语在各学科领域中广泛使用。从文献计量分析生成的"关键词知识共现图谱""关键词共现聚类图谱"等可以看出，"语言认同"与"身份认同""民族认同""文化认同"等为共现频率最高的关键词。

语言认同是认同类型中较为重要的一类，因为语言是文化的载体，也是认同的载体、标记和实现途径（孙宏开 2006）。对语言认同的研究有上位和下位概念的关照，其中对"语言"的横向研究包括民族语言、跨境语言、本族语，以及通用语、非通用语和个别语言的描写；纵向包括语言活力、语言濒危、语言保持、语言转用和语言复兴等的研究。对"认同"的横向延展研究，包括自我认同、社会认同、国家认同等多重认同，以及认同之间的竞争研究；纵向研究包括认同结构描写，即自我认定、归属感、积极或消极的评价以及行动卷入等。"语言认同"的认同主体研究主要聚焦于少数族裔、流动人口、二语学习者等。同时，语言认同理论的应用研究又牵涉到多个学科领域，如语言认同与语言学习、语言认同与双语教育、语言认同与语言政策、语言规划等。

语言认同的研究主题

语言与国家认同。"作为一种文化共同体，国家表现为拥有共同的语言、

---

[1]　周庆生 . 语言与认同国内研究综述 [J] . 语言战略研究，2016（01）：72.

文化、历史记忆等因素，同时国家的存续有赖于各民族认同的中央政权，认同超越各个民族文化特征的共同的民族文化。因此，国家认同感的三个基本构建维度即为制度认同、文化认同、民族认同。"[1] 语言是国家、民族赖以生存并用以区分其他国家、民族的核心要素，"如何在国家认同、民族认同，以及中华民族命运共同体的建构诸方面做到和谐发展，语言因素在某种程度上扮演着重要角色，深入开展语言认同研究的理论和实践意义都在凸显。"[2]

语言与民族或族群认同。"民族认同即是社会成员对自己民族归属的认知和感情依附。"[3] 民族认同是在长期历史发展中不断构建起来的，是群体的共同认识和情感，凝聚了一个民族的共同文化、历史记忆、风俗习惯、宗教信仰等诸多因素。语言认同是民族或族群认同的重要标志，不同族群的语言认同过程有其自身的特点，与特定族群的历史文化、社会认同等的形成相关联。民族认同反映个体在族群成员身份上的自我意识和自我标签（Rumbaut1994）。语言是构成民族认同最稳定的要素，是观察民族心理与实践关系的工具，语言认同能够反哺国家认同、地域认同和文化认同，能够维持和强化民族认同（尹小荣 2016）。国家语言认同与民族语言认同的关系可以通过语言认同在交际工具和文化认同层面上的一致性进行调节（黄行 2012）。

语言与身份认同。身份认同是社会学中的概念，指将某人与他人分辨出来的个人和社会特征（游汝杰 2016）。个人和社会的特征多种多样，自身的说话风格、价值观念、外貌性格，以及社会他者赋予的工作职务、权势角色、地位评价，都可以将个人与所属群体区分开来，也可以表明个人属于何种人群。一个人可以同时拥有多种区别性特征，在私人领域、公共领域等分别承担不同的角色身份。"语言如何反映并影响身份认同，语言如何建构以及在多大程度上建构并维持身份认同，是语言认同研究领域长期关注的重要问题。"[4] 言语行为作为个人身份的体现，"语言是最有效的分辨人群的特征之

［1］ 吴玉军 . 论国家认同的基本内涵［J］. 中国特色社会主义研究，2015（01）：48.

［2］ 郭熙 . 专题研究：语言认同［J］. 语言战略研究，2018（03）：9.

［3］ 王希恩 . 民族认同与民族意识［J］. 民族研究，1995（06）：17.

［4］ 周庆生 . 语言与认同国内研究综述［J］. 语言战略研究，2016（01）：76.

一，可以看作是身份的标志。……语言与身份认同的关系密切，说什么话、属于什么样的身份之间有着重要联系。"[1]

语言与文化认同。在认同所包含的各种类型的研究中，文化认同居于核心地位（崔新建 2004）。因为认同是文化的产物，种族认同、宗教认同、自我认同以及社会认同等都包含着文化认同的成分，个人对自我和群体的认知都建立在文化的基础之上。当语言成为一种重现或者追溯民族文化最直接的方式时，就不再仅仅只是一种交际工具，而是某种特定文化的象征（黄亚平，刘晓宁 2008）。少数民族语言具有更重要和多样性的文化载体功能，各民族语言里千百年来形成的神话、传说、寓言、诗歌、戏剧等各类口头文学作品都依靠语言来表达。以文化和旅游部公布的"藏族国家级非物质文化遗产"为例，其中的藏族民间文学、传统戏剧、曲艺、传统医药、传统音乐、传统舞蹈、传统美术、传统体育、传统技艺、游艺与杂技、民俗等非遗门类，都直接或间接地以藏语文作为主要载体形式。语言作为文化认同的承载者，语言认同与文化认同对民族认同的建构具有重要作用。近年来的国家文化认同与语言安全、历史文化认同与语言传承、全球化视域下的国别文化认同、宗教文化认同与民族融合等意义重大的研究议题，都促成了语言与文化认同的研究不断走向深入。

语言认同中"语言"的层级

民族语言。民族语言认同是一个民族成员对自己民族语言的认识、使用及归属感，它体现和维护了民族成员的共同心理意识，是民族身份认同的重要因素与重要方面，是维系民族一体感和民族认同的基本要素之一（李秀华 2018）。各民族的语言在结构形式上、意义内涵上有所不同，一定的民族语言与一定的民族性和文化特征相联系（高梅 2016）。黄行（2012）将民族语言分类为强势语言和弱势语言、主体民族语言和非主体民族语言、复杂语言环境语言和简单语言环境语言，提出民族语言的认同应侧重其族群身份和文化

---

[1] 游汝杰、邹嘉彦. 社会语言学教程（第三版）[M]. 上海：复旦大学出版社，2016：83.

功能的认同。在民族语言认同研究领域，母语认同是重要的研究内容之一，母语认同的情况会对民族认同产生重要影响。李宇明（2003）对母语认同的内涵做了相关研究，他认为母语是指向民族共同语的，方言不是母语而是母言。周庆生（2005）指出一个民族中的多数成员能否使用自己的母语，是语言与民族属性关系中的核心问题。

国家语言。国家语言是在一个国家内部依靠法律规定并推行使用的语言，使用人数较多，使用频率较高，具有明显的实用性和广泛的通用性，也被称为"国家通用语"。汉语普通话是我国国家通用语言，由《国家通用语言文字法》作为法律支撑，是国家语言生活最重要的知识信息交流传播工具。学习和掌握国家通用语言是提升国家认同感、民族认同感的重要表现。统一规范的国家通用语言对一个现代化国家来说是必不可少的，世界发达国家通用或官方语言的推广和普及工作早在其工业化和现代化的进程中已基本完成，而在我国汉语方言和少数民族地区，国家通用语言普及程度还达不到一个现代化国家应有的水平，推广国家通用语言仍是一项长期的工作和任务[1]。

跨境语言。"跨境语言是指分布在相邻国家同一语言的不同变体。由于移民、自然迁徙、国界变动、战乱等原因，有的语言由原来只在一个国家内使用变为分布在不同国家的跨境语言。"[2] 跨境语言在不同的国家使用发展情况存在差异，包括语言的地位、规模、活力等表现形式等（马学良，戴庆厦1983）。我国与多个国家相邻，不仅国家内部有着各自的文化体系，而且接壤地域通常分布着不同的少数民族，例如中缅、中朝、中蒙、中哈等接壤地带。跨境语言认同关系到国家边境安全，"跨境民族的国家通用语认同、民族语认同和外语认同直接关系到国家发展战略、边疆民族地区社会安全稳定和民族语言文化的传承与保护。"[3] 中国边境的多数语言是跨境语言，既同国内的不同语言有内部关系，又与境外语言有外部关系。加强跨境语言的应用研究，

[1] 黄行. 论国家语言认同与民族语言认同 [J]. 云南师范大学学报，2012（03）：37.

[2] 戴庆厦. 开展我国跨境语言研究的构想 [J]. 百色学院学报，2013（04）：41.

[3] 冯智文. 我国跨境民族语言认同研究的现状与展望 [J]. 贵州民族研究，2020（01）：150.

以及跨境语言安全问题、跨境语言规范与协调研究、跨境语言的多边比较研究等是未来的一个研究重点。

此外，语言认同研究还出现了领域语言研究，如广告语言与认同（李健2008），以及区域语言与认同研究（覃业位，徐杰2016）等。

"语言认同"中的认同主体

认同的主体一般包括个体和群体两个层面，认同是在自我与他者的互动中寻求主体的边界和自我的意义。个体认同关注"我是谁"的问题，群体认同关注"我们是谁"。主体就是在自我与社会网络的不断对话和互动中完成认同建构。在"语言认同"研究中，主要关注的认同主体有以下几类：

少数族裔。主要关注少数族裔的国家通用语和民族语认同研究（周庆生2005；王远新2009；黄行2012、2016；瞿霭堂、劲松2017等）。周庆生（2005）将我国语言与民族认同的关系划分为三种对应关系，即"一族一语""一族多语"和"多族一语"，其中一种语言对应一种民族的情况约占我国民族的70%，这是一种基本的、稳定的对应，而后二者则占到30%，可认为是次生的、变化的、非主流的对应。这一关系体现了语言和民族认同之间的变异性或不一致性。

流动人口。主要关注流动人口的方言和普通话认同。在全球化和城市化发展背景下，双语家庭、跨国婚姻、流动人口等带来不少新的语言问题，比如语言竞争、语言传承等问题，都跟语言认同有密切关系。其中进城务工人员及子女的语言认同问题是一个研究热点。进城务工人员一般指来自全国乡镇、农牧区域的非城市户口人口。他们在进城务工的过程中面临着语言和身份的转换问题。进城务工人员不仅要在工作方式、生活方式、社会心理、社会交往等方面改变自己，为了适应城市的生活和工作环境，还必须在语言上做出调整，改变原来的语言特征、交际方式和交流习惯等，从而适应现代化的城市生活。相关研究（董洁2014；陈晨2012；付义荣2015；何丽2015；张斌华2016；方小兵2018；张荷2018）通过对新生代农民工的问卷调查和随机访谈等实证分析方法，关注被试的语言态度、影响语言选择与使用的社会因素、新生代农民工的身份认知、情感归属等状况和公共领域、个人家庭领域的语言生活现状。认为农民工群体借助语言认同适应城市生活、学习地域文化并实现自我主体性的建构[1]。因此，对新生代农民工的素质教育中不能缺失语言教育，"语言与社会认同是相互作用的，通过推动新生代农民工的语言再社会化，进而加速他们融入城市的步伐，完成市民化过程。"[2] 此外，国际移民的语言身份认同问题，汉语使用与华人身份认同问题也是关注重点，相关研究认为汉语国际传播应"因地制宜、因势利导"，以合适的语言传播战略和语言教育规划保持汉语在全球的活力，以汉语作为全球华人的民族认同内核，强化汉民族的心理和社会基础（郭熙 2015，2017；王爱平 2006；曲卫国 2005；沈玲 2015）。

语言学习者。主要研究外语学习者或者二语学习者的语言文化认同（秦晨 2012；高一虹 2014 等）。

从语言认同主体研究可以看出，语言认同的研究对象既可以是个体也可以是群体。当个体或群体面临除母语外的一种或多种语言时，会产生不同程度的认同焦虑，由此推动与认同相关的多种认同形式之间的协商。语言认同既可用来探讨个体对理想自我、理想身份的趋同；也可以用来研究群体如何通过认同协商来保障群体归属感、群体认知和情感以及与此相关的行为表现（刘瑞婉、冯建新 2016）。

1.2.3 语言认同理论的应用研究

文献计量分析生成的"关键词共现聚类图谱"呈现出围绕"语言认同"主题出现的研究热点，显示出语言认同理论主要应用于以下几大领域：

语言认同与语言政策。"语言政策是指人类社会群体在言语交际过程中针对某种或者某些语言而制定的相关法律、条例、规定和措施。语言政策总是

---

[1] 陈晨．新生代农民工主体性建构：语言认同的视角 [J]．中国农业大学，2012（03）：101.

[2] 张斌华．珠三角新生代农民工语言使用、态度及认同研究 [J]．语言文字应用，2016（03）：30.

与国家构建等核心利益紧密相连，并随着国家所处的国际和国内环境的变化而变化。"[1] 语言认同的研究，对于国家语言政策的制定与实施、语言教育政策的推广关系重大。我国少数民族双语教育、对外汉语教学以及外语教育等都需要语言认同的研究作为政策制定的依据。只有综合考虑各个地区、族群之间语言认同现状和导致的社会影响，才能制定相应的语言政策，促进国家的发展和文化的延续。同时，对语言认同的关注，以及在语言教育中如何建构语言认同与国家认同的研究，可以推进我国少数民族双语教育政策的落实和双语教育目标的实现。语言认同与国家通用语推广，以及少数民族语言文化的传承关系密切。不管是国家语言政策中的语言多样化保护，还是语言的一体化建设规划，都离不开以语言认同为前提的研究基础。

语言认同与语言安全。语言是群体的交流工具和信息传播的载体，群体对语言的认同会影响语言的发展安全。就我国而言，随着普通话的普及以及使用范围逐步扩大，一些民族地区的母语教育呈现弱化和下降趋势，如何解决这二者之间的关系，双语教育如何实施等问题日益凸显。在增强国家语言认同的同时，必须重视语言和方言保护，提出相应的语言文化安全策略，维护语言安全。另外，由于历史文化因素的影响，语言安全问题更为复杂。台港澳地区的"国语"及海外的"华语"是维系族群认同的重要载体，全球化背景中国际通用语学习和民族通用语传承需要借助语言认同，语言地位的安全、语言资源的安全依托于群体语言认同。

与语言安全密切相关的议题就是语言保护。语言濒危已经成为全球性的语言生态问题，是当代自然生态和人文社会生态危机的组成部分（范俊军2006）。人类的一切知识和经验都是通过语言来保存和传播的。语言作为一种载体，蕴涵着的不仅仅是文化现象，而是使用该语言的人类共同体历史的、现实的一切知识的总和（孙宏开2006）。中国语言种类丰富，处于濒危状态的语言和方言种类也较多，大致可以分为濒危语言和濒绝语言两类。除社会不利语言生存的相关意识形态和行为举措之外，生产方式的变化和经济的发

---

[1] 赵燕. 东南亚国家的语言政策与国家认同研究综述 [J]. 东南亚南亚研究，2013（03）：110.

展以及由此导致的生活方式的变化，如城市化、全球化、信息化等也是造成语言数量减少的原因。随着世界人口流动性的加强，不同民族、不同群体之间交流日益频繁、密切，语言的工具属性得到不断强化，而文化属性却日益弱化，这一过程就是一个语言趋同的过程，少数语言成为共同语，大部分语言被边缘化并走上衰亡的道路。语言认同的调适功能在减缓语言或方言的濒危进程中具有积极意义，濒危语言和方言保护、普通话普及、语言规划等都有必要以语言认同状况的实证调查为基础（杨荣华 2010）。

　　语言认同与语言生态。"语言生态是指一种语言生存的环境，包括与其他语言的关系，也包括语言政策和人们的语言观、语言生态理念。其主要任务是处理好人与自然、人与社会、人与语言、人与人、语言与社会、语言与文化、语言与语言、语言与方言、语言与民族、语言与国家等关系。"[1] 在语言的接触和文化的交融中，主体采取何种态度、行为会直接或间接影响语言和文化生态的多样性。良好的语言认同、语言观念能促成语言生态和语言环境的改善，使得各种语言或方言协调发展，在生态和文化各要素中充分发挥积极功能。维持好、发展好、保护好弱势语言、民族语言、濒危语言，是语言认同和生态语言学的接口。人类社会要可持续发展，就必须积极干预和调控语言生态进程，维护语言生态的稳定与平衡发展。现存的语言生态问题包括语言污染、语言濒危、语言规范意识薄弱等，都需要构建良好的语言生态环境，提高人们的语言生态意识来加以解决（冯广艺 2008）。

　　在语言生态环境中，语言景观体现出的语言认同与文化认同也是一个热点问题。语言景观与社会语言环境之间是双向互动的关系：语言景观反映社会语言环境，也有助于构建新的社会语言环境（尚国文，赵守辉 2014）。就研究内容来看，语言景观研究的范围可分为宏观与微观两个层面。宏观研究关注多语社会的语言使用、语言政策、语言认同、英语全球化等，而微观研究从具体的语言标识出发，关注语言变异、翻译、专名等问题（王晓梅2020）。语言景观呈现的是语言使用群体和空间的互动，反映着语言认同、族

---

[1]　张先亮，陈菲艳. 城市化进程中的语言和谐［J］. 浙江社会科学，2012（03）：118.

群文化认同等心理信息。语言认同的变化都会通过一定的族群行为反映出来，最为核心的组成部分便是语言景观的变迁，语言景观的研究结果，可以用来印证族群的语言认同状况。

语言认同与语言学习。学习者的心理因素与第二语言习得密切相关，第二语言学习会影响学习者"自我认同"的转变。在第二语言习得研究中，除语言本身的习得规律外，学习者的心理、社会和文化情境因素也受到广泛关注，形成了二语习得的社会心理研究。其中，学习者的学习动机、学习策略、认知风格、认同及变化等是比较典型的研究课题。社会心理学家加德纳（Gardner）提出了双语发展和自我认同改变的"社会心理模式"。从社会文化、语言学习者心理机制的视角，关注语言学习过程中语言认同的发展与转变，揭示二语学习者的认同建构过程。二语习得的社会心理研究模式中，自我认同变化属于语言学习的"非语言结果"，强调目的语文化认同对语言学习的正面作用，强调稳定的个人心理特征和社会结构因素对学习者认同的决定性影响（边永卫 2004；高一虹等 2008）。

1.3　研究设计

1.3.1　作为学术术语的"语言认同"

"identity"是西方社会学、社会心理学、社会语言学等不同学科领域共同关注的概念，在汉语中有"身份""认同""身份认同"等多种译法。在西方语境中，身份与认同作为学术概念，具有很强的同一性。但在中文语境中，"认同"的含义与英文有所不同，主要表示"认可，赞同"的意思，指一种主观情感上的趋同，并不具备"identity"的"身份"含义。汉语语境中对"认同"的释义属于一般词义范畴，并不涉及学术界所探讨的"我是谁"及由此产生的身份认同等问题。因此，在研究语言认同时，需要更多学理上的梳理。

"identity"最早由弗洛伊德作为一个心理学概念提出，后来成为众多身份理论的奠基石，比如身份发展理论（Erikson 1968），个体认同理论（Marcia 1980），社会认同理论（Tajfel&Turner 1986），民族认同理论（Phinney 1990）等，也成为国外"后殖民""后现代"话语中关注度最高、争议最大的话题之一。作为一个学术术语，发展心理学家和精神分析学家爱利克·埃里克森（Erikson）"是使这个术语流行起来的关键人物。"[1] 被认为是现代身份认同研究的奠基人。"身份认同"研究引发了学术界对个体与社会关系的思考。早期的身份认同研究主要以哲学范式为主，伴随主体论的历史演变，有三种模式：一是"以主体为中心的启蒙身份认同"，二是"以社会为中心的社会身份认同"，三是"后现代去中心化身份认同"（李芳 2016）。其关注的焦点是个体与社会的关系问题，但随着社会的发展变化，其研究主题也在不断发展演变，由最初的对极权主义和大众社会问题的关注，以及对"种族中心主义""社会地位意识"的讨论，演变到对少数族裔或少数民族身份认同的关注，其后身份认同研究领域不断拓展并得到各学科的广泛关注。从 20 世纪 60 年代开始，"identity"这个术语被广泛运用于政治学、社会学、民族学、人类学、心理学、逻辑学、文学等诸多领域，并且在后现代尤其是后殖民主义时代被进一步凸显出来。

在不同的学科领域，"认同"的含义各不相同，不过各学科基本都认可其两个基本内涵：一是指个人或群体依据某些明确的、具有显著特征的标志或尺度，如性别、阶级、种族等来确认自己在一个社会里的地位，在此意义上，可以用"身份"表示；其次指个人或群体试图追寻、确证自己在社会上的"身份"的过程，可以用"认同"来表示。这两种含义关系密切，因为"identity"的本质属性是指"同一性"，即某种事物原本固有的特质、本质。如果从发展的角度来看，认同是主体与客体通过一定的互动而达到"同一"的过程，是个人与社会之间不断协商变化的一种协议，那么"认同"就与寻求和确认特质、本质等的途径、方法、过程相联系（汪民安 2007）。因此，"认同"既包含名词性的"身份"含义，也包括动词性的"认同"过程的含义。

---

[1] Philip Gleason. Identifying Identity：A Semantic History［J］. The Journal of American History. 1983，69（4）：914.

关于"认同"的研究，各学科领域都试图解决以下问题：身份认同是以某种实质存在的、连贯的自我统一体为基础，还是一种动态的建构过程？决定身份认同形成的制约因素，是精神意识，还是社会文化及其符号系统？其中，关于外部的社会文化、语言和符号系统对身份认同建构所起的作用的研究，逐渐引起学术界广泛关注。福柯（Michel Foucault 1972）在《知识考古学》中指出，主体实际上是由幻象、话语构成的副产品。主体虽然受制于话语，但也能够通过参与日常生活的文化实践来建构自身。因此，身份认同形成过程中，语言与其他符号系统的作用开始成为一个重要的研究分支。

就如何确认人们的社会身份和文化身份而言，在理论上大体上有民族、族群、种族、阶级、性别、宗教、职业、语言等依据或尺度。对这些问题的研究，相应地会涉及历史、地理、社会、政治、经济、国家、意识形态、文化和亚文化等领域（汪民安 2007）。其中，语言作为一种最重要的文化积淀和文明载体符号，决定了语言的起源、发展和历史演变与分化都是民族认同的重要基础。德里达说语言是我们的"家"，"所谓母语，难道不就是我们随身携带的第二层皮肤、一个流动的家吗？不也是一个因为随着我们的迁移而永不消灭的家吗……语言，因为与自我一起迁移，它抵抗一切不固定性。"[1] 德里达认为母语是"抵抗一切不固定性"，"最少非流动性的东西"，所以掌握一种语言，就习得了一种文化传统的内部的基本形式。因此，从语言学研究的角度来说，"语言认同"作为一个学术术语，实质上指的是"语言身份认同"，强调的是社会中的人通过语言建构的个体和社会身份。那么在语言学研究领域，关注的重点是个人与社会之间的互动协商在语言形式上呈现出何种特征，以及不同群体在社会中的"身份"是如何通过语言符号表征或建构出来的。但国内一些学者在运用"语言认同"概念时，将其泛化地理解为对某种特定语言或方言的认可，即"个体或群体对某种语言或方言在态度、情感等方面的趋同"，或者语言与认同的关系，或者等同于语言情感、语言态度、语言选择等（方小兵 2018），实际上割裂了语言认同和社会身份之间的同一

---

[1] ［法］德里达.论好客［M］.贾江鸿，译.桂林：广西师范大学出版社.2008：87.

性，消解了"语言认同"这一概念的学术内涵，将其等同于该词语的一般用法。语言认同研究主要着眼于语言对身份认同的标志、建构作用和过程，本质上关注的是语言与社会的关系，关注语言如何塑造社会中的人。在日常社会生活中，说话人总是或多或少地借助语音、词汇、语法、篇章以及语体等各种语言变异手段来表达其立场、态度和价值观，从而或隐或显地表明其特定的个体身份。从这个角度说，语言认同也是一种人为的有意识的语言实践，是语言意识形态的重要表现。

此外，任何概念之所以成为学术术语，除了其本身特定的含义外，还在于可以与其他相关概念体系构成术语系统，以及具备可研究性。语言既是人类最重要的交际工具，也是群体认同、文化认同的核心指标，第二语言学习者的自我认同也会影响到他们的语言学习。所以语言除了是一种符号系统，也是一种彰显说话人身份的方式，即说话人可以通过有意识地使用语言来塑造自己的身份。同时也是一种身份识别资源，即可以根据说话人的语言使用特征推断出其身份地位、种族、国籍甚至根土文化（Blonmaert 2005）。因此对身份建构的研究就必然对语言使用者所使用的语言符号工具进行考察，即探究他们在何种情境和条件下使用何种语言符号来表征自我与他者之间的界限，建构自我身份。

关于语言认同研究，不同学科领域的研究视角和研究方法不尽相同。从社会语言学研究来看，身份认同一直是其关注的核心问题，关于身份问题研究的各种流派、理论、方法层出不穷。概括来说，社会语言学界对身份认同的研究经历了三个阶段，即自我认同、群体认同和话语建构认同。从研究视角上看，主要表现为两种研究进路，即"结构观"与"建构观"。这两种研究进路是在社会语言学的两大流派：变异学派和互动学派的基础上发展起来的，"结构观"研究社会历史文化等固有结构因素对语言认同的制约作用，"建构观"则关注个人主体性和能动性对语言身份认同的建构作用。

社会语言学传统变异学派的研究主要是在结构观视角下的研究，即假定认同是存在的、客观的，它和社会阶层、职业、性别、种族等指标一起成为制约语言使用和语言变异的条件。20 世纪 60 年代，以拉波夫（Labov 1966）

等为代表的传统语言变异学派，通过考察语言结构和社会结构之间的对应关系，揭示社会变量中的种族、阶级、职业、性别、年龄和交际场合等与语言变体之间的对应关系，对语言变体与社会身份之间的关系进行了初步探索。通过定量研究，描述不同社会阶层的人在语言使用上的规则性变异特征，建立了语言变体与特定社会阶层之间的对应形式，从而揭示了语言变体所表征的社会身份认同。20 世纪 70 年代以后，泰弗尔（Tajfel）和吉尔斯（Giles）等的社会心理学理论被引入社会语言学领域，泰弗尔的社会认同理论具有"群体内"和"群体外"以及"个人"和"群体"的二元对立结构，对解决区域性群体的语言和身份认同问题提供了重要的理论依据。

在结构观视角下，语言认同研究强调社会结构和稳定的个体特征对语言认同的决定作用。语言选择、语言使用、语言风格等都是认同的外在表现，语言使用者通过语言选择与语言变异来协调与不断变化的社会语境之间的关系，从而凸显其认同。在语言变异学派看来，语言变体是人们身份的标志。当语言用来表征认同时，语言的历史文化积淀成为塑造自我的重要途径和构成民族身份的内在标志。但结构观的语言认同研究忽视了交际主体在言语实践中的能动作用，因为交际者身份并不是固定不变的，而是可以通过使用不同的语言变体来建构不同的社会身份。在言语交际实践中，交际者会顺应不同的语境，调用不同的语言资源，建构不同的语用身份，从而实现其交际意图（袁周敏 2016）。

随着建构主义哲学思潮在 20 世纪后半叶兴起，语言认同的研究范式从结构主义向建构主义转变，开始重视认同的建构过程、机制以及驱动因素的研究（方小兵 2018）。互动社会语言学派的语言认同研究主要体现为建构观的视角，不同于结构主义二元对立的语言认同观，他们认为认同一方面在互动中体现，同时也可以通过互动来突出或强调。20 世纪 80 年代，互动社会语言学的先驱甘柏兹（Gumperz 1982）出版了《语言与社会认同》一书，他认为民族、群体及社会的认同很大程度上是通过语言来建立和维系的。强调说话人身份是在话语中动态建构的，交际者能够通过语境化提示捕捉双方隐藏在话语背后的社会文化身份。从而指出身份认同必须在互动过程中加以研究，以考察其在会话中是如何表现以及如何被建构的（高一虹等 2008）。在实际研究中，他们聚焦于微观的交际情景，分析会话交际的互动空间所产生的认同。更多地注重个体的语言风格的考察，并将个体的语言风格与其身份建构联系起来。这一研究进路为后来语言身份建构主义的发展奠定了基础。互动社会语言学明确提出要在言语交际的互动过程中研究身份认同，因为语言是社会实践的一种动态形式，它建构社会身份、社会关系以及人们对世界的理解（项蕴华 2009）。

语言认同的建构理论关注具体言语交际互动过程中的动态认同建构对交际结果的影响，将言语行为作为一种社会实践进行研究。认为社会身份是在语言互动中建构的，语言认同是个人与社会之间通过语言符号确立的一种不断变化的协议，其本质是个人与各种社会结构间的积极协调，也是个人与集体层面之间的指号过程（方小兵 2018）。这种建构观视角下的语言认同研究，更加重视个体的主观能动性、社会文化情境的重要性以及语言在认同建构中的作用。肯定社会文化情境特别是教育对既定社会结构的再生产或改造作用，而且把语言认同与语言教育结合起来，探讨语言在个体认同建构与社会文化情境中的中介作用（刘瑞婉、冯建 2016）。这对于二语习得研究、语言教育研究和语言政策的实践研究等都具有重要的意义。

1.3.2　本研究的理论框架

建构观视角下的语言认同研究将身份视为一种交际资源，认为身份会在具体语境中通过各种语言手段呈现出来，同时也会根据特定的交际意图被建构、激活和改变。这样的研究视角可以揭示个体在利用语言资源来构建一个特定身份时所经历的过程。但是结构观视角下的语言认同研究将身份看作个体或群体相对固定的属性，这种客观特征论在研究族群认同的长期规律以及探寻各族群认同的历史演变方面仍具有重要的价值，也是语言认同研究需要关注的内容。因此，本研究将从结构观和建构观两种视角出发进行研究。因为研究对象为川西康区少数民族，因此主要借鉴族群身份认同理论和民族语言认同理论，探讨川西康区少数民族的语言身份认同。在研究语言认同与语言教育的关系时，主要以二语学习的认同建构理论为基础。本研究将"语言认同"界定为：语言认同即民族语言身份认同（ethnolinguistic identity），指个人或言语群体通过清晰或刻意地使用某种语言或语言变体来表示民族或族群归属的身份认同。

语言与族群身份认同

族群（ethnic group）概念产生于 20 世纪 60 年代，这一概念与民族、种族等概念的关系比较复杂。随着"ethnic group"概念的兴起和流行，逐步取代了西方国家长期使用的"部落"（tribe）和"种族"（race）概念，用以强调非体质特征的基于历史、文化、语言等要素的共同体。这一概念在美国最初是一个非歧视的、礼貌或文明的用语，用以指称犹太人、意大利人和其他较小的种类，主要用于某些在宗教、语言等方面有别于美国主流社会的移民群体（郝时远 2002）。后来，"ethnic group"概念开始用于泛指在人口和政治上处于劣势的非主体民族。但与"ethnic group"相对应的中文"族群"这一概念在汉语语境中却是中性的，没有西方语境中的社会边缘群体等的附加含义。此外，与"族群"关联紧密的"民族"这一概念与英文的"nation"也不完全对等，汉语中的民族概念至少包含以下几种含义：一是广义的民族，相当于"人民"，接近于英文的 people；二是与国家概念密切相连的民族概念，如中华民族等，相当于英文的 nation 或 nation-state；三是狭义的民族概念，即作为中华民族组成部分的 56 个民族，大致对应英文的 ethnic group 的概念（王东明 2005）。

中西族群与民族的概念尽管存在差别，但大多数学者对有关术语能否在语义上完全对译并不关注，认为不必把精力过多地耗费在与民族有关的字词的中西对译问题上（费孝通 1981）。因此，本书在译介国外相关理论时，通常情况下，nation 一般译成民族，ethnic groups 或 ethnicity 译成族群。在本书中使用的"民族"概念，一般指我国法定的 56 个民族；"族群"概念，主要指 56 个民族的支系。但不做严格区分。

族群认同在民族学界是一个热点问题，"群体认同意识是每一个人进入社会、认识世界的'社会化过程'的重要内容之一。在社会生活和人际交往中，人们会自然而然地根据具体环境场景、个人感情和利益关系的亲疏，在周围亲近的人的指导下，学习并接受把周围的社会成员划分为不同性质、不同层次的群组的观念"[1]。"人们对自身所属'族群'的认同和对于其他族群的认异，就是族群意识的核心内容。"[2] 学术界关于族群认同研究主要的分歧点在于族群是由客观的族群特征，还是由主观的族群认同形成的群体，由此形成本质主义与建构主义两种研究视角。本质主义强调族群应共享共同的血缘、种族、语言、文化和历史等客观族群特征；建构主义否认族群有客观的文化、历史、语言等的客观联系，强调族群是一种基于自我与他人认同的主观的标准。

本质主义或原生主义视角下的族群认同理论，认为族群或民族产生于自然状态，犹如生物一样受自然规律的支配。族群成员是基于共同的祖先、语言、宗教、种族等"原生纽带"而联系起来的群体，这些因素在决定族群特征时起到决定性的作用，族群身份是被这些因素赋予的，而且一旦赋予，就很难改变。对于族群成员来说，这些原生性的特征是根深蒂固和非理性、下意识的，族群身份是给定的和不可更改的。构成族群身份的这些共同特征是族群的基础，并超越时空而存在，族群的延续必须使这些共同特征传承下去。然而本质主义族群认同理论将民族或族群客观化、本质化的理论倾向，使其在解释现实中民族与族群的主观性特征、动态变化，以及彼此互动从而相互塑造等方面，难以具有理论阐释力，因而其理论范式不断受到质疑。建构主义族群认同理论认为族群不是由一些固有的特征决定的，族群的识别不能无视族群成员的自我意识和自我认同，族群身份是由自我认定和自我赋予的一种归属类别。建构主义族群认同理论强调族群认同的主观性，认为族群性体现在族际的互动之中。巴斯（Barth）认为族群是由其本身组成成员认定的范畴，造成族群最主要的是其"边界"，而非语言、文化、血缘等"内涵"；一个族群的边界，不一定是地理边界，而主要是"社会边界"。人群之间建立了

[1]　马戎.试论"族群"意识 [J] .西北民族研究, 2003 (03)：6.
[2]　同上。

边界，便形成了"族群"团体，它可视为一种组织形式，是文化的负载单位，就像一种容器可以负载各种的内涵物[1]。马克斯·韦伯将族群定义为"某种群体由于体质类型、文化的相似，或者由于迁移中的共同记忆，面对他们共同的世系抱有一种主观的信念，这种信念对于非亲属社区关系的延续相当重要，这个群体就被称为族群。"[2]

我国学者在"族群"概念上达成了基本的共识，即族群指具有某种共同特征的群体，其成员的认定强调"自我认同"，并且族群不是一个固化的概念，具有宽泛和灵活的特点。"族群可以是一个民族亦可是一个民族中的次级群体，如汉族中的客家人、闽南人、广府人等；而民族一词无法包含这些内容。"[3] 现在族群除了用来表达历史文化群体概念以外，还可以表达种族群体概念，甚至可以表达按其他社会标准区分的各种各样的群体，如工薪族、追星族、电脑族、玩车族、单身族、刷卡族等等[4]。族群认同则是指社会成员对自己族群归属的认知和感情的依附，是个体与群体之间的相互认同。

本质主义的族群认同理论认为族群的区分及形成与语言、宗教、习俗等密切相关，其中，语言被视为一种重要的因素，共同的语言被看作是一个族群最重要的文化特征，是族群认同赖以形成的基础属性之一。美国文化人类学家格尔茨（Geertz 1993）是本质主义族群认同理论的代表，他认为一个人出生在一个有特殊宗教信仰、说特殊语言或者方言、遵循特别的社会实践的族群，他因此得到一些既定的血缘、语言、宗教、风俗习惯等，他因此就从该群体的其他成员那里获得了原生的情感联系。这些原生纽带包括语言、血缘、风俗习惯等特征，它们是与生俱来的族群标志。本族语言是族群特性的重要标志之一，也是个人的社会身份标识，因此，传承本族语言就成为保持族群性的一种重要手段。巴费尔德（Thomas Barfield）认为"族群意指同一社

[1] ［挪威］弗里德里克·巴斯. 族群与边界［J］. 高崇，译. 广西民族学院学报，1999（01）：21-32.

[2] 转引自孙九霞. 试论族群与族群认同［J］. 广州：中山大学学报，1998（02）：24.

[3] 周大鸣. 现代都市人类学［M］. 广州：中山大学出版社，1997：139.

[4] 徐杰舜. 论族群与民族［J］. 民族研究，2002（01）：12-18.

会中共享文化的一群人，尤其是共享同一语言，并且文化和语言能够没有什么变化地代代传承下去。"[1] 语言记录了一个族群长期累积的知识和经验，是最典型的族群符号之一，族群语言、方言、语言风格等是一个群体文化认同的重要维度。语言的使用可以作为一种民族身份和文化向心力的标志，也是族群身份的重要体现（Giles 1977）。语言的族群属性标记功能使它成为群体身份认同的重要辨识和表现手段，从而变成政治精英建构民族国家的有力工具。霍布斯鲍姆曾指出，构成民族因素的三项要件中，第二项要件就是拥有悠久的精英文化传统，并有独特的民族文学和官方语言[2]。民族身份与心理上的归属感密切相关，但它必须通过具有民族标志性的外在形式表现出来，而最具民族特征的外在表现形式就是语言。因此，语言是族群认同的符号化，是民族身份的标识，同时也是建构族群意识的重要手段。

民族语言认同理论

吉尔斯（Giles）的民族认同理论指出"当民族认同对于个体来说变得重要之时，个体往往会通过语言差异标榜自己，努力创造出一种积极的社会认同以不断加强自尊……在与其他语言群体交流时，个体会给予本族语很高的评价，并在交流中通过语音、对话方式等语言策略突出本族语的特点。"[3] 少数民族群体通过保持自己的民族语言知识和口音，强调群体内的语言风格和特征来寻求积极的族群认同。民族语言认同理论还进一步提出了一套检测民族语言活力的标准，用于评价特定语言群体的生存和发展能力。即一个群体的生存和发展能力与其民族语言的活力值高低密切相关。民族语言活力标准包括客观标准和主观标准。其中，客观标准如语言使用者或群体的地位，特别是社会经济地位、社会地位、历史地位和语言地位等；人口特征，特指人口数量、密度以及群体内成员的结构；机构支持，比如群体语言在教育机

---

[1] 转引自周大鸣.论族群与族群关系 [J].广西民族学院学报，2001（02）：13.

[2] ［英］艾瑞克·霍布斯鲍姆.民族与民族主义 [M].李金梅，译.上海人民出版社，2000：39.

[3] H Giles，P Johnson. Ethnolinguistic Identity Theory：A Social Psychological Approach to Language Maintenance [J]. International Journal of the Sociology of Language，1987，68（03）：122-143.

构和官方机构等的使用情况。主观标准则指具有多重社会身份的民族语言使用者如何认识自己在族群内和族群外的身份，以及如何维持自己的语言和身份认同。一般来说，一种语言的地位越高，便越具活力，使用该语言的群体对其民族或族群身份的认同度就越高；使用人口多的语言更具语言活力；在政府机构使用越多的语言，活力值越高，使用该语言的群体享有更高的声誉和地位，具有更高的群体身份认同。这一理论为研究西方少数民族、少数族裔和弱势群体的语言活力和语言身份认同提供了理论依据。根据《世界民族语言志》划分语言身份的标准，民族语言身份认同是比语言可懂度更重要的语言身份识别标准和条件。因此，"语言认同在范畴上应该归为族群认同（ethnic identity）的一种属性"[1]。

国外族群认同理论框架下的语言认同研究涉及领域极为广泛，包括民族和语言的自我认同、社会认同、国家认同等多重认同以及认同之间的竞争研究等。语言维系着族群或者民族内部的社会交际，其特有的历史属性、文化属性和社会属性，使之成为族群或者民族认同的重要载体、反映形式和标志。我国作为一个典型的多民族多语言国家，语言和民族关系错综复杂，除了国家通用语外，绝大多数民族都有自己的民族语言，而且一个民族内部也会使用多种语言或方言，并且还存在使用多种语言的民族还没有形成主体民族语言的情况。处于不同状态的语言及其使用群体，如强势语言与弱势语言，主体民族语言与非主体民族语言等，这些群体对所属民族和语言的认同都会存在明显的差异。"在多民族国家中，作为民族文化主要载体的语言往往是导致民族冲突的重要原因之一，语言与民族情感相联系所构建的语言民族主义是不可低估的。"[2] 因此，语言与族群或者民族认同的研究极为必要。

二语学习的认同建构理论

社会心理学家加德纳（Gardner）和兰伯特（Lambert）提出了"融合型"和"工具型"两大语言学习动机类型，兰伯特（Lambert 1974）认为二语学

---

[1] 黄行．论中国民族语言认同 [J]．语言战略研究，2016（01）：25.

[2] 何俊芳．语言人类学教程 [M]．北京：中央民族大学出版社，2005：89.

习会影响学习者"自我认同"的转变，产生"削减性双语现象"或"附加性双语现象"。"削减性双语现象"指学习者的母语和母语文化认同被目的语和目的语文化认同所取代；"附加性双语现象"指在习得目的语和目的语文化的同时，保持其母语和母语文化认同。虽然一些学者赞同以彻底"濡化"为标志的削减性双语学习，但附加性双语现象被认为是比较理想的双语学习类型。20 世纪 90 年代以来有不少学者尝试扩展加德纳的经典模式，比如德尔涅伊（Dörnyei 2005）提出自我系统模式的全人取向、过程取向模式，认为外语不仅仅是交际工具或课程内容，也是个人的人格核心的一部分，并且是个体认同的重要内容。德尔涅伊在此基础上建立的二语动机自我系统包括三个层面：（1）理想二语自我。如果想成为理想自我，就会产生强大的学习动力以缩小现实自我与理想自我之间的差距；（2）应该二语自我，指人们相信自己为了避免负面结果的产生而应该具有的特征。这一层面较多地与工具型动机、外在动机相对应；（3）二语学习经验，指与具体学习情境相联系的动机。不过目前"二语动机自我系统"仍主要是一个理论构想，尚待实证研究的支持。

此后一些学者尝试从动态、多元的角度来考察学习者的自我认同，认为第二语言学习是使用新的中介工具进行认同转换的过程。代表人物之一是加拿大语言教育学者诺顿（Norton），她对心理学派的"动机"概念提出质疑，指出这一概念将视点集中于稳定不变的个人心理特质，忽略了社会环境的影响。诺顿将社会认同理论引入二语学习领域，并借鉴了法国社会学家布迪厄（Bourdieu 1977）的"文化资本"概念，用"投资"概念扩展了语言学习的"动机"概念，她认为："学习者如果向某种第二语言投资，是由于他们明白自己将会获得范围更广的象征性和物质性资源（我所说的象征性资源包括语言、教育、友谊等；物质性资源指资本货物、房地产、金钱等），从而提高自己文化资本的价值。学习者期待或希望自己的投资得到很好的回报，享有原来无法得到的资源。而且，借鉴 Obgu（1978）的观点，我还认为在二语学习上付出的努力，应被视为与这种投资的回报相匹配。"[1] 诺顿认为"投资"

［1］ Norton, B. Social identity, investment, and language learning ［J］. TESOL Quarterly, 1995, 29 (01)：17. 转引自芮晓松，高一虹. 二语"投资"概念述评 ［J］. 现代外语, 2008 (01)：90-96.

与"动机"的区别在于，"动机"是语言学习者的稳固特征，一种固定不变的人格特征，动机理论总体上没有充分考虑社会情境的作用。"投资"概念则体现了社会学取向，试图表明学习者和变化着的社会的关系。从这一视角来看，学习者的认同是复杂、变化的，充满了权力斗争，在通过语言进行的社会互动中不断被重新建构。"投资的概念前设，当学习者与目的语使用者谈话时，他们不仅是在交流信息，而且是在不断构建和重构自己是谁，以及自己与社会环境的关系。由此，对目的语的投资，也是学习者对其社会认同的投资，这种认同是随着时空不断变化的。"[1]"投资"理论说明学习者对二语学习的投入与学习者在二语学习过程中所构建的社会认同有关。只有当第二语言学习者能客观看待自己的母语及第二语言所对应的不同文化，并借助第二语言构建新的"主体定位"，即完成认同重构，才能实现自觉且深入地融入第二语言社群的实践活动，从而推动第二语言习得水平的提高。诺顿又借鉴了莱夫（Lave）和温格（Wenger）的"想象共同体"和"实践共同体"理论，将"想象共同体"概念引入二语习得研究，并将其和"想象认同"联系起来，作为"投资"的目标："对于许多语言学习者来说，共同体是想象的，即能为未来认同提供更多可能性的期望中的共同体。它也可能在某种程度上是以往共同体或历史关系的重构。对语言学习者来说，想象共同体都前设了一种想象认同，并通过向'想象共同体'投资实现。学习者对于目的语的投资必须置于这一情境中理解。"[2] 在此基础上构建出基于语言认同的二语习得理论。该理论认为，学习者使用语言是为了获得物质资源和象征资源，发展理想的社会身份。其中，物质资源指通过学习语言所获取的物质资本，象征资源指通过学习语言所获得的促进理解和减少世界冲突的能力及学习语言的成就感[3]。诺顿等以实证研究表明，对于"想象共同体"的投资影响学习

［1］ Norton，B. Social identity，investment，and language learning［J］. TESOL Quarterly，1995，29 （01）：18. 转引自芮晓松，高一虹. 二语"投资"概念述评［J］. 现代外语，2008（01）：90-96.

［2］ 高一虹."想象共同体"和语言学习［J］. 中国外语，2007（05）：47-52.

［3］ 陈默. 认同对汉语二语学习者口语复杂度、准确度和流利度的影响［J］. 语言教学与研究，2020（01）：23-35.

者认同的建构和对学习的投入。在其《认同和语言学习：对话的延伸》一书中，通过对五位加拿大移民女性为期一年的跟踪调查，发现学习者的多元化和复杂化的社会身份和社会权力关系通常会影响学习者对目的语的投资，因此学习者认同的建构不是单一的，而是多元和动态变化的。这种研究使语言学习突破了课堂与课后学习的区分，将人的自我认同和社会认同视为语言学习的重要影响因素，不仅关注语言学习的结果，还关注非语言学习的结果。诺顿用"想象共同体"概念取代了传统的"目的语群体"概念，作为二语"投资"的目标。如果说目的语群体是基于现实的"实践共同体"，那么"想象共同体"则是主观期待中的共同体，学习者主体能动性的作用更加突出[1]。

以诺顿为代表的二语习得的认同建构理论，其关注点不是单一的影响学习的因素，而是处于时空情境中的整体的"人"，从较大的范围来考察二语学习者的社会心理和行为，将"动机""投资"与学习者的"认同""自我"结合起来考察。解释视角从较为单一的、固定的"结构观"向更加灵活的"建构观"转变，注重学习动机、认同的多元性、动态性、复杂性，注意各因素之间的相互作用[2]。在语言认同的建构主义视角下，语言不再是被动地反映认同，而是主动地创造并形成认同，认同是在社会文化条件下、在互动情境中与语言互为建构的。相较于结构主义决定论，建构主义注重学习者个体的主观能动性和创造性，强调学习过程中主体的价值行为重构，对社会、文化环境的反应和超越，而教育在主体的价值观、世界观形成过程中具有重要的作用，因此，重视语言认同，就要重视语言教育，包括母语教育、外语教育、少数民族语言教育等。在此过程中，语言学习活动不再是社会结构决定的简单行为复制，也不仅仅是个体特质差异的体现，而是复杂的社会现象，是有

[1]　边永卫，王雪鸽．走近学习者——《认同和语言学习：对话的延伸》书评 [J] ．外语教育研究前沿，2020（02）：82-85；王景云．《认同与语言学习：对话的延伸》评介 [J] ．外语教学理论与实践，2015（03）：85-88+97.

[2]　高一虹，周燕．二语习得社会心理研究：心理学派与社会文化学派 [J] ．外语学刊，2009（01）：123-128.

关个人人生轨迹和社会发展的实践活动。这种基于语言认同的语言教育研究视角有助于将语言学习置于一个整体的人的生活史、心理发展史的过程中去理解，从而调整语言教育的定位[1]，即通过语言进行认同建构应该成为语言教育的一个重要目标。

基于建构主义观点，语言学习过程中学习者的思维方式、认知体系都是随着社交场合、交际对象的变化而不断变化的。认同不仅是在社会中建构的，而且会随着时间和场合的变化而变化。由此可见语言教育干预的前景是非常广阔的。学习者通过建立积极的语言认同可以促进语言学习，而语言水平的提高反过来又会促使学习者语言认同的进一步发展。教学者可以通过帮助学习者建构对于目的语社团的积极认同，促进学习者更好地融入目的语社团，提高其二语水平。了解教学对象语言认同的变化，有助于教师在教学的不同阶段根据学习者的变化调整教学内容、教学策略等，为促进学习者构建良好的语言认同提供帮助。

1.3.3　方法论框架

研究范式

语言认同是目前学术界的一个前沿和热点论题。但关于语言认同本身的性质目前尚不明晰，不少文献模棱两可，对语言认同的研究大都是基于语言态度的或宽泛或狭窄的讨论（覃业位、徐杰 2016）。目前语言认同研究没有成体系的理论，缺乏较为完备的分析框架。本研究从学术史视角考察了语言认同的本质，在此基础上，探索从区域和族群的研究视野出发，借鉴社会语言学的研究方法进行研究。根据川西康区的特点，从宏观和微观两个视角，初步建构了区域视角下的民族语言认同的研究范式：

宏观视角：从区域视角考察不同族群的群体语言行为和语言认同状况，特别是母语和其他语言和语言变体的语言活力、地位、权力关系等。探讨区

---

[1]　高一虹，李玉霞，边永卫．从结构观到建构观：语言与认同研究综观［J］．语言教学与研究，2008（01）：22-25.

域内部的差异性，以及区域之间的相互依赖和互动，从而产生和推动区域性认同。将"语言""认同"视为具备层级结构的两个范畴。将"认同"分为纵向的层级序列和横向的文化结构，前者体现为个人、地域、民族和国家的层级序列，后者表现为语言、宗教、习俗等文化结构层面。各层级范畴之间有明确的边界，但常处于互动变化之中。以民族身份建构为核心，民族是以国家为基础的概念建构，民族认同反过来又可以强化国家认同；处于同一地域的族群在民族认同形成之前，会建构地域认同；文化认同是民族认同形成的心理和价值基础。在这几种认同类型中，语言既充当了社会交往的媒介，反映了族群文化特征以及符号系统，也是认同的重要表征。在语言教育方面，学习者个体的自我认同与学习动机、学习效果，以及语言教育政策紧密关联。具体分为以下三个层面的研究：

语言使用与语言认同研究。一是考察母语、不同代际族群内部语言和外部语言的使用；二是考察家庭语言、社交语言的使用；三是考察双语情境下的语言选择和语码转换情况。调查设计采用多项分析法，即考虑对语言使用可能产生影响的所有主要因素。一方面考虑调查对象的特点，如年龄层、婚姻状况、土生本地人和移民等复杂因素；另一方面考察语域变量。根据费希曼（Fishman 1972）的语域理论，将语言使用语域区分为内部语域与外部语域。内部语域指交际关系多为亲族，地点多为家庭等私有场合；外部语域指交际关系多为同事、朋友、陌生人等，地点多为学校、工作单位、商场、集市等公共场合。据此，统计出调查点不同族群在不同语域语言使用的总体状况。由于语言的使用涉及不同的语域，因而需要不同的语言能力，所以需进行语言能力自测。自测表根据《欧洲语言教学与评估共同参考框架：学习、教学、评估》中"语言水平自测表"的四项语言技能评测标准修改而成。

语言态度与语言认同研究。主要涉及讲话人对母语、康巴藏语、普通话、西南官话方言、其他藏语方言等的情感、认知和功能等方面的评价。前人在测量语言态度时使用过投射、量表两种方法（Anastasi& Urbina 1997），本研究借鉴 Likert Scale 及 Gardner 的 AMTB（Attitude/Motivation Test Battery）（Gardner 1985）方法，采用量表方式，并进行适当改编。

语言学习与语言认同研究。一是语言学习动机的调查。语言学习动机的测量依据 Gardner 提出的融合型和工具型动机进行分类，同时参考 Lalonde & MacPherson（1985）和 Svanes（1987）的动机量表进行设计；借鉴 Bonny Norton（2000）和高一虹（1994；2001）的"生产性认同"理论考察语言认同和语言学习的关系。

微观视角：关注个人语码库和身份库的建构。基于社会建构主义观对身份的定义及分类，布舒特与霍尔（Bucholtz & Hdl 2005）提出了身份建构的基本原则：身份不是事先存在的语言资源，而是在交际互动中动态涌现的产物，是言语行为与社会实践相互作用的结果。身份研究不仅根据性别、年龄、种族、阶级等对人进行分类，更是一种临时互动的参与者角色，即交际者如何在语境中定位自我和他人。身份在互动中可以通过不同的语言手段建构，包括直接提及身份归属及其标识、暗示和预设自我或他人的身份定位、对当前会话中的互动关系和参与者角色进行评价、借助与特定身份和群体相关的语言手段和结构等指称手段等。通过整合多学科研究成果，布舒特与霍尔提出了一个综合、动态的认同理论框架。该理论勾勒了认同的五个基本原则：1. "涌现原则"。"认同是在互动中涌现出来的话语建构"。认同不是关于自我分类的心理机制，而是通过社会行动特别是语言行为建构起来的；2. "定位原则"。将认同的内涵分为三个层面，包括"宏观层面的人口学范畴；本地化、民族志具体文化定位；即时互动中特定的立场和参与角色"；3. "指向性原则"，即"索引性"。广义的索引性是指在语言形式和社会意义之间创造一个"符号关联"。认同建构的"指向过程"包括：对身份类别和标签的公开提及；对自己和他人身份认同的隐含含义和前设；在进行的对话中展现出的评价和认识论倾向；使用某些与特定角色或群体有关联的语言结构和体系；4. "关系性原则"。认同不是自主、独立存在的，其建构离不开社会意义，因而要与其他认同角色和其他社会成员产生互动关系；5. "部分性原则"，即任何给定的认同建构都可能包含部分的蓄意安排或主观意图，部分互动协商和争论的结果，部分他人理解和再现的产物等等。因此，认同在互动过程中以及在不同的话语语境之间不断地发生变化（董平荣 2012）。这为语言认同研究提供了一个比较清晰的实证研究的框架。但该理论框架研究的核心是语符指向的社会文化含义与特定身份认同的关系，主要关注的是语言符号的指示性与身份认同的关系。这种语言符号的指示性，即语言风格的索引价值，是指语言的认同功能可以通过语言的形式间接实现，这里的形式小到某个语音、词汇或语法特征，大到整个语言或语言变体。即某种语言风格总是与某种社会群体和社会实践活动联系在一起，可以通过判断语言风格来判断社会群体的身份和社会实践活动。这方面的研究主要关注日常的言语互动交际，特别是语言变异、语码转换、语码混合等问题，但目前关于川西康区的支系民族语言，尤其是一些濒危语言的本体研究还非常欠缺，特别是缺乏长篇语料的搜集整理和标注，尤其是日常口语互动语篇。因此，微观层面的语言认同研究难度较大，本研究会有限涉及语言风格索引性的研究，后续会进一步深入。

　　总之，本研究整体研究思路是基于田野调查，详细描写川西康区语言的功能分布和使用模式的状况及其发展趋势。对处于不同层次语言的功能分布、功能分类和使用模式，包括人们对各种语言或语言变体的态度进行调查研究；考察川西康区少数民族语言认同的机制与特点，川西康区对于所使用的多种语言——母语、民族主体语言、区域性通用语言、国家通用语言等的语言态度，以及语言选择和语言行为；在此基础上进一步探讨双语教育地域化、在地化等问题，以及汉藏边地语言教育规划问题。

语言认同评估指标

　　语言认同评估是语言认同研究的主要内容之一，语言认同评估指针对具体语言的认同程度进行评价量化，以及依据认同状况预估语言的发展趋势。学术界虽然对语言认同已有一些研究，但对语言认同的内涵、界定标准、评估方法等还存在分歧。当前语言认同的过程和结果都缺乏公认的评估标准，量化指标的设置也存在随意性和片面性，学界应当尽快启动语言认同评估标准的专题研究，以进一步推动该领域向纵深发展[1]。因此，应尽快开展对语

---

[1]　方小兵. 当前语言认同研究的四大转变 [J]. 语言战略研究，2018（03）：31-41.

言认同评估的研究，提出既有普遍学理意义又具有可操作性的评价系统、评估指标和相关参数。

语言认同评估指标的科学量化是开展认同研究的基础和前提。为更好地梳理语言认同评估要素，本研究考察了部分引用率较高的语言认同实证研究文献中有关语言认同评估的指标体系内容。综合来看，狭义的语言认同研究主要关注的是语言态度或语言行为。如王远新（2009）《青海同仁土族的语言认同和民族认同》重点考察了当地少数民族对汉语和母语的语言态度；王玲（2010）《农民工语言认同与语言使用的关系及机制分析》主要考察农民工对普通话和家乡话的评价，包括了情感性评价和功能性评价两个方面；覃业位、徐杰（2016）《澳门的语言运用与澳门青年对不同语言的认同差异》中将语言认同定义为语言使用者对自身与某种语言之间关系的心理定位，这里的语言认同趋向于语言态度。这些研究均把语言认同等同于语言态度。另外还有些学者侧重于将语言认同等同于语言行为，如勒佩奇和凯勒（Le page&Keller 1985）通过研究克里奥尔语社区的民族、种族以及阶层认同发展和语言演变，提出个体或者群体会通过语言选择与使用来表达对某种语言的认同，使用某种语言越多预示着对该语言的评价越高越认同，把语言认同等同于语言行为；张军（2008）《蒙元时期语言认同建构之经历与经验》将语言认同界定为个人或群体凭借特定语言和文字符号的使用，从而区分自我与他人的心理认知和行为上的实践活动。还有的学者则兼顾语言态度和语言行为，如樊中元（2011）《农民工语言认同的实证研究》从语言态度和语言行为来研究农民工的语言认同。认为语言态度是指人们对某种语言的情绪、内心感受和行为反应，以及从实用价值和社会地位的角度对该语言的理性评价。而语言行为是指在不同场合中该种语言被使用的频率与次数；陈建伟（2012）《民族杂居区维吾尔族居民语言认同现状研究》从语言态度和语言行为这两个方面研究上海市维吾尔族居民的语言认同现状；盛柳柳、严建雯（2015）《语言认同和城市归属感研究——基于宁波方言和城市归属感的调研分析》把语言认同定义为某一群体在社交过程中使用同一种语言的行为倾向，或者该群体对同一语言在情感、认知和态度方面的心理活动。广义的语言认同研究则包含了语言意识、语言使用和语言态度三个方面。如杨荣华（2010）《语言认同与方言濒危：以辰州话方言岛为例》提出语言使用者对一种语言的认同感包含了三方面要素：（1）语言使用，即使用者具体使用该种语言（方言）的情况；（2）语言意识，即使用者对该种语言（方言）与其他语言在本体特征及其所承载的文化、经济与政治价值上的认知；（3）语言态度，即使用者对该种语言（方言）的情感与功能评价；陈默（2018）《第二语言学习中的认同研究评述》认为二语语言认同包括：一是语言意识，即学习者对目的语的理解与认识情况；二是情感评价及态度，即学习者对目的语的政治地位、经济、文化和工具价值的评价，以及对目的语的情感态度；三是行为倾向，即学习者使用目标语的范围和频率，代表了学习者日常语言使用情况。

　　语言认同因其主观性较强，很多语言认同研究将其作为一种纯主观现象进行研究，认为语言认同本质上是一种语言态度，实际上夸大了研究主体主观情感因素的作用。事实上语言认同是一个实践性概念，是社会化言语互动的产物（徐大明 2004）。建构主义认同理论认为观念影响身份定位，身份影响行为方式。语言认同就是主体对于特定语言的认知、强烈的情感依附和由此而产生的语言行为方式。因此，语言认同表现在态度、情感、行为倾向等各个方面，是特定语言环境和社会环境中的产物。语言认同的实践性表现为：首先是对某一种语言的价值、活力的判断和认知，属于语言意识，即认知层面；其次是对语言的喜好厌恶程度，属于语言态度，即情感层面；第三是学习或采用某种语言行为的意愿，属于语言行为倾向，即意动层面。是个人或群体在基于对某种语言的认知和情感基础之上的特定的语言行为方式。"语言认同表现为一定的语言观念和语言态度，也就是对语言价值的评价、对语言使用和发展的看法与态度，以及在此基础上所作的语言选择及其所引起的有关于语言保持、语言转用等一系列的结果。在特定的社会、历史和文化条件下，语言认同与语言观念、语言态度不一定完全吻合。但在总体上，语言认同与语言观念和语言态度是一致的。母语认同程度高，人们对本族语的语言感情就越强烈，也就越倾向于使用和发展本族群的语言。"[1] 虽然学界对于语言认同的定义与评估标准还未形成完全统一的认识，但在实际评估个体或者群体的语言认同时，多会考虑三个要素：第一是语言认知层面，即对语言价值、活力的判断，包括语言等级指标、语言和社会关系指标，以及语言活力指标；第二是语言态度层面，指对某一语言的喜好厌恶程度，可以通过语言的吸引力指标来评测；第三是意动层面，指采取言语行为的愿望，可以用语言行为倾向指标来测定。语言认同与语言态度、语言使用与语言能力之间是相互影响的关系。本研究参照对语言认同评估的相关研究，主要从语言态度、语言使用和语言能力三大方面进行调查研究。对语言态度的调查采用里克特五级量表计分法，在计算均值时，均值越高表明语言态度越正向积极；对语言使用的调查则采用封闭式问题。

研究方法

关于语言认同的研究方法，不同学科领域采用的方法不尽相同。但整体上语言与身份认同研究逐步从宏观向微观推进，在关注国家和族群等身份认同的同时，越来越关注特定语境下交际者情景性和互动性身份的协商与建构。即随着社会语言学、会话分析、语用学等学科的兴起，语言认同研究越来越转向关注在言语交际中语言和身份的互动关系，以及语言如何建构、标记和凸显身份的多元性和可变性等微观问题。比较有代表性的研究方法有会话分析、批评话语分析和语料库分析方法等。会话分析擅长捕捉微观会话结构中涌现出的身份认同协商过程，具有即时性和动态性；批评话语分析则把文本置于社会文化语境中，聚焦于权力和意识形态等因素对认同的制约和影响。揭示社会语境中身份建构、意识形态、机构权力之间的关系；语料库语言学分析可以为身份认同研究提供多题材、大数量、真实的语料依据。然而，就目前的研究现状而言，对川西康区的研究语料来源比较欠缺，特别是大数量、真实的长篇口语料搜集困难。因此，本研究使用定性与定量相结合的混合

---

[1] 王锋.论语言在族群认同中的地位和表现形式 [J]，云南师范大学学报，2010（04）：76.

研究方法，通过田野调查搜集相关数据，田野调查以问卷为主，辅以观察、访谈、语言能力测试等；分析语料时采用语料库方法、变项规则分析法、话语分析法等。

1.3.4 数据收集方法和分析方法

社会语言学研究的数据类型一般包括访谈、问卷、实验数据等，应根据不同的数据类型采取合适的数据收集方法。田野调查的特殊性在于数据收集次数不宜过多，因此本研究在数据收集过程中，主要是观察、访谈、问卷调查几种方法并举，同时收集语言数据和社会数据。计量统计使用 SPSS 软件。

问卷调查的难点在于问卷编制，本研究调查问卷参考了 1997 年我国语言国情调查"中国语言文字使用情况调查"问卷，并结合川西康区的具体情况进行了一些调整。问卷由单选和多选题构成，具体包括被调查者基本信息、语言使用情况、语言文字掌握情况、语言态度四个部分。其中语言态度部分借鉴了加德纳（Gardner 1985）的 AMTB（Attitude/Motivation Test Battery）量表设计。访谈提纲主要参考高一虹等（2003）《英语学习与自我认同变化——对大学本科生的定量考察》，并根据访谈对象特点进行了修订。访谈内容包括：（1）族群认同，考察自我族群认同、族群态度、族群归属感、族群行为倾向。（2）文化认同，考察文化认知、文化态度、文化归属感和文化行为倾向。（3）语言认同，考察语言认知、语言情感、语言行为倾向和自信心。因为本研究还要进一步考察语言认同与语言教育之间的关系，需要对语言学习者的语言能力进行测评，因此制定了"语言能力自测表"，该表主要依据《欧洲语言教学与评估共同参考框架：学习、教学、评估》中"语言水平自测表"的四项语言技能评测标准修改而成。

抽样及样本构成。根据统计学对问卷调查中样本容量的研究，德尔涅伊和龙谷田口（2011）提出样本应该占总体的 1%-10%。依据此抽样原则，本研究以乡镇为基本单位，深入到各村进行入户调查，辅之以大街上、路边、集市等的随机抽样调查。调查采用一对一方式，即调查员口述问卷逐题询问，被调查者依次回答，调查员圈选或填写。问卷完成后，调查员及时检查问卷，发现问题及时询问被调查者，以确保问卷的有效性。数据收集历时三年半，调查问卷数据主要运用统计软件 SPSS 进行数据导入和分析。

数据分析方法。本研究主要从社会语言学视角进行分析，语言与社会身份问题一直是社会语言学研究的重点之一。语言具有指示讲话者社会身份的作用，通过分析调查对象的语言使用、语体风格、语言态度，以及讲话者的社会特征、语言环境等，对研究对象的语言认同状况进行定量与定性分析。

第 2 章 区域视角：川西康区的语言认同调查

2.1 区域与族群

2.1.1 川西康区的区域与族群特征

社会语言学身份认同研究近年来开始关注时空体范畴，时空体概念主要关注全球化时代的社会流动与身份认同的关系，特别是社会行动主体如何在多个不同的交叠时空中，通过语词、时态、叙事策略等表意资源，在相互冲突的价值系统和行为规范中展开协商，构建和协调复杂身份的过程[1]。目前社会语言学时空体范畴的研究主要关注的还是微观层面的语言互动和个体身份认同，但时空体范畴的相关理论也可以拓展到区域空间的语言认同研究，即从区域语言生活共通的特性，以及模式化的互动，探讨区域内部的差异性、区域的内聚力，以及区域之间的互动，以及如何产生和推动区域认同。

在人类学研究领域，区域通常被理解为一个地理与社会文化的范畴，需要综合自然和社会因素进行界定。一般来说，区域包括省域、县域和一些特别区域（如粤港澳大湾区、京津冀经济圈、长江三角洲城市群等），区域语言生活由社会终端组织组成，包括家庭、社区等单位（李宇明 2012）。费孝通提出了"中华民族多元一体格局"理论，并把中华民族多元一体格局描述为

---

[1] 宋旸．社会语言学视域中的时空体研究综述［J］．外语学刊，2019（04）：20-25.

六大板块、三条走廊[1]。这三条走廊即西北走廊、南岭走廊和藏彝走廊。其中，"藏彝走廊"无论从地理位置或区域分布，还是从族群语言分布，都体现出独特的区域性文化特征。"在'藏彝走廊'展开多民族地区经济文化交流的历史与文化研究，对于我们从特定地区内部认识'和而不同'的民族文化接触历史与现状，有着重要意义，对于我们担当'文化自觉'的历史使命，也同等重要"[2]。"藏彝走廊"无论是作为一个特定的民族学概念，还是作为一个历史形成的民族地区，已经成为国内外学者关注的一个热点区域。从语言面貌看，藏彝走廊主要是一条藏缅语民族走廊，现分布在藏彝走廊的藏、彝、羌、白、傈僳、纳西、普米、独龙、阿昌、怒、拉祜、景颇、哈尼、基诺、门巴、珞巴等民族均属藏缅语族。因此，"藏彝走廊"概念的提出意味着这个地区可以作为一个独立的区域来进行研究[3]。

藏族作为几乎覆盖整个藏彝走廊的民族，在长期发展过程中形成了其独特的生活方式和藏族文化。但由于自然生态环境、文化传统、社会类型等差异，使得各地的藏族在文化面貌上存在着明显的地域性差异。意大利藏学家杜齐对于藏族的地域性差异曾做过这样的描写："藏族人口远非出于一源，……虽然在今天，这里语言和宗教是相同的，习俗也是一致的，但我们愈往西部和南部走，就愈发现人们在身体特征上有很大的差异，……虽然几个世纪的混合和共同生活把许多来源不同的种族融合在一起，但这个差异还是明显的。"[4]因此，如果要深入认识藏彝走廊内部复杂多样的民族文化现象，并且从整体上比较全面、准确地呈现藏彝走廊内部的地缘文化格局及其整体文化面貌，必须对该区域的民族与文化进行分区研究。文化域又称为文化区域，它是民

---

[1] 费孝通. 民族社会学的尝试 [A]. 从事社会学五十年 [C]. 天津：天津人民出版社，1983：91.

[2] 费孝通. 给"'藏彝走廊'历史文化学术讨论会"的贺信 [A]. 石硕主编. 藏彝走廊：历史与文化 [C]. 成都：四川人民出版社，2005：2.

[3] 石硕. "藏彝走廊"：一个独具价值的民族区域——谈费孝通先生提出的"藏彝走廊"概念与区域 [J]. 藏学学刊，2005（00）：8-17.

[4] [意]杜齐. 西藏中世纪史 [M]. 李有义，邓锐龄，译. 北京：中国社会科学院民族研究所编印本，1980：7-8.

族文化人类学的概念或范畴，是指具有相同或相似特征，或共享一种占支配地位的文化倾向的若干族群文化生态所构成的相邻的地理区域。在综合考虑民族、文化、地理空间三个要素并兼顾总体文化面貌、民族系统、社会形态及山川地理等因素的基础上，藏学家石硕从整体上将藏彝走廊划分成了七个文化区，即羌（尔玛）文化区、嘉绒文化区、康巴文化区、彝文化区、纳系文化区、雅砻江流域及以东保留"地脚话"的藏族支系文化区和滇西怒江-高黎贡山怒、傈僳、独龙族文化区[1]。

其中，康巴文化区是藏彝走廊中地理范围最大的一个文化区，同时也是藏族的三大方言区和三大历史地理区划（卫藏、安多与康）之一。"康区"是"康巴藏区"的简称，又称"康藏"。该区域在行政区划上大致包括今四川甘孜藏族自治州、西藏昌都市和云南迪庆藏族自治州的大部以及青海玉树藏族自治州和果洛藏族自治州的部分操藏语康方言的地区。地理上大致包括西藏丹达山以东，大渡河以西，巴颜喀拉山以南、高黎贡山以北一带。他们一般以"康巴"（即"康人"）自称。康区作为藏族传统的三大人文地理区域之一，无论是自然地理特点还是人文特点，均显著而复杂，这决定了需要将康区语言的使用变化置于多民族互动交融，以及历代中原政权与康区地方和汉、藏民族交流与互动的大背景中加以考察。康区自古以来就是多民族迁徙与流动地区，吐蕃、羌、西夏、蒙古、回族、满、汉等不同民族在此迁徙融合，从而形成康区民族众多、族源复杂的历史背景和多元文化面貌。因地处横断山脉地区，山川河流纵横，地理上呈现典型"走廊"形态，在此区域，由西向东延伸的一系列东西走向的山脉、河流在此均逐渐转为南北走向的高山深谷。呈现出了"两山夹一川"和"两川夹一山"的地形面貌。由于地貌复杂，该区域的地理环境、文化面貌及社会类型也呈现出罕见的多样性和复杂性。严酷的地理环境有助于区域性的文化特点的产生和形成，这也正是康区内部不同特点的亚文化区域产生的根本原因之一。

历史上，康区也形成了政治多元的格局。元朝在青藏高原地区先后设置

---

[1]　石硕. 关于藏彝走廊的民族与文化格局 [J]. 西南民族大学学报，2010（12）：1-6.

了三个军政机构："乌思藏纳里速古孙等三路宣慰司都元帅府""吐蕃等处宣慰使司都元帅府"和"吐蕃等路宣慰使司都元帅府"，分别用于管辖卫藏和阿里、安多和康区。从明中叶开始，为防备蒙古与西藏地方的联合，稳定西北一带，明朝实施了"抚藏御蒙"政策。《明史》卷三百三十"西域"二载，明宪宗成化三年（1467）朝廷下令："诸自乌斯藏来者皆由四川入，不得径赴洮、岷，遂著为例。"《明宪宗实录》卷之七十八"成化六年四月乙丑"载，成化六年（1470）再次重申乌斯藏赞善、阐教、阐化、辅教四王朝贡均须"由四川路入"。自此以后，穿越康区的川藏道开始成为入藏的主要通道。清廷开始在川藏道沿线驻军、设置粮台，驻藏大臣等官员往返也大多经由川藏道。康区也成为清朝经营和管理西藏的前哨与依托之地。清末围绕"固川保藏"开展的一系列经略，赵尔丰对川边（即康区）的大规模开拓与经营，更是强化了"治藏必先安康""稳藏必先安康"的观念。"川边特别行政区"和"西康省"的设立，显示出康区战略地位非同寻常[1]。

川西康区指甘孜藏族自治州一带，是康区的主要部分，东与四川雅安、阿坝藏族羌族自治州接壤，南接凉山彝族自治州、云南迪庆藏族自治州，西沿金沙江与西藏昌都市隔水相望，北接青海省玉树、果洛藏族自治州，是国内唯一与各个藏区均接壤的重要交通枢纽，既是"内地的边疆"，又是"边疆的内地"。"大杂居、小聚居、交错杂居"是川西康区族群分布的基本状态，由于历史上战争征伐、贸易流通和移民迁徙等原因，多族群长期共处同一区域，在这些区域内族群边界往往是不清晰的，呈现出融合共生的特点。川西康区不仅民族众多，也是多民族宗教汇合之地，形成了复杂的区域文化生态。这种环境既有利于多元文化认同取向的形成，又使得当地人文化身份认同易受影响而多变。尤其是处在多元文化环境中的时候，身份认同问题显得尤为敏感。从人类学的角度来看，体质特征、风俗习惯都可以作为一个族群的特性，而在川西康区，不同族群的体质特征差异并不明显，使得语言标志文化身份的作用变得

---

[1] 石硕.如何认识康区——康区在藏族三大传统区域中的地位与人文特点 [J].西北民族论丛，2015（02）：1-13；藏族三大传统地理区域形成过程探讨 [J].中国藏学，2014（03）：51-59；试论康区的人文特点 [J].青海民族研究，2015（03）：1-6.

更加突出。因此，语言应是反映当地民族及族群认同的较为核心的要素。

根据本质主义或者"原生说"的族群认同理论，一个民族或族群倾向于将自身的存在解释为由某些"既定"的，或"与生俱来"的东西所决定，这些东西包括对共同来源的坚信等。川西康区的许多族群都有类似的共同起源的故事，而且语言学上的证据也说明，不同支系的藏族的确存在某种历史联系，按客观属性标准，的确可被认为属于同一民族。通过调查研究表明，这一地区的居民除分别使用过去已经知道的藏、彝、羌、普米、嘉绒等语言外，还存在着众多不为外人了解的"历史遗留"的语言。"一些有着亲属关系的部落群体，他们使用的语言经过长时间的彼此隔绝，各自发展，形成了一个个独立的语言，但由于他们生活在一个十分动荡的走廊地区，迁徙、征战频繁发生，多种民族互相混合，在长期的历史发展过程中，一些部落群体逐渐丧失自己的特点而溶合于另一民族之中，但他们的语言却顽强地保存下来了。新中国成立三十年来，操嘉绒、尔龚、扎巴、木雅、史兴等语言的居民，已确定为藏族，对此他们并没有提出异议，他们的风俗习惯，心理素质等许多方面与藏族基本相同，尽管他们操着不同的语言，但这并不影响他们作为一个统一的民族彼此存在着什么隔阂。因为一个民族讲二种以上语言的例子不仅国内有，国外也是很多的。至于操尔苏、贵琼和纳木义等语音的居民，新中国成立以前他们被称为'西番'，新中国成立以来他们有的说自己是藏族，有的说自己是番族，有的被当成汉族。粉碎'四人帮'以后，他们中的一部分人向有关领导部门反映，要求对他们的族属进行调查识别。语言调查并不是民族识别调查，我们并不认为，单凭他们使用了一种独立的语言就可以得出确定为一个单一民族的意见，要从科学上鉴定是否是一个单一的民族，还必须结合社会历史、经济生活，风俗习惯、和本民族意愿等，进行综合分析研究，才能得出比较科学的合乎实际的结论。"[1]

2.1.2　川西康区的语言认同田野调查

本章采用点面结合和民族语分层的方法进行调查研究，以川西康区的语

[1]　孙宏开．川西民族走廊地区的语言［A］．中国西南民族研究会编．西南民族研究［C］．四川民族出版社，1983：429-454．

言生活作为"面"，以几个田野点的调查作为"点"。在"点"的选择上，针对目前川西民族语言学的研究主要是针对单一民族单一语言志的描写和研究，不能反映区域边缘，民族交界地带，语言接触地带、语言边界地带的语言状况。因此，本研究重点关注民族和语言边界地带、语言嵌套融合分布地区。分别选取了母语强势双（多）语型地区、母语与汉语均衡型地区、母语强势型向汉语强势型过渡型地区、汉语强势双（多）语型地区、语言转用型地区等典型个案进行深入调查分析。对当地语言使用状况进行分层考察，包括族际通用语、区域优势语、族内及家庭交际语等。在基于个案调查研究的基础上，探讨川西康区的语言使用状况以及语言认同等相关理论问题。

关于语言认同的调查研究，因为语言认同属社会心理学的研究范畴，克里斯特尔（Crystal 2002）认为语言能够表达多种认同：物理、心理、地域、社会、族群或国家、语境、风格。语言认同的变化也相应地引起语言变化，如语码的转换、语言的转用等，语言选择通常又和语言态度密切相关。即语言认同度的差异会直接影响语言使用者的语言态度、语言意识和语言行为。因此，语言行为既能体现出语言使用者的身份认同，又进一步能促进和强化这种认同。也就是说，语言行为都是认同行为，个人能够建立自己的语言行为模式，使自己与认同的群体相仿，与想疏离的群体相区别。因此，本研究以语言行为实践为中心，从语言态度、语言意识和语言使用入手，探讨它们与语言认同的共变关系。本章综合语言能力、语言态度（情感、认知、语言行为倾向）、语言使用（实践）三个方面对川西康区的语言认同状况进行调查研究。

"语言认同"是个人语码与身份双向建构、匹配的能动过程。每一次的语言实践就是一次建构身份的尝试，也是一次认同行为。认同行为涉及两个建构过程：个人多重身份库和个人语码库的建构，认同过程指语码和身份相匹配的过程。每个人都具备多重身份与自己的语码库。在交际过程中，说话人会根据交际场合和交际者之间的关系，从自己的多重身份库中确认一个身份或角色，并从自己的语码库中选定一个合适的语码，建立这个身份与被选择的语码的匹配。在不同场合进行人际交往时，"使身份通过选定的语码得以表达，让语码借助对应的身份取得活力。"在动态的交往过程中，"语言使用者在任何场合都确认最合适的语码与最合适的身份匹配，以表达最合适那个场合的自我。"群体成员的多重身份在语言交际中产生相互影响，协调选用语言的行为就会发生，个体会有意识地选用不同的语言构造新身份或维持原身份[1]。因此，通过语言认同过程的考察，不仅可以通过语言选择情况考察说话人身份，也可以通过说话人对具体交际环境的顺应考察其语用身份的临时建构和转换。

在语言实践中，根据语言使用的不同语域，可分为不同的情况。费什曼（Fisherman 1965）的"语域理论"是用来解释多语环境下，说话人由于交际身份、情景和话题的制约而在不同的语言之间进行选择和转换的现象。本研究一是考察不同代际族群内部语言和外部语言的使用；二是考察家庭语言、社交语言的使用；三是考察双语情境下的语言选择和语码转换情况。依据费什曼划分的语域类型，将语域划分为家庭域、生活域和工作域三大类，其中家庭域主要指居民与父母、兄弟姐妹和子女交谈时的语言使用状况；生活域主要考察居民与邻居熟人、外民族、陌生人以及在集贸市场上的语言使用状况；工作域则考察在医院、政府部门，以及在学校、会议和工作单位的语言使用状况。调查设计采用多项分析法，即考虑对语言使用可能产生影响的所有主要因素。一方面考虑调查对象的特点，如年龄层、婚姻状况、土生本地人和移民等复杂因素；另一方面考察语域变量。通过 SPSS 软件对调查问卷进行数据统计，同时对数据进行均值方差单因素分析，考察各影响因素的显著性值。

关于田野调查数据的搜集，本研究田野调查主要基于外显测量，即回答是个体可以意识到的。当然，这种测量的主观性和局限性也非常明显，被调查者可能会在真实的自我和想象中的自我之间做出妥协，导致出现不一致的计量结论。同时，语言认同是进行中的不断累积和调整的过程，计量研究只能揭示共时性的宏观结构状况，对语言认同的建构过程，语言认同发展变化的动态研究还有待后续深入。本章力求在计量研究的基础上，探讨语言认同与民族和族群认同的关系，考察川西康区的少数民族如何通过语言建构民族

---

[1] 周明朗.语言认同与华语传承语教育［J］.华文教学与研究，2014（01）：15-20.

和族群认同，以及语言认同在民族认同与国家认同、文化认同的相互转化过程中所承担的功能。

2.2　民族边界地带的语言认同与语言使用状况

2.2.1　川边"汉藏之间"的木雅文化圈

在川西康区的雅砻江流域及以东地区存在着大量保留"地脚话"的藏族支系人群，如白马、扎巴、贵琼、木雅、尔苏、多须、里汝、史兴等。他们主要分布在藏彝走廊东南边缘由雅砻江和大渡河、涪江形成的若干峡谷地带中。该区域在藏彝走廊中较为特殊，这些保留"地脚话"的人群支系如今在民族分类上均归属于藏族。当地密集地保留着众多被语言学者称为"语言活化石"的"地脚话"，即费孝通先生所称"被某一通用语言所淹没而并没有完全消亡的基层语言"。峡谷地带的封闭性及分割性地理环境，是这些藏族支系人群得以保留"地脚话"及与之相应的若干支系文化的重要原因。这些至今使用"地脚话"的藏族支系人群均保留着比较固定的自称，如"白马""扎巴""贵琼""木雅""尔苏""多须""里汝""史兴"等，这些自称不仅是他们与周边其他民族或族群进行区分的重要标志，也是族群认同的重要表征（石硕 2008）。

在这些保留"地脚话"的藏族支系文化区域中，"木雅地区"和"霍尔巴地区"（道孚县西北部）、"巴塘、理塘地区"（雅江县以西），"嘉绒地区"（丹巴县以东）一样，是藏族内部的地区名称。木雅地区被国内外语言学家称为"神秘的雅砻江语言孤岛"，属于"藏彝走廊"的多个亚文化圈之一。木雅地区大致包括康定市折多山以西、道孚县以南、雅江县以东、九龙县以北一带地区。历史上"多康六岗"中的木雅热岗就是指木雅地区，有学者认为他们是融入藏族的古代党项人的后裔。当地风俗习惯、服饰、房屋与其他藏区有显著的差别。信仰藏传佛教与苯教。"木雅语"在当地被称为"地脚话"，它与藏语康方言、安多方言和卫藏方言都无法交流。大体以贡嘎山和色乌绒河为界，可以按方言把木雅地区分为东西两个部分，相应的，木雅语分为东部方言区和西部方言区。木雅语西部方言聚居区主要分布在四川甘孜州康定市沙德镇、朋布西乡、贡嘎山乡、普沙绒乡、九龙县汤古乡。东部方言区的木雅藏族人自称"木涅""木勒""木洛"，地处大渡河流域，聚居于甘孜九龙县的洪坝乡、湾坝彝族乡及雅安市石棉县的蟹螺乡、先锋藏族乡、新民藏族彝族乡、草科藏族乡、田湾藏族乡等地区。石棉县木雅人分布于南桠河支流松林河以北的高山上，在色乌绒河以西也有少量分布。以蟹螺和先锋两个乡人口最为集中，石棉木雅人与甘孜州九龙县湾坝、洪坝一带的木雅人语言互通，通婚以及其他交流往来较多，与甘孜州康定市沙德镇、九龙县汤古乡一带木雅人通话困难，往来很少。木雅藏族的历史十分悠久，《新唐书·党项传》中便可见对其的记载，木雅被称为"弭药"，"其后吐蕃强盛，拓跋氏渐为所逼，遂请内徙。始移其部于庆州，置静边等州以处之。其故地陷于吐蕃，其处者为其属，吐蕃谓之弭药。"[1] 据史料记载，历史上木雅人大体分布在三个地区：一是今青海北部和甘肃一带，藏语称为安多岗；二是今四川白玉、德格、邓柯、石渠等县，藏语称之为塞莫岗；三是今康定市内及其邻县九龙、雅江、丹巴和道孚等地，称之为木雅热岗或木雅岗。"木雅"是居住在该地区藏族的自称，同时也是甘孜州内其他地方的藏族对该地区内藏族的称呼，也称"木雅哇""木雅哇依"。现今甘孜州内的木雅人的活动范围逐渐缩小在康定的塔公镇、新都桥镇、沙德镇、贡嘎山乡、普沙绒乡和朋布西乡，九龙县的汤古乡，雅江县的祝桑乡范围内，其中康定市内又只有沙德、朋布西、贡嘎山和普沙绒地区保留着自己的语言，他们把这种语言称为"木雅洛格"，意即木雅反话，这就是木雅人的本土语言，有的研究者将其称为"木雅语"[2]。

　　木雅文化圈是多重边缘集合体的"藏边社会"，是历史上各民族融合、交流之地，处于藏语、汉语、羌语和彝语等语言环境中，其语言使用情况较为

　　[1]　代刚. 康定木雅藏族部落历史初探 [J]. 康定民族师专学报，1993（01）：21-24+20.

　　[2]　达瓦卓玛. 甘孜州木雅人的语言使用现状及发展趋势 [J]. 四川民族学院学报，2015（05）：11-14.

复杂。在地理和文化位置上，处于川边地区汉藏"地理连接带""生态结构联结带""政治社会结构联结带"等多重边缘地区，是中原民族与周边少数民族的"生态边界"。有关木雅文化圈的相关记载，主要是一些民族学家、人类学家的著述中多有述及，但大多都被是放在藏彝走廊或者西康这一大的区域或行政区划下，相关研究基本都是基于"氐羌故地""华夏边缘""藏彝通道""汉藏之间""内部边疆""藏边社会"等进行的文化人类学探讨，对当地语言使用和语言认同状况鲜少研究。随着近年来社会经济的快速发展，当地少数民族的社会网络越来越多元，语言使用与语言认同状况更为复杂。以下分别从母语强势双（多）语型地区、母语与汉语均衡型地区、母语强势型向汉语强势型过渡型地区、汉语强势双（多）语型地区选择典型个案进行深入调查分析。

2.2.2 母语强势双（多）语型地区
——普沙绒乡语言认同与语言使用现状调查

普沙绒乡属于木雅藏区，地处康定市西南 163 公里，海拔 3100 米左右，总面积 650.46 平方公里。南与九龙县俄列乡相交，以鸡丑山为界；西与雅江县波斯河乡毗邻，以雅砻江为界；东接贡嘎山乡，西南连吉居乡，北靠沙德乡。普沙绒乡辖区内 6 个村均已通路，全乡有 508 户，共 2458 人。全乡两所寺庙（塘卡寺、昆觉寺），共有僧侣 34 人。有 1 个村小，一个中心小学。据《九龙县志》记载，清嘉庆年间，普沙绒（菩萨龙）受恶拉土百护统治，"足证《设治布告》系根据历史区域划分上列诸村为九龙行政区域"[1]，至民国元年《康导月刊》载，将普沙绒、色乌绒归属康定。民国 32 年，康定在折多山以西地区设木雅区，辖营官、塔公、古瓦、阿太四乡。其中木雅区阿太乡的宜代、菩萨绒即现普沙绒乡辖制区域。1957 年撤木雅区，分为 3 个区（营官、沙德、塔公），其中普沙绒乡隶属于沙德区。至今，普沙绒属康定市辖乡，位于折多山和雅砻江之间，下辖宜代村、冰古村、长草坪村、莲花湖村

---

[1] 四川省九龙县志编纂委员会编纂. 九龙县志 [M]. 成都：四川人民出版社，1997.31.

（原库西绒村）、火山村、普沙绒村（原普沙绒一村与普沙绒二村合并）6 个行政村，乡政府由普沙绒村迁至宜代村。新中国成立前，高山深谷、交通闭塞的地理环境以及严寒的气候使得人们彼此间交流不便，形成"方言自成体系，有如异国语言，外人无法听懂"的局面。新中国成立后，随着川藏铁路、雅康高速的建成和多个农村公路建设村通畅项目、乡通畅工程的落实，白马桥至吉居乡通乡公路开通，覆盖普沙绒乡长草坪村、宋玉村、采玉村通畅工程完工，交通居住环境得到巨大改善。社会经济发展打破了语言、地理环境的阻隔，超越了民族壁垒，当地的语言生态环境也随之发生了很大变化。

本次调查采取随机入户一对一填写问卷的方式进行，在普沙绒乡共发放 134 份问卷，回收问卷 129 份，其中有效问卷 121 份。121 位受访者均为普沙绒乡当地的居住者，占全乡总人口的 5%，符合统计学中对样本容量的规定；其中藏族 117 人，占比 96.7%，汉族 4 人，占比 3.3%，与当地汉藏人口比相似。女性 56 人，男性 65 人。由于 6 岁以下的儿童认知能力不足，语言能力也很不稳定，因而受访者的年龄以 6 岁以上为主。参考戴庆厦先生主编的"新时期中国少数民族语言使用情况研究丛书"关于语言使用调查时对调查对象的年龄划分标准，分为少年组（6—19 岁），青年组（20—44 岁），中年组（45—59 岁），老年组（60 岁以上）。本次调查受访者的年龄段划分以及对应人数、比例如下表 2.1 所示：

表 2.1 普沙绒乡受访者性别、年龄交叉表

计数		被调查者年龄				总计
		6-19	20-44	45-59	60 岁以上	
被调查者性别	男	21	15	19	10	65
	女	12	21	10	13	56
总计		33	36	29	23	121

受当地经济产业类型单一性特征和人口外流等因素的影响，本次调查的受访者在职业分布方面，以农民和学生居多。此外，调查对象的文化程度主要为小学和初中水平，占总人数的57.1%，高中和大专以上文化水平的人很少。从各个受教育程度的变量上看，男性的受教育程度总体上要高于女性。

普沙绒乡居民的语言能力

刘丹青（2015）指出在双语多语和双言多言的环境下，中国境内的国民语言能力可分成9类。根据研究对象的特点，本研究主要考察其中的4类语言能力，即：（1）少数民族群体使用通用语言即普通话的能力；（2）少数民族群体使用通用文字和规范书面语的能力；（3）少数民族语言作为母语的能力；（4）非母语方言能力。

对调查问卷数据分析发现，当地不同年龄段的语言能力存在很大差异，根据图2.1，具体表现为：少年组72.7%会说木雅语，84.9%会说普通话，64.6%会说康方言，39.4%会说四川话；青年组75%会说木雅语，72.2%会说

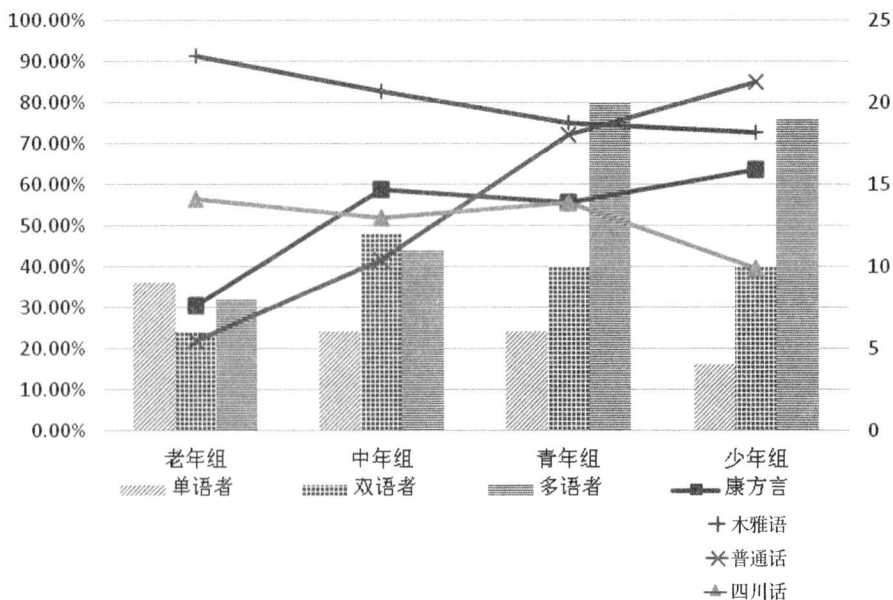

图2.1 不同年龄组语言能力分析图

普通话，55.6%会说康方言，55.6%会说四川话；中年组 82.8%会说木雅语，41.4%会说普通话，58.6%会说康方言，51.7%会说四川话；老年组 91.3%会说木雅语，21.7%会说普通话，30.4%会说康方言，56.5%会说四川话。少年组、青年组会说木雅语的人数比较接近；中年组、老年组会说木雅语的比例占绝对优势。而在少年组中会说普通话的比例远远超出其他组，说明新生代受国家通用语言即普通话的影响较大，普通话能力大为提高。

　　整体来看，调查数据显示，当地人的母语木雅语能力是最高的，除了木雅语之外，普遍会说多种语言，最多的能说 4 种语言（方言）。这与他们所处多语生活环境密切相关，强势语言周边的弱势语言群体，基本上会发展成多语人。值得注意的是，四语者中出现了外语习得者。

　　从图中的过渡曲线可以看出，当地普通话和木雅语呈现出完全相反的发展态势，到青年组出现交叉，普通话在少年组中开始占上风。多语模式也从以木雅语为主导转向以普通话为主导，这种转变的时间跨度大致为 60 年，以普通话为主导的多语模式在未来或许会成为一种趋势。

　　当地语言能力从老年组的单语能力为主，逐渐过渡到中年组双语能力为主，到青少年组多语能力占绝对优势。同时，年龄与单语者数量成正比，与双语、多语者数量成反比，年龄越大单语者越多，年龄越小双语、多语者越多。老年组语言能力主要表现为"单语模式"，中年组语言能力出现"双语模式"，青年组和少年组语言能力多为"多语模式"，"双语模式"为"单语模式"到"多语模式"的中间过渡模式，时间跨度大致为 15 年。

　　为了进一步了解普沙绒乡居民对不同语言的掌握程度和语言交流的自由度，本研究按年龄组分类对当地居民语言掌握程度的自我评价进行分析。将语言掌握程度分为 4 级："熟练使用"（包括一些口音较重的情况），说明主体对该语言的掌握程度较好，能够使用该语言自由交流；"基本能交谈"，说明主体对该语言的掌握程度一般，使用该语言交流时较为顺畅；"不太会说"，说明主体对该语言掌握程度不够，能听懂一些但难以自由交流；"不会说"，说明主体完全没有掌握该语言，在听说方面无法展开。不同年龄组的语言掌握程度自我评价情况如下图 2.2 所示。

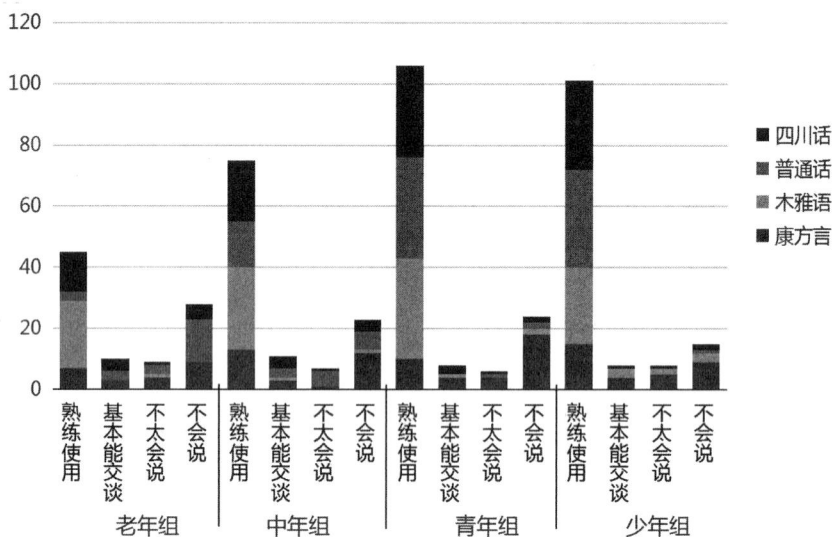

图 2.2 语言掌握程度自我评价分析图

老年组和中年组对木雅语的掌握程度较好，其次是四川话；对普通话的掌握程度相对较弱。青年组和少年组木雅语、普通话和四川话水平相对持平，在少年组中普通话水平稍优于木雅语和四川话。普通话水平逐渐提高的同时，普通话、木雅语、四川话、康方言能力之间的差距逐渐缩小，说明通用语言、地方方言、民族语言能力三者是一种相互促进的关系。

除了对语言听说能力的自我评价之外，也对当地居民的语言文字读写能

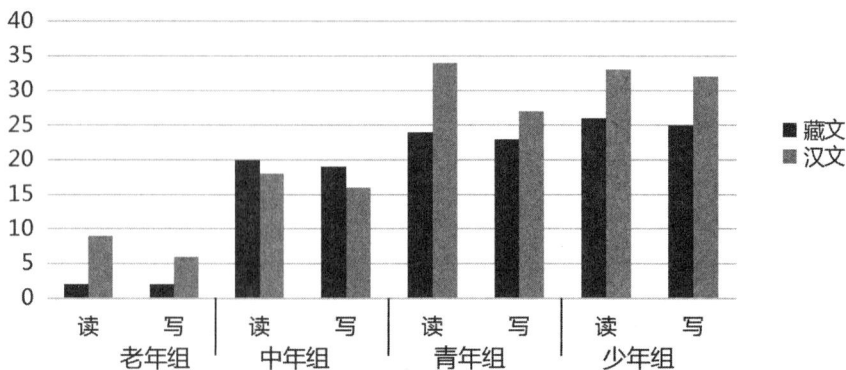

图 2.3 文字读写能力自我评价分析图

力的自我评价进行了调查。其中，对能读书看报记为"读"，对能写文章或其他作品记为"写"。图 2.3 表示不同年龄组的文字读写能力自我评价情况。

老年组的文字读写水平最弱，青年、少年组读写水平较强，读写能力与年龄成反比。除中年组外，其他三组的汉文读写水平总体上高于藏文的读写水平，而藏文的读写水平也随着汉文读写水平的提升在不断提升，也进一步印证了各语言文字能力彼此促进。从"读"或"写"占总人数（121 人）的比例上看，图中青年组能读汉文的人数是所有人数中最多的，有 34 人，但是仅占总人数的 28%，其他各组达到能读写水平的人数低于 28%，说明当地居民的文字读写能力总体偏低。

普沙绒乡居民的语言使用状况

根据当地居民语言能力调查分析可知，普沙绒乡是一个典型的多语社区，因此，当地居民面临着语言选择的问题，他们在不同的场合或是与不同的对象进行交谈时会选择哪些语言使用模式和交际策略，这些语言使用模式呈现出怎样的特点，反映出当地怎样的语言使用现状，需要对普沙绒乡居民在家庭和社区中的语言使用模式进行调查和分析。在家庭域中，把家庭成员分为父辈（父母）、晚辈（子女等）、配偶、同辈（兄弟姐妹）；在社区域中，将交际对象分为本民族邻居或熟人、外民族邻居或熟人、陌生人，将交际场合（非家庭域）分为集贸市场、本地医院、本地政府、单位、庄重场合（学校、会议等）。

以下分别用"K"代表康方言，"M"代表木雅语，"P"代表普通话，"S"代表四川话，"A"代表安多方言，"W"代表卫藏方言，"F"代表外语。由于各个语域语言使用模式种类繁多，可以从中概括出几类模式：木雅语单语模式，记为"M 模式"；木雅语和普通话共用的双语模式，记为"MP 模式"；木雅语和四川话共用的双语模式，记为"MS 模式"；木雅语和康方言共用的双语模式，记为"MK 模式"；木雅语、四川话、普通话共用的三语模式，记为"MSP 模式"；木雅语、四川话、康方言、普通话共用的四语模式，记为"MSKP 模式"；四川话单语模式，记为"S 模式"；四川话和康方言共

用的双语模式,记为"SK 模式";四川话和普通话共用的双语模式,记为
"SP 模式";康方言单语模式,记为"K 模式";康方言和普通话共用的双语
模式,记为"KP 模式";普通话单语模式,记为"P 模式"。

家庭语言使用模式。家庭语言环境的差异是影响语言使用者语言使用和
身份认同的关键因素。家庭内部成员之间的语言选择和语言使用、不同的语
言社会化过程、不同个体的成长环境和学习环境差异等都会直接影响语言使
用者的语言选择和语言态度,从而形成其对特定语言的归属感和认同感。特
别是对于未成年人,家庭语言环境对其语言使用和语言认同的形成起着主导
作用。

老年组在家庭域中的语言使用模式主要有 6 种,具体如下:

①M (1, 2, 3, 4)[1];　　　　　②S (1, 2, 3, 4);

③M (1, 2) +S (3, 4);　　　　④M (1, 2, 3) +MS (4);

⑤M (1) +K (2, 3, 4);　　　　⑥M (1, 2) +KM (3) +KMS (4)

1=父辈;2=配偶;3=同辈;4=晚辈

通过数据统计,在 23 名老年人中,74.1%的人选择用木雅语作为与家庭
成员交流的主要语言,即第一种模式占主导地位,木雅语在这一群体中受到
的外来语言冲击较小。值得注意的是,在与晚辈的交流中,老年人会更迁就
晚辈,倾向于选择四川话模式,或者是四川话、木雅语、康方言共同使用的
双语或多语模式。其他 5 种模式的使用比例分别为:8.7%、4.3%、4.3%、
4.3%、4.3%。

中年组在家庭域中的语言使用模式主要有 8 种,具体如下:

①M (1, 2, 3, 4);　　　　　　②K (1, 2, 3, 4);

③MS (1) +M (2, 3, 4)[2];　　④M (1, 2, 3) +MS (4);

---

[1] 括号中的数字表示对话者,括号外的字母表示与括号内对话者交流时所使用的的语言。M
(1, 2, 3, 4)表示老年人在与父辈、配偶、同辈、晚辈交流时都是用木雅语;M (1, 2) +S (3, 4)
表示老年人在与父辈、配偶交流时使用木雅语,而在与同辈、晚辈交流时使用四川话。

[2] 汉藏通婚(父亲汉族,母亲木雅藏族,妻子木雅藏族),与父亲使用四川话,与母亲使用木
雅语。

⑤K（1，2）+KM（3，4）；　　　⑥M（1，2，3）+KM（4）；

⑦M（1，2，3）+MP（4）；　　　⑧PS（1）+PM（2）+P（3，4）

1=父辈；2=配偶；3=同辈；4=晚辈

中年组的语言使用模式明显增多，同时也更为复杂。完全木雅语单语模式在中年人中的比例为62.1%，比老年人略少；完全康方言单语模式的比例为13.8%，其他6种语言模式的使用比例分别为：6.9%、3.5%、3.5%、3.4%、3.4%、3.4%。与老年组的语言使用模式对比可以发现，中年组中康方言取代了四川话的地位，成为第二种完全独立使用的语言；而观察⑦⑧两种模式，普通话从无到有，开始逐渐进入家庭交际的领域，主要是对晚辈交际时使用。中年组的语言交际压力显然要大于其他年龄组，在相对封闭的家庭语言环境中，他们既要迁就父辈使用木雅语，又要迁就晚辈使用普通话，但是由于受教育程度不高等多种原因，他们的普通话水平不高，需要借助四川话和康方言来辅助进行交际。值得注意的是，在中年组中存在对晚辈使用完全木雅语单语模式的情况，这可能和中年人的语言能力有关，也可能是一种有意识地家庭语言规划，即当地人认为不应该抛弃自己的母语，因而在家庭内部的语言教育中完全使用本族群母语。

青年组在家庭域中的语言使用模式主要有15种，具体如下：

①M（1，2，3，4）；　　　　　②MS（1，2，3，4）；

③KMS（1）+M（2，3，4）；　　④M（1，2，3）+MS（4）；

⑤S（1）+MS（3）+S（4）；　　⑥K（1，3）+S（2，4）；

⑦S（1，2，3，4）；　　　　　⑧S（1，2，3）+PS（4）；

⑨M（1，2，3）+MP（4）；　　⑩MS（1）+M（2，3）+MPS（4）；

⑪KM（1，3）+K（2）+KP（4）；　⑫M（1，2）+MS（3）+KMPS（4）；

⑬M（1，2）+MP（3，4）；　　　⑭KM（1）+MS（2，3）+M（4）

1=父辈；2=配偶；3=同辈；4=晚辈

可见，相比中老年，青年人语言使用模式更为复杂多样。完全木雅语单语模式在青年人群中仍达到52.8%，完全康方言模式在青年组中没有出现，完全四川话单语模式占11.1%，除第⑩种模式所占比重为5.6%外，其他11

种模式所占比重均为 2.8%。虽然完全普通话模式没有出现，但是在对晚辈交际时，出现了普通话与四川话结合，普通话与木雅语结合，普通话与木雅语、康方言、四川话结合的多种语言使用模式，是普通话进一步融入家庭域交际的表现。从类型①和⑦可以发现，在家庭域中，对父辈、配偶、同辈、晚辈交际均出现了完全木雅语单语模式和完全四川话单语模式，可见当地木雅语和四川话能力较强，各年龄段都可以使用；观察类型⑥~⑧，可以发现，家庭域中出现了康方言和四川话双语模式、四川话和普通话双语共用的情况，也就是说，开始出现完全不使用木雅语，改用四川话，或者四川话加普通话的双语模式的情况，可见在当地语言接触的过程中，四川话和普通话已逐渐渗入家庭域交际，一些家庭开始逐渐出现语言转用的现象；普通话的交际对象从仅对晚辈交流发展到和同辈交流时也会使用，可见其使用范围逐步扩大。

少年组在家庭域中的语言使用模式主要有 18 种，具体如下：

①M（1，2）；　　　　　　②M（1）+MS（2）；

③M（1）+S（2）；　　　　④S（1，2）；

⑤K（1）+M（2）；　　　　⑥KM（1，2）；

⑦KS（1）+S（2）；　　　　⑧K（1，2）；

⑨MS（1）+KPMS（2）；　　⑩KM（1）+KMP（2）；

⑪M（1）+MPS（2）；　　　⑫M（1）+MP（2）；

⑬MS（1）+MP（2）；　　　⑭M（1）+P（2）；

⑮KMP（1）+M（2）；　　　⑯MP（1，2）；

⑰KP（1，2）；　　　　　　⑱P（1，2）

1＝父辈；2＝同辈

少年组的语言使用模式增加到 18 种，其中完全使用木雅语单语模式的所占比重下降到 23.8%，其他类型所占比重为：类型⑥占 6%，类型⑯占 9%，类型⑭、⑱分别占 11.1%，其他 13 种类型所占比重均为 3%。完全使用普通话单语模式在当地家庭域中首次出现，如类型⑱，即在家庭域中，少年组面对父辈和同辈时，都出现了完全的普通话单语交际模式。从类型⑨~⑱中，可以看到这一模式的大致形成过程，从借助其他语言辅助普通话使用到完全使用普通话的单语模式，从只对同辈使用普通话逐渐扩展到对父辈的交流中。少年组的语言使用模式也表现出清晰地层级变化，从类型①~④、⑤~⑧、⑨~⑱可以看到，四川话、康方言和普通话一步步渗透进相对封闭的家庭语言环境中，而这种趋势在青少年群体中还在进一步扩展。在家庭域中，各语言或者方言之间的竞争加剧，语言强弱关系处于不断变化之中。

社区语言使用模式

社区语言交际模式，主要包括生活域和工作域的语言使用状况考察。社会环境在语言使用者的语言使用和身份认同的建构过程中发挥着重要作用，在田野调查中主要通过被调查者在生活域和工作域的语言使用状况进行考察。社会环境促使语言社会化，并使语言使用者在社会化过程中建构新的身份认同，并调整或形成新的语言认同。以下根据交际对象和交际场合分别进行考察。

从交际对象上，主要考察当地居民与非家庭成员交流时所使用的语言模式，包括与本民族邻居或熟人、与外民族邻居或熟人、与陌生人交流时，老中青少几代分别使用哪些语言模式。当地居民在与本民族邻居或熟人交流时的语言使用模式如下表 2.2：

表 2.2 当地居民在与本民族邻居或熟人交流时的语言使用模式

老年组	①M　②K　③S　④MS　⑤KMS
中年组	①M　②KM　③PS　④KMS　⑤KMPS
青年组	①M　②K　③S　④KM　⑤MP　⑥MS　⑦PS　⑧MSP　⑨KMP　⑩KMPS
少年组	①M　②K　③S　④P　⑤KM　⑥KP　⑦MP　⑧PS

从统计数据来看，老年组与本民族邻居或熟人交流时的语言使用模式数量较少，单用木雅语的人数占比达 67%，单语使用比例较高；中年组与本民族邻居或熟人交流时的语言使用模式数量较少，单语使用比例下降，单语模式数量与老年组相比明显减少，同时中年组中普通话开始在双语、多语模式

中出现，但这一组仍以木雅语为中心语言；青年组中，语言使用模式的数量明显增多，双语、多语模式的数量是最多的；少年组中，完全使用普通话的模式开始出现，占比达10%，普通话在青少年组语言使用模式中的占比提升。总体来看，与本民族邻居或熟人交流时，当地居民还是更偏向于木雅语，各年龄组与本民族邻居或熟人交流时的语言使用模式和他们与家庭成员的语言使用模式较为相似。

当地居民在与外民族邻居或熟人交流时的语言使用模式如下表2.3：

表2.3 当地居民在与外民族邻居或熟人交流时的语言使用模式

老年组	①M ②K ③S ④P ⑤MS ⑥KS
中年组	①M ②K ③S ④P ⑤KP ⑥KM ⑦MP ⑧PS ⑨KMS ⑩KMPS
青年组	①M ②K ③S ④P ⑤MP ⑥KP ⑦PS ⑧KPS ⑨MSP ⑩KMPS
少年组	①M ②S ③P ④KP ⑤KM ⑥MP ⑦PS ⑧KPS ⑨MSP

与外民族邻居或熟人交流时，老年组完全使用汉语方言四川语的比例（43.5%）超过完全使用木雅语（13.5%）的比例，出现完全使用普通话的情况，单语模式使用比例高于双语模式使用比例，未出现多语使用模式；中青年组的语言使用模式较为相似，与老年组相同，中青年组完全使用四川话的比例（24.2%）也要稍高于完全使用木雅语的比例（15.1%），与老年组相比，中青年组双语模式使用比例提升，单语模式的使用比例减低；少年组选择语言使用模式更为集中，多数人选择完全使用普通话，比例高达51.5%，其次是完全使用四川话，而完全使用木雅语的仅占9%。总体来说，与外民族邻居或熟人交流时，当地居民更偏向于四川话和普通话，随着对话者年龄层的降低，使用普通话的比例逐渐增加，而使用木雅语的比例逐渐减少。

当地居民在与陌生人交流时的语言使用模式如下表2.4：

表2.4 当地居民在与陌生人交流时的语言使用模式

老年组	①M　②K　③S　④P　⑤PS　⑥MS
中年组	①M　②K　③S　④P　⑤PS　⑥MP　⑦KS　⑧KP　⑨MSP　⑩WMP
青年组	①M　②K　③S　④P　⑤MP　⑥KP　⑦PS　⑧KS　⑨MSP　⑩KPS
少年组	①M　②S　③P　④PS　⑤MP　⑥KS　⑦KP

　　其中，老年组完全使用四川话的占大部分，比例为52.2%，完全使用木雅语的仅为21.7%，其次是普通话和康方言，老年组双语模式仅占小部分，与前文所述的两种情况相同。中年组完全使用四川话的仍占大部分，与老年组的情况相近，而青年、少年组完全使用普通话的占绝对优势地位；青年组与陌生人交流时的语言使用模式和他们与外民族邻居或熟人交流时的语言使用模式较为相似。由于少年组普通话水平较高，在与陌生人交流时倾向于使用普通话单语模式。

　　从交际场合来看，语言环境对语言选择和语言使用具有很大的制约作用，通过考察不同的年龄组在不同社会语域中的语言使用模式，可以进一步探讨社会语域对语言使用模式选择的影响。当地不同语域的语言使用模式分布如表2.5所示：

表2.5 不同语域的语言使用模式分布（%）

	单位	会议	集贸市场	当地医院	当地政府	上网
M 模式	31	26	18	16	15	14
MS 模式	2	9	8	5	7	2
MK 模式	2	3	5	4	2	2
MP 模式	7	5	3	4	5	9
MSP 模式	2	5	4	0	1	2

续表

	单位	会议	集贸市场	当地医院	当地政府	上网
MSKP 模式	5	3	3	5	5	1
S 模式	7	8	30	25	25	8
SK 模式	0	0	3	4	3	0
SP 模式	8	7	6	10	8	18
K 模式	7	5	3	4	5	6
KP 模式	5	4	3	3	2	8
P 模式	25	24	14	23	23	30

从统计数据来看，当地居民会依据语域的不同对语言使用模式有所选择和侧重。在单位和会议场合会选择 M（木雅语）模式和 P（普通话）模式，侧重使用 M（木雅语）模式；在集贸市场，会选择 S（四川话）模式和 M（木雅语）模式，侧重使用 S（四川话）模式；在当地医院和当地政府，会选择 S（四川话）模式和 P（普通话）模式，侧重使用 S（四川话）模式；在上网时，会选择 P（普通话）模式和 SP（四川话和普通话双语）模式，侧重使用 P（普通话）模式。

从上文可知，相对封闭的家庭语域是以 M（木雅语）单语模式为主导的。在社会语域中，交际环境越封闭，M（木雅语）模式应用就越广泛，相反，交际环境的开放度越大，所面对的交际对象越多越复杂，M（木雅语）模式的使用比例会逐渐下降；与外地人接触较多的交际场合中，P（普通话）模式占据了相当大的比例，尤其在上网时，P（普通话）模式使用最为广泛。在单位、会议这些语言环境中，对话者一般是当地同村的居民，因而 M（木雅语）模式使用最为广泛；在集贸市场、当地医院、当地政府这些语言环境中，对话者出现外地人的比例增加，外地人又以四川人居多，因而 S（四川话）模式使用最为广泛；在上网时，网络环境中以普通话为主，对话者范围更为广泛，因而 P（普通话）模式使用最多。

其次，双语模式主要出现在集贸市场、当地政府、当地医院这些语域中，主要使用 MS（木雅语和四川话双语）模式、MK（木雅语和康方言双语）模式、SK（四川话和康方言双语）模式；上网主要使用 MP（木雅语和普通话双语）模式、SP（四川话和普通话双语）模式和 KP（康方言和普通话双语）模式；MSP（木雅语、四川话和普通话三语）模式主要使用于会议，MSKP（木雅语、四川话、康方言和普通话四语）模式主要集中在单位、当地医院、当地政府这些语域中。

普沙绒乡居民的语言态度

"在双语或多语社会中，由于社会或民族认同、情感、目的和动机、行为倾向等因素的影响，人们会对一种语言或文字的社会价值形成一定的认识或作出一定的评价，这种认识和评价通常称为语言态度。"[1] 语言态度从一定程度上能反映出人们对某种语言的主观认识和语言信念。从语言使用者的角度出发，人们的社会网络关系、身份地位特征、社会价值观念的不同，对某种语言的价值判断和情感态度也会有所不同。语言态度是指人们对某一种语言变体所持有的态度和看法，其中包括对语言的认知评价、情感评价和行为倾向。其中，认知因素与个人的思想结构有关，指的是自我对事物的了解、评价和判断，即语言使用者对特定语言的交际功能、社会地位和使用价值的评价；情感因素指的是自我对于事物的喜好、体验和感觉，包括积极情感和消极情感，即当语言使用者在听到某种语言时，在情感上的反应和感受；行为倾向则是指自我对于事物的行为倾向，包含进行某种行为的可能性，即语言使用者具有学习或使用某种特定语言的行动倾向[2]。"语言态度的三个要素是一个难以完全割裂的整体，不同因素之间常常是你中有我，我中有你，彼此存在着难解难分的联系。"[3] 对语言的认知态度和情感态度是语言行为的前提和基础，同时语言行为又会影响语言认知和情感，三者之间是相互影

---

[1]　王远新. 论我国少数民族语言态度的几个问题 [J]. 满语研究，1999（01）：87.

[2]　戴庆厦主编. 社会语言学概论 [M]. 北京：商务印书馆，2004：123.

[3]　王远新. 中国民族语言学：理论与实践 [M]. 北京：中央民族大学出版社，1998：150-151.

响、相互补充的关系。在田野调查问卷设计中，对语言认知因素的考察侧重调查说话人对不同语言功能和社会地位的评价，包括该种语言是否有用，在社会上是否具有影响力，是否有身份等；情感因素主要考察居民对语言的语感评价，即说话人是否觉得该种语言好听、亲切；行为倾向则包括说话人期待自身及子女应该掌握哪种语言以及语言使用状况。

本研究主要从语言的价值（认知）评价、语言的情感体验、语言使用者的行为倾向这三个方面，考察讲话人对母语、康巴话、普通话、四川话的评价。采用里克特五级量表计分法，将问题选项设为五个评价等级，即"非常不""比较不""一般""比较是""非常是"。在计算均值时，将以上五个等级分别记为1分、2分、3分、4分、5分，均值越高表明语言态度越好、越正面积极。关于受访者对语言的认知评价，包括评价该种语言是否有用，在社会上是否具有影响力，使用起来感觉是否有身份，是否是民族身份的标志；受访者对语言的情感评价，包括认为该语言是否好听，是否有亲切感等。这些问题采取五度打分法，分值越高，评价越好，最后统计各语言各指标的均值来进行比较，各语言的比较结果如下图2.4所示：

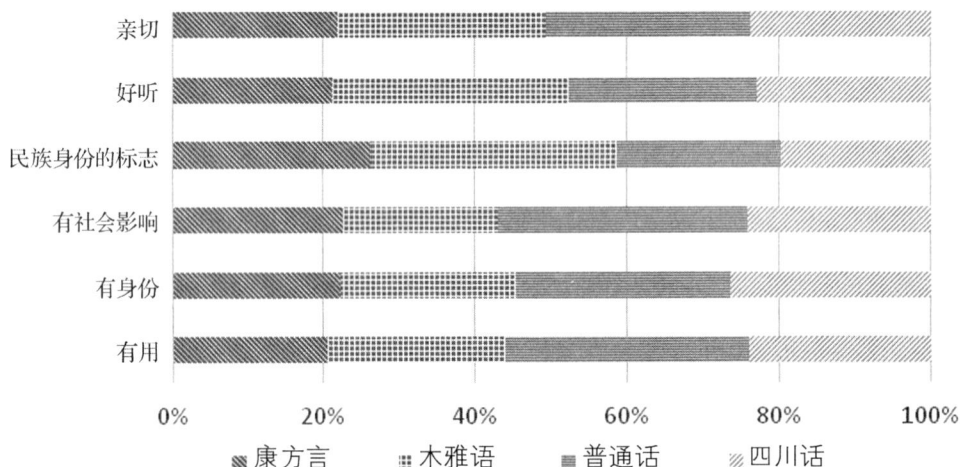

图 2.4 普沙绒乡居民语言态度的认知和情感因素

根据每个指标的均值从大到小排列，即可得到受访者对各语言的认知和情感态度。

亲切指标：木雅语>普通话>四川话>康方言

好听指标：木雅语>普通话>四川话>康方言

有用指标：普通话>四川话>木雅语>康方言

有身份指标：普通话>四川话>木雅语>康方言

有社会影响指标：普通话>四川话>康方言>木雅语

是民族身份的标志指标：木雅语>康方言>普通话>四川话

从整体上看，普沙绒乡居民对普通话在情感态度和认知评价层面是很积极、正面的。木雅语作为他们的母语，当地居民对其的情感评价是最为正面的，但在认知评价方面则相反，大多数人认为木雅语没有用、没有地位、不具有社会影响力，但是木雅语作为木雅藏族人身份的标志是当地居民公认的。

从分年龄组的数据排列来看：

老年组：

亲切指标：木雅语>康方言>四川话>普通话

好听指标：木雅语>康方言>普通话>四川话

有用指标：木雅语>四川话>普通话>康方言

有身份指标：四川话>木雅语>普通话>康方言

有社会影响指标：普通话>康方言>四川话>木雅语

是民族身份的标志指标：木雅语>康方言>四川话>普通话

中年组：

亲切指标：木雅语>四川话>康方言>普通话

好听指标：木雅语>普通话>康方言>四川话

有用指标：普通话>木雅语>四川话>康方言

有身份指标：康方言>普通话>四川话>木雅语

有社会影响指标：普通话>康方言>四川话>木雅语

是民族身份的标志指标：木雅语>康方言>普通话>四川话

青年组：

亲切指标：木雅语>康方言>四川话>普通话

好听指标：普通话>康方言>四川话>木雅语

有用指标：普通话>四川话>康方言>木雅语

有身份指标：普通话>四川话>康方言>木雅语

有社会影响指标：普通话>四川话>康方言>木雅语

是民族身份的标志指标：木雅语>康方言>普通话>四川话

少年组：

亲切指标：木雅语>四川话>普通话>康方言

好听指标：普通话>木雅语>四川话>康方言

有用指标：普通话>四川话>木雅语>康方言

有身份指标：木雅语>康方言>四川话>普通话

有社会影响指标：普通话>四川话>康方言>木雅语

是民族身份的标志指标：木雅语>康方言>普通话>四川话

四个年龄组的共同特征是在"亲切、民族身份标志"两个指标上木雅语的得分最高，而在"有社会影响"这一指标上普通话得分最高。其次，中老年组对木雅语的情感态度最为正面，认为母语是最好听最亲切的，而青少年组的情感态度出现了一些变化，认为普通话最好听。对于"有用"这一指标，老年组和中年、青年、少年组也出现了分歧，对于老年组而言，他们的木雅语水平更高，生活中木雅语运用得最多、最广，因而他们普遍认为木雅语是最有用的语言（方言）；对于青少年组而言，接触的事物比中老年组更多，见识更广，并且学校教育、商贸活动等让他们认识到普通话是最有用的。

通过"您希望下列语言或方言有怎样的发展"这一问题，能够了解普沙绒乡居民对各语言发展趋势的态度。在此仍采用五度打分法，"会有很大的发展"5分，"会在一定范围内发展"4分，"保持目前状况"3分，"在不久的将来不再使用"2分，"无法回答"1分，其他情况0分。各语言的总得分情况为：普通话522，四川话462，木雅语418，康方言295。按照各语言的总得分进行排位：普通话>四川话>木雅语>康方言。可见，普沙绒乡居民更看好普通话、四川话的发展趋势。

通过"您认为会民汉两种语言会有哪些优势"这一问题考察普沙绒乡居民的双语态度，进一步预测他们的双语或多语行为倾向。其中，1为"无所谓"，2为"非常不同意"，3为"比较不同意"，4为"比较同意"，5为"非常同意"，选择4、5的人数比例如下表2.6所示：

表2.6普沙绒乡居民的双语态度

	人数	比例
有助于找工作	105	86.8
知道更多的知识	106	87.6
会有更多的朋友	106	87.6
可以赚到更多的钱	100	82.6
有身份	97	80.2

根据表2.6的数据显示，大部分人对掌握民汉双语持积极正面的态度，对既会木雅语又会普通话的双语能力持赞同态度。

语言态度的行为倾向是受访者的语言认知评价和情感态度在行为上的表现，主要通过下表2.7的5个问题来了解普沙绒乡居民语言态度的行为倾向，包括受访者今后对自身及其子女语言掌握的期望，对当地工作生活等方面语言使用的期望等。

表2.7普沙绒乡居民语言态度的行为倾向

	安多方言	卫藏方言	康方言	木雅语	普通话	四川话	外语
1. 今后在工作和生活中，您认为哪些语言比较重要	0	0.32%	20.4%	16.72%	39.64%	22.92%	
2. 希望今后自己的孩子学习哪些话	0.3%	0.3%	24.47%	17.35%	34.06%	17.95%	5.57%

续表

	安多方言	卫藏方言	康方言	木雅语	普通话	四川话	外语
3. 本地中小学最好用哪种话教学	0	0	44.02%	7.54%	17.6%	20.8%	10.04%
4. 本地广播或者电视应该使用什么语言	0.41%	0.41%	25.61%	15.42%	39.32%	17.12%	1.71%
5. 本地政府或者医院等公共领域应该使用什么语言	0	0	21.29%	16.45%	41.34%	20%	0.92%

在"今后在工作和生活中，您认为哪些话比较重要""希望今后自己的孩子学习哪些话""本地广播或者电视应该使用什么语言""本地政府或者医院等公共领域应该使用什么语言"这 4 个问题中，普沙绒乡居民的行为倾向的排序均为：普通话>康方言>四川话>木雅语>外语>卫藏方言>安多方言，对普通话的选择倾向明显要高出其他语言；在"本地中小学最好用哪种话教学"这个问题中，大部分倾向于认为当地义务教育阶段最好是用康方言教学。实际上当地的中小学也基本采用的是藏汉双语教学，这种行为倾向也显现出当地居民对使用藏民族共同语的强烈认同。在这 5 个问题中，普沙绒乡木雅藏族人对木雅语的选择倾向性不高，他们最希望掌握的是普通话，其次是康方言，甚至大部分人认为自己的子女不需要掌握木雅语。不过，受访者对同时掌握木雅语和其他语言等双语或多语能力持积极赞成的态度。

从上述分析中可以得出以下结论：普沙绒乡国家通用语言的地位正不断提升，木雅藏族人对木雅语的认同是情感性的，而对普通话的认同是功能性的。普沙绒乡木雅藏族人正从单语人向双语甚至多语人转变。关于语言能力、语言态度和语言使用三者之间的关系，普沙绒乡居民语言能力、语言态度和语言使用三者之间的一致性表现在，对普通话的评价较高，普通话教育开展得较好，青少年群体在各个语域中使用普通话的频率也较高，中年群体也出现了兼用普通话的双语和多语模式；对木雅语的情感态度最积极，其在家庭和熟人交际领域仍占有主导地位。语言能力、语言态度和语言使用三者的不一致表现在，对康方言和四川话的评价一般，在各方面均比不上普通话，情感态度上比不上木雅语，但各年龄组能说康方言和四川话的比例较高，各个语域中以康方言或四川话为主的语言使用模式较多，跨社区交际时其使用比例甚至会超过木雅语；对木雅语的认知态度和行为倾向较为消极，比不上普通话，但木雅语仍是当地居民掌握得最好、使用频率最高的语言。此外，当地居民的普通话能力一般，大部分老年人无法用普通话交流。

2.2.3 母语与汉语均衡型地区
——贡嘎山乡的语言认同与语言使用现状调查

贡嘎山乡（2019 年 12 月，撤销贡嘎山乡，设立贡嘎山镇。本书仍沿用 2018 年田野调查时的行政区划。）位于贡嘎山脚下，距离康定城 188 公里。东与甲根坝乡交界，南与雅安市石棉县草科乡、甘孜州九龙县、泸定县等地接壤，北与朋布西乡相连，西与沙德乡毗邻。全乡辖区面积 2150 平方公里，辖色乌绒一、色乌绒二、上木居、下木居、上程子、下程子、贡嘎山、玉龙西、六巴 9 个行政村，乡政府驻地贡嘎山村。其中玉龙西村是纯牧村，其余 8 个村为半牧半农村。全乡共有小学 6 所，适龄儿童入学率 100%[1]。贡嘎山乡为藏族聚居乡，全乡 617 户 3051 人。自然资源丰富，实施多种经营与商贸。乡境内有国家级自然风景名胜区——贡嘎山，蜀山之王贡嘎山又称木雅贡嘎，"贡"藏语为冰雪之意，"嘎"为洁白无瑕，意为"白色冰山"，也意为"圣洁无比的神山"。旅游业较发达，自 1957 年中华全国总工会登山队首次登上贡嘎山主峰后，相继有各族、各国学者和游客来此地考察、观光旅游。因此贡嘎山乡居民接触外界和其他民族的机会较多，对本地居民的语言使用状况产生了较大影响。

课题组在贡嘎山乡共回收了 57 份有效调查问卷。被调查者基本情况如下：性别分布上，男性 31 人，占样本总数的 54.4%；女性 26 人，占样本总

---

[1] 康定市地方志编纂委员会.康定年鉴[M].北京：线装书局，2017：214.

数的 45.6%。年龄分布上，第一代老年人共 10 人，占总人数的 17.5%；第二代中年人共 7 人，占 12.3%；第三代青年人共 40 人，占 70.2%。受访者均为木雅藏族，小学文化程度 27 人，初中 12 人，高中 11 人，大专及以上仅 2 人，其他 5 人。从职业分布上看，被调查者中，学生 35 人，占被调查者的 61.4%；教师 1 人，占比 1.8%；农民 6 人，占比 10.5%；牧民 3 人，占比 5.3%；商业、服务业人员共 9 人，占比 15.8%；不在业人员 1 人，占比 1.8%；外出务工人员共 2 人，占比 3.5%。

贡嘎山乡居民的语言能力

从表 2.8 "贡嘎山乡居民语言掌握情况分析表"可累计计算出各语言掌握人数百分比：木雅语（98.2%）>普通话（84.2%）>康方言（57.9%）>四川话（45.6%）>安多方言（8.8%）>卫藏方言（8.8%）。可见，贡嘎山乡居民全部为双语或多语能力者。被调查者中仅有 1 人未掌握木雅语，据访谈可知为出生于上木居村的 18 岁女性，幼时随父母习得康方言，未学习木雅话，其他被调查者都会木雅话。此外，掌握普通话的人数比例也较高（84.2%）。

表 2.8 贡嘎山乡居民语言掌握情况分析表[1]

语言掌握	人数	比例
木-康-普	14	24.6%
木-普	10	17.5%
木-普-川	10	17.5%
木-康-川	8	14.0%
木-康-普-川	6	10.5%
木-安-普	2	3.5%

---

[1] 表格中的"木"指木雅语，"康"指藏语康方言，"普"指普通话，"川"指四川方言（四川话），"安"指藏语安多方言，"卫"指藏语卫藏方言。"总计"统计的人数均为作答此题的人数。

续表

语言掌握	人数	比例
木–康	1	1.8%
康–普	1	1.8%
木–卫–康–普–川	1	1.8%
木–卫–康–普	1	1.8%
木–安–卫–康–普–川	1	1.8%
木–安–卫–普	1	1.8%
木–安–卫–康–普	1	1.8%
总计	57	100.0%

根据表 2.9 "贡嘎山乡居民的语言掌握程度"，当地居民木雅语掌握程度最高，几乎都是熟练掌握。同时，68.5%的居民能听懂并使用普通话，33.4%的居民在日常交际中可以使用四川话，29.8%的人能熟练使用康方言。安多方言和卫藏方言整体水平较低，大多处于"完全听不懂且完全不会说"级别，各占 73.7%、64.9%。可见，当地母语能力和汉语能力（包括普通话与四川话能力）都比较高，相对处于一种平衡状态。

表 2.9 贡嘎山乡居民语言掌握程度的人数比例（%）

掌握程度 ＼ 语言种类		安	卫	康	木	普	川
1　能听懂并会说	能流利准确地使用	3.5	1.8	12.3	98.2	40.4	8.8
	能熟练使用但有些音不准	0	5.3	14	0	24.6	5.3
	能熟练使用但口音较重	1.8	0	3.5	0	3.5	19.3
2　能基本能听懂且基本能交谈	基本能交谈但不太熟练	3.5	10.5	19.3	0	7	28.1

续表

掌握程度 / 语言种类		安	卫	康	木	普	川
3 会听说简单的日常话语	能听懂但不太会说	10.5	14	17.5	0	10.5	17.5
4 基本听不懂且基本不会说	能听懂一些但不会说	5.3	1.8	7	0	10.5	10.5
5 完全听不懂且完全不会说	听不懂也不会说	73.7	64.9	26.3	1.8	3.5	10.5

从读写能力来看，如表 2.10 所示，被调查者中共有 89.5% 的人能看懂藏文书籍，78.9% 的人能用藏文进行写作。能读汉文书籍的占 80.7%，能用汉字进行写作的占 77.2%。整体上来看，贡嘎山乡居民藏文阅读能力和写作能力与汉文读写能力基本持平。

表 2.10 贡嘎山乡居民文字掌握程度的人数比例（%）

读		
掌握程度	藏文	汉文
能读书看报	89.5	80.7
看不懂	10.5	19.3
写		
掌握程度	藏文	汉文
能写文章或其他作品	78.9	77.2
不会写	21.1	22.8

从不同年龄段的代际语言能力差异来看，参照联合国教科文组织年龄划分标准，将调查对象中处于 0—34 岁的居民划分为"第三代"，代表"青年人阶段"；35-50 岁为"第二代"，代表"中年人阶段"；51 岁以上则为"第一代"，即"老年人阶段"。对不同代际居民的语言能力进行对比，如下表 2.11 所示：

表 2.11 不同代际居民语言能力对比

	年龄代际	能够听懂并会说	能基本能听懂且基本能交谈	会听说简单的日常话语	基本听不懂且基本不会说	完全听不懂且完全不会说
安多方言	第一代	0	0	0	0	100
	第二代	14.3	0	0	0	85.7
	第三代	5.0	5.0	15.0	7.5	67.5
卫藏方言	第一代	0	0	0	0	100
	第二代	14.3	14.3	0	0	71.4
	第三代	7.5	12.5	20.0	2.5	57.5
康方言	第一代	20	10	40	20	10
	第二代	42.9	28.6	14.3	0	14.3
	第三代	30	20	12.5	5	32.5
木雅语	第一代	100	0	0	0	0
	第二代	100	0	0	0	0
	第三代	97.5	0	0	0	2.5
普通话	第一代	10	10	20	50	10
	第二代	42.9	14.3	28.6	0	14.3
	第三代	87.5	5	5	2.5	0
四川话	第一代	0	50	40	10	0
	第二代	28.6	14.3	42.9	0	14.3
	第三代	42.5	25	7.5	12.5	12.5

第一代受访者（51 岁及以上）的老年人共 10 人，5 人在当地经营家庭客栈或小卖部，3 人在家务农放牧，2 人在外务工，他们的母语均为木雅语，木雅语水平最高，并且不同程度的兼通第二语言。10% 的受访者普通话水平能达到"能听懂并会说"程度，50% 的人四川话"基本能听懂并基本能交谈"，

20%的受访者"能够听懂并会说"康方言。第一代老年人各种语言掌握程度排序为：木雅语>康方言>普通话>四川话；第二代受访者（35-50岁）共7人，其中农民和从事商业贸易者各3人，教师1人，母语均为木雅语，全部"能够听懂并会说"木雅语，且不同程度地掌握第二语言。42.9%受访者的康方言和普通话能力达到了"能听懂并会说"等级，另有28.6%的居民能熟练使用四川话。第二代中年人语言熟练度排序为：木雅语>康方言＝普通话>四川话>安多方言＝卫藏方言；第三代受访者（0-34岁）共40人，学生共35人，农民2人，牧民、商业服务业人员和无业者各1人。除1人从小习得康方言和普通话双语，完全不会讲木雅语，其余受访者母语均为木雅语，也不同程度的掌握第二语言。第三代受访者汉语水平较好，87.5%的受访者能流利使用普通话，42.5%的受访者熟练掌握四川话，30%的受访者康方言水平达到"能听懂并会说"等级。第三代受访者的语言能力从高到低排序为：木雅语>普通话>四川话>康方言>卫藏方言>安多方言。

以下各表利用多元线性回归方法，进一步探求影响贡嘎山乡居民语言能力的因素[1]。表2.12—表2.15分别是贡嘎山居民康方言能力、木雅语能力、普通话能力和四川话能力预设影响因素的多元线性回归分析。

表2.12 贡嘎山乡居民康方言水平影响因素多元线性回归分析表

	未标准化系数		标准化系数		
	B	标准误差	Beta	t	显著性
（常量）	5.327	2.616		2.037	.047
年龄	-.013	.016	-.119	-.781	.438
性别	1.170	.599	.279	1.953	.056

---

[1] 对语言能力的影响因素分析，采用SPSS多元线性回归的方法。即将预设影响因素设为自变量，将相应的语言能力设为因变量，分析结果所生产的表格中，若显著性值大于0.05，则说明这一因素不会对因变量产生影响；若显著性值小于0.05，则说明这一因素对因变量有影响。再通过标准化系数绝对值的大小判断各个因素对因变量的影响程度，若标准化系数为负值，则说明这一因素与因变量呈负相关，若标准化系数为正值，则说明这一因素与因变量呈正相关。

续表

	未标准化系数		标准化系数		
受教育程度	.547	.248	.307	2.209	.032
职业	-.225	.225	-.135	-.997	.323
母语	.374	.329	.149	1.137	.261

表 2.13 木雅语水平影响因素多元线性回归分析表

	未标准化系数		标准化系数		
	B	标准误差	Beta	t	显著性
（常量）	-1.152	.857		-1.344	.185
年龄	-.001	.005	-.034	-.262	.795
性别	.018	.196	.011	.092	.927
受教育程度	-.043	.081	-.063	-.525	.602
职业	-.003	.074	-.005	-.041	.967
母语	.588	.108	.622	5.456	.000

表 2.14 普通话水平影响因素多元线性回归分析表

	未标准化系数		标准化系数		
	B	标准误差	Beta	t	显著性
（常量）	2.212	1.735		1.275	.208
年龄	-.073	.011	-.737	-6.802	.000
性别	.547	.397	.140	1.377	.175
受教育程度	-.136	.164	-.082	-.829	.411
职业	-.150	.149	-.097	-1.002	.321
母语	-.138	.218	-.059	-.633	.529

表 2.15 四川话水平影响因素多元线性回归分析表

	未标准化系数		标准化系数		
	B	标准误差	Beta	t	显著性
（常量）	6.685	2.169		3.082	.003
年龄	-.004	.013	-.050	-.315	.754
性别	.241	.497	.073	.485	.630
受教育程度	-.357	.205	-.253	-1.738	.088
职业	-.014	.187	-.011	-.075	.941
母语	-.338	.273	-.171	-1.239	.221

从各个预设因素所对应的显著性来看，只有"受教育程度""年龄""母语"对当地居民的康方言、木雅语和普通话的语言能力有影响。具体来看，如表 2.16 "贡嘎山乡居民语言能力影响因素所对应的标准化系数"所示，贡嘎山乡居民的木雅语水平仅和其母语习得情况相关，即母语为木雅语的人其木雅语水平比母语为非木雅语的人高；普通话水平只与年龄大小有关，即年龄越小，普通话能力越好，相反年龄越大，普通话能力越差；康方言能力与其受教育程度高低有关，受教育程度越高，康方言语言能力越好。

表 2.16 贡嘎山乡居民语言能力影响因素所对应的标准化系数

标准化系数对比			
语言种类	年龄	受教育程度	母语
康方言	—	.307	—
木雅语	—	—	.622
普通话	-.737	—	—

贡嘎山乡居民的语言使用状况

家庭域中的语言使用情况，从表 2.17 可见，在家庭域中，绝大多数居民对父母等长辈交流时仍使用木雅语。但完全转用康方言和普通话的有 2 人。

表 2.17 贡嘎山乡居民对父母使用哪种语言

交际对象 语言使用	父亲		母亲	
	人数	百分比	人数	百分比
木	34	59.6	38	66.7
木–普	3	5.3	3	5.3
木–川	2	3.5	1	1.8
康	1	1.8	1	1.8
普	0	0	1	1.8
木–安	1	1.8	1	1.8
木–康	1	1.8	0	0
木–康–普	0	0	1	1.8
木–康–川	1	1.8	1	1.8
木–康–普–川	1	1.8	1	1.8
木–普–川	1	1.8	0	0
无此情况	12	21.1	9	15.8
总计	57	100	57	100

根据表 2.18，贡嘎山乡居民同兄弟姐妹等同辈交流时使用木雅语的比例为 82.5%，使用普通话的占 1.8%，同时，使用木雅语兼其他语言的占 16%。

表 2.18 贡嘎山乡居民对兄弟姐妹使用哪种语言

语言使用	人数	百分比
木	47	82.5
木–普	5	8.8
普	1	1.8
木–康–普	1	1.8
康–普	1	1.8
木–普–川	1	1.8
木–川	1	1.8
总计	57	100

根据表 2.19，贡嘎山乡居民在和子女等晚辈交流时使用木雅语单语的比例达 52.6%，使用康方言单语和普通话单语的各占 1.8%。使用木雅语兼普通话的双语模式的人较多，比重仅次于木雅语单语。

表 2.19 贡嘎山乡居民与子女交流的语言统计

语言使用	人数	百分比
木	30	52.6
木–普	5	8.8
康	1	1.8
普	1	1.8
木–康	1	1.8
木–康–川	1	1.8
木–川	1	1.8
普–川	1	1.8
无此情况	16	28.1
总计	57	100

总之，在家庭域中，木雅语是贡嘎山乡家庭内部的主要交际语言，但出现了兼用康方言、四川话和普通话的趋势。

在生活域中的语言使用状况，当地居民在与本民族邻居或熟人聊天时，从表 2.20 可见，使用木雅语的占 75.4%，使用木雅语和康方言双语模式的占 5.3%，使用木雅语和普通话双语模式的占 5.3%，使用康方言单语模式的占 3.5%，使用普通话单语模式的仅 1 位。可见被调查者在与本民族人交际时主要使用木雅语，同时也会少量兼用康方言、普通话。

表 2.20 贡嘎山乡居民与本民族邻居或熟人交际常用语言统计

语言使用	人数	百分比
木	43	75.4
木–普	3	5.3
木–康	3	5.3
康	2	3.5
木–康–普	2	3.5
普	1	1.8
康–普	1	1.8
卫–康	1	1.8
木–安–卫–康	1	1.8
总计	57	100

与外民族邻居或熟人聊天时，根据表 2.21 可知，普通话和四川话是最主要的语言选择，其中使用普通话的累积百分比高达 70.4%。

表 2.21 贡嘎山乡居民与外民族邻居或熟人交际常用语言统计

语言使用	人数	百分比
普	22	39.3

续表

语言使用	人数	百分比
川	8	14.3
木	7	12.5
普-川	7	12.5
木-普	5	8.9
木-康-普	2	3.6
康-普	1	1.8
康-普-川	1	1.8
康-川	1	1.8
无此情况	2	3.6
总计	56	100

在与当地陌生人交际时，从表2.22可见，被调查者会根据交际对象的不同而灵活选择使用不同的语言。其中普通话是最主要的选择，其次是木雅语和四川话。

表2.22 贡嘎山乡居民与当地陌生人交际常用语言统计

语言使用	人数	百分比
普	27	48.2
木	6	10.7
川	5	8.9
康-普	5	8.9
木-普	3	5.4
木-康-川	3	5.4
木-康-普-川	2	3.6
康-川	2	3.6

续表

语言使用	人数	百分比
木–普–川	1	1.8
安–卫–康–普	1	1.8
无此情况	1	1.8
总计	56	100.00

在集贸市场交际时，从表 2.23 可见，被调查者在集市上买卖东西时，主要使用普通话（累计百分比 56.1%）和木雅语（累计百分比 50.9%），二者差别不大，另有 29.8% 的人选择使用双语或多语模式。

表 2.23 贡嘎山乡居民在集市上的语言使用统计

语言使用	人数	百分比
普	19	33.3
木	15	26.3
川	5	8.8
木–普	5	8.8
康–普	3	5.3
木–康–普	3	5.3
木–康–川	2	3.5
康–川	2	3.5
木–安–卫–康–普–川	1	1.8
木–康–普–川	1	1.8
无此情况	1	1.8

总之，在生活域中，贡嘎山乡居民在与本民族人交际时，木雅语是主要交际语言。由于当地居民熟练掌握四川话的人数比例较低，因此在与外民族交际时，大多数居民会选择使用普通话。

在工作域的语言使用状况。在政府机关和医院，从表 2.24 可见，无论是在医院中同医务人员交际，还是在政府机关同政府工作人员交际，普通话都是被调查者的主要选择。

表 2.24 贡嘎山乡居民在政府机关和医院场合的语言使用统计

交际场合 语言使用	医院		政府	
	人数	百分比	人数	百分比
普	18	31.6	15	26.3
木	13	22.8	5	8.8
川	6	10.5	3	5.3
木–普	6	10.5	7	12.3
木–康–普	4	7.3	4	7.0
康–普	2	3.5	1	1.8
木–康–川	2	3.5	2	3.5
木–川	0	0	2	3.5
木–安–卫–康–川	1	1.8	0	0
木–康–普–川	1	1.8	0	0
木–康	1	1.8	1	1.8
康–普–川	0	0	1	1.8
康–川	1	1.8	1	1.8
无此情况	2	3.5	14	24.6
总计	57	100	57	100

在学校、工作单位等场合和本族人交流时，从表 2.25 可见，被调查者在比较庄重的场合与本民族人交流时，木雅语是他们的主要选择，占 56.9%，兼用木雅语和康方言的占 10.3%。

表 2.25 贡嘎山乡居民学校、工作单位与本族人交际的语言使用统计

语言使用	人数	百分比
木	33	56.9
木–康	6	10.3
康	5	8.6
普	5	8.6
木–普	3	5.2
康–普	2	3.4
安–卫–康–普–川	1	1.7
卫–普	1	1.7
卫–康–普	1	1.7
无此情况	1	1.7
总计	57	100

在工作域中贡嘎山乡居民的语言使用呈现出如下特点：在医院或政府机构等场合，普通话是最主要的交流工具；在和本民族人交流当中，无论是在正式场合，还是非正式场合中，木雅语都是当地最主要的交际工具。

对不同代际居民的语言使用进行对比，根据表 2.26 "贡嘎山乡第一代居民的语言使用现状"可见，在第一代老年受访者的家庭语言使用中，除 1 人和子女交谈时使用木雅语和四川话双语外，其余均使用木雅语与家人进行交流；生活域中，木雅语和四川话是老年受访者主要使用的语言；工作域中，无论是在医院就医、政府部门办事，还是在学校和工作单位与本族人交流，老年受访者均以使用木雅语为主。

表 2.26 贡嘎山乡第一代居民的语言使用现状（%）

	家庭域			生活域				工作域		
	母亲(1)	兄弟姐妹(10)	子女晚辈(10)	本民族邻居熟人(10)	外民族熟人邻居(9)	当地生陌人(10)	集贸市场(10)	医院(9)	政府部门(9)	学校等工作单位(14)
康	0	0	0	0	0	0	0	0	0	0
木	100	100	90	100	0	0	50	33.3	11.1	100
普	0	0	0	0	22.2	20	0	0	11.1	0
川	0	0	0	0	66.7	30	20	44.4	11.1	0
木康	0	0	0	0	0	0	0	11.1	11.1	0
木普	0	0	0	0	0	0	0	0	0	0
木川	0	0	10	0	0	0	20	0	11.1	0
康普	0	0	0	0	0	0	10	0	0	0
康川	0	0	0	0	0	10	0	0	11.1	0
普川	0	0	0	0	11.1	0	0	0	0	0
木康普	0	0	0	0	0	0	0	0	11.1	0
木康川	0	0	0	0	0	20	0	11.1	11.1	0
木普川	0	0	0	0	0	0	0	0	0	0
康普川	0	0	0	0	0	0	0	0	0	0
木康普川	0	0	0	0	0	10	0	0	0	0

　　根据表 2.27，第二代中年受访者在家庭内交际时，主要使用木雅语。但在与子女的交流时，木雅语的使用有所降低；在生活域中，中年受访者均使用木雅语与本民族人交流，在与外民族人和陌生人交际时，大多选择普通话和四川话；在工作域中，主要使用木雅语，或者普通话。

表 2.27 贡嘎山乡第二代居民的语言使用现状（%）

	家庭域				生活域				工作域		
	父亲 (5)	母亲 (7)	兄弟姐妹 (7)	子女晚辈 (7)	本民族邻居熟人 (6)	外民族熟人邻居 (7)	当地陌生人 (7)	集贸市场 (7)	医院 (7)	政府部门 (7)	学校等工作单位 (6)
康	0	0	0	0	0	0	0	0	0	0	0
木	80	85.7	100	71.4	100	14.3	14.3	42.9	28.6	42.9	100
普	0	0	0	0	0	14.3	42.9	14.3	28.6	14.3	0
川	0	0	0	0	0	28.6	28.6	14.3	14.3	0	0
木康	0	0	0	0	0	0	0	0	0	0	0
木普	0	0	0	0	0	0	0	0	0	14.3	0
木川	0	0	0	0	0	0	0	0	0	0	0
康普	0	0	0	0	0	0	0	0	0	0	0
康川	0	0	0	0	0	0	0	0	14.3	0	0
普川	0	0	0	14.3	0	42.9	0	0	0	0	0
木康普	0	0	0	0	0	0	0	0	0	0	0
木康川	20	14.3	0	14.3	0	0	14.3	28.6	14.3	14.3	0
木普川	0	0	0	0	0	0	0	0	0	0	0
康普川	0	0	0	0	0	0	0	0	0	14.3	0
木康普川	0	0	0	0	0	0	0	0	0	0	0

根据表 2.28，第三代青年受访者的家庭用语仍以木雅语为主，但使用比例有所下降；在生活域和工作域中，木雅语和普通话是主要交际工具。

表 2.28 贡嘎山乡第三代居民的语言使用现状（%）

	家庭域				生活域				工作域		
	父亲(39)	母亲(39)	兄弟姐妹(40)	子女晚辈(24)	本民族邻居熟人(39)	外民族熟人邻居(38)	当地陌生人(38)	集贸市场(38)	医院(38)	政府部门(27)	学校等工作单位(38)
康	2.6	2.6	0	4.2	5.1	0	0	0	0	0	13.2
木	76.9	79.5	75	66.7	69.2	15.8	13.2	18.4	21.1	3.7	44.7
普	0	2.6	2.5	4.2	2.6	50	57.9	47.4	42.1	48.1	13.2
川	0	0	0	0	0	0	5.3		2.6	7.4	0
木康	2.6	0	0.0	4.2	7.7	0	0	0	0	0	15.8
木普	7.7	7.7	12.5	20.8	7.7	13.2	7.9	13.2	15.8	22.2	7.9
木川	5.1	2.6	2.5	0	0	0	0	0	0	3.7	0
康普	0	0	2.5	0	2.6	2.6	13.2	5.3	5.3	3.7	5.3
康川	0	0	0	0	0	2.6	2.6	0	0	0	0
普川	0	0	0	0	0	7.9	0	0	0	0	0
木康普	0	2.6	2.5	0	5.1	5.3	0	7.9	10.5	11.1	0
木康川	0	0	0	0	0	0	0	0	0	0	0
木普川	2.6	0	2.5	0	0	0	2.6	0	0	0	0
康普川	0	0	0	0	0	2.6	0	0	0	0	0
木康普川	2.6	2.6	0	0	0	0	2.6	2.6	2.6	0	0

对比三代人的语言使用状况，可以看到，三代人均将木雅语作为对内交际的主要工具，包括家庭领域和本民族人之间的交际，但木雅语的使用随着年龄的减小而减少；在对外交际方面，老年人一般使用木雅语，中年人开始出现兼用汉语的现象，青年一代则以普通话为主。

贡嘎山乡居民语言使用的影响因素分析[1]

从年龄与家庭域的语言使用的关系来看，通过对调查结果进行方差分析（见表 2.29），年龄与贡嘎山乡居民与同辈交流时的语言使用的显著性大于 0.05，这说明年龄与同辈交流之间的语言使用没有显著性关系。而年龄与贡嘎山乡居民与长辈、晚辈交流时的语言使用的显著性均小于 0.05，说明当交际对象为父母和子女时，其语言选用情况各个年龄代际之间有差异。

表 2.29 年龄与家庭域语言使用的方差分析

		平方和	自由度	均方	F	显著性
现在您对父亲（或男性抚养人）最常说哪种话（语言）？	组间	278.842	4	69.711	7.801	<0.001
	组内	464.67	52	8.936		
	总计	743.509	56	—		
现在您对母亲（或女性抚养人）最常说哪种话（语言）？	组间	191.416	4	47.854	6.182	<0.001
	组内	402.514	52	7.741		
	总计	593.930	56	—		
您在家对同辈（兄弟姐妹）最常说哪种话（语言）？	组间	33.358	4	8.340	1.568	0.197
	组内	276.571	52	5.319		
	总计	309.930	56	—		
您在家对晚辈或子女最常说哪种话（语言）？	组间	93.095	4	23.274	2.623	0.045
	组内	461.467	52	8.874		
	总计	554.561	56	—		

---

[1]　对语言使用的影响因素分析，采用 SPSS 多元线性回归的方法，即将预设影响因素设为自变量，将相应的语言使用设为因变量，分析结果所生产的表格中，若显著性值大于 0.05，则说明这一因素不会对因变量产生影响；若显著性值小于 0.05，则说明这一因素对因变量有影响。再通过标准化系数绝对值的大小判断各个因素对因变量的影响程度，若标准化系数为负值，则说明这一因素与因变量呈负相关，若标准化系数为正值，则说明这一因素与因变量呈正相关。

如下图 2.5 所示，无论交际对象是父亲、母亲，或是子女晚辈，三代人的语言使用情况呈现出相同的趋势：年龄越小，使用木雅语的比例越低，特别是第三代居民与子女交际时使用木雅语的比例大幅下降；随着年龄的减小，康方言的使用也逐步减少。相反，普通话的使用随着年龄的减小而增多。

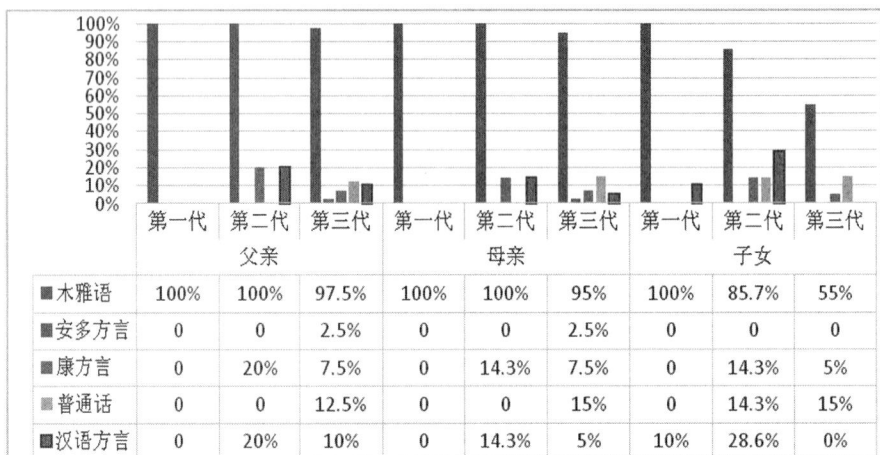

	第一代	第二代	第三代	第一代	第二代	第三代	第一代	第二代	第三代
		父亲			母亲			子女	
■木雅语	100%	100%	97.5%	100%	100%	95%	100%	85.7%	55%
■安多方言	0	0	2.5%	0	0	2.5%	0	0	0
■康方言	0	20%	7.5%	0	14.3%	7.5%	0	14.3%	5%
▨普通话	0	0	12.5%	0	0	15%	0	14.3%	15%
■汉语方言	0	20%	10%	0	14.3%	5%	10%	28.6%	0%

图 2.5　贡嘎山乡居民家庭域语言使用代际差异图

从表 2.30 可以看出，在生活域中，年龄是影响居民在集市上的语言使用和与本民族邻居和熟人交流时的语言使用的一个主要因素。

表 2.30 年龄与生活域语言使用的方差分析

		平方和	自由度	均方	F	显著性
您在集贸市场买东西时最常说哪种话（语言）？	组间	126.771	4	31.693	2.603	.046
	组内	633.124	52	12.175		
	总计	759.895	56	—		
您跟本民族邻居或熟人聊天时说什么语言或方言？	组间	81.874	4	20.468	6.641	<0.001
	组内	160.267	52	3.082		
	总计	242.140	56	—		

续表

		平方和	自由度	均方	F	显著性
您跟外民族邻居或熟人聊天时说什么语言或方言？	组间	24.682	4	6.171	.649	.630
	组内	494.581	52	9.511		
	总计	519.263	56	—		
您在当地遇到陌生人的时候最常用什么语言或方言？	组间	34.344	4	8.586	.707	.591
	组内	631.586	52	12.146		
	总计	665.930	56	—		

对不同代际居民在生活域中的语言使用状况进行对比分析。如图 2.6 所示，贡嘎山乡不同代际居民在和本民族熟人交流时的语言使用情况。第一代居民的语言使用单一，仅限于木雅语单语，从第二代开始语言使用呈现多样化的特点，其中藏语康方言开始出现在第二代人的语言使用中，而普通话则出现在第三代居民的语言交际中。

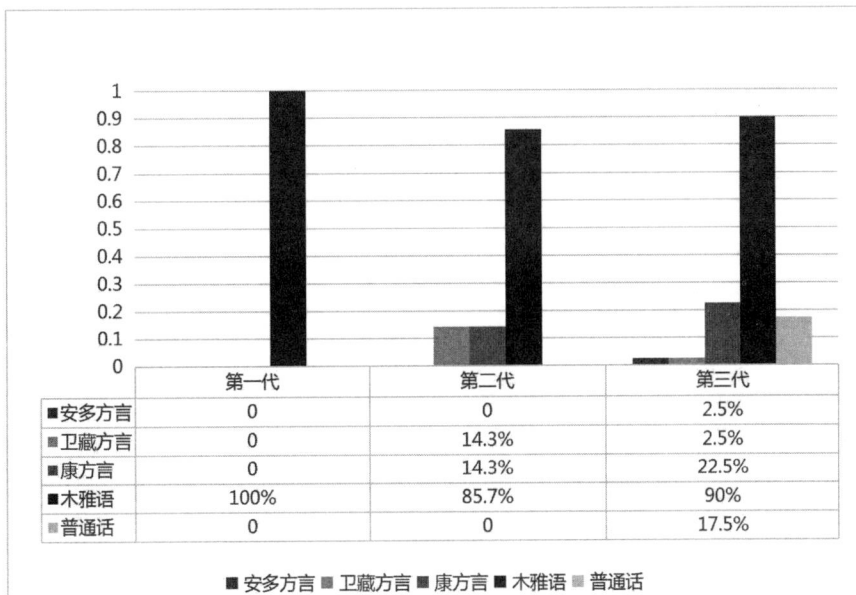

	第一代	第二代	第三代
■安多方言	0	0	2.5%
■卫藏方言	0	14.3%	2.5%
■康方言	0	14.3%	22.5%
■木雅语	100%	85.7%	90%
■普通话	0	0	17.5%

■安多方言 ■卫藏方言 ■康方言 ■木雅语 ■普通话

图 2.6　贡嘎山乡与本民族邻居交流时语言使用的代际差异

从居民们在集市上的交流（图 2.7）来看，各个年龄阶段都会使用木雅语、康方言、普通话和四川话，但第一代和第二代居民的使用较多的是四川话，康方言在第二代居民中使用频率最高，第三代居民使用较多的是普通话。

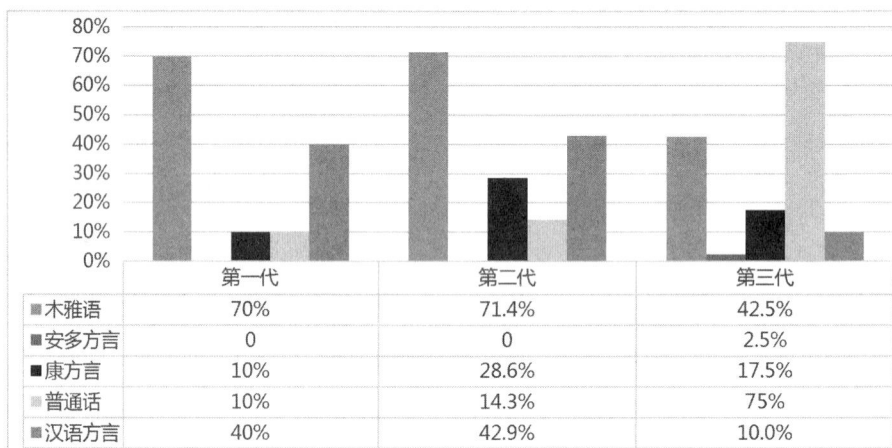

	第一代	第二代	第三代
木雅语	70%	71.4%	42.5%
安多方言	0	0	2.5%
康方言	10%	28.6%	17.5%
普通话	10%	14.3%	75%
汉语方言	40%	42.9%	10.0%

图 2.7 贡嘎山乡在集市上交流时语言使用的代际差异

从方差分析来看，根据表 2.31 "年龄与工作域语言使用的方差分析"可以看出，在工作域中，如学习、会议与工作单位等较庄重的场合下，贡嘎山乡居民的语言使用呈现出年龄上的差异，木雅语的使用比例随着年龄的增长而升高，普通话的使用比例随年龄的增长而逐渐下降。

表 2.31 年龄与工作域语言使用的方差分析

		平方和	自由度	均方	F	显著性
您到本地医院看病时最常说哪种话（语言）？	组间	33.954	4	8.489	.785	.540
	组内	562.081	52	10.809		
	总计	596.035	56	—		
您到本地政府部门办事时最常说哪种话（语言）？	组间	35.202	4	8.801	1.165	.337
	组内	392.938	52	7.557		
	总计	428.140	56	—		

续表

		平方和	自由度	均方	F	显著性
在学校、会议、工作地点等比较庄重的场合，您与本民族人通常使用哪种语言？	组间	60.397	4	15.099	3.079	.024
	组内	254.971	52	4.903		
	总计	315.368	56	—		

从表 2.32 "受教育程度与生活域语言使用的方差分析"可以看出，受教育程度对居民在集市上的语言使用有影响。具体来说，受教育程度高的人在集市上会更多选择使用普通话，而受教育程度低的居民，则使用四川话或木雅语较多。

表 2.32 受教育程度与生活域语言使用的方差分析

		平方和	自由度	均方	F	显著性
您在集贸市场买东西时最常说哪种话（语言）？	组间	268.742	4	67.185	7.113	.000
	组内	491.153	52	9.445		
	总计	759.895	56	—		
您跟本民族邻居或熟人聊天时说什么语言或方言？	组间	33.996	4	8.499	2.123	.091
	组内	208.144	52	4.003		
	总计	242.140	56	—		
您跟外民族邻居或熟人聊天时说什么语言或方言？	组间	29.146	4	7.287	.773	.548
	组内	490.117	52	9.425		
	总计	519.263	56	—		
您在当地遇到陌生人的时候最常用什么语言或方言？	组间	55.517	4	13.879	1.182	.329
	组内	610.413	52	11.739		
	总计	665.930	56	—		

从受教育程度与工作域的语言使用关系来看，表 2.33 显示，受教育程度与政府部门，以及学校、会议、工作单位等场合的语言使用之间的显著性均

小于 0.05，表明受教育程度对这几个场合中的语言使用有较大影响。具体表现为受教育程度高的居民更倾向于选择普通话。

表 2.33 受教育程度与工作域语言使用的方差分析

		平方和	自由度	均方	F	显著性
您到本地医院看病时最常说哪种话（语言）？	组间	86.152	4	21.538	2.197	.082
	组内	509.883	52	9.805		
	总计	596.035	56	——		
您到本地政府部门办事时最常说哪种话（语言）？	组间	108.365	4	27.091	4.405	.004
	组内	319.776	52	6.150		
	总计	428.140	56	——		
在学校、会议、工作地点等比较庄重的场合，您与本民族人通常使用哪种语言？	组间	147.463	4	36.866	11.417	.000
	组内	167.905	52	3.229		
	总计	315.368	56	——		

此外，从性别与家庭域的语言使用的关系来看，无论是在家庭域、生活域，还是工作域，性别与贡嘎山乡居民的语言使用的方差分析所对应的显著值均大于 0.05，说明性别不是影响当地居民语言使用的关键因素；从受教育程度与家庭域的语言使用的关系来看，受教育程度与家庭域语言使用之间的显著性均大于 0.05，说明受教育程度与家庭域语言使用之间没有显著关系，因为木雅语是家庭域中最主要的交际工具；从职业与语言使用的关系来看，职业与家庭域的语言使用之间的显著性大于 0.05，说明职业不会影响家庭域中的语言交际。

关于职业与生活域的语言使用，表 2.34 显示，不同职业的居民在生活域的语言使用具有不同的特点。

表 2.34 职业与生活域语言使用的方差分析

		平方和	自由度	均方	F	显著性
您在集贸市场买东西时最常说哪种话（语言）？	组间	68.530	6	11.422	.826	.555
	组内	691.365	50	13.827		
	总计	759.895	56	——		
您跟本民族邻居或熟人聊天时说什么语言或方言？	组间	15.836	6	2.639	.583	.742
	组内	226.305	50	4.526		
	总计	242.140	56	——		
您跟外民族邻居或熟人聊天时说什么语言或方言？	组间	40.870	6	6.812	.712	.642
	组内	478.394	50	9.568		
	总计	519.263	56	——		
您在当地遇到陌生人的时候最常用什么语言或方言？	组间	220.355	6	36.726	4.121	.002
	组内	445.575	50	8.911		
	总计	665.930	56	——		

关于职业与生活域语言使用的关系，具体如图 2.8 所示，在与陌生人交流时，教师、学生和在外地务工人员使用最多的是普通话，而商业、服务业

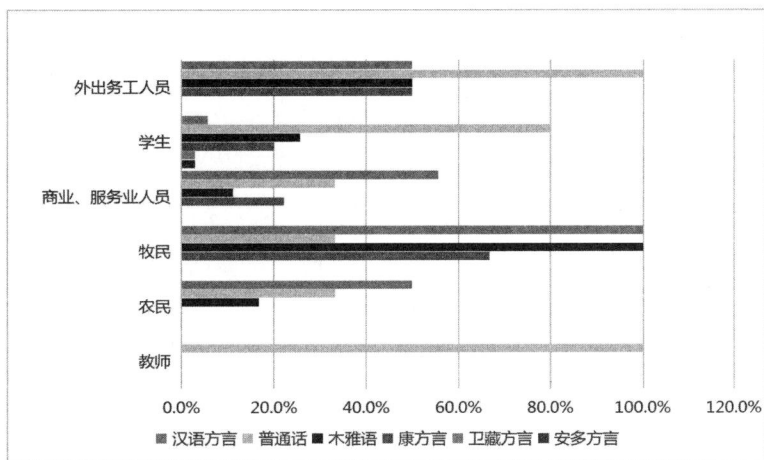

图 2.8　贡嘎山乡不同职业居民的生活域语言使用图

人员和农民、牧民使用最多的是四川话。

关于职业与工作域的语言使用，从表 2.35 来看，只有去政府部门办事时的语言使用所对应的显著性值小于 0.05，说明职业只对这种场合的语言交际产生影响。政府机构等场合中普通话是主要的交际语言，而农民、牧民、商人可能因自身语言水平限制而使用四川话。

表 2.35 职业与工作域语言使用的方差分析

		平方和	自由度	均方	F	显著性
您到本地医院看病时最常说哪种话（语言）？	组间	41.341	6	6.890	.621	.712
	组内	554.694	50	11.094		
	总计	596.035	56	—		
您到本地政府部门办事时最常说哪种话（语言）？	组间	92.966	6	15.494	2.311	.048
	组内	335.175	50	6.703		
	总计	428.140	56	—		
在学校、会议、工作地点等比较庄重的场合，您与本民族人通常使用哪种语言？	组间	49.292	6	8.215	1.544	.183
	组内	266.076	50	5.322		
	总计	315.368	56	—		

总之，木雅语是贡嘎山乡家庭语言交际中的首要选择。年龄是影响贡嘎山乡家庭语言使用的重要因素，年龄越小，使用木雅语的人数比例越低，使用普通话、四川话的人数比例越高。反之，年龄越大，使用木雅语的人数越多，语言使用模式越单一；在生活域中，当交际对象为本民族时，老中青三个年龄段的受访者使用木雅语的比例较高。当交际对象为外民族时，老年、中年主要使用四川话，而青年一代则倾向于使用普通话；工作域中，如集市、医院和政府等场合，老年和中年受访者主要使用四川话，青年受访者则以使用普通话为主。

贡嘎山乡居民的语言态度

从贡嘎山乡居民语言态度中的认知因素和情感因素来看，根据表2.36和表2.37，贡嘎山乡居民语言态度中的情感态度均值排序为："好听"程度：康方言>普通话>木雅语；"亲切"程度：普通话>木雅语>康方言。

在认知态度方面，贡嘎山乡对木雅语评价一般，而对于康方言的评价非常高，在"有用""有身份"这两方面均值都达到了5。按照均值高低进行排序："有社会影响"：普通话>康方言>木雅语；"有用"：康方言>普通话>木雅语；"有身份"：康方言>普通话>木雅语。

表2.36 贡嘎山乡居民的语言态度（%）

情感态度				
	非常不好听	比较不好听	一般好听	比较好听	非常好听
康方言	0	0	0	0	100
木雅语	1.8	3.6	16.1	12.5	66.1
普通话	1.8	1.8	10.7	5.4	80.4
	非常不亲切	比较不亲切	一般亲切	比较亲切	非常亲切
康方言	0	0	100	0	0
木雅语	0	3.6	14.3	21.4	60.7
普通话	4.5	2.2	21.3	19.1	52.8
认知态度				
	非常没有影响力	比较没有影响力	一般有影响力	比较有影响力	非常有影响力
康方言	0	50	0	0	50
木雅语	25.0	5.4	23.2	19.6	26.8
普通话	12.5	8.9	12.5	7.1	58.9
	非常没有用	比较没有用	一般有用	比较有用	非常有用
康方言	0	0	0	0	100

续表

木雅语	14.3	7.1	26.8	14.3	37.5
普通话	3.6	0	7.1	10.7	78.6
	非常没有身份	比较没有身份	一般有身份	比较有身份	非常有身份
康方言	0	0	0	0	100
木雅语	16.1	16.1	16.1	16.1	35.7
普通话	3.6	3.6	7.1	23.2	62.5

表 2.37 贡嘎山乡居民的语言态度均值

	好听	亲切	社会影响	有用	有身份
康方言	5.00	3.00	3.50	5.00	5.00
木雅语	4.39	4.35	3.16	3.56	3.42
普通话	4.61	4.39	3.91	4.61	4.38

关于贡嘎山乡居民语言态度中的行为倾向，根据图 2.9，在对于今后期望掌握哪种语言的问题，当地居民最希望掌握的语言是普通话，其次是康方言，再次是木雅语，最后是四川话。

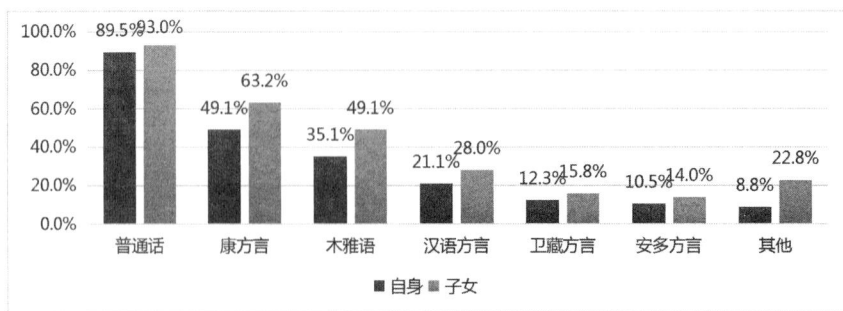

图 2.9　贡嘎山乡居民对自身及子女语言掌握的期望

但是在对木雅语的掌握方面，如图 2.10 所示，贡嘎山乡居民的行为倾向比较消极，认为自身和子女不需要掌握木雅语的人数更高。随着贡嘎山乡旅游业的发展，社会、经济的不断开放，越来越多的居民认为掌握双语或多语能带给他们更多的发展机遇，在行为倾向上则体现为更加倾向于学习和掌握实用性、工具性强的语言。

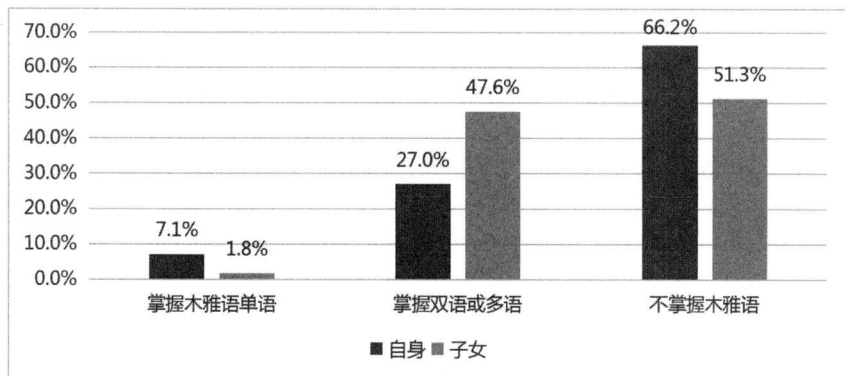

图 2.10　贡嘎山乡居民对木雅语掌握的态度

2.2.4　母语强势型向汉语强势型过渡型地区
——朋布西乡的语言认同与语言使用现状调查

朋布西乡地处折多山以西，力丘河畔，距康定城 98 公里，平均海拔 3420 米。东与甲根坝乡交界，南与沙德镇毗邻，属山地寒温带气候。朋布西乡全乡 516 户 2783 人，为藏族聚居乡。全乡辖区面积 428 平方公里，辖甲根桥、西沙卡、夺让、木枯、日头、格尔底、木都、马达、日吾、江德、纳梯、提弄、马色 13 个行政村，乡政府驻地甲根桥村。朋布西乡较贡嘎山乡，其经济生存方式单一，主要以农业为主，2016 年全乡农林牧渔业生产总值 1867 万元。由于物资缺乏，朋布西乡的经济发展水平较低，商业贸易不发达，且群众文化生活也较其他地区差距很大。朋布西系藏语"笨波西"的译音，意为笨波教派名，此处居笨波教寺庙下方故名。全镇有中心小学 1 所，村小 2 所。适龄儿童入学率 100%[1]。

课题组在朋布西乡共回收了 181 份有效调查问卷。朋布西乡被调查者基

---

[1]　康定市地方志编纂委员会. 康定年鉴［M］. 北京：线装书局，2017：210.

本情况如下：性别分布上，男性 101 人，占样本总数的 55.8%，女性 80 人，占样本总数的 44.2%。被调查者性别比例基本平衡；年龄分布上，第一代居民共 15 人，占总人数的 8.3%，第二代共 15 人，占 8.3%，第三代共 151 人，占总人数的 83.4%；民族分布上，179 名木雅藏族，3 名康巴藏族；在教育程度上，小学文化人群比例最大共 98 人，初中 33 人，高中 25 人，大专及以上 7 人，其他 17 人；职业分布上，学生 135 人，企事业单位工作人员 1 人，教师 2 人，农牧民 23 人，商业、服务业人员 3 人，不在业人员 6 人，外出务工人员 7 人，僧人 4 人。

朋布西乡居民的语言能力

从语言文字掌握情况来看，根据表 2.38，可累计计算出朋布西乡掌握各语言人数的百分比排序为：木雅语（97.2%）>普通话（84.5%）>康方言（65.2%）>四川话（59.1%）>卫藏方言（10.5%）>安多方言（7.7%）>英语（0.6%）。朋布西乡受访者中具备双语或多言能力的占样本比例 98.9%，访谈得知，被调查者中只有 2 位无外出经历的老人和儿童仅掌握木雅语单语。

表 2.38 朋布西乡居民语言掌握情况分析表

语言掌握	人数	比例（%）
木–康–普–川	43	23.8
木–康–普	29	16
木–普–川	27	14.9
木–普	23	12.7
木–康–川	12	6.6
木–卫–康–普–川	8	4.4
木–康	7	3.9
木–川	5	2.8
木–安–康–普–川	4	2.2
康–普	3	1.7
木–安–康–普	3	1.7

续表

语言掌握	人数	比例（%）
木	2	1.1
普–川	2	1.1
木–卫–康–普	2	1.1
木–卫–普–川	2	1.1
木–卫–安–康–普	2	1.1
木–卫–安–康–普–川	2	1.1
木–康–普–英语	1	0.6
木–卫–普	1	0.6
木–卫–安–康–川	1	0.6
木–卫–安–普	1	0.6
木–安–康–川	1	0.6
总计	181	100

根据表2.39，受访者中95.6%的被调查者熟练掌握木雅语，听不懂也不会说的仅占2.8%。未掌握木雅语的有5人，根据访谈得知，其中2人出生在姑咱镇，掌握普通话和四川话双语，母亲为汉族，从小随母亲习得四川话；另有一位10岁男孩和一位12岁女孩出生在朋布西乡提弄村，从小随祖父习得康方言；还有1位是出生在朋布西乡江德村的23岁男性，幼时随父母习得康方言。

表2.39 朋布西乡居民语言掌握程度的人数比例（%）

掌握程度	语言种类	安（177）	卫（179）	康（180）	木（180）	普（180）	川（178）
1　能听懂并会说	能流利准确地使用	2.3	3.4	32.2	91.7	40	23
	能熟练使用但有些音不准	2.3	3.9	11.7	2.8	21.7	10.7
	能熟练使用但口音较重	2.3	1.1	7.8	1.1	7.2	9

续表

掌握程度 语言种类		安（177）	卫（179）	康（180）	木（180）	普（180）	川（178）
2 能基本能听懂且基本能交谈	基本能交谈但不太熟练	2.8	5.6	10	0	11.1	21.9
3 会听说简单的日常话语	能听懂但不太会说	7.9	6.7	10	1.1	6.1	12.4
4 基本听不懂且基本不会说	能听懂一些但不会说	2.8	10.1	7.8	0.6	10	11.2
5 完全听不懂且完全不会说	听不懂也不会说	79.7	69.3	20.6	2.8	3.9	11.8

此外，"能听懂并会说"普通话的高达68.9%，听不懂也不会说的仅占3.9%；康方言"能听懂并会说"的被调查者占51.7%，"完全听不懂且完全不会说"占20.6%；还有42.7%的居民熟练掌握四川话；安多方言和卫藏方言整体水平较低，大多处于"完全听不懂且完全不会说"这一级别，分别占79.7%、69.3%。

从读写能力方面来看，根据表2.40，朋布西乡83%以上的居民都能阅读藏文或汉文书籍，汉文阅读能力和写作能力均高于藏文能力，但差距不明显。

表2.40 朋布西乡居民文字掌握程度的人数比例（%）

读		
掌握程度	藏文	汉文
能读书看报	83.3	83.9
看不懂	16.7	16.1
写		
掌握程度	藏文	汉文
能写文章或其他作品	74.4	77.8

考察不同代际居民语言能力的对比，根据表 2.41 "朋布西乡不同代际居民语言能力对比" 如下：

表 2.41 朋布西乡不同代际居民语言能力对比

	年龄代际	能够听懂并会说	能基本能听懂且基本能交谈	会听说简单的日常话语	基本听不懂且基本不会说	完全听不懂且完全不会说
安多方言	第一代	0	0	6.7	0	93.3
	第二代	6.7	0	6.7	0	86.7
	第三代	7.5	3.4	8.2	3.4	77.6
卫藏方言	第一代	6.7	0	6.7	0	86.7
	第二代	13.3	6.7	6.7	0	73.3
	第三代	8.1	6	6.7	12.1	67.1
康方言	第一代	53.3	6.7	13.3	6.7	20
	第二代	53.3	13.3	13.3	6.7	13.3
	第三代	51	9.9	9.3	7.9	21.2
木雅语	第一代	100	0	0	0	0
	第二代	100	0	0	0	0
	第三代	94.7	0	1.3	0.7	3.3
普通话	第一代	0	13.3	6.7	53.3	26.7
	第二代	13.3	13.3	13.3	46.7	13.3
	第三代	80	10.6	5.3	2	0.7
四川话	第一代	20	20	33.3	20	6.7
	第二代	33.3	40	13.3	13.3	0
	第三代	45	19.9	9.9	9.9	13.2

51 岁及以上年龄段的第一代老年被调查者共 15 人，除 2 人在当地经营小商品店，2 人不在业，1 名僧人，其余 10 人均在家务农。这一年龄段的受访

者中有1人以康方言为第一语言，后期随家人学习并熟练掌握木雅语，其余受访者第一语言均为木雅语，除1人为木雅语单语人，其余被调查者均不同程度的兼通第二语言。1名僧人能流利使用卫藏方言，并能用安多方言进行简单的日常交际，其余的受访者都不会讲安多方言和卫藏方言。这一代受访者的普通话水平较低，没有人的普通话水平能达到"能听懂并会说"这一等级，大多数处于"基本听不懂和基本不会说"等级。另有20%的受访者能熟练使用四川话，33.3%的受访者四川话能力处于"会听说简单的日常会话"等级。53.3%的受访者能流利使用康方言进行交际。老年群体各种语言掌握程度排序为：木雅语>康方言>四川话>普通话。

34—50岁年龄段的第二代中年被调查者共15人，其中农民9人，僧人3人，外出务工人员3人。他们的第一语言均为木雅语，且均不同程度掌握第二语言。仅1名僧人和1名农民不同程度地掌握安多方言和卫藏方言。这一年龄段的受访者中有53.3%的人"能听懂并会说"康方言，仅13.3%的受访者能流利使用普通话，另有33.3%的能流利地讲四川话。根据调查样本数据，中年群体各种语言掌握程度可以排序为：木雅语>康方言>四川话>普通话>卫藏方言>安多方言。

0—34岁年龄段的第三代青年被调查者共151人。这一年龄段在校学生是主体，共135人，不在业人员和暂居家中的外出务工者各4人，农民3人，教师2人，事业单位工作人员、商业人员、牧民各1人。这些受访者中，除2人在外地出生，以汉语作为第一语言，基本不会讲木雅语，4名本地出生的以康方言或普通话作为第一语言，其余受访者均以木雅语作为第一语言。这一代人不仅木雅语熟练，而且多数人能流利使用普通话，占81.3%，另有45.9%的受访者能讲四川话，51.3%的受访者的康方言水平达到"能听懂并会说"等级。能流利使用安多方言和卫藏方言的受访者较少，仅占7.5%和8.1%。据调查样本数据，青年群体各种语言掌握程度排序为：木雅语>普通话>康方言>四川话>卫藏方言>安多方言。

总之，朋布西乡各年龄段受访者在语言能力方面的差异主要体现在，第一、二代受访者全部能流利使用木雅语，而第三代受访者能熟练使用木雅语的占94.7%，开始出现以其他语言为母语且不再学习木雅语的现象，青年一代普通话能力大大提升。

利用多元线性回归分析方法检测，考察朋布西乡居民语言能力的影响因素，下列表2.42-表2.45分别显示了"年龄、性别、文化程度、职业、母语习得"这五个因素对朋布西乡居民语言能力的影响情况。

表 2.42 康方言影响因素多元线性回归分析

	未标准化系数		标准化系数		
	B	标准误差	Beta	t	显著性
（常量）	6.741	1.746		3.861	.000
年龄	.028	.014	.177	2.036	.043
性别	-.249	.366	-.053	-.681	.497
受教育程度	.503	.158	.246	3.181	.002
职业	-.083	.142	-.047	-.583	.561
母语	.048	.104	.034	.459	.647

表 2.43 木雅语影响因素多元线性回归分析

	未标准化系数		标准化系数		
	B	标准误差	Beta	t	显著性
（常量）	3.022	.857		3.527	.001
年龄	.015	.007	.197	2.237	.027
性别	-.096	.180	-.042	-.534	.594
受教育程度	.020	.078	.020	.260	.795
职业	-.139	.070	-.162	-1.988	.048
母语	-.035	.051	-.051	-.683	.496

表 2.44 普通话影响因素多元线性回归分析

	未标准化系数		标准化系数		
	B	标准误差	Beta	t	显著性
（常量）	3.327	.986		3.374	.001
年龄	.077	.008	.613	10.035	.000
性别	-.542	.207	-.142	-2.620	.010
受教育程度	.254	.089	.154	2.841	.005
职业	-.025	.080	-.018	-.316	.752
母语	-.087	.059	-.077	-1.478	.141

表 2.45 四川话影响因素多元线性回归分析

	未标准化系数		标准化系数		
	B	标准误差	Beta	t	显著性
（常量）	5.881	1.495		3.934	.000
年龄	.010	.012	.073	.839	.403
性别	.103	.314	.025	.328	.743
受教育程度	-.169	.136	-.095	-1.243	.215
职业	-.077	.121	-.051	-.633	.527
母语	.295	.089	.245	3.320	.001

从各个预设因素所对应的显著性值来看，"年龄""受教育程度""职业""性别""母语"等因素对居民语言能力均有影响，但影响程度各不相同，具体分析如下：

表 2.46 朋布西乡居民语言能力影响因素所对应的标准化系数

标准化系数对比					
语言种类	年龄	性别	受教育程度	职业	母语
康方言	.177	——	.246	——	——
木雅语	.197	——	——	-.162	——
普通话	-.613	-.142	.154	——	——
四川话	——	——	——	——	.245

如表 2.46 所示，"年龄"的标准化系数在康方言和木雅语能力中为正值，在普通话能力中为负值。可见年龄越大，康方言和木雅语能力越好，普通话能力越差；从年龄所对应的标准化系数绝对值来看，普通话能力年龄因素（.613）>木雅语（.197）>康方言（.177），这说明年龄因素对普通话能力的影响大于对木雅语和康方言能力的影响，即普通话能力受年龄因素的影响更大；"性别"因素仅在普通话能力上产生影响，其所对应的标准化系数为负值，即男性的普通话能力要优于女性。根据访谈可知，男性往往要承担家庭经济责任，外出务工或经商的大多是家中的男性，因此男性接触和学习普通话的机会要比女性多，普通话水平要优于女性；"受教育程度"因素所对应的标准化系数在康方言和普通话均为正值，表明受教育程度越高，康方言和普通话能力越好。学校教育是朋布西乡居民习得康方言和普通话的首要途径，因此受教育程度越高，其语言能力也就越高；"职业"因素仅影响木雅语能力，其所对应的标准化系数为负值，即职业与木雅语能力呈负相关，表现为职业为农民、牧民的木雅语能力最高，其次是商业和服务业人员、教师、学生、僧人、外出务工人员等；"母语"因素仅在四川话能力方面产生影响，即以四川话作为第一语言习得的居民其四川话水平较母语为非四川话的更好。

总之，朋布西乡绝大多数被调查者母语是木雅语，有个别藏汉通婚家庭后代习得的第一语言是四川话或普通话。被调查者中除了 1 名老人和 1 名儿童是木雅语单语使用者外，其他均为双语或多语者。木雅语仍是朋布西乡掌握最好的语言，95.6%的被调查者熟练掌握木雅语，家庭是习得木雅语的主要途径。年龄和职业是影响朋布西乡受访者木雅语语言能力的两大因素，年龄越大木雅语能力越好，职业为农民和牧民的受访者的木雅语能力要高于教师、学生和外出务工人员；朋布西乡受访者对普通话掌握情况较好，学校学习是掌握普通话的主要途径。男性的普通话能力普遍高于女性，受教育程度越高普通话能力越好；康方言能力整体较好，康方言能力与年龄、受教育程度呈正相关，年龄越大、受教育程度越高康方言能力越好；四川话能力一般；卫藏方言和安多方言仅少数人能使用。朋布西乡各年龄段受访者的语言能力中，第一、二代老年和中年受访者的木雅语水平最高，其次是康方言、四川话和普通话，第三代青年受访者的木雅语能力最好，其次是普通话、康方言和四川话，青年人普通话能力大幅提高。

朋布西乡居民的语言使用状况

家庭域中的语言使用状况，在与长辈交流时，根据表 2.47 所示，在家庭域中，朋布西乡绝大多数居民与父母交流时使用木雅语，极个别使用康方言、四川话和普通话。

表 2.47 朋布西乡居民对父母使用哪种语言

交际对象　　　语言使用	父亲		母亲	
	人数	百分比	人数	百分比
木	119	65.7	131	72.4
木–康	13	7.2	10	5.5
木–普	7	3.9	6	3.3
川	5	2.8	2	1.1
普	4	2.2	2	1.1
康	3	1.7	5	2.8
木–康–普	3	1.7	2	1.1

续表

交际对象 语言使用	父亲		母亲	
	人数	百分比	人数	百分比
木-川	3	1.7	2	1.1
木-卫-普	2	1.1	1	0.6
木-安-普	1	0.6	0	0
木-卫	0	0	1	0.6
木-安-卫-普	1	0.6	1	0.6
无此情况	20	11	18	9.9
总计	181	100	181	100

与同辈交流时，从表 2.48 可知，在家庭环境中，朋布西乡居民同兄弟姐妹交流时使用木雅语的比例为 68.9%，使用普通话（3.3%）、康方言（2.8%）、四川话（2.8%）的比例开始增多。

表 2.48 朋布西乡居民对兄弟姐妹使用哪种语言

语言使用	人数	百分比
木	124	68.9
木-普	11	6.1
木-康	10	5.6
木-普-川	7	3.9
普	6	3.3
康	5	2.8
川	5	2.8
木-康-普	4	2.2
木-卫-普-川	2	1.1
木-卫-康	1	0.6

续表

语言使用	人数	百分比
康-普	1	0.6
木-川	1	0.6
无此情况	3	1.7
总计	181	100

与晚辈交流时，根据表 2.49，朋布西乡居民在和子女等晚辈交流时语言使用情况多样化，使用木雅语单语的比例 77.3%，使用康方言的占 9.1%，使用木雅语和康方言双语的占 6.8%，使用木雅语和普通话双语的占 4.5%，有 1人使用康方言和四川话双语。

表 2.49 朋布西乡居民与子女交流的语言统计

语言使用	人数	百分比
木	34	77.3
康	4	9.1
木-康	3	6.8
木-普	2	4.5
康-川	1	2.3
总计	44	100

总体来看，木雅语是朋布西乡家庭内部使用的最主要交际语言，木雅语在家庭中传承较好。同时，木雅语兼用康方言或木雅语兼用普通话的双语使用现象开始在家庭域中少量出现。

生活域中的语言使用状况。在与本民族邻居或熟人聊天时，根据表 2.50所示，被调查者在与本民族的邻居或熟人交际时，木雅语是主要选择，同时也出现了一些兼用康方言、普通话的情况。

表 2.50 朋布西乡居民与本民族邻居或熟人交际常用语言统计

语言使用	人数	百分比
木	107	59.4
木-康	18	10
木-普	15	8.3
康	8	4.4
普	8	4.4
川	5	2.8
木-川	4	2.2
康-木-普	3	1.7
康-木-川	2	1.1
卫-普	2	1.1
康-普	1	0.6
木-普-川	1	0.6
普-川	1	0.6
木-卫-康	1	0.6
木-安-康	1	0.6
木-安-卫-康	1	0.6
无此情况	1	0.6
总计	181	100

与外民族邻居或熟人聊天，从表 2.51 可见，被调查者在与外民族的邻居或熟人交际时，使用普通话的占 38.3%，使用四川话的占 18.3%，使用普通话和四川话双语的占 8.9%。使用木雅语的占 8.3%。可见被调查者与外民族交际时，普通话和四川话是他们最主要的语言选择。

表 2.51 朋布西乡居民与外民族邻居或熟人交际常用语言统计

语言使用	人数	百分比
普	69	38.3
川	33	18.3
普-川	16	8.9
木	15	8.3
木-普	13	7.2
康-普	6	3.3
木-川	4	2.2
木-康-普	4	2.2
康	3	1.7
康-川	3	1.7
木-康	2	1.1
卫	1	0.6
木-康-川	1	0.6
康-普-川	1	0.6
安-康-普	1	0.6
卫-康-普	1	0.6
木-卫-普-川	1	0.6
木-卫-普	1	0.6
卫-普	1	0.6
无此情况	2	1.1
总计	178	100

与当地陌生人聊天时，从表 2.52 可以看到，普通话是朋布西乡居民面对陌生人交际时所使用的主要语言，其次是木雅语和康方言。他们会根据交际

对象的不同在普通话、木雅语、康方言和四川话中进行语码转换，即"碰见什么人就说什么话"。

表 2.52 朋布西乡居民与当地陌生人交际常用语言统计

语言使用	人数	百分比
普	68	37.8
木	18	10
康	12	6.7
川	12	6.7
康–普	10	5.6
木–川	13	7.1
普–川	6	3.3
木–康–川	6	3.3
木–康	5	2.8
木–康–普–川	5	2.8
康–川	5	2.8
康–普–川	4	2.2
木–普–川	3	1.7
木–康–普	2	1.1
安–康	2	1.1
木–安–卫–康–普	1	0.6
安–康–普	1	0.6
卫–康–普	1	0.6
木–卫	1	0.6
其他	1	0.6
无此情况	4	2.2
总计	181	100

从不同交际场合来看，在集贸市场中，从表 2.53 可以看出，被调查者在集市上买卖东西时，33.9%的人使用普通话，15.6%的人使用四川话，10.6%的人使用木雅语，3.9%的人使用康方言，另有 35%的人选择使用双语或多语。

表 2.53 朋布西乡居民在集市上的语言使用统计

语言使用	人数	百分比
普	61	33.9
川	28	15.6
木	19	10.6
康–普	9	5
普–川	9	5
木–康–普	8	4.4
木–普	8	4.4
康	7	3.9
木–康–川	7	3.9
木–普–川	6	3.3
木–川	5	2.8
木–康–普–川	3	1.7
康–普–川	3	1.7
木–卫–普	2	1.1
康–川	2	1.1
木–康	1	0.6
无此情况	1	0.6
总计	181	100

据观察和访谈得知，朋布西乡几乎没有集市商铺，居民平时采购生活用品主要通过两种方式：一是去临近的沙德镇、甲根坝、新都桥镇采买，这些

地方的商贩大多都是汉族人，因此在集市上只能使用普通话或四川话进行交流；另外则是有外地商贩以货车等流动摊位的形式，来朋布西乡各村贩卖商品，前来村里的流动商贩大都是汉族人，与他们交流时也只能使用汉语。

总之，在生活域中，本民族成员之间木雅语的使用频率最高，与外民族成员交际则普通话是首要选择，四川话的使用频率不及普通话。

关于工作域中的语言使用状况。在政府机关和医院等场合，从表 2.54 可以发现，无论是在医院中同医务人员交际，还是在政府机关同政府工作人员交际，普通话（37.2%）、四川话（19.4%）是被调查者的主要使用语言。在访谈中了解到，由于朋布西乡本地医疗资源较为匮乏，只能去临近的村镇就医，而这些医院中医生大部分为汉族，只能使用汉语与医务人员交流。

表 2.54 朋布西乡居民在政府机关和医院场合的语言使用统计

交际场合	语言选用	人数	百分比
医院	普	67	37.2
	川	35	19.4
	普–川	19	10.6
	康–普	9	5
	木–普	7	3.9
	康	4	2.2
	木	4	2.2
	木–康–普	3	1.7
	康–普–川	3	1.7
	木–普–川	3	1.7
	木–康	2	1.1
	木–康–川	2	1.1
	康–川	1	0.6
	木–川	1	0.6

续表

交际场合	语言选用	人数	百分比
医院	无此情况	20	11.1
	总计	181	100
政府	普	47	26.1
	川	22	12.2
	康-普	16	8.9
	木	10	5.6
	木-普	9	5
	普-川	9	5
	木-普-川	5	2.8
	康	4	2.2
	木-康-普	3	1.7
	木-康-川	3	1.7
	康-川	3	1.7
	木-川	3	1.7
	康-普-川	2	1.1
	安-卫-普	1	0.6
	木-安-康-普-川	1	0.6
	木-康	1	0.6
	无此情况	42	23.3
	总计	181	100

在学校、会议和工作单位场合和本族人交流，根据表 2.55 所示，在学校、会议和工作单位等比较正式的场合中，被调查者与本民族人交流时，木雅语和普通话是他们的主要语言选择。

表 2.55 朋布西乡居民在较正式的场合与本族人交际的语言使用统计

语言使用	人数	百分比
木	57	31.5
普	29	16
木–康	14	7.7
木–普	14	7.7
木–康–普	11	6.1
康–普	9	5
康	8	4.4
川	8	4.4
木–川	3	1.7
木–普–川	3	1.7
木–康–普–川	3	1.7
木–康–安	2	1.1
康–普–川	2	1.1
康–川	2	1.1
卫	1	0.6
普–川	1	0.6
木–康–安–卫–普	1	0.6
康–安–卫–普–川	1	0.6
木–康–卫	1	0.6
木–康–卫–普	1	0.6
木–卫–普	1	0.6
卫–普	1	0.6
木–康–川	1	0.6

续表

语言使用	人数	百分比
其他	1	0.6
无此情况	6	3.3
总计	181	100

综上，在工作域中，朋布西乡居民使用普通话的比例最高。木雅语是本民族人之间交往的首要选择，但在学校、工作单位等比较正式的场合，居民更倾向于使用普通话。

将不同代际居民语言使用状况进行对比，第一代居民语言使用现状如下表 2.56 所示，在家庭域中，第一代受访者主要使用木雅语与家人进行交流，特别是与父母和兄弟姐妹交流时均只使用木雅语，但和子女交流时使用木雅语的比例有所下降；生活域中第一代受访者主要使用木雅语和四川话；工作域中，第一代受访者在医院就医和在政府机关和工作人员的交流中，四川话使用较多。在学校、会议或工作单位与本民族人交谈时，仍以木雅语为主。

表 2.56 朋布西乡第一代居民的语言使用现状（%）

	家庭域				生活域				工作域		
	父亲(3)	母亲(2)	兄弟姐妹(15)	子女晚辈(13)	本民族邻居熟人(15)	外民族熟人邻居(14)	当地陌生人(14)	集贸市场(15)	医院(13)	政府部门(12)	学(14)
康	0	0	0	7.7	0	0	21.4	13.3	15.4	16.7	0
木	66.7	100	93.3	76.9	66.7	14.3	7.1	20	7.7	16.7	71.4
普	0	0	0	0	0	0	0	13.3	7.7	8.3	0
川	33.3	0	0	0	0	50	7.1	26.7	61.5	8.3	0
木康	0	0	6.7	7.7	33.3	0	7.1	6.7	0	0	21.4

续表

	家庭域				生活域				工作域		
木普	0	0	0	0	0	7.1	0	0	0	0	0
木川	0	0	0	0	0	7.1	7.1	0	0	8.3	0
康普	0	0	0	0	0	0	7.1	0	0	0	0
康川	0	0	0	7.7	0	7.1	14.3	0	0	16.7	7.1
普川	0	0	0	0	0	14.3	7.1	0	0	0	0
木康普	0	0	0	0	0	0	0	0	0	8.3	0
木康川	0	0	0	0	0	0	14.3	20	7.7	16.7	0
木普川	0	0	0	0	0	0	0	0	0	16.7	0
康普川	0	0	0	0	0	0	0	0	0	0	0
木康普川	0	0	0	0	0	0	7.1	0	0	0	0

　　第二代居民的语言使用现状如表 2.57 所示，木雅语在第二代受访者的家庭语言使用中仍占有主导地位；生活域中与本民族人的交谈，绝大多数人都倾向于选用木雅语。在与外民族人、陌生人交谈和在集市等场合中，以使用四川话为主；在医院和政府等工作场合，大多数人仍选用四川话与工作人员交流。

表 2.57 朋布西乡第二代居民的语言使用现状（%）

	家庭域				生活域				工作域		
	父亲 (11)	母亲 (12)	兄弟姐妹 (15)	子女晚辈 (11)	本民族邻居熟人 (15)	外民族熟人邻居 (14)	当地陌生人 (14)	集贸市场 (15)	医院 (13)	政府部门 (14)	学 (14)
康	0	0	6.7	0	0	0	7.1	6.7	0	7.1	7.1
木	90.9	91.7	86.7	90.9	93.3	7.1	14.3	13.3	7.7	7.1	50

续表

	家庭域				生活域				工作域		
普	0	0	0	0	0	14.3	0	6.7	7.7	7.1	0
川	0	0	0	0	0	71.4	28.6	33.3	69.2	50	7.1
木康	9.1	8.3	6.7	0	6.7	0	7.1	0	7.7	0	14.3
木普	0	0	0	0	0	0	0	0	0	0	7.1
木川	0	0	0	0	0	0	7.1	6.7	0	7.1	0
康普	0	0	0	0	0	0	7.1	0	0	7.1	0
康川	0	0	0	0	0	0	7.1	6.7	0	7.1	0
普川	0	0	0	0	0	7.1	0	0	7.7	0	0
木康普	0	0	0	0	0	0	0	0	0	0	0
木康川	0	0	0	0	0	0	7.1	13.3	7.7	7.1	0
木普川	0	0	0	0	0	0	7.1	0	0	7.1	21.4
康普川	0	0	0	0	0	0	0	0	0	0	14.3
木康普川	0	0	0	0	0	0	0	6.7	0	0	7.1

第三代居民的语言使用现状，根据表 2.58 可知，家庭域中，木雅语也是第三代受访者的主要选择，占 60%-80%，但木雅语的使用比例较前两代人明显下降，并开始出现使用普通话的现象；不论是在生活域这种较随意的场合，还是在工作域这样的正式场合，木雅语仍是青年受访者与本民族交际时的主要选择。在与外民族人、陌生人，或是在医院、政府和集市中，青年受访者都倾向于使用普通话交际。

表 2.58 朋布西乡第三代居民的语言使用现状（%）

	家庭域				生活域				工作域		
	父亲（143）	母亲（146）	兄弟姐妹（144）	子女晚辈（20）	本民族邻居熟人（144）	外民族人邻居（144）	当地陌生人（144）	集贸市场（147）	医院（143）	政府部门（110）	学（140）
康	2.1	3.4	2.8	15	5.6	2.1	5.6	2.7	1.4	0.9	5
木	74.8	80.8	67.4	70	57.6	8.3	10.4	9.5	1.4	6.4	28.6
普	2.8	1.4	4.2	0	5.6	46.5	47.2	39.5	45.5	40.9	20.7
川	2.8	1.4	3.5	0	3.5	11.1	4.9	12.9	12.6	12.7	5
木康	8.4	6.2	5.6	10	8.3	1.4	2.1	0	0.7	0.9	6.4
木普	4.9	4.1	7.6	5	10.4	8.3	6.3	5.4	4.9	8.2	9.3
木川	2.1	1.4	0.7	0	2.8	2.1	1.4	2.7	0.7	0.9	2.1
康普	0	0	0.7	0	0.7	4.2	5.6	6.1	6.3	13.6	0
康川	0	0	0	0	0	1.4	1.4	0.7	0.7	0	0.7
普川	0	0	0	0	0.7	9	3.5	6.1	12.6	8.2	0.7
木康普	2.1	1.4	2.8	0	2.1	2.8	1.4	5.4	2.1	1.8	7.9
木康川	0	0	4.9	0	1.4	0.7	2.1	1.4	0	0	0
木普川	0	0	0	0	0.7	0	1.4	4.1	2.1	0	2.1
康普川	0	0	0	0	0	0.7	2.8	2.0	2.1	1.8	1.4
木康普川	0	0	0	0	0	0	2.8	1.4	0	0	0

　　总之，三代人均以木雅语作为家庭内部和本族人内部交际的首要选择，青年受访者在各个语域中的语言使用模式更为多样，普通话的使用频率在青

年受访者中逐步增大，并已在家庭域中出现。

进一步对朋布西乡居民语言使用的影响因素进行分析。通过对调查结果进行 ANOVA 分析（表 2.59），年龄在与兄弟姐妹交流时的语言使用的显著性值大于 0.05，说明年龄因素不影响同辈交流中的语言选用。但年龄在与长辈、晚辈交流时的语言使用的显著性值均小于 0.05，说明当交际对象为父母和子女时，其语言使用有差异。

表 2.59 年龄与家庭域语言使用的方差分析

		平方和	自由度	均方	F	显著性
现在您对父亲（或男性抚养人）最常说哪种话（语言）？	组间	246.390	4	61.597	12.613	.000
	组内	859.533	176	4.884		
	总计	1105.923	180	——		
现在您对母亲（或女性抚养人）最常说哪种话（语言）？	组间	243.768	4	60.942	17.588	.000
	组内	609.845	176	3.465		
	总计	853.613	180	——		
您在家对同辈（兄弟姐妹）最常说哪种话（语言）？	组间	74.476	4	18.619	2.034	.092
	组内	1602.102	175	9.155		
	总计	1676.578	179	——		
您在家对晚辈或子女最常说哪种话（语言）？	组间	285.352	4	71.338	26.493	.000
	组内	471.226	175	2.693		
	总计	756.578	179	——		

如图 2.11 所示，与父母交际时，各个代际的居民使用木雅语的频率均较高，但随着年龄减小，语言使用越多样，使用康方言、普通话、四川话的情况增多。在和子女交流时，木雅语的使用频率明显低于与父母之间的交流。

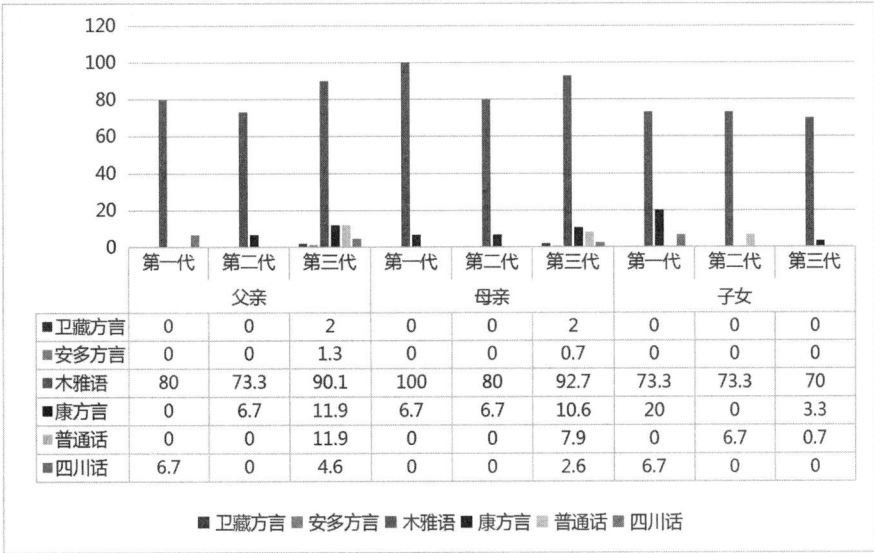

图 2.11 朋布西乡居民家庭域语言使用代际差异图（%）

	第一代	第二代	第三代	第一代	第二代	第三代	第一代	第二代	第三代
		父亲			母亲			子女	
■卫藏方言	0	0	2	0	0	2	0	0	0
■安多方言	0	0	1.3	0	0	0.7	0	0	0
■木雅语	80	73.3	90.1	100	80	92.7	73.3	73.3	70
■康方言	0	6.7	11.9	6.7	6.7	10.6	20	0	3.3
■普通话	0	0	11.9	0	0	7.9	0	6.7	0.7
■四川话	6.7	0	4.6	0	0	2.6	6.7	0	0

■卫藏方言 ■安多方言 ■木雅语 ■康方言 ■普通话 ■四川话

关于年龄与生活域语言使用的相关性，从表 2.60 的方差分析可以看出，在生活域中，朋布西乡居民在与本民族邻居熟人、陌生人交际时语言使用所对应的显著性值小于 0.05，说明年龄对这两个场合的语言使用有影响。

表 2.60 年龄与生活域语言使用的方差分析

		平方和	自由度	均方	F	显著性
您在集贸市场买东西时最常说哪种话（语言）？	组间	72.404	4	18.101	1.478	.211
	组内	2142.596	175	12.243		
	总计	2215.000	179	—		
您跟本民族邻居或熟人聊天时说什么语言或方言？	组间	59.074	4	14.768	2.640	.035
	组内	978.988	175	5.594		
	总计	1038.061	179	—		

续表

		平方和	自由度	均方	F	显著性
您跟外民族邻居或熟人聊天时说什么语言或方言?	组间	48.654	4	12.164	1.696	.153
	组内	1255.257	175	7.173		
	总计	1303.911	179	—		
您在当地遇到陌生人的时候最常用什么语言或方言?	组间	337.663	4	84.416	7.779	.000
	组内	1899.137	175	10.852		
	总计	2236.800	179	—		

如图 2.12 所示，在和本民族邻居和熟人说话时，随着年龄的减小，木雅语和康方言的使用逐步减少，在第三代青年人中甚至出现了使用普通话单语和四川话单语的情况。

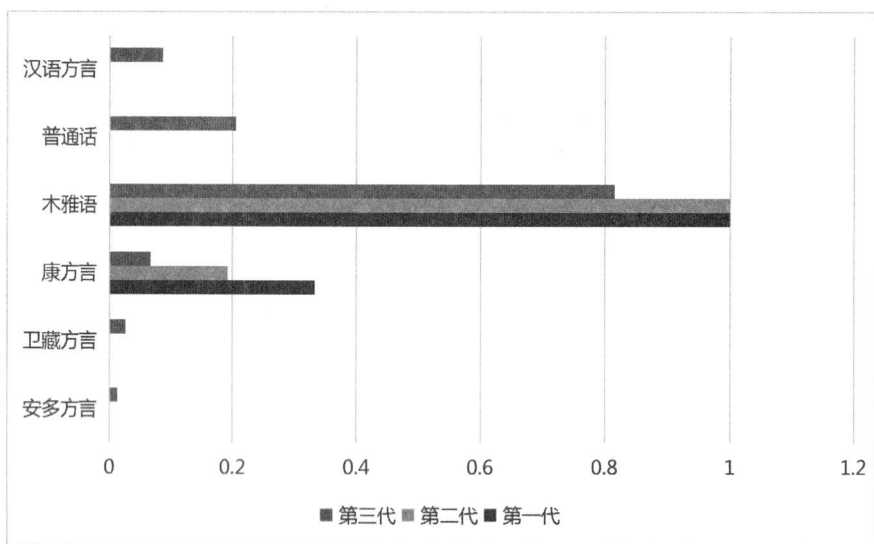

图 2.12　朋布西乡居民与本民族邻居熟人交流时语言使用代际差异图

如图 2.13 所示，在集市场合，由于受到交际对象的影响，各个年龄段居民都会灵活使用木雅语、康方言和汉语，但年龄越大，木雅语、康方言和四川话的使用比例越高；年龄越小，普通话的使用比例越高。

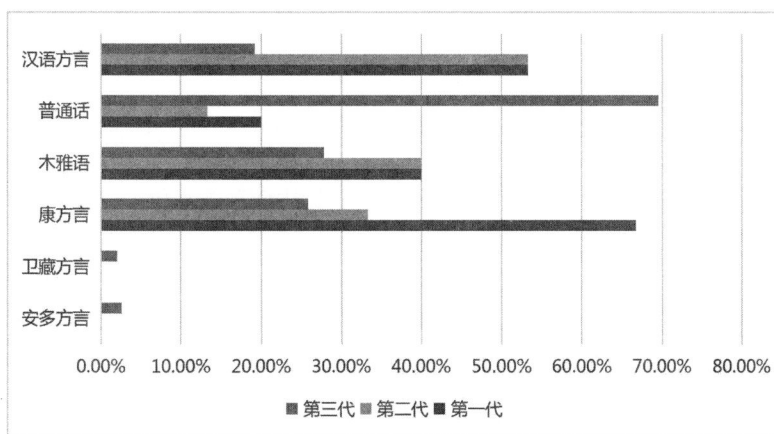

图 2.13 朋布西乡居民在集市上交流时语言使用代际差异图

关于年龄与工作域的语言使用的相关性分析，从表 2.61 可以看出，朋布西乡居民在工作域中所对应的显著性值均大于 0.05，所以年龄与工作领域中的语言使用关系不明显。这是因为说话人在不同场合的语言使用取决于交际场合的正式程度。在医院、政府和工作、学校场合这种正式的语境中，朋布西乡居民使用普通话的频率最高，不受年龄影响。

表 2.61 年龄与工作领域语言使用的方差分析

		平方和	自由度	均方	F	显著性
您到本地医院看病时最常说哪种话（语言）？	组间	17.276	4	4.319	.618	.650
	组内	1223.274	175	6.990		
	总计	1240.550	179	—		
您到本地政府部门办事时最常说哪种话（语言）？	组间	14.918	4	3.730	.501	.735
	组内	1303.282	175	7.447		
	总计	1318.200	179	—		
在学校、会议、工作地点等比较庄重的场合，您与本民族人通常使用哪种语言？	组间	68.569	4	17.142	1.481	.210
	组内	2025.092	175	11.572		
	总计	2093.661	179	—		

关于性别与家庭域的语言使用相关性，如表 2.62 所示，性别与朋布西乡居民家庭域语言使用的方差分析中，对父母和子女的语言使用的显著性值均小于 0.05，说明性别是影响朋布西乡居民家庭领域语言使用的主要因素。

表 2.62 性别与家庭域语言使用的方差分析

		平方和	自由度	均方	F	显著性
现在您对父亲（或男性抚养人）最常说哪种话（语言）？	组间	25.669	1	25.669	4.253	.041
	组内	1080.254	179	6.035		
	总计	1105.923	180	—		
现在您对母亲（或女性抚养人）最常说哪种话（语言）？	组间	22.899	1	22.899	4.934	.028
	组内	830.714	179	4.641		
	总计	853.613	180	—		
您在家对同辈（兄弟姐妹）最常说哪种话（语言）？	组间	26.180	1	26.180	2.824	.095
	组内	1650.398	178	9.272		
	总计	1676.578	179	—		
您在家对晚辈或子女最常说哪种话（语言）？	组间	34.418	1	34.418	8.483	.004
	组内	722.160	178	4.057		
	总计	756.578	179	—		

如图 2.14 所示，女性在家中使用木雅语的频率高于男性，而且在与子女的交流当中，女性仅使用木雅语单语模式。

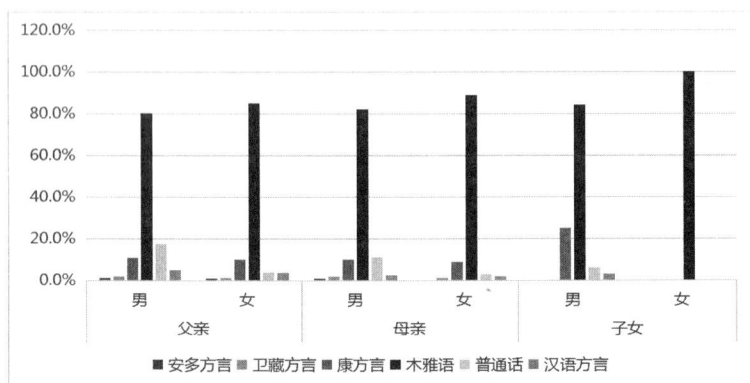

图 2.14 朋布西乡家庭域语言使用性别差异图

　　关于性别与生活域的语言使用，如表 2.63 所示，性别与朋布西乡居民生活域语言使用的方差分析中，只有在对陌生人交际时所对应的显著性值小于0.05，女性在与陌生人交流时使用普通话的频率要高于男性。

表 2.63 性别与生活域语言使用的方差分析

		平方和	自由度	均方	F	显著性
您在集贸市场买东西时最常说哪种话（语言）？	组间	4.622	1	4.622	.372	.543
	组内	2210.378	178	12.418		
	总计	2215.000	179	—		
您跟本民族邻居或熟人聊天时说什么语言或方言？	组间	11.111	1	11.111	1.926	.167
	组内	1026.950	178	5.769		
	总计	1038.061	179	—		
您跟外民族邻居或熟人聊天时说什么语言或方言？	组间	1.521	1	1.521	.208	.649
	组内	1302.390	178	7.317		
	总计	1303.911	179	—		
您在当地遇到陌生人的时候最常用什么语言或方言？	组间	64.000	1	64.000	5.243	.023
	组内	2172.800	178	12.207		
	总计	2236.800	179	—		

　　性别与工作域的语言使用相关性分析，如表 2.64 所示，性别与朋布西乡居民工作域语言使用的方差分析中，只有在学校、会议和工作地点对本族人的语言使用所对应的显著性值小于 0.05，女性在这些场合中与本族人交谈时，使用普通话的频率要高于男性。

表 2.64 性别与工作域语言使用的方差分析

		平方和	自由度	均方	F	显著性
您到本地医院看病时最常说哪种话（语言）？	组间	.160	1	.160	.023	.880
	组内	1240.390	178	6.968		
	总计	1240.550	179	—		
您到本地政府部门办事时最常说哪种话（语言）？	组间	1.823	1	1.823	.246	.620
	组内	1316.378	178	7.395		
	总计	1318.200	179	—		
在学校、会议、工作地点等比较庄重的场合，您与本民族人通常使用哪种语言？	组间	46.014	1	46.014	4.000	.047
	组内	2047.647	178	11.504		
	总计	2093.661	179	—		

受教育程度与生活域语言使用的相关性分析，如表 2.65 所示，受教育程度会对说话人与外民族、陌生人交流时的语言使用产生影响。受教育程度高的人会更多选择普通话，而受教育程度低的人主要使用四川话。但受教育程度与家庭域语言使用的方差分析显示受教育程度与朋布西乡居民家庭域语言使用之间的显著性水平不明显，文化水平的高低不是影响朋布西乡家庭域语言使用的因素，木雅语是朋布西乡家庭内部的主要交际语言，不受说话人的文化水平的影响。

表 2.65 受教育程度与生活域语言使用的方差分析

		平方和	自由度	均方	F	显著性
您在集贸市场买东西时最常说哪种话（语言）？	组间	70.302	4	17.575	1.434	.225
	组内	2144.698	175	12.255		
	总计	2215.000	179	—		

续表

		平方和	自由度	均方	F	显著性
您跟本民族邻居或熟人聊天时说什么语言或方言？	组间	43.760	4	10.940	1.925	.108
	组内	994.301	175	5.682		
	总计	1038.061	179	—		
您跟外民族邻居或熟人聊天时说什么语言或方言？	组间	66.574	4	16.643	2.354	.056
	组内	1237.337	175	7.070		
	总计	1303.911	179	—		
您在当地遇到陌生人的时候最常用什么语言或方言？	组间	141.792	4	35.448	2.961	.021
	组内	2095.008	175	11.971		
	总计	2236.800	179	—		

　　受教育程度与工作域的语言使用相关性方差分析，如表 2.66 所示，受教育程度是影响在学校、会议或工作单位等交际场合语言选择的主要因素，受教育程度越高的居民选用普通话的频率越高。

表 2.66 受教育程度与工作域语言使用的方差分析

		平方和	自由度	均方	F	显著性
您到本地医院看病时最常说哪种话（语言）？	组间	53.819	4	13.455	1.984	.099
	组内	1186.731	175	6.781		
	总计	1240.550	179	—		
您到本地政府部门办事时最常说哪种话（语言）？	组间	12.876	4	3.219	.432	.786
	组内	1305.324	175	7.459		
	总计	1318.200	179	—		
在学校、会议、工作地点等比较庄重的场合，您与本民族人通常使用哪种语言？	组间	131.754	4	32.939	2.938	.022
	组内	1961.907	175	11.211		
	总计	2093.661	179	—		

职业与家庭域语言使用的方差分析，如表 2.67 所示，朋布西乡居民与父母交际时语言使用所对应的显著性值均为 0.000，小于 0.05，说明职业会对家庭交际的语言使用产生影响。具体来说，学生与父母交流时，使用普通话和四川话的频率比其他职业群体高，而其他职业如教师、农民、牧民、商人和僧人等则使用木雅语较多。

表 2.67 职业与家庭域语言使用的方差分析

		平方和	自由度	均方	F	显著性
现在您对父亲（或男性抚养人）最常说哪种话（语言）？	组间	193.695	7	27.671	5.248	.000
	组内	912.227	173	5.273		
	总计	1105.923	180	—		
现在您对母亲（或女性抚养人）最常说哪种话（语言）？	组间	157.471	7	22.496	5.590	.000
	组内	696.142	173	4.024		
	总计	853.613	180	—		
您在家对同辈（兄弟姐妹）最常说哪种话（语言）？	组间	86.929	7	12.418	1.344	.233
	组内	1589.649	172	9.242		
	总计	1676.578	179	—		
您在家对晚辈或子女最常说哪种话（语言）？	组间	322.581	7	46.083	1.848	.109
	组内	433.996	172	2.523		
	总计	756.578	179	—		

职业与生活域的语言使用的方差分析，从表 2.68 来看，只有在与陌生人交流时的语言使用所对应的显著性值小于 0.05，说明职业对这种场合的交际产生影响。即学生群体使用普通话较多，而其他职业如农牧民、商业服务业人员等则使用四川话较多。但职业与工作域中各个交际场合的语言使用所对应的显著性值均大于 0.05，说明职业对工作领域的语言使用不会产生影响，在这些场合中的交际以使用普通话和四川话为主。

表 2.68 职业与生活域语言使用的方差分析

		平方和	自由度	均方	F	显著性
您在集贸市场买东西时最常说哪种话（语言）？	组间	21.505	7	3.072	.241	.974
	组内	2193.495	172	12.753		
	总计	2215.000	179	—		
您跟本民族邻居或熟人聊天时说什么语言或方言？	组间	60.136	7	8.591	1.511	.166
	组内	977.925	172	5.686		
	总计	1038.061	179	—		
您跟外民族邻居或熟人聊天时说什么语言或方言？	组间	24.032	7	3.433	.461	.861
	组内	1279.879	172	7.441		
	总计	1303.911	179	—		
您在当地遇到陌生人的时候最常用什么语言或方言？	组间	247.420	7	35.346	3.056	.005
	组内	1989.380	172	11.566		
	总计	2236.800	179	—		

总之，在家庭域中，木雅语是朋布西乡的主要家庭用语。年龄、性别和职业是影响家庭语言使用的主要因素，表现为年龄越小，木雅语使用比重越低。女性在家中使用木雅语的概率要高于男性，特别是在与子女的交流当中，女性仅使用木雅语。学生群体与父母交流时，在使用木雅语的同时，使用普通话或四川话的频率更高，而其他职业如教师、农民、牧民、商人和僧人则使用木雅语较多；生活域中的语言使用以木雅语和四川语、普通话为主，当交际对象为本民族人时，各个年龄代的受访者使用木雅语的比例较高，当交际对象为外民族时，老年和中年受访者主要选用四川话，青年则主要选用普通话。女性在生活域中更倾向于使用普通话。受教育程度高的人在与外民族和陌生人聊天时，会更多地选择普通话。受教育程度低的人，则主要以四川话为主。学生群体在生活域中更倾向于使用普通话，而其他职业如农牧民、商业服务业人员则倾向于使用四川话；在工作域中，朋布西乡受访者使用汉

语的频率都较高,去医院就医和去政府部门办事时,老年和中年受访者以四川话为主要交际工具,青年受访者则主要使用普通话。

朋布西乡居民的语言态度

关于朋布西乡居民语言态度的认知因素和情感因素的分析,如表 2.69 和表 2.70 所示,被调查者对普通话和康方言的情感态度在"好听"和"亲切"两个选项方面均值都超过 4,其中普通话在"好听"方面评价最高。木雅语在"亲切"方面的均值最高。情感态度均值从高到低排序为,"好听":普通话、康方言、木雅语、四川话;"亲切":木雅语、康方言、普通话、四川话。

根据表 2.70"朋布西乡居民的语言态度均值"可知,普通话在语言认知态度的评价方面,均值都超过 4,高于其他语言或方言。四川话在"有用"和"有身份"这两方面均值也都超过 4。认知态度按照均值高低排序:"有社会影响":普通话、康方言、木雅语、四川话;"有用":普通话、四川话、康方言、木雅语;"有身份":普通话、四川话、康方言、木雅语。

表 2.69 朋布西乡居民的语言态度(%)

	情感态度				
	非常不好听	比较不好听	一般好听	比较好听	非常好听
康方言	0	16.7	25	0	58.3
木雅语	7.6	4.7	19.4	13.5	54.7
四川话	10	20	0	10	60
普通话	2.2	4.5	11.8	14.6	66.9
	非常不亲切	比较不亲切	一般亲切	比较亲切	非常亲切
康方言	0	0.1	16.7	25	50
木雅语	6.5	6.5	18.8	15.3	52.9
四川话	0	10	20	10	60
普通话	4.5	2.2	21.3	19.1	52.8

续表

认知态度				
	非常没有影响力	比较没有影响力	一般有影响力	比较有影响力	非常有影响力
康方言	16.7	0.1	25	0.1	41.7
木雅语	14.1	17.6	20.6	20.6	27.1
四川话	30	20	10	30	10
普通话	3.9	5.6	15.2	16.9	58.4
	非常没有用	比较没有用	一般有用	比较有用	非常有用
康方言	0	0	41.7	25	33.3
木雅语	10.6	8.2	21.8	22.4	37.1
四川话	0	0	20	30	50
普通话	3.4	3.4	9.6	15.2	68.5
	非常没有身份	比较没有身份	一般有身份	比较有身份	非常有身份
康方言	0	0	33.3	33.3	33.3
木雅语	12.9	10	21.2	14.1	41.8
四川话	10	0	20	20	50
普通话	2.3	4.0	13.0	16.4	64.4

表 2.70 朋布西乡居民的语言态度均值

	好听	亲切	社会影响	有用	有身份
康方言	4.08	4.17	3.5	3.9	4
木雅语	3.98	4.33	2.85	3.63	3.55
四川话	3.9	4.2	2.7	4.3	4
普通话	4.39	4.13	4.2	4.42	4.37

关于朋布西乡居民语言态度的行为倾向，图2.15显示了被调查者对自身及子女语言掌握的期望，对掌握普通话的意愿最高，其次是康方言，再次是木雅语，最后是四川话。

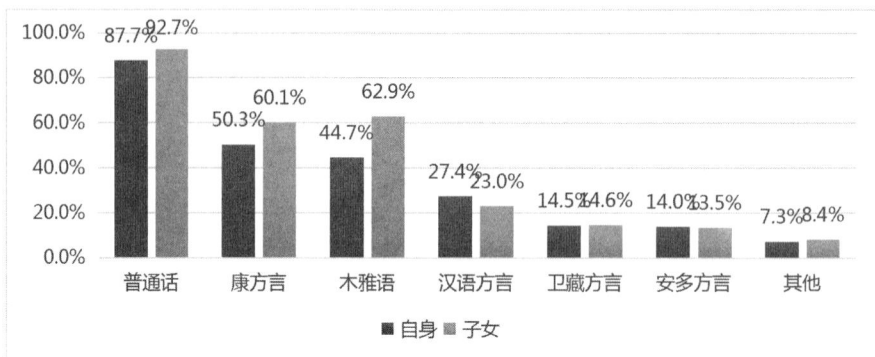

图 2.15　朋布西乡居民对自身及子女语言掌握的期望

如图 2.16 所示，大部分居民希望子女同时掌握木雅语和其他语言，对于双语持开放的态度。

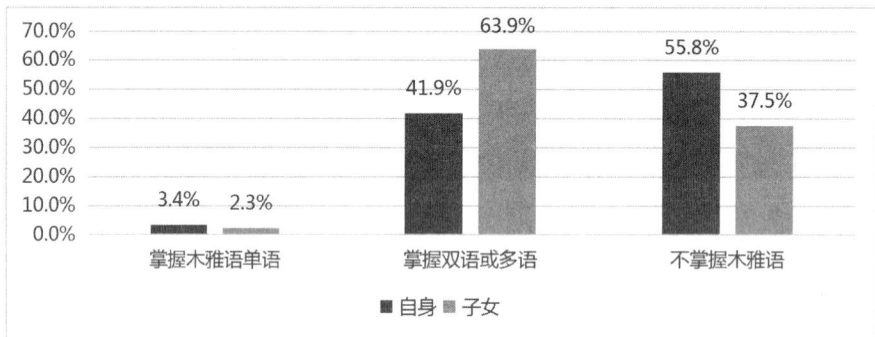

图 2.16　朋布西乡居民对木雅语掌握的态度

朋布西乡被调查者普遍认为木雅语的社会价值和社会影响力不及普通话和四川话，甚至还出现了不希望子女学习木雅语的现象。大部分被访者都希望子女在习得木雅语的同时，应该学习和掌握普通话，因此，如何有效开展双语教学，提升他们的双语和多语能力应该是后续研究的重点。

2.2.5 汉语偏强势型双语（多语）型地区
——沙德镇语言认同与语言使用现状调查

沙德镇是康定市辖镇，全镇为藏族聚居镇，有 656 户 3469 人。镇政府驻地生古村。营九公路纵贯全境，全镇村村通公路，邮电通讯方便。镇驻地有银行、信用社、商业、中心卫生院、学校、派出所等单位。现已形成小集市，是沙德地区农副土特产品集散地。沙德镇是沙德区的政治、经济、文化中心，人口集中，人员流动性强，与该地域居民来往的人群多样化，所以会对本地居民的语言使用产生较大影响。

沙德镇位于康定西南 132 公里，力丘河下游，全镇沿河两岸分布，为半农半牧地区，平均海拔 3200 米。东与贡嘎山乡交界，南与普沙绒乡毗邻，西与雅江县祝桑乡接壤，北连朋布西乡，属山地凉温带气候。沙德系藏语，意为"平坝"，乡政府原驻沙德村故名。全镇辖沙德、生古、瓦约、俄巴绒一、俄巴绒二、拉哈、上赤吉西、下赤吉西 8 个行政村，镇政府驻地生古村。全镇居民沿河两岸分布，民族成分比较单一，为藏族聚居乡。全镇有中心小学 1 所，村小 2 所。适龄儿童入学率 100%。全镇已实现通公路、通电、通电话、通电视[1]。

课题组对沙德镇进行了两次实地调查，共回收了 63 份有效调查问卷。被调查者基本情况如下：性别分布上，男性 44 人，占样本总数的 69.8%，女性 19 人，占样本总数的 30.2%；年龄分布上，第一代居民 19 人，占 30.2%，第二代居民 6 人，占 9.5%，第三代 38 人，占样本总数的 60.3%；被调查者中共有 58 名木雅藏族，3 名移居沙德镇的康巴藏族，2 名汉族。其中 1 名汉族人是出生在吉居乡的 56 岁男性，访谈得知其虽然户籍上是汉族，但是自认为是土生土长的木雅藏族人；受教育程度上，小学文化人群比例最大，共 28 人，初中 11 人，高中 10 人，大专及以上 2 人，未上过学的 12 人，分别占样本总数的 44.4%、17.5%、15.9%、3.2%、19%；职业分布上，农牧民 28

---

[1] 康定市地方志编纂委员会. 康定年鉴 [M]. 北京：线装书局，2017：212.

人，公务员 3 人，商业、服务业人员 9 人，学生 17 人，不在业人员 4 人，外出务工人员 2 人。各占样本总数的 44.5%、4.8%、14.3%、27.0%、6.3%、3.2%。

沙德镇居民的语言能力

根据表 2.71，沙德镇被调查者全部为双语或多语能力者，没有只掌握单语的人。除极个别转用其他语言的本地人和外地出生的受访者，沙德镇中掌握木雅语的人数最多，累计百分比 92.1%，大部分居民同时也掌握康方言，累计百分比为 81%，其后是四川话和普通话，累计各占 79.4%、73%。安多方言和卫藏方言掌握人数较少，各占被调查者总人数的 6.3%。

表 2.71 沙德镇居民语言掌握情况分析表

语言掌握	人数	比例（%）
木–康–普–川	20	31.7
木–康–川	13	20.6
木–康–普	9	14.3
木–普–川	6	9.5
木–康	2	3.2
木–川	2	3.2
普–川	2	3.2
安–康–木–普–川	2	3.2
康–普–川	2	3.2
木–普	1	1.6
安–卫–康–木–普–川	1	1.6
安–卫–康–木–普	1	1.6
卫–康–普–川	1	1.6

续表

语言掌握	人数	比例（%）
卫-木-普-川	1	1.6
总计	63	100

　　沙德镇被调查者各种语言掌握程度如下表 2.72 所示，受访者的木雅语水平绝大多数处于"能听懂并会说"这一级别，人数比例高达 92.1%，表明他们的木雅语交际水平很高。受访者能听懂并会说康方言的占样本总数的 52.4%，过半数的被调查者能使用康方言进行交流。四川话能力处于"能听懂并会说"的占 50.8%，"能基本听懂且基本能交谈"的占 33.3%，可见四川话水平整体较高。另外 41.3% 的人能听懂并会使用普通话进行交际。而安多方言和卫藏方言掌握程度整体偏低，基本处于听不懂也不会说的等级。

表 2.72 沙德镇居民语言掌握程度的人数比例（%）

掌握程度 \ 语言种类		安	卫	康	木	普	川
1　能听懂并会说	能流利准确地使用	1.6	3.2	38.1	90.5	14.3	22.2
	能熟练使用但有些音不准	1.6	1.6	9.5	1.6	22.2	23.8
	能熟练使用但口音较重	0	1.6	4.8	0	4.8	4.8
2　能基本能听懂且基本能交谈	基本能交谈但不太熟练	3.2	0	12.7	0	27	33.3
3　会听说简单的日常话语	能听懂但不太会说	4.8	1.6	14.3	1.6	11.1	12.7

续表

掌握程度 \ 语言种类		安	卫	康	木	普	川
4 基本听不懂且基本不会说	能听懂一些但不会说	1.6	4.8	1.6	0	17.5	0
5 完全听不懂且完全不会说	听不懂也不会说	87.3	87.3	19	6.3	3.2	3.2

除了听、说能力以外，沙德镇居民阅读和写作能力如下表 2.73 所示。考虑到沙德镇被调查者整体受教育程度较低，在调查时，对"能读书看报"和"能写文章或其他作品"这两个等级的划分标准进行了扩大，能识字和能写字的都归入这两个等级中。有 65.1% 的人能看懂藏文书籍，58.7% 的人能用藏文进行写作；73% 的人能看懂汉文书籍，69.8% 能用汉文进行写作。值得注意的是，沙德镇居民的汉文阅读能力和写作能力均高于藏文能力。

表 2.73 沙德镇居民文字掌握程度的人数比例（%）

读		
掌握程度	藏文	汉文
能读书看报	65.1	73
写		
掌握程度	藏文	汉文
能写文章或其他作品	58.7	69.8

关于不同代际居民的语言能力对比，如下表 2.74 所示：

表 2.74 沙德镇不同代际居民的语言能力（%）

	年龄代际	能够听懂并会说	能基本能听懂且基本能交谈	会听说简单的日常话语	基本听不懂且基本不会说	完全听不懂且完全不会说
安多方言	第一代	0	0	0	0	100
	第二代	0	0	0	0	100
	第三代	5.3	5.3	7.9	2.6	78.9
卫藏方言	第一代	0	0	0	0	100
	第二代	0	0	0	0	100
	第三代	10.5	2.6	7.9	0	78.9
康方言	第一代	57.9	0	15.8	0	26.3
	第二代	50	0	16.7	0	33.3
	第三代	50	21.1	13.2	2.6	13.2
木雅语	第一代	94.7	0	0	0	5.3
	第二代	66.7	0	0	0	33.3
	第三代	94.7	0	2.6	0	2.6
普通话	第一代	10.5	15.8	26.3	36.8	10.5
	第二代	16.7	50	0	33.3	0
	第三代	60.5	28.9	5.3	5.3	0
四川话	第一代	52.6	26.8	10.5	0	0
	第二代	50	33.3	16.7	0	0
	第三代	50	31.6	13.2	0	5.3

第一代老年（51 岁及以上）被调查者共 19 人，除 1 人经营小商品店、1 人不在业、1 人外出务工、3 名退休村干部以外，其余 13 人均在家务农。这一年龄段除 1 名出生于外地的康巴藏族完全听不懂且不会说木雅语以外，其余全部熟练掌握木雅语；有 57.9% 的受访者能流利使用康方言进行交际；超

一半的受访者能听说四川话，占总人数的 52.6%；另有 10.5% 的受访者能够听懂并会说普通话。没有人会安多方言和卫藏方言。根据调查样本的数据统计，可将老年群体各种语言掌握熟练程度排序为：木雅语>康方言>四川话>普通话。

第二代中年（35—50 岁）被调查者共有 6 人，其中除 1 人为农民外，其余 5 人均在本地经营小商铺。除 1 人外地出生，以四川话作为第一语言且移居沙德镇后未学习掌握木雅语，1 名本地人完全转用康方言，不会木雅语，其余的受访者均能听懂并熟练使用木雅语；有 50% 的受访者能够完全听懂并使用康方言和四川话进行交际；另外有 16.7% 的能讲普通话，较第一代居民的普通话能力略有提高。没有人掌握安多方言和卫藏方言。中年群体各种语言掌握熟练程度排序为：木雅语>康方言＝四川话>普通话。

第三代青年（0—34 岁）被调查者共 38 人，其中学生 17 人，农牧民 14 人，商业服务业人员 3 人，不在业人员 3 人，外出务工者 1 人。两名在校学生从小习得康方言和木雅语双语或普通话和木雅语双语，1 名沙德本地人和 1 名外地人以康方言作为母语，基本不会木雅语，其余的受访者均以木雅语作为母语；能讲普通话的受访者占总人数的 60.5%，完全能听懂并会说四川话和康方言的各占该年龄段受访者总人数的 50%。与老年和中年受访者群体相比，第三代青年群体的普通话语言能力更好。青年群体各种语言掌握熟练程度排序为：木雅语>普通话>康方言＝四川话。

总之，样本数据统计结果显示，沙德镇被调查者各年龄段在语言能力方面的差异主要体现在第二语言能力方面，老年和中年群体康方言的语言能力较汉语要好，且熟练掌握四川话的人数比例高于普通话；青年群体的普通话能力大幅提升。木雅语、康方言和四川话的语言能力随年龄的减小，熟练掌握的人数比例有所降低。但整体上，三个年龄段的被调查者四川话、普通话、康方言能力要远远强于其他调查点。

关于沙德镇居民语言能力的影响因素分析，主要考察年龄、性别、文化程度、职业以及母语习得等社会因素与沙德镇居民语言能力之间的相关性。以下表 2.75–表 2.78 分别是沙德镇受访者的康方言、木雅语、普通话和四川话能力的影响因素的多元线性回归分析表。

表 2.75 康方言影响因素多元线性回归分析

	未标准化系数		标准化系数		
	B	标准误差	Beta	t	显著性
（常量）	3.334	2.626	—	1.270	.209
年龄	.015	.007	.197	2.237	.027
性别	.037	.701	.007	.053	.958
受教育程度	.254	.089	.154	2.841	.005
职业	-.026	.176	-.023	-.147	.883
母语	.029	.360	.011	.081	.936

表 2.76 木雅语影响因素多元线性回归分析

	未标准化系数		标准化系数		
	B	标准误差	Beta	t	显著性
（常量）	.245	1.660	—	.148	.883
年龄	.019	.015	.209	1.242	.219
性别	-.574	.443	-.172	-1.295	.200
受教育程度	.080	.183	.071	.439	.663
职业	.170	.111	.232	1.531	.131
母语	.295	.089	.245	3.320	.001

表 2.77 普通话影响因素多元线性回归分析

	未标准化系数		标准化系数		
	B	标准误差	Beta	t	显著性
（常量）	5.755	1.339	—	4.298	.000

续表

	未标准化系数		标准化系数		
年龄	−.045	.012	−.422	−3.631	.001
性别	−.474	.357	−.122	−1.326	.190
受教育程度	.404	.148	.305	2.731	.008
职业	−.123	.090	−.143	−1.366	.177
母语	−.201	.184	−.101	−1.093	.279

表 2.78 四川话影响因素多元线性回归分析

	未标准化系数		标准化系数		
	B	标准误差	Beta	t	显著性
（常量）	4.297	1.723	—	2.494	.016
年龄	−.020	.016	−.216	−1.275	.207
性别	.275	.460	.080	.597	.553
受教育程度	−.296	.190	−.254	−1.556	.125
职业	−.051	.115	−.067	−.438	.663
母语	.092	.236	.053	.391	.697

从各个预设因素所对应的显著性值来看，"年龄""受教育程度""母语"等因素对当地居民的康方言、木雅语和普通话语言能力有影响，对四川话能力没有影响。但不同的语言能力受到不同因素影响的程度各有不同，下面就这三个因素对沙德镇受访者语言能力的影响进行具体分析。

表 2.79 康方言、木雅语、普通话水平影响因素所对应的标准化系数

标准化系数对比			
语言种类	年龄	受教育程度	母语
康方言	.197	.154	—
木雅语	—	—	.245
普通话	−.422	.305	—

从表 2.79 可以看出，"年龄"因素的标准化系数在康方言语言能力中为正值，在普通话语言能力中为负值，这说明年龄越大，康方言能力越好，普通话能力越差。且"年龄"在康方言能力中标准化系数绝对值小于普通话，这说明"年龄"因素对康方言能力的影响程度要小于普通话。据观察，虽然学校教育是沙德镇居民学习康方言和普通话的主要途径，但由于沙德镇位于藏族聚居区，居民们日常交际中交际对象大多为藏族，康方言作为民族通用语，在交际中的使用频率要高于普通话，因此各年龄段居民在日常生活中也能习得康方言。

"受教育程度"所对应的标准化系数在康方言能力和普通话能力中均为正值，且对康方言能力的影响小于对普通话能力的影响。这说明受教育程度越高，康方言和普通话能力越好。木雅语能力的高低则主要受到"母语"因素的影响，也即是将木雅语作为第一语言习得的受访者，其木雅语水平更高。

沙德镇居民的语言使用状况

家庭域中的语言使用状况。在与长辈交流时，沙德镇受访者的语言使用情况如表 2.80 所示，其中在与父亲交流时，使用各语言种类的累积百分比为：木雅语（87.1%）、四川话（12.1%）、康方言（9.7%）、普通话（7.3%）、卫藏方言（2.4%）。与母亲交流时，使用各语言种类的累积百分比为：木雅语（90.5%）、康方言（11.9%）、普通话（4.8%）、四川话（4.8%）。总的来看，在沙德镇的家庭交际中，出现了个别转用康方言、四川

方言的现象，以及出现了木雅语兼用藏语和汉语的情况，但绝大多数居民对
父母交流时仍选择使用木雅语。

表2.80 沙德镇居民对父母使用哪种语言

交际对象 语言使用	父亲		母亲	
	人数	比例（%）	人数	比例（%）
木	31	49.2	36	57.1
康	3	4.8	3	4.8
川	3	4.8	0	0
木-普	2	3.2	1	1.6
康-川	0	0	1	1.6
木-卫-川	1	1.6	0	0
木-康-普-川	1	1.6	1	1.6
无此情况	22	34.9	21	33.3
总计	63	100	63	100

与同辈交流时，从表2.81可知，沙德镇居民同兄弟姐妹交流时使用木雅
语的比例为74.6%，木雅语同样是同辈交流的主要交际工具。使用康方言和
四川话的各占6.3%，使用木雅语兼其他语言的占12.8%。

表2.81 沙德镇居民与兄弟姐妹常使用的语言统计

语言使用	人数	比例（%）
木雅话	47	74.6
康方言	4	6.3
川	4	6.3
木-康方言	2	3.2
木-普	1	1.6

续表

语言使用	人数	比例（%）
木–川	1	1.6
木–卫–普	1	1.6
木–康方言–普–川	1	1.6
无此情况	2	3.2
总计	63	100

与晚辈交流时，从表 2.82 可以看出，沙德镇居民在和子女晚辈交流时使用木雅语的比例为 50%，这大大低于同长辈和同辈交谈时所使用的比例；使用四川话的占 9.5%，明显高于同长辈和同辈的交流时的比例；使用康方言的占 1.6%。

表 2.82 沙德镇居民与子女交流常使用的语言统计

语言使用	人数	比例（%）
木雅话	32	50
川	6	9.5
木–康方言	2	3.1
康方言	1	1.6
木–普	1	1.6
木–川	1	1.6
康方言–普–川	1	1.6
木–卫–普	1	1.6
木–康方言–普–川	1	1.6
无此情况	18	28.1
总计	63	100

从家庭域中的语言使用情况可见，木雅语是三代人家庭交际语言中的首要选择，但同时随着交际对象的辈分降低，其使用比重也有所降低，在与晚辈的交流中，仅有50%的人选择使用木雅语单语。表明在家庭域中，使用木雅语单语的人数在逐渐减少，兼用或转用其他语言情况越来越多，这很不利于木雅语的传承；在长辈和同辈之间，康方言是沙德镇居民的第二语言选择，而在与晚辈的交流当中，四川话则成为居民们的第二语言选择，这表明在家庭交际中长辈会倾向于使用汉语与自己的子女交际。总体来看，木雅语在沙德镇家庭当中仍占有比较重要的地位，是家庭内部的主要交际语言，但康方言、四川话以及普通话已经逐渐进入到家庭域中，并且越往年轻一代，这三种语言的使用比重也逐步提高。在族际婚姻家庭中，出现了语言转用的情况。

关于生活域中的语言使用状况。与本民族交流时，从表2.83可以看到，被调查者在与本民族的邻居或熟人聊天时，使用最多的是木雅语，占69.8%，使用四川话的占6.3%，使用康方言的占4.8%，使用普通话单语的仅占1.6%。使用各语言种类的累计人数百分比为：木雅语（85.7%）>康方言（17.5%）>四川话（11.1%）>普通话（8%）>卫藏方言（3.2%）>安多方言（2.4%）。可见，被调查者在与本民族人交际时主要使用木雅语，只有少数人使用康方言或者汉语。

表2.83 沙德镇居民与本民族邻居或熟人交流常用的语言统计

语言使用	人数	比例（%）
木	44	69.8
木-康	5	7.9
川	4	6.3
康	3	4.8
普	1	1.6
木-川	1	1.6
木-卫-普	1	1.6

续表

语言使用	人数	比例（%）
木-康-安	1	1.6
木-康-普	1	1.6
康-普-川	1	1.6
木-卫-普-川	1	1.6
总计	63	100.0

被调查者在与外民族的邻居或熟人聊天时，如表 2.84 所示，主要使用四川话或普通话，分别占 30.2% 和 19.0%，使用普通话-四川话双语的占 22.2%。被调查者与外民族交际时使用四川话和普通话的人数要远高于与本民族之间的交流。

表 2.84 沙德镇居民与外民族邻居或熟人交流常用的语言统计

语言使用	人数	比例（%）
川	19	30.2
普-川	14	22.2
普	12	19.0
木-川	6	9.5
木	4	6.3
康-普	2	3.2
康-普-川	2	3.2
木-卫-普	1	1.6
木-康-川	1	1.6
木-康-普	1	1.6
木-康-普-川	1	1.6
总计	63	100

与当地陌生人交流时，从表2.85可以看到，被调查者在与陌生人交流时会根据交际对象的不同灵活选择四川话、木雅语、普通话和康方言。其中四川话是最主要的选择，累计比例达到了61.3%，普通话累计比例为27.4%，木雅语单语使用人数仅占7.9%。

表 2.85 沙德镇居民在当地与陌生人交流常用的语言统计

语言使用	人数	比例（%）
川	10	15.9
木–川	9	14.3
普	8	12.7
普–川	8	12.7
木–康–川	6	9.5
木	5	7.9
木–康–普–川	4	6.3
康–普–川	3	4.8
木–康–普	3	4.8
康–普	2	3.2
木–普	2	3.2
木–普–川	2	3.2
卫–普	1	1.6
总计	63	100.0

可见，沙德镇居民在与陌生人进行交际时，四川话是他们使用的主要语言。在调查过程中了解到，当地居民在与陌生人交流时，会通过交际对象的外貌、服饰特征等判断其民族，若对方为汉族，则使用四川话与其交际；若对方为木雅人，会首先选用木雅语与其交流，若发现对方不会木雅语或木雅语水平较低时，才会转用康方言。这也表明木雅语在沙德镇仍具有较高的交

际功能与活力。

关于集贸市场的语言使用，从表 2.86 可以看出被调查者在集市上买卖东西时，28.6%的人使用四川话、14.3%的人使用木雅语，14.3%的人使用普通话，另有一些人使用双语或多语。据观察，来本地进行商贸的除了木雅人以外，绝大多数都是来自四川雅安的汉族人，因此四川话是沙德镇集市上最主要的交际语言。

表 2.86 沙德镇居民在集市上的语言使用统计

语言使用	人数	比例（%）
川	18	28.6
木–川	14	22.2
木	9	14.3
普	9	14.3
木–康–川	3	4.8
普–川	3	4.8
康–普	2	3.2
木–普	2	3.2
康	1	1.6
卫–普	1	1.6
木–康–普	1	1.6
总计	63	100.0

综上，在生活域中，和本地邻居或熟人聊天时，木雅语是沙德镇居民交际的首要语言，而当交际对象为外民族时他们会首选四川话进行交流。

关于工作域中的语言使用状况。根据表 2.87，在政府机关或医院等工作场合，无论是在医院中同医务人员交际，还是在政府机关同政府工作人员交流，四川话、普通话是被调查者的主要选择，其中四川话占绝对优势。在访谈中了解到，本地医院和政府机关中的工作人员大多数为汉族，因为他们不会说木雅语或康方言，因此在与其交流时只能使用四川话。部分被调查者由于自身汉语水平有限，因此在和政府医院的工作人员交流时，会同时兼用木雅语完成交际。

表 2.87 沙德镇居民在政府机关和医院场合的语言使用统计

交际场合	语言使用	人数	百分比
医院	川	31	49.2
	普	16	25.4
	木−川	6	9.7
	普−川	2	3.2
	康	1	1.6
	木雅话	1	1.6
	木−普	1	1.6
	卫−普	1	1.6
	康−普	1	1.6
	康−川	1	1.6
	木−康−川	1	1.6
	无此情况	2	3.2
	总计	63	100
政府	川	20	31.7
	普	15	23.8
	木−川	7	11.1
	木雅话	5	7.9
	康−川	4	6.3
	木−康−川	4	6.3

续表

交际场合	语言使用	人数	百分比
政府	康	2	3.2
	卫	1	1.6
	康–普	1	1.6
	木–普–川	1	1.6
	普–川	1	1.6
	无此情况	2	3.2
	总计	63	100

在学校、会议和工作单位等场合时，根据表 2.88，在学校、会议和工作单位等比较正式庄重的场合中，被调查者主要使用木雅语与本民族人交流，占 42.9%，使用普通话的占 7.9%，还有 14.2%的人会使用木雅语和汉语双语模式。

表 2.88 沙德镇居民在较正式的场合与本族人交际的语言使用统计

语言种类	人数	百分比
木	27	42.9
普	5	7.9
木–川	5	7.9
木–普	4	6.3
川	3	4.8
康	2	3.2
康–普	2	3.2
木–康–普–川	2	3.2
木–康–川	2	3.2
安–普	1	1.6

续表

语言种类	人数	百分比
安–康–普–川	1	1.6
卫–普	1	1.6
普–川	1	1.6
无此情况	7	11.1
总计	63	100

　　总体来看，在去医院就医，政府机关办事时，沙德镇居民使用四川话的比例最高。在和本民族人的交流中，虽然木雅语也是本民族成员之间的首要选择，但在学校、工作单位等正式场合中，选用普通话的比重要远高于生活域。这表明针对同样的交际对象，交际场合的正式程度也会影响居民的语言选择。

　　考察不同代际居民的语言使用差异，从年龄角度，对老中青三代人在各个语域中的语言使用情况进行分段描述分析。因沙德镇受访者中掌握安多方言和卫藏方言的人很少，使用比例极低，因此未将这两种语言纳入其中。

　　第一代居民的语言使用状况，根据表 2.89 显示，在家庭域中，第一代老年受访者均主要使用木雅语与家人进行交流，特别是与父母交流时均只使用木雅语单语，与兄弟姐妹和子女使用木雅语的人数比例分别为 83.3% 和 88.2%；生活域中，第一代受访者主要使用木雅语单语、四川话单语或木雅语–四川话双语。语言的选用受到交际对象民族身份的影响，与本民族熟人或邻居交流时木雅语是主导语言，当与外民族人交流时，大多数人选用四川话；工作域中，第一代老年受访者在医院就医和去政府部门办事时使用四川话单语的频率比较高。另外在学校、会议或工作单位等正式场合中，与本族人交际时，多数人都倾向于选用木雅语单语，其比例高达 76.5%。

表 2.89 沙德镇第一代居民的语言使用现状（%）

	家庭域				生活域				工作域		
	父亲(3)	母亲(2)	兄弟姐妹(18)	子女晚辈(17)	本民族邻居熟人(19)	外民族邻居熟人(19)	当地陌生人(19)	集贸市场(19)	医院(18)	政府部门(19)	学校等工作单位(17)
康	0	0	5.6	0	5.3	0	0	0	5.6	5.3	5.9
木	100	100	83.3	88.2	84.2	5.3	10.5	10.5	0	15.8	76.5
普	0	0	0	0	0	0	0	0	0	0	0
川	0	0	11.1	5.9	10.5	57.9	26.3	36.8	66.7	42.1	5.9
木康	0	0	0	5.9	0	0	0	0	0	0	0
木普	0	0	0	0	0	0	0	0	0	0	0
木川	0	0	0	0	0	21.1	26.3	42.1	27.8	21.1	5.9
康普	0	0	0	0	0	0	0	0	0	0	0
康川	0	0	0	0	0	0	0	0	0	5.3	0
普川	0	0	0	0	0	10.5	0	0	0	0	0
木康普	0	0	0	0	0	0	0	0	0	0	0
木康川	0	0	0	0	0	0	21.1	10.5	0	10.5	5.9
木普川	0	0	0	0	0	0	0	0.0	0	0	0
康普川	0	0	0	0	0	5.3	5.3	0	0	0	0
木康普川	0	0	0	0	0	0	10.5	0	0	0	0

第二代居民的语言使用，根据表 2.90，第二代中年受访者在家庭内部交际时主要使用木雅语，但比例较第一代老年受访者低，仅占 50%。在与子女交际时，使用四川话的人数增多；在生活域中，与本民族人交际时主要使用木雅语，在与外民族交际时主要使用四川话或普通话-四川话双语。相比于老年一代，中年受访者在对外交际时，选用木雅语的比例大大降低，开始出现使用普通话的现象；在工作域中，四川话是中年人去医院就医或政府办事的首要选择，在学校、会议或工作单位等正式场合中，与本民族交际，受访者

仍倾向于选用木雅语。

表 2.90 沙德镇第二代居民的语言使用现状（%）

	家庭域				生活域				工作域		
	父亲	母亲	兄弟姐妹	子女晚辈	本民族邻居熟人	外民族熟人邻居	当地陌生人	集贸市场	医院	政府部门	学校等工作单位
康	33.3	16.7	33.3	16.7	33.3	0	0.0	16.7	0.0	0	16.7
木	50	33.3	50	33.3	50	0	0.0	16.7	0	16.7	50
普	0	0	0	0	0	0	0	0	16.7	16.7	0
川	16.7	16.7	16.7	33.3	16.7	50	16.7	50	66.7	50	16.7
木康	0	0	0	0	0	0	0	0	0	0	0
木普	0	16.7	0	0	0	0	0	0	0	0	0
木川	0	0	0	0	0	0	16.7	16.7	0.0	0	16.7
康普	0	0	0	0	0	0	0	0	0	0	0
康川	0	16.7	0	0	0	0	0	0	16.7	16.7	0
普川	0	0	0	0	0	50	50	0	0	0	0
木康普	0	0	0	0	0	0	0	0	0	0	0
木康川	0	0	0	0	0	0	16.7	0	0	0	0
木普川	0	0	0	0	0	0	0	0	0	0	0
康普川	0	0	0	16.7	0	0	0	0	0	0	0
木康普川	0	0	0	0	0	0	0	0	0	0	0

  第三代居民的语言使用，根据表 2.91，在家庭域中，木雅语仍是第三代青年受访者主要使用的语言，但随着交际对象辈分的降低，木雅语的使用比例也逐步降低；在生活域中，青年受访者在面对本民族人时，绝大多数使用木雅语交际，占 65.8%。而在面对外民族人、陌生人以及在集市等场合中，普通话成为青年一代受访者的首要选择，这是不同于前两代人的语言使用新趋势；在工作域等较正式的场合中，如在医院和政府机构与工作人员交流时，

大多数受访者都会选用普通话。即便在与本民族人交流时，也出现了使用普通话交际的现象。

表 2.91 沙德镇第三代居民的语言使用现状（%）

	家庭域				生活域				工作域		
	父亲 (36)	母亲 (38)	兄弟姐妹 (37)	子女晚辈 (22)	本民族邻居熟人 (38)	外民族熟人邻居 (38)	当地陌生人 (38)	集贸市场 (38)	医院 (38)	政府部门 (35)	学校等工作单位 (33)
康	2.8	2.6	2.7	0	0	0	0.0	0	0	2.9	0
木	77.8	89.5	78.4	68.2	65.8	7.9	10.8	15.8	2.6	2.9	33.3
普	0	0	0	0	2.6	31.6	21.6	23.7	39.5	40	15.2
川	8.3	0	2.7	13.6	2.6	13.2	13.5	21.1	39.5	25.7	3.0
木康	0	0	5.4	4.5	13.2	0	0	0	0	0	0
木普	5.6	2.6	2.7	4.5	0	0	5.4	5.3	3.6	0	12.1
木川	0	0	0	4.5	2.6	5.3	8.1	13.2	2.6	8.6	9.1
康普	0	0	0	0	0	5.3	2.7	5.3	2.6	2.9	6.1
康川	0	2.6	0	0	0	0	0	0	0	5.7	0
普川	0	0	0	0	0	23.7	13.5	7.9	5.3	2.9	3.0
木康普	0	0	0	0	2.6	2.6	8.1	2.6	0	0	0
木康川	0	0	0	0	0	2.6	2.7	2.6	2.6	5.7	3.0
木普川	0	0	0	0	0	0	5.4	0	0	0	0
康普川	0	0	0	0	2.6	2.6	5.4	0	0	0	0
木康普川	2.8	2.6	2.7	4.5	0	2.6	5.4	0	0	0	6.1

总之，木雅语虽然同是三代人在家庭内、本族人之间的主要交流工具，但其使用比例随着代际的差异而逐步降低，四川话和普通话在家庭域中的使用比例逐渐增大。虽然目前木雅语在家庭域内部交际中仍占主导地位，但其使用语域呈现逐渐缩小的趋势。四川话和普通话已明显渗透进家庭域，而且使用比率远高于其他调查点。

对沙德镇居民语言使用的影响因素进行进一步分析。从被调查者的年龄、性别、受教育程度和职业这四个方面，借助 SPSS 方差分析，探讨这些社会因素对沙德镇居民在不同领域中语言使用的影响。

关于年龄与家庭域的语言使用的方差分析。通过对调查结果进行 ANOVA 分析，根据表 2.92，年龄与沙德镇居民与同辈交流时语言使用的显著性值大于 0.05，说明年龄与同辈交流之间的语言使用没有显著相关性。而年龄与沙德镇居民同长辈、晚辈交流时的语言使用的显著性值均小于 0.05，说明当交际对象为父母和子女时，其语言选择在不同年龄代际之间差异明显。第一代居民与父母交流时，木雅语是首要选择；第二代居民与父母交流时，木雅语仍是使用最多的语言，但所占比重大幅下降，康方言和四川话使用的比例上升；而到了第三代，木雅语的使用频率有所回升，超过了第二代人的使用，但康方言和四川话的使用下降，普通话成为使用比例第二的语言。

表 2.92 年龄与家庭域语言使用的方差分析

		平方和	自由度	均方	F	显著性
现在您对父亲（或男性抚养人）最常说哪种话（语言）？	组间	242.488	4	60.622	9.017	.000
	组内	389.924	58	6.723		
	总计	632.413	62	—		
现在您对母亲（或女性抚养人）最常说哪种话（语言）？	组间	249.865	4	62.466	13.313	.000
	组内	272.135	58	4.692		
	总计	522.000	62	—		
您在家对同辈（兄弟姐妹）最常说哪种话（语言）？	组间	26.024	4	6.506	1.138	.348
	组内	331.627	58	5.718		
	总计	357.651	62	—		
您在家对晚辈或子女最常说哪种话（语言）？	组间	113.528	4	28.382	2.697	.039
	组内	610.409	58	10.524		
	总计	723.937	62	—		

如图 2.17 所示，在家庭域中，在与父母的交际中，随着代际的增长，普通话的使用比例逐步上升，但木雅语仍保持其主导地位。

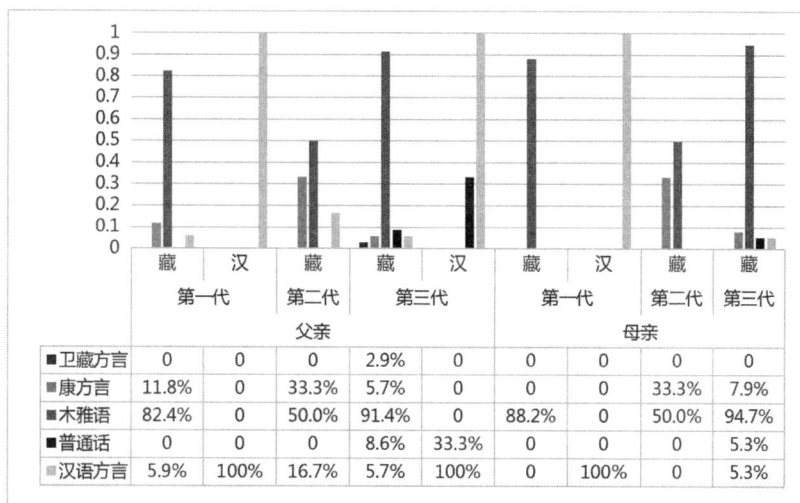

	藏	汉	藏	藏	汉	藏	汉	藏	藏
	第一代		第二代	第三代		第一代		第二代	第三代
			父亲					母亲	
■卫藏方言	0	0	0	2.9%	0	0	0	0	0
■康方言	11.8%	0	33.3%	5.7%	0	0	0	33.3%	7.9%
■木雅语	82.4%	0	50.0%	91.4%	0	88.2%	0	50.0%	94.7%
■普通话	0	0	0	8.6%	33.3%	0	0	0	5.3%
■汉语方言	5.9%	100%	16.7%	5.7%	100%	0	100%	0	5.3%

图 2.17　沙德镇居民与父母交流时语言使用代际差异图

如图 2.18 所示，在家庭域中，沙德镇居民与子女的交际当中，从老年到青年，木雅语的使用比例逐渐降低，康方言、普通话和四川话的使用逐渐增多。

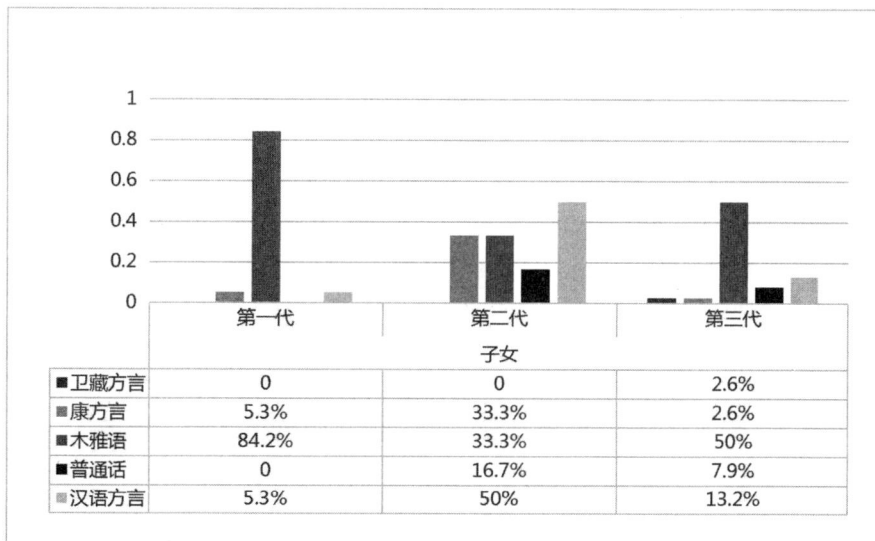

	第一代	第二代	第三代
		子女	
■卫藏方言	0	0	2.6%
■康方言	5.3%	33.3%	2.6%
■木雅语	84.2%	33.3%	50%
■普通话	0	16.7%	7.9%
■汉语方言	5.3%	50%	13.2%

图 2.18　沙德镇居民与子女交际时语言使用图

年龄与生活域、工作域的语言使用的相关性分析。年龄与生活域、工作域语言使用的方差分析显著性值均大于 0.05，说明"年龄"因素不会对沙德镇居民的生活和工作中的语言使用产生影响。这是因为被调查者都是双语或多语者，在生活域和工作域中，会根据交际对象的不同来选用不同的语言。

关于性别与家庭域的语言使用的相关性分析。如表 2.93 所示，性别与家庭域语言使用的方差分析中，对父亲、兄弟姐妹和子女的语言使用情况显著性值小于 0.05，说明性别会对与父亲、兄弟姐妹和子女交流中的语言使用产生影响。

表 2.93 性别与家庭域语言使用的方差分析

		平方和	自由度	均方	F	显著性
现在您对父亲（或男性抚养人）最常说哪种话（语言）	组间	39.810	1	39.810	4.098	.047
	组内	592.603	61	9.715		
	总计	632.413	62	—		
现在您对母亲（或女性抚养人）最常说哪种话（语言）	组间	21.779	1	21.779	2.656	.108
	组内	500.221	61	8.200		
	总计	522.000	62	—		
您在家对同辈（兄弟姐妹）最常说哪种话（语言）？	组间	21.133	1	21.133	3.831	.055
	组内	336.518	61	5.517		
	总计	357.651	62	—		
您在家对晚辈或子女最常说哪种话（语言）？	组间	35.897	1	35.897	3.183	.079
	组内	688.039	61	11.279		
	总计	723.937	62	—		

具体来看，如图 2.19 所示，女性在家庭领域中使用木雅语和普通话的比例要高于男性。女性在与家庭成员交流时更倾向于使用木雅语，但在与子女的交流中，往往比男性更多地使用普通话。

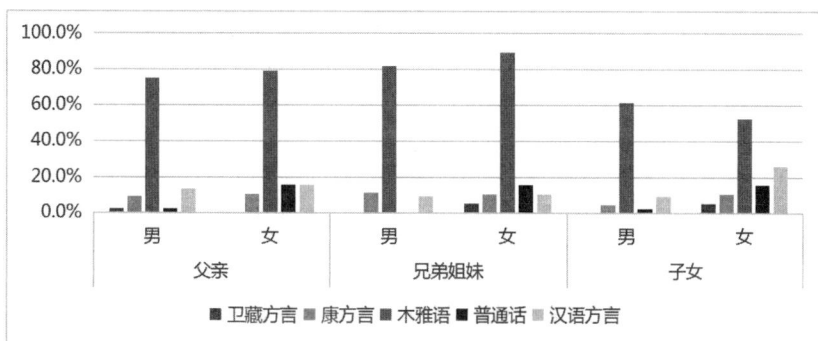

图 2.19　沙德镇居民性别与家庭域语言使用差异图

　　性别与沙德镇居民生活域、工作域语言使用的方差分析显示，其显著性值均大于 0.05，因此，两者之间的显著性水平不明显，说明性别不是影响居民在这两个领域中语言使用的因素。

　　受教育程度与家庭域的语言使用的相关性分析。从表 2.94 的方差分析可以看出，沙德镇居民与父亲和晚辈交际时的语言使用显著性值大于 0.05，说明受教育程度不会影响到与父母和子女交际时的语言使用；而与母亲和兄弟姐妹交际时的语言使用所对应的显著性值小于 0.05，说明受教育程度对这些交际对象的家庭语言使用有影响，即受教育程度越低的居民在家庭中与母亲和兄弟姐妹交际时，使用木雅语的频率越高，受教育程度越高的人使用普通话和四川话的频率越高。

表 2.94 受教育程度与家庭域语言使用的方差分析

		平方和	自由度	均方	F	显著性
现在您对父亲（或男性抚养人）最常说哪种话（语言）？	组间	93.110	4	23.278	2.503	.052
	组内	539.303	58	9.298		
	总计	632.413	62	——		
现在您对母亲（或女性抚养人）最常说哪种话（语言）？	组间	116.594	4	29.149	4.170	.005
	组内	405.406	58	6.990		
	总计	522.000	62	——		

续表

		平方和	自由度	均方	F	显著性
您在家对同辈（兄弟姐妹）最常说哪种话（语言）？	组间	82.039	4	20.510	4.316	.004
	组内	275.612	58	4.752		
	总计	357.651	62	——		
您在家对晚辈或子女最常说哪种话（语言）？	组间	9.055	4	2.264	.184	.946
	组内	714.882	58	12.326		
	总计	723.937	62	——		

受教育程度与生活域的语言使用的相关性分析。据表 2.95 所示，受教育程度仅在对本民族邻居或熟人交流时的语言选用显著性值小于 0.05，两者之间有显著性关系。即受教育程度较高的人普通话水平和四川话水平较高，即使是在与本族人的交流中，受教育程度高的人使用普通话或四川话的频率也比较高。

表 2.95 受教育程度与生活域语言使用的方差分析

		平方和	自由度	均方	F	显著性
您在集贸市场买东西时最常说哪种话（语言）？	组间	71.765	4	17.941	2.369	.063
	组内	439.314	58	7.574		
	总计	511.079	62	——		
您跟本民族邻居或熟人聊天时说什么语言或方言？	组间	112.152	4	28.038	5.224	.001
	组内	311.276	58	5.367		
	总计	423.429	62	——		
您跟外民族邻居或熟人聊天时说什么语言或方言？	组间	56.296	4	14.074	1.448	.230
	组内	563.640	58	9.718		
	总计	619.937	62	——		

续表

		平方和	自由度	均方	F	显著性
您在当地遇到陌生人的时候最常用什么语言或方言？	组间	93.463	4	23.366	1.550	.200
	组内	874.283	58	15.074		
	总计	967.746	62	—		

受教育程度与工作域的语言使用的相关性分析。根据表2.96，居民在医院，以及学校、会议和工作地点等场合中的语言使用显著性值小于0.05，二者之间有显著性关系。具体来说，受教育程度较高的人在这些比较正式的场合中，使用四川话或普通话较多。一方面他们能根据不同的交际对象选用不同的语言进行交际，另一方面在正式程度较高的工作场合中，受教育程度高的人更倾向使用普通话。

表2.96 受教育程度与工作域语言使用的方差分析

		平方和	自由度	均方	F	显著性
您到本地医院看病时最常说哪种话（语言）？	组间	34.186	4	8.546	2.484	.053
	组内	199.529	58	3.440		
	总计	233.714	62	—		
您到本地政府部门办事时最常说哪种话（语言）？	组间	8.297	4	2.074	.253	.907
	组内	475.417	58	8.197		
	总计	483.714	62	—		
在学校、会议、工作地点等比较庄重的场合，您与本民族人通常使用哪种语言？	组间	158.460	4	39.615	3.953	.007
	组内	581.286	58	10.022		
	总计	739.746	62	—		

职业与家庭域的语言使用的相关性分析。如表2.97所示，沙德镇居民职业与晚辈或子女交际时显著性值小于0.05，说明职业对家庭交际的语言使用会产生影响。不同职业对家庭交际的语言使用不同。

表 2.97 职业与家庭域语言使用的方差分析

		平方和	自由度	均方	F	显著性
现在您对父亲（或男性抚养人）最常说哪种话（语言）？	组间	71.331	6	11.889	1.187	.327
	组内	561.081	56	10.019		
	总计	632.413	62	—		
现在您对母亲（或女性抚养人）最常说哪种话（语言）？	组间	68.471	6	11.412	1.409	.227
	组内	453.529	56	8.099		
	总计	522.000	62	—		
您在家对同辈（兄弟姐妹）最常说哪种话（语言）？	组间	16.719	6	2.786	.458	.836
	组内	340.932	56	6.088		
	总计	357.651	62	—		
您在家对晚辈或子女最常说哪种话（语言）？	组间	167.973	6	27.995	2.820	.018
	组内	555.964	56	9.928		
	总计	723.937	62	—		

　　具体分析如图 2.20 所示，结合访谈可知，被调查者中的 3 名公务员均是曾经在村里做过村主任或会计职务，他们深刻意识到掌握木雅语更加有利于本地公职人员日常工作的开展，因此他们更加注重子女对木雅语的学习，在家中也仅用木雅语与子女交流，为子女学习木雅语营造良好的家庭语言环境。而商业、服务业人员和外出务工人员在工作中更多意识到了汉语的实用性，因此更希望子女掌握汉语，在与子女交流时使用普通话或四川话的比例相对较高。

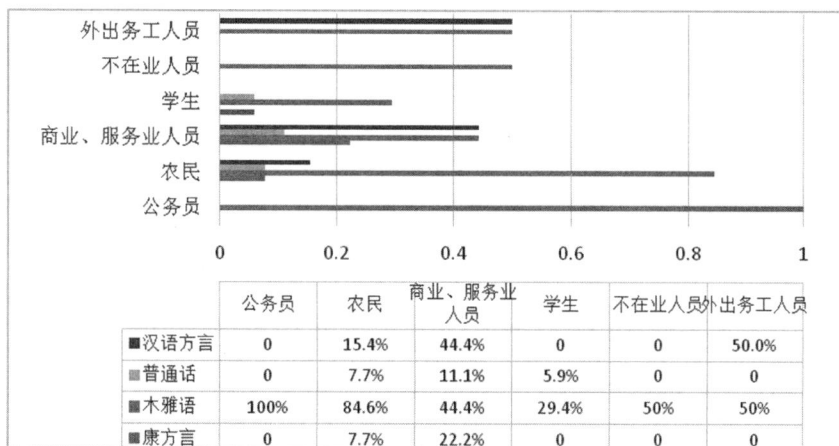

图 2.20 沙德镇不同职业居民家庭域语言使用差异图

职业与生活域的语言使用的相关性分析。如表 2.98 所示，沙德镇居民职业与生活域中"跟本民族邻居或熟人聊天时"的语言使用的方差分析显著性值小于 0.05，说明职业对生活域的语言使用会产生影响。

表 2.98 职业与生活域语言使用的方差分析

		平方和	自由度	均方	F	显著性
您在集贸市场买东西时最常说哪种话（语言）？	组间	94.139	6	15.690	2.107	.067
	组内	416.940	56	7.445		
	总计	511.079	62	——		
您跟本民族邻居或熟人聊天时说什么语言或方言？	组间	96.649	6	16.108	2.760	.020
	组内	326.779	56	5.835		
	总计	423.429	62	——		
您跟外民族邻居或熟人聊天时说什么语言或方言？	组间	75.703	6	12.617	1.298	.273
	组内	544.233	56	9.718		
	总计	619.937	62	——		
您在当地遇到陌生人的时候最常用什么语言或方言？	组间	117.930	6	19.655	1.295	.274
	组内	849.816	56	15.175		
	总计	967.746	62	——		

具体分析如图 2.21 所示，本地公务员、农民、商业服务业人员、学生等在生活域中，与本民族交际时，使用木雅语最多，其中学生群体的语言使用呈现多样性，而外出务工人员则只使用普通话、四川话和康方言进行交际。

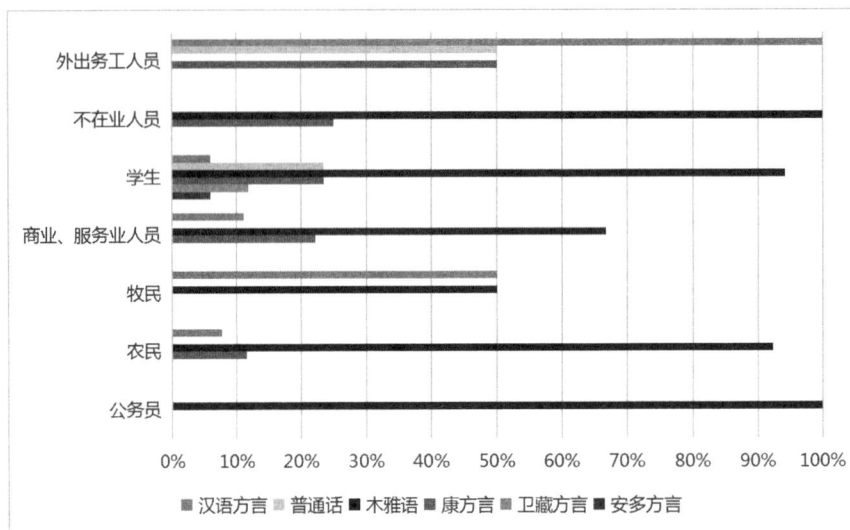

图 2.21 沙德镇不同职业居民生活域语言使用差异图

职业与工作域的语言使用的相关性分析。如表 2.99 所示，职业与在学校、会议和工作地点等场合中的语言使用显著性值小于 0.05，说明职业对这些交际场合的语言使用会产生影响。在比较正式的交际场合中，本地公务员和学生使用普通话或四川话的频率要高于农牧民群体。

表 2.99 职业与工作域语言使用的方差分析

		平方和	自由度	均方	F	显著性
您到本地医院看病时最常说哪种话（语言）？	组间	16.068	6	2.678	.689	.659
	组内	217.646	56	3.887		
	总计	233.714	62	—		

续表

		平方和	自由度	均方	F	显著性
您到本地政府部门办事时最常说哪种话（语言）？	组间	91.524	6	15.254	2.178	.059
	组内	392.190	56	7.003		
	总计	483.714	62	—		
在学校、会议、工作地点等比较庄重的场合，您与本民族人通常使用哪种语言？	组间	185.095	6	30.849	3.115	.011
	组内	554.651	56	9.904		
	总计	739.746	62	—		

　　总之，在家庭域中，沙德镇受访者普遍使用木雅语，但从老年到中年到青年，使用木雅语的人数比例逐步降低；四川话和普通话已经进入家庭域中，在与子女的交际中使用四川话和普通话的比例高于与长辈的交流。通过 SPSS 方差分析，发现影响沙德镇家庭域语言使用的因素有：年龄、性别、受教育程度和职业等因素。具体来说，年龄越小的受访者，在家庭交际中语言使用具有多样性，使用康方言、普通话和四川话的比例相对较高；女性在家庭中使用木雅语的人数多于男性；受教育程度越低的受访者在家庭中使用木雅语的比例越高，受教育程度越高的人在家庭中使用普通话和四川话的比例越高；职业为农民、牧民、本地公务员的受访者在家庭中使用木雅语的比例要高于学生、商业服务业人员和外地务工人员。

　　在生活域中的语言使用总体呈现出多样性的特点，说话人选择使用何种语言，主要和交际对象有关，在本族人之间的交际中，三代人都倾向于使用木雅语。而在与外族人交流时，第一代老年受访者主要使用四川话，第二代中年受访者除使用四川话以外，还会使用普通话，第三代青年受访者则将普通话作为首选语言。受教育程度和职业因素和"与本民族邻居熟人聊天"时的语言使用有明显的相关性，文化水平越高的人越倾向使用普通话。农牧民、学生、本地公职人员和商业服务业人员在与本族人交际时使用木雅语较多，而外出务工人员在与本族人交流时只使用藏语康方言和四川话、普通话。

　　工作域中，在学校、会议和工作单位这些比较正式的场合，当交际对象为本族人时，三代受访者主要选用的语言都是木雅语，说明与本族人交际时受交际场合的影响较小。但在去医院就医和去政府部门办事时，语言使用呈现出明显的代际差异，老年和中年受访者倾向于使用四川话，青年受访者则主要使用普通话。受教育程度和职业是影响工作域中语言使用的两个主要因素，受教育程度高的受访者，公务员和学生群体在工作域中使用普通话的比例要高于受教育程度低的农牧民群体。

沙德镇居民的语言态度

关于沙德镇居民语言态度的认知因素和情感因素调查。如表 2.100 和表 2.101 所示，被调查者对普通话的情感态度在"好听"和"亲切"两个选项上均值都超过 4，木雅语在"亲切"上的均值最高。对康方言和四川话的情感态度评价要略低，评价均值都在 4 以下。对沙德镇居民的语言态度中的情感因素均值进行排序，"好听"程度：普通话>木雅语>康方言>四川话；"亲切"程度：木雅语>康方言>普通话>四川话。在语言认知态度的评价方面，沙德镇居民对不同语言的评价差别较大。其中在"有社会影响""有用""有身份"三方面，普通话获得的评价最高，均值都超过 4，尤其在"有社会影响"和"有身份"选项上均值最高。四川话在"有用"方面差不多和"普通话"持平。按照均值高低给不同语言进行排序，"有社会影响"：普通话>四川话>康方言>木雅语；"有用"：四川话>普通话>康方言>木雅语；"有身份"：普通话>四川话>康方言>木雅语。

表 2.100 沙德镇居民语言态度的认知因素和情感因素（%）

情感态度				
	非常不好听	比较不好听	一般好听	比较好听	非常好听
康方言	14.3	14.3	28.6	0	42.9
木雅语	1.7	6.7	30	15	46.7
四川话	0	0	75.0	0	25

续表

普通话	0	4.8	6.3	20.6	68.3
	非常不亲切	比较不亲切	一般亲切	比较亲切	非常亲切
康方言	0	0	28.6	14.3	57.1
木雅语	3.3	3.3	11.7	20	61.7
四川话	0	0	50	25	25
普通话	1.6	7.9	17.5	14.3	58.7
认知态度					
	非常没有影响力	比较没有影响力	一般有影响力	比较有影响力	非常有影响力
康方言	28.6	0	28.6	14.3	28.6
木雅语	30	11.7	20	20	18.3
四川话	0	25.0	25	0	50
普通话	11.1	3.2	7.9	22.2	55.6
	非常没有用	比较没有用	一般有用	比较有用	非常有用
康方言	14.3	0	14.3	28.6	42.9
木雅语	13.3	6.7	25	13.3	41.7
四川话	0	0	25.0	0	75
普通话	3.2	4.8	6.3	11.1	74.6
	非常没有身份	比较没有身份	一般有身份	比较有身份	非常有身份
康方言	0	14.3	42.9	0	42.9
木雅语	11.7	11.7	23.3	16.7	36.7
四川话	0	0	50	25	25
普通话	9.5	3.2	6.3	22.2	58.7

表 2.101 沙德镇居民的语言态度均值

	好听	亲切	社会影响	有用	有身份
康方言	3.43	4.29	3.14	3.86	3.71
木雅语	3.98	4.33	2.85	3.63	3.55
四川话	3.5	3.75	3.75	4.5	3.75
普通话	4.52	4.21	4.08	4.49	4.17

关于沙德镇居民语言态度的行为倾向。图 2.22 显示了被调查者对自身及子女语言掌握的期望，从掌握的语言种类来看，对掌握普通话的意愿最高，其次是康方言，再次是木雅语，最后是四川话。

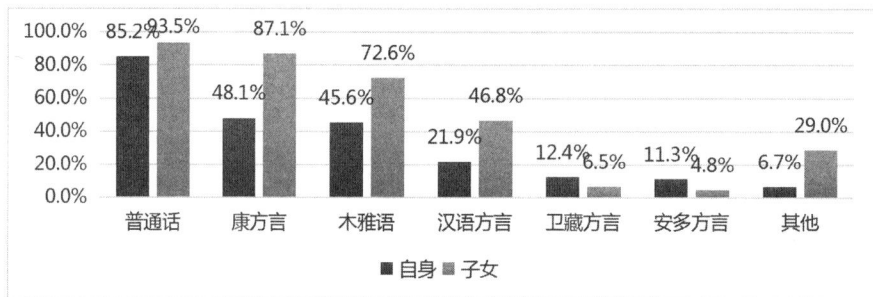

图 2.22 沙德镇居民对自身及子女语言掌握的期望

在对居民认为是否需要掌握木雅语的调查当中，如图 2.23 所示，被调查者对自身和子女的木雅语掌握方面呈现出差异性：50.9% 的被调查者认为自己不需要掌握木雅语，38.1% 的人认为需要同时掌握木雅语及其他语言；而所有被调查者都认为自己的子女应该掌握民汉双语，没有人希望子女仅仅只掌握木雅语单语。表明他们对木雅语仍有较高的情感认同，认为木雅语应该被传承下去，但在掌握木雅语的同时，也应该掌握藏语和汉语。

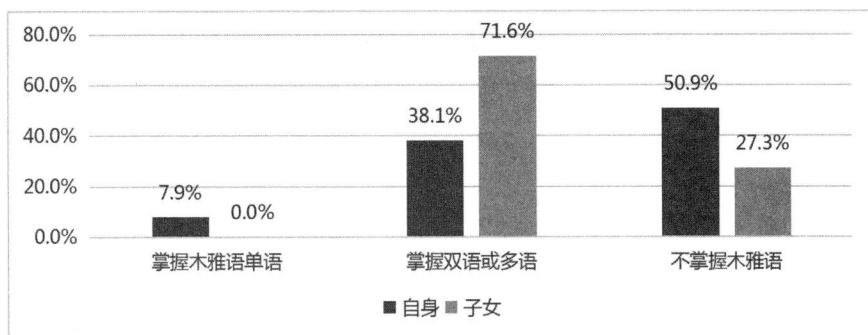

图 2.23 沙德镇居民对木雅语掌握的态度

2.2.6 沙德镇、朋布西乡和贡嘎山乡对比研究

三地语言能力对比

三地木雅语能力对比。木雅语不仅是木雅文化赖以传承的载体，同时也承载着木雅人的民族认同和族群归属感。木雅人对木雅语的掌握和传承，是他们对自身文化的认同和族群凝聚力的重要体现。通过表 2.102 可以发现，朋布西乡和贡嘎山乡的第一代和第二代受访者全部熟练掌握木雅语，而第三代木雅语言能力减弱，其中朋布西乡表现得更为明显。沙德镇情况略有不同：第一代老年受访者和第三代青年受访者木雅语能力相当，较第二代受访者高。整体上，贡嘎山乡木雅语保存最好（97.5%），其次是朋布西乡，最后是沙德镇。沙德镇是康定木雅人聚居区，但其木雅语退化趋势最为明显，主要原因可能是沙德镇撤乡建镇之前已是康定木雅藏区政治、经济、文化中心以及农副土特产品集散地，撤乡建镇之后，又有各种优惠政策扶持，促使了当地经济贸易的发展，加之交通方便，来此进行商贸往来的汉族人较多，日常生活中使用汉语，特别是四川话的频率较高。

表 2.102 三地不同代际居民木雅语能力分析表（%）

	年龄代际	能够听懂并会说	能基本能听懂且基本能交谈	会听说简单的日常话语	基本听不懂且基本不会说	完全听不懂且完全不会说
沙德镇	第一代	94.7	0	0	0	5.3
	第二代	66.7	0	0	0	33.3
	第三代	94.7	0	2.6	0	2.6
	总计	92.1	0	1.6	0	6.3
朋布西乡	第一代	100	0	0	0	0
	第二代	100	0	0	0	0
	第三代	94.7	0	1.3	0.7	3.3
	总计	95.6	0	1.1	0.6	2.8
贡嘎山乡	第一代	100	0	0	0	0
	第二代	100	0	0	0	0
	第三代	97.5	0	0	0	2.5
	总计	98.2	0	0	0	1.8

三地康方言能力对比。藏语康方言是当地与本民族交流的主要工具，同时也是康定地区学校双语教育的教学语言之一，是三地居民生活、工作和学习的主要语言。从表 2.103 可知，第一代老年受访者中，沙德镇的康方言能力最好，其次是朋布西乡，最后是贡嘎山乡；第二代中年受访者和第三代青年受访者中，朋布西乡的康方言水平略高于沙德镇，贡嘎山乡最低。综合来看，沙德镇、朋布西乡三代群体康方言语言能力均较好（50%以上），贡嘎山乡康方言能力较差。

表 2.103 三地不同代际居民康方言能力分析表（%）

	年龄代际	能够听懂并会说	能基本能听懂且基本能交谈	会听说简单的日常话语	基本听不懂且基本不会说	完全听不懂且完全不会说
沙德镇	第一代	57.9	0	15.8	0	26.3
	第二代	50	0	16.7	0	33.3
	第三代	50	21.1	13.2	2.6	13.2
	总计	52.4	12.7	14.3	1.6	19
朋布西乡	第一代	53.3	6.7	13.3	6.7	20
	第二代	53.3	13.3	13.3	6.7	13.3
	第三代	51	9.9	9.3	7.9	21.2
	总计	51.7	10	10	7.8	20.6
贡嘎山乡	第一代	20	10	40	20	10
	第二代	42.9	28.6	14.3	0	14.3
	第三代	30	20	12.5	5	32.5
	总计	29.8	19.3	17.5	7	26.3

　　三地普通话能力对比。根据表 2.104，第一代老年人中，普通话听说能力能达到"基本听懂并交谈"以上的，沙德镇占 26.3%，朋布西占 13.3%，贡嘎山乡占 20%。沙德镇的普通能力最好，其次是贡嘎山乡，最后是朋布西乡；第二代中年人中，普通话听说能力能达到"基本听懂并交谈"以上的各占 66.7%、26.6%、57.2%；第三代青年人的普通话能力大幅提高，三地能使用普通话进行日常交际的人数占比分别为 94.7%、95.9%、97.5%。总之，沙德镇受访者的普通话水平要高于其他两地，其次是贡嘎山乡，最后是朋布西乡。沙德镇是三地中社会经济发展最好的乡镇，交通更为便利，同时也是木雅人和其他民族交流的一个中心区域，对普通话的使用更多；贡嘎山乡旅游资源丰富，自 20 世纪 80 年代开始，贡嘎山乡逐步开发旅游资源，建设旅游景区，

逐渐接触到各国各民族游客，随着旅游经济的不断发展，对普通话的需求也逐渐增多，当地居民的普通话能力也逐代提升；朋布西乡由于地理环境相对封闭，村寨多分布在山谷中，交通不便，社会经济发展和教育相对滞后，本地中老年人普通话能力低，青年人多数到外地求学和工作，使用普通话的机会较多，普通话能力与其他两地相当。

表 2.104 三地不同代际居民普通话能力分析表（%）

	年龄代际	能够听懂并会说	能基本能听懂且基本能交谈	会听说简单的日常话语	基本听不懂且基本不会说	完全听不懂且完全不会说
沙德镇	第一代	10.5	15.8	26.3	36.8	10.5
	第二代	16.7	50	0	33.3	0
	第三代	60.5	28.9	5.3	5.3	0
	总计	41.3	27	11.1	17.5	3.2
朋布西乡	第一代	0	13.3	6.7	53.3	26.7
	第二代	13.3	13.3	13.3	46.7	13.3
	第三代	80	10.6	5.3	2	0.7
	总计	68.9	11.1	6.1	10	3.9
贡嘎山乡	第一代	10	10	20	50	10
	第二代	42.9	14.3	28.6	0	14.3
	第三代	87.5	5	5	2.5	0
	总计	68.4	7	10.5	10.5	3.5

三地四川话能力对比。四川话是三地居民日常生活中的重要交际工具，如表 2.105 所示，三个年龄段的受访者四川话水平均是沙德镇最好，朋布西乡次之，贡嘎山乡最差。朋布西乡和贡嘎山乡两地受访者的四川话能力与年龄呈反比，即年龄越小，四川话能力越强，熟练掌握四川话的人数在青年一代有明显的增长，沙德镇三代居民四川话能力相当。

表 2.105 三地不同代际居民四川话能力分析表（%）

	年龄代际	能够听懂并会说	能基本能听懂且基本能交谈	会听说简单的日常话语	基本听不懂且基本不会说	完全听不懂且完全不会说
沙德镇	第一代	52.6	26.8	10.5	0	0
	第二代	50	33.3	16.7	0	0
	第三代	50	31.6	13.2	0	5.3
	总计	50.8	33.3	12.7	0	3.2
朋布西乡	第一代	20	20	33.3	20	6.7
	第二代	33.3	40	13.3	13.3	0
	第三代	45	19.9	9.9	9.9	13.2
	总计	42.7	21.9	12.4	11.2	11.8
贡嘎山乡	第一代	0	50	40	10	0
	第二代	28.6	14.3	42.9	0	14.3
	第三代	42.5	25	7.5	12.5	12.5
	总计	33.3	28.1	17.5	10.5	10.5

　　总之，调查样本数据显示：沙德镇木雅语退化趋势更为明显；沙德镇、朋布西乡三代群体康方言语言能力均较好（50%以上），贡嘎山乡康方言能力较差；沙德镇受访者的普通话水平要高于其他两地，其次是贡嘎山乡，最后是朋布西乡。青年群体的普通话能力大幅提高，三地能使用普通话进行日常交际的人数占比分别为 94.7%、95.9%、97.5%；三个年龄代的受访者四川话水平均是沙德镇最好，其次是朋布西乡，最后是贡嘎山乡。

三地语言使用状况对比

　　三地木雅语使用状况对比。根据表 2.106 显示，在家庭域中，三地使用木雅语的比例都很高。其中，在与父母交流时使用木雅语的比例最高，因为年龄较大的长辈大多是木雅语单语人，所以只能使用木雅语交流。在与子女的交流中木雅语的使用有下降趋势。总体来看，家庭域中贡嘎山乡的木雅语使用比例最高，其次是朋布西乡，沙德镇最低。

生活域中，木雅语的使用主要取决于交际对象，凡是遇到木雅人或会说木雅话的人，大部分被调查者都会选择使用木雅语与其交流，这也是民族认同的一种表现。生活域中，贡嘎山乡使用木雅语的比例最高。工作域中，在医院、政府机关这种公共场合中，木雅语的使用频率相对较低，因为医院的医务人员和政府机关中工作人员大多数是汉族，不会讲木雅语，因此三地居民在与他们交际时只能选用汉语。

表 2.106 三地木雅语的使用情况（%）

交际场合及交际对象		沙德镇	朋布西乡	贡嘎山乡
家庭领域	父亲	87.1	92.5	97.8
	母亲	90.5	94.5	95.8
	兄弟姐妹	86.7	90	96.5
	子女	83	88.6	92.7
生活领域	本民族邻居熟人	85.7	85.5	91.2
	外民族邻居熟人	22.2	23	25.9
	陌生人	46.8	30.7	26.8
	集贸市场	46.8	33.1	50.9
工作领域	医院	14.3	13.8	50.9
	政府机关	27	24.6	48.8
	学校、会议和工作单位场合和本族人	71.4	63.8	75

三地普通话使用状况对比。表 2.107 显示，普通话在家庭内部的使用不多，其中沙德镇最低，朋布西乡和贡嘎山乡稍高。沙德镇和贡嘎山乡在与晚辈交际时使用普通话的比例要高于与父母和同辈的交流；在生活域和工作域

中，与外民族交流时使用普通的比例远高于跟本民族人交流；另外，在学校、会议和工作单位这样的比较正式、公开的场合中，使用普通话的比例更高。综合来看，沙德镇普通话使用比例要低于其他两地。

表 2.107 三地普通话的使用情况 （%）

交际场合及交际对象		沙德镇	朋布西乡	贡嘎山乡
家庭领域	父亲	7.3	11.2	11.1
	母亲	4.8	7.4	12.5
	同辈	4.8	18.1	15.8
	晚辈	8.8	4.5	17.1
生活领域	本民族邻居熟人	8	17.3	12.3
	外民族邻居熟人	53.4	64.6	70.4
	陌生人	27.4	62.5	69.6
	集贸市场	27.4	61.2	56.1
工作领域	医院	33.3	69.4	56.4
	政府机关	28.6	66.7	65.1
	学校、会议和工作单位场合和本族人	30.4	44.3	21.4

　　三地四川话使用状况对比。如表 2.108 所示，家庭域中，四川话的使用频率沙德镇最高，特别是在跟子女晚辈交流时，使用四川话的比例较之跟父母和同辈有了很大的提升。其次是贡嘎山乡，朋布西乡的使用比例非常低；生活域中，与本民族交流时使用四川话的比例要远低于与外民族交际，贡嘎山乡甚至为零；在工作域中，医院和政府机关等场合中，四川话的使用占有相当大的比例，要高于生活域的使用。

　　沙德镇在各个领域中使用四川话的比例均远高于其他两地，朋布西乡和贡嘎山乡普通话使用比例更高。这可能与沙德镇有大量来自四川雅安或其他四川方言区的汉族人来此经商居住有关。

表 2.108 三地四川话的使用情况（%）

交际场合及交际对象		沙德镇	朋布西乡	贡嘎山乡
家庭领域	父亲	12.1	5	11.1
	母亲	4.8	2.5	6.3
	同辈	9.8	8.5	3.5
	晚辈	19.6	2.3	7.3
生活领域	本民族邻居熟人	11.1	7.3	0
	外民族邻居熟人	68.3	33.1	31.5
	陌生人	61.3	25.6	23.2
	集贸市场	61.3	35.4	19.3
工作领域	医院	65.1	34.8	20
	政府机关	58.7	34.8	20
	学校、会议和工作单位场合和本族人	25	13.8	1.8

三地康方言使用状况对比。根据表 2.109，整体上看，三地康方言的使用较木雅语、普通话和四川话都要低。其中，朋布西乡、沙德镇稍高，贡嘎山乡最低。在家庭域中，三地使用康方言的比例都较低。沙德镇和贡嘎山乡随着交际对象年龄的降低，使用康方言的人数也逐步降低，但朋布西乡在与晚辈交流时，使用康方言的比例有小幅度的上升。

表 2.109 三地康方言的使用情况（%）

交际场合及交际对象		沙德镇	朋布西乡	贡嘎山乡
家庭领域	父亲	9.7	11.8	8.9
	母亲	11.9	10.4	8.3
	同辈	11.5	11.3	3.5

续表

交际场合及交际对象		沙德镇	朋布西乡	贡嘎山乡
家庭领域	晚辈	10.9	18.2	7.3
生活领域	本民族邻居熟人	17.5	19.6	17.5
	外民族邻居熟人	11.2	12.4	9.3
	陌生人	11.3	30.7	23.2
	集贸市场	11.3	22.5	17.5
工作领域	医院	6.3	15	21.8
	政府机关	17.5	23.3	23.3
	学校、会议和工作单位场合和本族人	16.1	32.2	26.8

三地语言使用模式对比

在言语交际中，说话人与对话人社交距离也会影响语言选择，社交距离指说话人与听话人的角色关系，这是说话人决定选择使用某一种语言作为交谈工具的主要因素之一。语言选择是语域、交际对象、民族成分和社交距离共同作用的结果。因此综合语域、交际对象、民族成分、社交距离这几方面，可以把语言交际场合分为"对内"和"对外"两大部分，其中"对内"交流包括家庭内部和本族人内部，即与"父亲""母亲""兄弟姐妹""子女晚辈""与本民族熟人邻居"交流和"在学校、会议和工作单位场合中与本族人的交流"；"对外"交流包括与外族人和公共场合中的交际，即"与外民族熟人邻居""与当地陌生人""集贸市场场合""医院场合"和"政府场合"的交流，考察老、中、青三个年龄段的居民在"对内""对外"交际场合中的语言使用模式特点。

三地对内交流时的语言使用模式对比。根据表 2.110，老年人一代以木雅语单语模式为主，康方言、四川话、木雅语-康方言的使用模式少量出现。

表 2.110 老年人对内交流语言模式 (%)

语言使用＼交际对象	父亲	母亲	兄弟姐妹	子女晚辈	本民族邻居熟人	学校等工作单位
康	0	0	3.6	4.2	3.7	3.8
木	83.3	100	90.7	85	81.8	80.5
普	0	0	0	0	0	0
川	16.6	0	4.7	2.5	4.5	2.4
木康	0	0	2.3	5	11.4	7.3
木普	0	0	0	0	0	0
木川	0	0	0	2.5	0	2.4
康普	0	0	0	0	0	0
康川	0	0	0	2.5	0	2.4
普川	0	0	0	0	0	0
木康普	0	0	0	0	0	0
木康川	0	0	0	0	0	2.4
木普川	0	0	0	0	0	0
康普川	0	0	0	0	0	0
木康普川	0	0	0	0	0	0

中年人的语言使用模式较老年人增多,如表 2.111 所示,木雅语单语模式所占比重最多,同时出现了木雅语-普通话、木雅语-普通话-四川话、普通话-四川话和木雅语-康方言-普通话-四川话等双语模式,表明普通话已经开始进入到家庭内部交际中。在与子女的交际中,以及庄重场合与本族人的交际中开始出现完全不使用木雅语的普通话-四川话、康方言-普通话-四川话两种交际模式。

表 2.111 中年人对内交流语言模式（%）

交际对象 语言使用	父亲	母亲	兄弟姐妹	子女 晚辈	本民族邻 居熟人	学校等工 作单位
康	11.1	0.9	1.4	1.5	0.9	1
木	77.8	81	82.1	70.8	85.2	61.5
普	0	0	0	0	0	0
川	0	0	3.6	8	3.7	7.7
木康	5.6	4.8	3.6	0	3.7	7.7
木普	0	0	0	0	0	3.8
木川	0	0	0	0	0	3.8
康普	0	0	0	0	0	0
康川	0	0	0	0	0	0
普川	0	0	0	4.2	0	0
木康普	0	0	0	0	0	0
木康川	5.6	4.8	0	4.2	0	0
木普川	0	0	0	0	0	11.5
康普川	0	0	0	4.2	0	7.7
木康普川	0	0	0	0	0	3.8

青年人的语言使用模式非常丰富复杂，如表 2.112 所示，青年人与家人和本民族人交流仍以木雅语为主，但普通话单语模式首次出现在内部交际中。另外木雅语–普通话、木雅语–康方言、木雅语–康方言–普通话等双语或三语模式在青年群体中也逐步增多。相比老中年一代，青年群体中木雅语和四川话的使用逐渐减少，康方言和普通话的使用逐步增多，甚至完全单用康方言或普通话的现象越来越多。

表2.112 青年人对内交流语言模式（%）

交际对象 语言使用	父亲	母亲	兄弟姐妹	子女 晚辈	本民族邻 居熟人	学校等工 作单位
康	2.3	16.3	12.5	9.1	23.8	5.7
木	75.7	82.1	70.9	68.2	61.1	32.5
普	1.8	1.3	3.2	1.5	4.5	18.7
川	3.2	0.9	2.7	4.5	2.7	3.8
木康	6	4	4.5	6.1	9	7.2
木普	5.5	4.5	7.7	10.6	8.1	9.6
木川	2.3	1.3	0.9	1.5	2.3	2.9
康普	0	0	0.9	0	0.9	1.9
康川	0	0.4	0	0	0	0.5
普川	0	0	0	0	0.5	1
木康普	1.4	1.3	2.3	0	2.7	5.3
木康川	0	0	3.2	0	0.9	0.5
木普川	0.5	0	0.5	0	0.5	1.4
康普川	0	0	0	0	0.5	1
木康普川	0.9	0.9	0.5	1.5	0	1

　　三地对外交流时的语言使用模式对比。从表2.113可知，老年人在对外交流中，以四川话和木雅语单语模式为主。

表 2.113 老年人对外交流语言模式（%）

语言使用 ＼ 交际对象	外民族熟人邻居	当地陌生人	集贸市场	医院	政府部门
康	0	37	7.1	11.1	11.1
木	7.1	32.6	22.7	10	15
普	4.8	11.6	4.5	2.5	5
川	57.1	48.8	29.5	60	25
木康	0	2.3	2.3	2.5	2.5
木普	2.4	0	0	0	0
木川	11.9	14	22.7	12.5	15
康普	0	2.3	2.3	0	0
康川	2.4	7	0	0	10
普川	11.9	2.3	0	0	0
木康普	0	0	0	0	5
木康川	0	18.6	11.4	5	12.5
木普川	0	0	0	0	5
康普川	2.4	2.3	0	0	0
木康普川	0	9.3	0	0	0

　　根据表 2.114，四川话单语模式仍是中年人最主要的交际模式，但普通话的使用比例有所提高。

表 2.114 中年人对外交流语言模式 （%）

交际对象 / 语言使用	外民族熟人邻居	当地陌生人	集贸市场	医院	政府部门
康	0	0.9	0.9	0	0.6
木	7.1	18.5	21.4	11.1	18.5
普	10.7	22.2	7.1	14.8	11.1
川	53.6	44.4	32.1	51.9	37
木康	0	3.7	0	3.7	0
木普	0	0	0	0	3.7
木川	0	7.4	7.1	0	3.7
康普	0	3.7	0	0	3.7
康川	0	3.7	3.6	7.4	7.4
普川	25	11.1	0	3.7	0
木康普	0	0	0	0	0
木康川	0	11.1	14.3	7.4	7.4
木普川	0	3.7	0	0	3.7
康普川	0	0	0	0	3.7
木康普川	0	0	3.6	0	0

根据表 2.115，青少年对外交流主要的交际模式为普通话单语模式和康方言单语模式。普通话已经成为三地青少年对外交流最主要的语言媒介。

表2.115 青年人对外交流语言模式（%）

语言使用＼交际对象	外民族熟人邻居	当地陌生人	集贸市场	医院	政府部门
康	7	40.9	10	5	4.9
木	9.5	16.5	12.1	5.3	5.2
普	44.5	53.7	38.1	45.9	41.9
川	9.5	11.9	13	16.3	14.5
木康	0.9	1.4	0	0.5	0.6
木普	7.7	6	6.7	6.7	8.7
木川	2.3	2.3	4	1	2.9
康普	4.1	6.4	5.8	5.7	9.9
康川	1.4	1.4	0.4	0.5	1.2
普川	11.4	4.6	5.4	9.6	5.8
木康普	3.2	2.3	5.4	3.3	2.9
木康川	0.9	1.8	1.3	0.5	1.2
木普川	0	2.3	2.7	1.4	0
康普川	1.4	2.8	1.3	1.4	1.2
木康普川	0.5	3.2	1.3	0.5	0

总之，三地老年人群体以单语模式为主，对内主要使用木雅语，对外主要使用四川话；中年人也对内主要使用木雅语，对外主要使用四川话，但中年人开始出现小范围使用双语或多语的趋势；双语或多语使用的趋势在青年人群体中得到进一步的扩大，甚至在家庭域中出现了使用普通话单语的现象。

三地语言态度与语言使用的相关度分析

沙德镇语言态度与语言使用的相关性分析。语言态度属于心理范畴，反映的是说话人主观上的意愿、看法和评价，但同时语言态度与语言使用之间也存在密切的联系。"当语言态度与实际的语言使用一致时，语言态度内部各要素的表现就比较统一，即说话人的主观态度与实际行为相一致；反之，语言态度内部各要素就会呈现出矛盾状态。"[1]对于少数民族群体来说，他们可能对本民族语言具有强烈积极的情感认同和行为倾向性，但却对其实用性的评价较低；也有可能在认知和情感上持有积极的态度，却不一定在实际生活中使用。也就是说语言态度和实际中语言使用是相互影响、相互作用的。沙德镇居民的语言态度和语言使用的相互关系如下表 2.116 所示：

表 2.116 沙德镇居民对不同语言的积极评价率与语言使用（%）

	语言态度的积极评价					语言使用		
	好听	亲切	社会影响	有用	有身份	家庭域	生活域	工作域
康方言	42.9	71.4	42.9	71.5	42.9	11	12.8	13.3
木雅语	61.7	81.7	38.3	55	53.4	86.8	50.4	37.6
四川话	25	50	50	75	50	11.6	50.5	49.6
普通话	88.9	73	77.8	85.7	80.9	6.4	29	30.8

根据表 2.116，在"亲切"态度上，木雅语的评价最高，在家庭域中，木雅语的使用占据主导地位，可见沙德镇居民对木雅语的情感认同很高。对普通话在功能价值和地位上的积极评价高于四川话，但在生活域和工作域中，使用最多的却是四川话，表现出语言使用和语言态度的不一致性。

朋布西乡语言态度与语言使用的相关性分析。从表 2.117 可以看出，无论是在认知上，还是在情感上，朋布西乡居民对普通话持有较高的积极评价，并且在生活域和工作域，普通话的使用明显高于其他语言。木雅语的使用范围局限于家庭内部和本民族成员之间，当地居民对木雅语的认知评价和情感评价都不及普通话，学习和使用普通话的意愿很强烈。

---

[1] 王远新. 中国民族语言学：理论与实践 [M]. 北京：中央民族大学出版社，1998：92.

表 2.117 朋布西乡居民对不同语言的积极评价率与语言使用（%）

	语言态度的积极评价					语言使用		
	好听	亲切	社会影响	有用	有身份	家庭域	生活域	工作域
康方言	58.3	75	41.8	58.3	66.6	12.9	21.3	23.5
木雅语	68.2	68.2	47.7	60	55.9	91.4	43.1	34.1
四川话	70	70	40	80	70	4.6	25.4	29.5
普通话	81.5	72	75.3	83.7	80.8	8.4	51.4	60.1

贡嘎山乡语言态度与语言使用的相关性分析。从表 2.118 可见，贡嘎山乡居民对木雅语和普通话持有比较高的积极评价，在生活域和工作域中普通话和木雅语的使用差距不大。对康方言的认知和情感评价非常高，但却在各个领域的使用都不及普通话和木雅语。贡嘎山乡对木雅语的评价仅在"亲切"态度上高于康方言和普通话，但对于木雅语的实用性的评价远低于普通话和康方言，这也影响到了他们的语言行为倾向，超过半数的人认为今后不必掌握木雅语。

表 2.118 贡嘎山乡居民对不同语言的积极评价率与语言使用（%）

	语言态度的积极评价					语言使用		
	好听	亲切	社会影响	有用	有身份	家庭域	生活域	工作域
康方言	100	0	50	100	100	7	16.9	24.3
木雅语	78.6	82.1	46.4	52	51.8	95.7	48.7	58.2
普通话	85.8	72	66	89.3	85.7	14.1	52.1	47.6

总之，家庭域中，父母的语言态度与语言选择会直接影响子女的语言认同。当地普遍将木雅语作为第一语言自然习得，从家庭用语上看，完全转用其他语言的情况较少，仅个别藏汉族际通婚家庭出现了语言转用现象，不再将木雅语作为母语传给下一代。木雅语传承未出现明显的断代现象。在木雅

文化圈，木雅语在维系民族情感、传承木雅文化和保持族群身份认同方面起着其他语言不能替代的作用，木雅人具有很强的族群认同感。

综上所述，语言能力方面，三地居民普遍掌握第二语言，木雅语单语人少且多为老年人，当地居民除熟练掌握木雅语以外，都不同程度地具备康方言、四川话和普通话的能力。藏语康方言作为藏族民族通用语，四川话作为四川地区的区域通用语，普通话作为国家通用语，在当地居民生存和生活、升学考试和媒介传播方面发挥着重要的作用。普通话和四川话已经成为木雅文化圈居民对外交际不可或缺的交际工具。居民对普通话和四川话实用功能和社会影响力的认同更是巩固了其在日常生活中的优势地位。一些居民甚至认为掌握汉语是自己和子女走出大山的必备条件，希望通过各种渠道提高自身和子女的汉语水平。在语言行为倾向上，大部分父母都期望子女能学好汉语或康方言，从而形成双语或多语身份，能够突破地域与民族界限，拥有更广阔的发展前景。

从区域视角来看，虽然同属母语保持地区，但区域内部的语言使用模式和语言认同等还是存在差异。从代际差异来看，三代人语言使用模式发生了明显变化，木雅语的使用逐步降低，普通话的使用逐步提高，特别是青年人群体中使用普通话的人数大幅增加。三地康方言的使用频率较木雅语、普通话和四川话要低。并且沙德镇和贡嘎山乡随着交际对象年龄的降低，使用康方言的人数也逐步降低，而朋布西乡在家长与子女晚辈交流时，使用康方言的比例较之跟长辈和同辈有小幅度的提升。

从地域差异来看，贡嘎山乡和朋布西乡由于自然环境比较闭塞，经济发展相对落后，与外界交流不多，能较好地保存木雅语，贡嘎山乡和朋布西乡的老年和中年被调查者100%熟练掌握木雅语，但青年一代木雅语能力有所退化，朋布西乡表现更明显。而沙德镇由于环境开放、与外族人接触频繁，木雅语退化趋势最为明显。朋布西乡境内山地较多，村寨多分布在山谷当中，据《康定县志（续编）》记载，直至2000年，朋布西全乡仅有7个村通公路，贡嘎山乡全乡虽通公路，但仍属偏僻地区[1]，两地远离主流文化中心地区，与外界接触相对较少，封闭的自然生态环境为木雅语的保存和使用提供了良好的环境，掌握和使用木雅语的人数相对较多；而沙德镇自然生态环境开放，不仅乡镇内村与村之间交通便利，通往外界的公路交通设施也较完备，营九公路纵贯全境[2]。开放的自然环境使得沙德镇的对外交流更加频繁，相比其他两地有更多的居民转用社会地位较高的威望语言，舍弃功能单一的木雅语。

经济发展模式不同。学习哪一种语言往往和经济发展方式相关联，不同的经济发展方式在一定程度上影响了人们对不同语言的学习和使用。朋布西乡以农业和牧业的原始生产为主，商贸不发达，由于地区关系形不成市场，母语保持比较好；贡嘎山乡虽然自然环境比较恶劣，但因为境内旅游资源丰富，有闻名中外的国家级自然风景名胜区贡嘎山景区，2006 年"环贡嘎山两小时旅游圈"项目获批，政府投入了大量的人力、物力和财力。2011 年，"环贡嘎生态旅游区"成为四川省"五个特色旅游经济区"之一[3]。近年来，旅游业的迅速发展加速了贡嘎山乡居民与外界的频繁接触，使得本地居民逐渐意识到掌握普通话能为他们带来更多的发展机遇。另一方面，随着旅游业的发展，独特的木雅文化成为政府重点开发打造的旅游资源，这无形中也提升了当地居民对木雅语及文化的保护意识，为木雅语的传承和保护创造了良好的条件；沙德镇自然环境开放，其本身就是沙德片区政治、经济、文化中心，农副土特产品集散地，农、牧、林业和商贸副业发展全面，与汉族有大量的经贸往来，促成了当地居民对四川话和普通话的学习和使用，因此，当地四川话和普通话能力最高，但四川话的使用范围更广。

经济发展水平的高低在一定程度上也影响了各地基础设施的建设，据《康定县志（续编）》记载，沙德镇现有中心卫生院一所，医疗设施较为完备，同时据当地受访者反映，卫生院中的医生多为汉族人且不会讲藏语和木雅语，因此沙德镇受访者在医院场合中，只能使用四川话进行交际；朋布西

---

[1]　康定县县志编纂委员会. 康定县县志（续编）[M]. 成都：巴蜀书社，2000：53-57.

[2]　康定县县志编纂委员会. 康定县县志（续编）[M]. 成都：巴蜀书社，2000：54.

[3]　李晓琴，朱创业主编. 旅游规划与开发 [M]. 北京：高等教育出版社，2012：161.

乡的卫生院"仅有医生2人，医疗设施较差"，因此朋布西乡的居民就医只能去往医疗条件较好的外地，所以主要使用四川话；在贡嘎山乡"乡卫生院医生多年坚持巡回医疗，深入各村为广大村民服务"[1]，对于贡嘎山乡的居民来说，不需要出户，在家中就可以接受本地医生的治疗，因此对于老年人和中年人来说，在与医生的交际中，使用木雅语就能达到交际目的。

就民族交往接触来看，与其他两地相比，沙德镇的自然生态环境和人文生态环境更加开放，来沙德镇务工经商和生活的人相对较多，因此沙德镇虽然是木雅人聚居的乡镇，但其内部仍杂居着一部分来自四川雅安、邛崃、名山、川北及其他地区的汉族人来此经商居住[2]，这为沙德镇居民学习和使用四川话等其他语言提供了便利的条件，在沙德镇内部四川话就能充分地满足人们的日常交际。这也可以解释为什么沙德镇普通话和四川话能力最高，但普通话使用比例要低于其他两地。朋布西乡和贡嘎山乡两地自然环境相对封闭，迁入当地的人也很少，在村寨内部少有接触外地人的机会，缺少使用其他语言的语言环境，他们与外界的接触主要靠当地人"走出去"。朋布西乡北靠康巴藏族聚居的甲根坝乡和新都桥镇，贡嘎山乡东接雅安石棉县、泸定县、南与九龙县相连，北于榆林乡接壤。特别是泸定县是典型的多民族聚居县，境内杂居着汉、藏、彝等17个民族，在这种情况下，不同民族交织的环境中，四川话和康方言作为族际交际语其实用性更加凸显。综合木雅语能力和汉语能力（普通话和四川话），以及语言使用、语言态度状况来看，贡嘎山乡母语与汉语基本平衡，康方言较差；朋布西乡青年一代木雅语能力要弱于贡嘎山乡，但高于沙德镇，各方面居中；沙德镇木雅语退化明显，四川话和普通话能力最高，使用最广。

值得注意的是，目前三个调查点都出现了家庭域中完全转用康方言的现象，一些家庭已不将木雅语作为母语传承给下一代，而让子女转而学习康方言。另外族际通婚的现象也越来越多，这也在一定程度上推动了当地语言转用现象的扩大。

---

[1] 康定县县志编纂委员会.康定县县志（续编）[M].成都：巴蜀书社，2000：60.

[2] 康定县县志编纂委员会.康定县县志（续编）[M].成都：巴蜀书社，2000：56.

2.3　民族杂居区的语言认同与语言使用状况
——九龙县汤古乡语言认同与语言使用现状调查

九龙县汤古乡，作为九龙县唯一使用木雅语的乡镇，处于藏、彝、汉民族杂居区，由于人数少、占地范围窄等原因，未引起相关研究人员的重视。汤古乡是四川省甘孜藏族自治州九龙县辖乡，甘孜州两小时旅游经济圈重要接点和重要组成部分。汤古乡处于县北，是九龙县的北大门，南邻呷尔镇，东靠斜卡乡，西界上团乡，北连康定市。乡政府驻地汤古村，海拔 3200 米。汤古乡以畜牧业、农业种植业为主，兼有林业和农业。旅游资源得天独厚，境内有省级文物保护单位吉日寺，国家级风景名胜区"贡嘎翡翠"伍须海、神秘奇异猎塔湖、森林公园瓦灰山、珍珠滩瀑布和日鲁库草原等，是九龙县重点打造的旅游乡镇。

汤古乡辖汤古、伍须、崩崩冲三个行政村，9 个村民小组，面积 843 平方公里，总人口 564 户，1901 人。其中，汤古村位于九龙县北部，与康定市相连，辖中谷、核拉、布租、汤古 4 个村民小组。汤古乡人民政府、卫生院、派出所均驻扎于此，现汤古乡唯一一所公办学校汤古乡中心小学亦在此地。汤古村总人口 692 人，总户数 206，其中藏 673 人，汉 18 人，彝 1 人，是典型的藏族聚居区；崩崩冲村位于九龙县城北部，距县城仅 4 公里，距离汤古乡政府约 10 公里。本村辖伍百尼、崩崩冲、扎拖 3 个村民小组。2000 年当地有一所伍百尼小学，共 33 位学生，3 位教师，后统一合并于汤古乡中心小学。崩崩冲村辖区面积 240 余平方公里，平均海拔 3100 米，总人口 840 人，总户数 268 户，其中藏 647 人，汉 188 人，彝 5 人；伍须村位于九龙县西北部，距离县城 20 公里、距汤古乡政府所在地 35 公里，是典型的木雅藏族村落，分为上下两个小组。伍须村辖区面积 279 平方公里，平均海拔 3400 米，区域类型是半农半牧区，支柱产业是旅游业、畜牧养殖业，境内有伍须海风景区，全村总人口 369 人，总户数 90 户，其中藏 365 人，汉 4 人，是汤古乡境内经济发展最好的村，原当地伍须村小学合并至汤古乡中心小学。

　　根据《九龙县志》记载，九龙县历史源起等同于康定，而分流于近代，但偏处一隅，自来未涉军政大要，历史档案殊少记载。元代以前，无从稽考[1]。因而汤古乡元代以前历史源起很难考查，根据现有资料，对汤古乡历史建置沿革以及行政区划进行大致梳理。汤古乡现属四川省甘孜州九龙县，本境古为羌地，史籍泛称"西南夷"之一部。清康熙四十年（1701）在今九龙所置三土百户辖区，据嘉庆《四川通志》载：乐让土百户，驻今斜卡洛让；恶拉土百户，驻恶拉；八乌笼土百户，驻今八窝龙。其中恶拉"管辖番民七百六十六户，东至乐让土百户接壤，南至夹龙江接壤，西至八乌笼土百户接壤，北至姆朱土百户接壤。"辖区即今汤古、呷尔、乃渠、乌拉溪、烟袋、魁多、子耳及木里麦地龙等乡[2]。因此，清初时期，汤古乡为恶拉土百户的辖地。民国时期，原九龙县境内村民户少，居住分散，因此仅设区、村两级机构。民国3年，九龙设治，原汤古乡属一区呷尔村（保）。民国15年正式建立九龙县，划4个区分辖诸村。民国27年，推行保甲制、区村建制，区域不变，改村为保，以数码编号代村名，村主任改为保长。至此，汤古乡仍未成为单独的行政单位。民国30年，划设汤古保，隶崇德乡，即隶属现在的九龙县城呷尔镇。1953年建汤古乡，辖斜卡分乡，隶城关区。1974年分为汤古、斜卡两公社。1984年该汤古公社称汤古乡[3]。至1985年，乡政府驻汤古村，全乡辖汤古、崩崩冲2个行政村，9个村民小组。1992年，九龙县撤销区建制。汤古乡为距离九龙县最近的辖乡，位于伍须村民小组的高山湖泊伍须海，"十二仙女峰"等自然景观被开发为旅游资源，当地旅游产业也由此不断发展，因此2000年，伍须上组与伍须下组被单独划分出来，设立伍须村。至此，汤古乡各层行政单位明确：汤古乡由四川省甘孜州九龙县管辖，全乡辖汤古、崩崩冲、伍须3个行政村，9个村民小组。汤古村下设中古、核拉、布租、汤古4个村民小组；崩崩冲村下设扎拖、崩崩冲、伍佰尼3个村民小组；伍须村则下设伍须上、伍须下2个村民小组。

---

　　[1] 四川省九龙县志编纂委员会.九龙县志 [M].成都：四川人民出版社，1997：29.

　　[2] 四川省九龙县志编纂委员会.九龙县志 [M].成都：四川人民出版社，1997：32.

　　[3] 四川省九龙县志编纂委员会.九龙县志 [M].成都：四川人民出版社，1997：36.

根据 2019 年 7 月课题组实地调查时，汤古乡派出所所长提供的人口数据显示，全乡总人口为 559 户 1901 人，当地藏族人口为 1685 人，占本地总人口的 88.64%，其次是汉族人口 210 人，占总人口的 11.04%，再其次为彝族，共 6 人，仅占全乡总人口的 0.31%。课题采取随机入户的调查方法，共寻访到 241 人作为调查对象，占汤古乡总人口的 12.7%。其中汤古村 91 人，崩崩冲村 83 人，伍须村 67 人，分别占各村人口的 13.2%、10% 以及 18.6%。

课题组前后两次前往九龙县汤古乡进行田野调查。首次调查中，采取随机入户的方式，一对一发放问卷进行访谈式调查。但由于当地青壮年多外出打工，此部分数据缺失较大。因此在第二次补充调查中，选择了当地集中采摘菌子的时间段，并前往牧区，在牧区向青壮年牧民一对一做问卷调查，有效地补充了青壮年部分数据的缺失。由于汤古乡居民普通话以及文字水平普遍偏低，调查者多通过面对面一对一交流，向调查对象口述问卷题目，依次询问回答。且每完成一份问卷后，调查团队都会及时检查问卷，发现有矛盾以及不合理的选项时及时询问调查对象，从而保证每份问卷回答的有效性。最后，相关问卷数据通过 SPSS 统计软件进行分析以及整理，进行量化分析。

汤古乡调查对象基本情况：共 241 位调查对象，占全乡总人口的 12.7%。其中藏族与汉族人口分别为 224 人与 17 人，分别占比 92.9%、7.1%。在性别比例中，男性受访者为 120 人，占比为 49.8%。女性受访者为 121 人，占比 50.2%。根据戴庆厦对语言使用调查中年龄因素的划分，将此次调查对象划分为老（60 岁及以上）、中（40—59 岁）、青（20—39 岁）、少（6—19 岁）四个年龄段，如下表 2.119 所示。由于二次补充调查的原因，各年龄段分布比例较为平均，各占总人数的 20% 左右。

表 2.119 汤古乡调查对象各年龄段分布情况

	频率	百分比	有效百分比	累计百分比
老：60 岁及其以上	48	19.9	19.9	19.9
中：40-59 岁	53	22.0	22.0	41.9

续表

	频率	百分比	有效百分比	累计百分比
青：20-39 岁	51	21.2	21.2	63.1
少：6-19 岁	89	36.9	36.9	100.0
总计	241	100.0	100.0	

关于调查对象的受教育程度，从下表 2.120 可知，当地居民教育水平普遍偏低，教育程度为小学的人数最多，其次是没有上过学，未接受过系统的教育的人群。高中学历占比不足 10%，为 9.1%；大专及以上学历者只有 2.5%。

表 2.120 汤古乡调查对象受教育程度分布情况

	频率	百分比	有效百分比	累计百分比
没上过学	58	24.1	24.1	24.1
小学	105	43.6	43.6	67.6
初中	50	20.7	20.7	88.4
高中（包括中专、技校、职高）	22	9.1	9.1	97.5
大专及以上	6	2.5	2.5	100.0
总计	241	100.0	100.0	

关于调查对象的职业，如表 2.121 所示，接近一半的调查对象职业为农牧民，占比最高，为 48.1%；此外学生占比也很高，为 36.5%；其他职业如公务员、教师、服务业人员只有零星分布，但这也与汤古乡以农牧业为支撑产业的整体人员职业情况分布较为吻合。

表 2.121 汤古乡调查对象职业分布情况

	频率	百分比	有效百分比	累计百分比
公务员	2	0.8	0.8	0.8
工人	2	0.8	0.8	1.7

续表

	频率	百分比	有效百分比	累计百分比
教师	2	0.8	0.8	2.5
教师以外的专业技术人员	5	2.1	2.1	4.6
农民	107	44.4	44.4	49.0
牧民	9	3.7	3.7	52.7
商业、服务业人员	14	5.8	5.8	58.5
学生	88	36.5	36.5	95.0
不在业人员	8	3.3	3.3	98.3
其他	4	1.7	1.7	100.0
总计	241	100.0	100.0	

汤古乡的语言能力

根据表 2.122，汤古乡只能使用木雅语单语的人数量很少，仅占调查对象的 1.2%，会使用双语或三语的人数较多，如"木雅话–普通话""木雅话–四川话"双语与"木雅话–康方言–四川话""木雅话–普通话–四川话"等，四语人也占一定比例。其中"木雅话–四川话"双语人所占比例最高，其次为"木雅话–普通话–四川话"三语，由此可见，汉语汉文化对当地影响较大，木雅语虽仍被当地大部分人掌握，但已逐渐向民汉双语、三语等语言能力转变，且所占比例较大。

表 2.122 您现在能用哪些话（语言）与人交谈？

语言	频率	百分比
木	3	1.2
普	2	0.8
川	9	3.7
康–木	2	0.8

续表

语言	频率	百分比
康－川	3	1.2
木－普	25	10.4
木－川	97	40.2
普－川	3	1.2
康－木－普	3	1.2%
木－普－川	65	27.0%
普－川－康	1	0.4%
川－康－木	20	8.3%
康－木－普－川	8	3.3%
总计	241	100.0%

关于对不同语言的掌握程度。通过调查发现，木雅语是当地人掌握得最好的语言，基本上均处于能听懂并会说这一语言等级，总占比为 90.9%。四川话也是当地人掌握得较好的语言，普通话次之，康方言是当地居民掌握得最差的语言，74.7% 的调查对象处于完全听不懂完全不会说的语言等级，当地只有少数年龄较大的木雅人能熟练使用或基本能使用康方言交流。

汤古乡的语言使用状况

家庭域中的语言使用状况。如下表 2.123 所示，在家庭域中，与父亲等长辈交流时，使用各语言的累计百分比为：木雅语（85.3%）、川方言（19.4%）、康方言（4.9%）、普通话（3.2%）；与母亲交流时，使用各语言的累计百分比为：木雅语（88.3%）、川方言（19.5%）、康方言（5.4%）、普通话（2.8%）。除普通话外，与母亲交流时，木雅语、川方言、康方言的语言使用比率均高于父亲，但总体是持平的。可见，与长辈交流时，木雅语在家庭域中的使用占有绝对的地位。由于调查对象中包含 17 名汉族人，因此与父母交流时仅使用汉语的比例次之。

表 2.123 您在家与父亲母亲交流时，使用什么语言?

语言使用 交际对象	父亲		母亲	
	频率	百分比	频率	百分比
康	6	2.5	5	2.1
木	180	74.7	181	75.1
普	1	0.4	1	0.4
川	26	10.8	21	8.7
康－木	3	1.2	3	1.2
康－普	0	0.0	1	0.4
木－普	3	1.2	3	1.2
木－川	15	6.2	20	8.3
普－川	1	0.4	0	0.0
康－木－普	1	0.4	0	0.0
木－普－川	3	1.2	2	0.8
川－康－木	2	0.8	4	1.7
总计	241	100.0	241	100.0

与同辈交流时，根据表 2.124，在与丈夫或妻子交谈时，仅使用木雅语整体占比仍然较高。而被调查者在与兄弟姐妹交流时，双语、多语现象提升明显。但总体来看，木雅语在家庭域中仍占明显的优势地位。

表 2.124 您在家与同辈之间使用什么语言交流?

交际对象 语言使用	丈夫（妻子）		兄弟姐妹	
	频率	百分比	频率	百分比
康	3	1.2	4	1.7
木	82	34.0	142	58.9

续表

交际对象 语言使用	丈夫（妻子）		兄弟姐妹	
	频率	百分比	频率	百分比
普	2	0.8	6	2.5
川	28	11.6	29	12.0
无此情况	106	44.0	0	0.0
康-木	4	1.7	3	1.2
木-普	1	0.4	10	4.1
木-川	12	5.0	33	13.7
普-川	0	0.0	2	0.8
康-木-普	0	0.0	0	0.0
木-普-川	3	1.2	9	3.7
川-康-木	0	0.0	2	0.8
川-康-木-普	0	0.0	1	0.4
总计	241	100.0	241	100.0

与晚辈交流时，根据表 2.125，被调查者在与子女等晚辈交流时的语言选择累计占比分别为：木雅语（63.9%）、康方言（4.6%）、普通话（7%）、四川话（35.4%）。木雅语虽然仍是使用最多的语言，但双语现象明显，语言转用现象也较多。

表 2.125 您在家对晚辈或子女最常说哪种话（语言）？

语言	频率	百分比
康	4	1.7
木	95	39.4
普	1	0.4
川	34	14.1

续表

语言	频率	百分比
无此情况	45	18.7
康－木	4	1.7
木－普	7	2.9
木－川	39	16.2
普－川	3	1.2
木－普－川	6	2.5
川－康－木	3	1.2
总计	241	100.0

生活域中的语言使用状况。在与本民族邻居或熟人交流时。根据表 2.126，汤古乡居民在与本民族邻居或熟人聊天时，如交际对象为木雅藏族时仅使用木雅语，为汉族时仅使用汉语，双语、多语与语言转用现象较少。

表 2.126 您跟本民族邻居或熟人聊天时说什么语言或方言？

语言	频率	百分比
康	2	0.8
木	156	64.7
普	3	1.2
川	19	7.9
其他	8	3.3
无此情况	8	3.3
康－木	4	1.7
康－川	1	0.4
木－普	9	3.7
木－川	21	0.8

续表

语言	频率	百分比
普–川	3	8.7
川–其	2	1.2
木–普–川	3	1.2
川–康–木	1	0.4
康–木–普–川	1	0.4
总计	241	100

与外民族邻居或熟人交流时，根据表 2.127，与外民族邻居或熟人交流时，木雅语使用的比例大大降低，累计使用比例仅为 20.3%。四川话使用比例有较大幅度的提升，总比例为 68%，四川话是汤古乡居民在生活域中较为常用的语言。

表 2.127 您跟外民族邻居或熟人聊天时说什么语言或方言?

语言	频率	百分比
康	3	1.2
木	23	9.5
普	23	9.5
川	118	49.0
其他	10	4.1
无此情况	13	5.4
康–木	1	0.4
康–川	6	2.5
木–普	4	1.7
木–川	17	7.1
普–川	16	6.6

续表

语言	频率	百分比
川–其	3	1.2
木–普–川	3	1.2
康–木–普–川	1	0.4
总计	241	100

在与当地陌生人交流时，根据表 2.128，汤古乡受访者在本地与陌生人交际时，木雅语使用比例进一步降低，四川话以及普通话的使用比例飙升。

表 2.128 您与当地陌生人交流时说什么语言或方言？

语言	频率	百分比
康	1	0.4
木	5	2.1
普	50	20.7
川	140	58.1
其他	10	4.1
无此情况	5	2.1
康–木	1	0.4
康–川	1	0.4
木–普	4	1.7
木–川	1	0.4
普–川	20	8.3
川–其	2	0.8
康–木–普–川	1	0.4
总计	241	100.0

在集贸市场，根据表 2.129，因为当地集贸市场主要为汤古乡乡内或村内

小型的商铺集市和九龙县县城大型的集贸市场，所以木雅语与四川话的使用最为频繁，累计占比分别为 33.9% 与 69.2%，此外普通话的使用比例也较高。

表 2.129 您在集贸市场中说什么语言或方言？

语言	频率	百分比
康	1	0.4
木	34	14.1
普	28	11.6
川	108	44.8
其他	1	0.4
无此情况	1	0.4
康−木	1	0.4
康−川	2	0.8
木−普	8	3.3
木−川	30	12.4
普−川	18	7.5
木−普−川	7	2.9
康−木−普−川	2	0.8
总计	241	100.0

工作域中的语言使用状况。在政府机关，九龙县汤古乡人民政府驻扎在汤古乡的汤古村，汤古村旁边有卫生院、公安局等公共场所。九龙县人民政府则位于呷尔镇，两地相距 15 公里左右。川方言和普通话是当地居民前往政府部门办事时最常使用的语言。根据表 2.130 可见，木雅语占比极低，是除康方言外，使用频率最少的语言，累计占比为 8.7%。通过实地观察当地政府人员办公，内部与外部交流均使用川方言与普通话，未出现使用藏方言的现象；此外公文以及日常通讯交流均书写汉字，藏文仅出现在相关政府宣传标

语、门牌等地。

表 2.130 您到本地政府部门办事时最常说哪种话（语言）?

语言	频率	百分比
康	2	0.8
木	5	2.1
普	33	13.7
川	140	58.1
无此情况	31	12.9
康–木	1	0.4
木–普	5	2.1
木–川	7	2.9
普–川	14	5.8
木–普–川	2	0.8
康–木–普–川	1	0.4
总计	241	100.0

在医院等公共场合中，当地卫生院位于汤古乡的汤古村。下表 2.131 数据显示，川方言使用频率最高，普通话次之，木雅语使用频率较家庭域与生活域均有较大幅度的下降。

表 2.131 您到本地医院看病时最常说哪种话（语言）?

语言	频率	百分比
康	1	0.4
木	11	4.6
普	35	14.5
川	152	63.1

续表

语言	频率	百分比
无此情况	3	1.2
康-木	1	0.4
木-普	9	3.7
木-川	7	2.9
普-川	18	7.5
木-普-川	3	1.2
康-木-普-川	1	0.4
总计	241	100.0

在学校、会议和工作地点等相对比较正式和庄重的交际场合，根据表2.132，受访者与本民族交流时虽大部分人仍习惯使用木雅语，但有相当一部分人更加倾向于使用四川话或普通话。

表 2.132 在学校、会议、
工作地点等比较庄重的场合，您与本民族人通常使用哪种语言？

语言	频率	百分比
木	87	36.1
普	32	13.3
川	58	24.1
无此情况	11	4.6
康-普	2	0.8
川-其	4	1.7
木-普	11	4.6
木-川	24	10.0
普-川	8	3.3

续表

语言	频率	百分比
木－普－川	3	1.2
康－木－川	1	0.4
总计	241	100.0

汤古乡在不同语域中的语言使用大致可总结为：木雅语在家庭域中的使用占有绝对位置，生活域中占比较小，工作域中则进一步降低，即使用占比：家庭域>生活域>工作域；汉语在不同语域中的使用频率与木雅语呈反比，即工作域>生活域>家庭域，但与普通话相比，四川话的使用频率更高；康方言在不同场所中使用的频率大致相当，均为使用频率最少的语言。

汤古乡的语言态度状况

语言态度的认知与情感因素分析。根据表 2.133 的数据，可以将汤古乡语言态度（认知与情感因素）均值进行排序。好听：普通话>四川话>木雅语>康方言；亲切：四川话>木雅语>普通话>康方言；社会影响力：普通话>四川话>康方言>木雅语；有用：普通话>四川话>木雅语>康方言；有身份：普通话>四川话>康方言>木雅语。

可以发现，当地居民对于普通话的评价最高、最为正面，认为其最好听且最有用，也是社会影响力最大与最有身份的语言；关于木雅语，情感指标"亲切"得分较高，明显高于社会影响、身份、有用等认知因素；康方言的总体得分明显低于其他语言，语言态度均值均未超过 4 分。可见汤古乡木雅藏族在情感认同上偏向木雅语，但在实际使用中偏向社会影响力更大的四川话以及普通话等。值得注意的是，即便是情感态度，在"亲切"指标上，木雅语也不及四川话；在"好听"指标上，木雅语不及普通话和四川话。可见，汉语对当地母语使用影响较大。

表 2.133 汤古乡语言态度的认知与情感因素（%）

情感态度					
	非常不好听	比较不好听	一般好听	比较好听	非常好听
康方言	9.1	9.1	54.5	27.2	0
木雅语	5.4	5.8	13.5	11.7	63.7
四川话	0	14.3	0	14.3	71.4
普通话	4.9	3.6	7.6	9.4	74.4
	非常不亲切	比较不亲切	一般亲切	比较亲切	非常亲切
康方言	0	36.4	45.5	0	18.1
木雅语	2.7	4	13.9	15.2	64.1
四川话	0	0	14.3	14.3	71.4
普通话	4.9	7.6	16.1	17	54.3
认知态度					
	非常没有影响力	比较没有影响力	一般有影响力	比较有影响力	非常有影响力
康方言	0	18.2	18.2	45.5	18.2
木雅语	17	8.5	19.3	22.9	32.3
四川话	14.3	0	0	28.6	57.1
普通话	9.4	2.7	8.5	16.6	62.8
	非常没有用	比较没有用	一般有用	比较有用	非常有用
康方言	0	18.2	36.4	9.1	36.4
木雅语	5.4	9.9	18.3	23.3	42.6
四川话	0	0	14.3	14.3	71.4
普通话	1.3	2.2	5.4	14.8	76.2
	非常没有身份	比较没有身份	一般有身份	比较有身份	非常有身份
康方言	0	9.1	27.3	36.4	27.3

续表

木雅语	11.7	7.6	23.8	20.6	36.3
四川话	0	14.3	0	14.3	71.4
普通话	5.4	4.5	7.2	15.7	67.3
汤古乡语言态度（认知与情感因素）均值					
	好听	亲切	社会影响	有用	有身份
康方言	3	3	3.6	3.6	3.8
木雅语	4.22	4.34	3.45	3.88	3.62
四川话	4.4	4.6	4.1	4.6	4.4
普通话	4.45	4.08	4.21	4.62	4.35

语言态度的行为倾向分析。如表 2.134 和表 2.135 所示，关于语言态度的行为倾向，受访者大都选择普通话为今后自己和子女期望学习的语言，其次是四川话、木雅语、康方言。通过访谈了解到，一些父母为什么不希望子女学习木雅语时，很多人表示，木雅语是家庭内部自然而然学会的，没有必要进行专门的学习。这体现出，当地居民虽对于自身母语家庭内部传承呈现较为积极的态度，但缺乏对木雅语进行系统保护的语言意识。

表 2.134 今后在工作和生活中，您认为哪些话比较重要？

	响应		个案百分比
	个案数	百分比	
D 自身[a] 康方言	27	7.2	12.1
木雅话	84	22.3	37.7
普通话	172	45.6	77.1
四川话	92	24.4	41.3
其他	2	0.5	0.9
总计	377	100.0	169.1

a. 使用了值 1 对二分组进行制表。

表 2.135 您希望今后自己的孩子学习什么语言？

	响应		个案百分比
	个案数	百分比	
D 孩子[a] 康方言	47	12.1	21.1
木雅语	56	14.4	25.1
普通话	206	53.0	92.4
四川话	70	18.0	31.4
其他	10	2.6	4.5
总计	389	100.0	174.4

a. 使用了值 1 对二分组进行制表。

总之，汤古乡不同语言在使用上呈现出不同的特点，但总体趋势是转用强势语言——汉语（四川话、普通话），当地母语单语人几乎没有，主要在家庭内部使用木雅语，但在进行跨民族、跨社区言语交际时，通常使用汉语，出现了大量双语（多语）交际现象。当地汉族人与藏族人交流时，多使用四川话，或者普通话。语言态度方面，汤古乡木雅人更加倾向于普通话与四川话，各方面评价均很高，木雅语除情感因素评价较高外，认知、行为倾向得分均不及普通话和四川话。

此外，汤古乡居民对木雅语"好听""亲切""民族身份标志"等选项的平均分值分别为：4.22、4.34、4.53 分，均超过 4 分，分值较高，这说明汤古乡木雅人对于木雅语仍具有较强的族群认同以及民族情感。但从下表 2.136 也可以发现，当地居民对木雅语未来发展的态度。22.4%的人认为本民族语言会逐渐消亡，被汉语取代；30.3%的人认为木雅语和汉语二者会相互渗透，长期共存发展。但仍有 65.6%的人认为本民族语能继续发展。

表 2.136 您对母语（本民族语言）的发展持何种观点？

	频率	百分比	有效百分比	累计百分比
本民族语言逐渐消亡，被汉语取代	54	22.4	22.4	22.4
本民族语言继续发展	104	43.2	43.2	65.6
二者相互渗透，长期共存发展	73	30.3	30.3	95.9
其他	10	4.1	4.1	100.0
总计	241	100.0	100.0	

2.4　语言转用型地区的语言认同与语言使用现状
——甲根坝镇语言认同与语言使用现状调查

　　甲根坝镇位于四川省甘孜州康定市，由原甲根坝乡和朋布西乡合并而成。2019 年 12 月 23 日，经四川省人民政府批复，同意撤销朋布西乡和甲根坝乡，设立甲根坝镇，以原朋布西乡和原甲根坝乡所属行政区域为甲根坝镇的行政区域。甲根坝乡和朋布西乡都属于半农半牧区，牧业以养牛、羊为主；农业主产小麦、青稞、马铃薯、豌豆。

　　朋布西乡距离康定市城区 82 公里，下辖甲根桥、日头、木古、西沙卡、格尔底、木都、日吾、夺让、马达、纳梯、江德、马色、提弄 13 个村委会，人口 2947 人；甲根坝乡距离康定城区 90 公里，下辖启卡、日车、立泽、昌木、亚拢、日欧、阿加、提吾、果洛仲、扎日库 10 个村委会。根据第五次人口普查数据显示，甲根坝乡有 482 户，总人口为 2287 人，其中男性 1105 人，女性 1182 人。当地牧业以牛、羊为主，农业以青稞、小麦、豌豆、马铃薯为主。景区包括泉华滩、玉龙溪草原、雅哈垭口等，以木雅文化为主要特色。这一区域也是茶马古道的必经之路，甲根坝乡下辖的启卡村是著名的新都桥"摄影天堂"的重要组成部分。甲根坝乡90%以上都是藏族，几乎都会说藏语康方言[1]。

甲根坝乡和朋布西乡虽同属一镇，在地理位置上毗邻，生活习性、民族构成等方面也高度一致，但是两地的语言认同与语言使用状况差异较大。朋布西乡处于母语强势型向汉语强势型过渡型地区，而甲根坝乡基本已经转用藏语康方言，不再使用木雅语。虽然甲根坝乡也属于木雅文化圈，当地居民大多数也认同自己是木雅人，但是他们基本已不具备木雅语能力，甚至有些儿童不知何为木雅语。因前文已对朋布西乡的语言认同与语言使用状况进行了描写分析，本节主要将甲根坝乡的语言认同与语言使用状况与朋布西乡进行对比分析。

两地语言能力对比

关于两地木雅语能力对比。根据表2.137，朋布西乡的木雅语能力较好，而甲根坝乡的木雅语能力较低。朋布西乡的受访者中能"准确流利使用"木雅语的有165人，占总人数的比例高达91.8%。而甲根坝乡能"准确流利使用"木雅语的比例仅22.4%，有70.4%的受访者表示自己"听不懂也不会说"木雅语。

表2.137 两地木雅语能力对比（%）

您的木雅语程度怎么样？		甲根坝 N	甲根坝%	朋布西 N	朋布西%
有效	能流利准确地使用	22	22.4	165	91.8
	熟练但有些音不准	1	1.0	5	2.8
	能熟练使用但口音重	1	1.0	2	1.1
	基本能交谈但不熟练	1	1.0	2	1.1
	能听懂但不太会说	3	3.1	1	0.6
	能听懂一些但不会说	1	1.0	5	2.8
	听不懂也不会说	69	70.4	0	0
	合计	98	100.0	180	100

---

[1] 四川省康定县志编纂委员会.康定县志 [M].成都：四川辞书出版社，1995：432.

可以看出，甲根坝乡和朋布西乡的木雅语能力呈现出巨大差异。甲根坝乡和朋布西乡相比，其木雅语退化趋势极其明显。这种现象的主要原因可能是甲根坝乡在撤乡建镇之前就已经是康定木雅地区重要的经济中心和旅游胜地，又地处川西旅游的必经之路，再加上该地区交通便利，与外界的交流更加频繁，人们使用藏语康方言和汉语的机会更多，木雅语的退化速度也就更快；而朋布西乡地理位置更偏僻，经济发展相对滞后，当地居民和外界交流很少，使用木雅语的频率更高，因此木雅语保存较完好。

两地藏语康方言能力情况如下表 2.138。可以看出，两地大多数人都掌握藏语康方言。从语言能力处于"能准确流利使用"这一等级的比例来看，甲根坝乡的康方言水平更高，能"准确流利使用"康方言的比例达到了 93.9%，朋布西乡只有 32.2%。

表 2.138 两地康方言能力（%）

您的藏语康方言程度怎么样？		甲根坝 N	甲根坝%	朋布西 N	朋布西%
有效	能流利准确地使用	92	93.9	58	32.2
	熟练但有些音不准	3	3.1	21	11.8
	能熟练使用但口音重	0	0	14	7.1
	基本能交谈但不熟练	2	2.0	18	9.9
	能听懂但不太会说	1	1.0	18	9.9
	能听懂一些但不会说	0	0	14	7.1
	听不懂也不会说	0	0	37	20.4
	合计	98	100	180	100

四川话能力对比。根据表 2.139，两地大多数居民能用四川话进行交际，两地的四川话能力水平差异不显著。甲根坝乡有 19.4%的人表示自己"听不懂也不会说"四川话，朋布西乡有 11.7%的人。

表 2.139 两地四川话能力（%）

	您的四川话程度怎么样？	甲根坝 N	甲根坝%	朋布西 N	朋布西%
有效	能流利准确地使用	31	31.6	41	23.0
	熟练但有些音不准	10	10.2	19	10.6
	能熟练使用但口音重	8	8.2	16	8.9
	基本能交谈但不熟练	19	19.4	39	21.9
	能听懂但不太会说	6	6.1	22	12.4
	能听懂一些但不会说	5	5.1	20	11.2
	听不懂也不会说	19	19.4	21	11.7
	合计	98	100	178	100

普通话能力对比。根据表 2.140，朋布西乡的普通话水平高于甲根坝乡。甲根坝乡和朋布西乡处于"能准确流利使用"这一等级的分别占各自总人数的 19.4%和 39.9%。朋布西乡只有 4%的人表示自己"听不懂也不会说"普通话，而甲根坝乡有 24.5%的人。

表 2.140 两地普通话能力（%）

	您的普通话程度怎么样？	甲根坝 N	甲根坝%	朋布西 N	朋布西%
有效	能流利准确地使用	19	19.4	72	39.9
	熟练但有些音不准	12	12.2	39	21.6
	能熟练使用但口音重	7	7.1	13	7.3
	基本能交谈但不熟练	17	17.3	20	11.1
	能听懂但不太会说	14	14.3	11	6.2
	能听懂一些但不会说	5	5.1	18	10.0
	听不懂也不会说	24	24.5	7	4.0
	合计	98	100	180	100

考虑到调查样本构成情况的特殊性，下面对两地的代际语言能力进行对比分析。甲根坝乡代际语言能力如表 2.141 所示：

表 2.141 甲根坝乡代际语言能力（%）[1]

		A	B	C	D	E	F	G
普	老	0	6.5	3.2	9.7	16.1	9.7	54.8
	中	13.8	10.3	3.4	20.7	27.6	3.4	20.7
	青	39.5	18.4	13.2	21.1	2.6	2.6	2.6
川	老	19.4	6.5	6.5	22.6	0	9.7	35.5
	中	41.4	6.9	6.9	20.7	10.3	3.4	10.3
	青	34.2	15.8	10.5	15.8	7.9	2.6	13.2
康	老	90.3	6.5	0	3.2	0	0	0
	中	96.6	3.4	0	0	0	0	0
	青	94.7	0	0	2.6	2.6	0	0
木	老	19.4	0	0	0	0	3.2	77.4
	中	20.7	3.4	0	0	0	0	75.9
	青	26.3	0	2.6	2.6	7.9	0	60.5

甲根坝乡老年组各种语言水平排序为：康方言>四川方言>普通话>木雅语；甲根坝乡中年组各种语言水平排序为：康方言>四川方言>普通话>木雅语；甲根坝乡青年组各种语言水平排序为：康方言>普通话>四川方言>木雅语。

前文分析的朋布西乡代际语言能力排序如下：老年组：木雅语>康方言>四川方言>普通话；中年组：木雅语>康方言>四川方言>普通话；青年组：木雅语>普通话>康方言>四川方言。

---

[1] 表格排版需要，A=能准确流利使用；B=熟练但有些音不准；C=熟练使用但口音重；D=能简单交谈但不熟练；E=能听懂但不太会说；F=能听懂一些但不会说；G=听不懂也不会说。

可见，甲根坝乡纵向三代语言能力最强的是康方言，其次是四川方言或者普通话，最差的是木雅语。朋布西乡的情况却截然不同，他们语言能力最强的是木雅语，其次是康方言，最后是四川方言和普通话。通过代际语言能力的地域对比，我们可以看到，甲根坝乡的木雅语能力已经严重退化，九成以上居民都已经以康方言为母语。朋布西乡的木雅语保存较好。

两地语言使用状况对比

两地木雅语使用状况对比。根据表 2.142，无论是在哪种语域，甲根坝乡使用木雅语的比例都极低，各种语境的使用比例都不到 10%。朋布西乡使用木雅语的比例较高，特别是在家庭域中。朋布西乡居民在家庭内部进行交流时，和父母长辈以及兄弟姐妹用木雅语交流的比例最高；生活域中，朋布西乡居民会根据交际对象的身份和木雅语能力决定是否使用木雅语，他们中有85%的人会使用木雅语跟本民族人聊天。在田野调查过程中发现，朋布西乡居民路上偶遇沙德镇或贡嘎山乡的木雅人时，都是讲木雅语。

表 2.142 两地木雅语使用情况 （%）

语域	交际场合	甲根坝乡	朋布西乡
家庭域	父母	8.2	85.1
	配偶	5.1	14.9
	兄弟姐妹	6.1	88.9
	子女晚辈	6.1	21.7
生活域	本民族熟人	4.1	85
	外民族熟人	2.0	22.8
	偶遇陌生人	1.0	30.0
	集贸市场	4.1	32.8

续表

语域	交际场合	甲根坝乡	朋布西乡
工作域	会议	3.1	61.7
	政府机关	0	18.8
	医院看病	1.0	12.2
	宗教祭祀	2.0	74.4
文化域	读书看报	0	0
	广播电视	2.0	5.0
	上网	1.0	0

两地藏语康方言使用对比。据表 2.143 所示，甲根坝乡使用康方言的频率明显高于朋布西乡，甲根坝乡的调查对象，不论是在哪种语域，使用康方言的比例都很高。以家庭域为例，甲根坝乡居民和兄弟姐妹用康方言交流的比例高达 92.9%。已经完成了语言转用。而朋布西乡居民在家庭域使用康方言的比例极低，大多使用木雅语。

表 2.143 两地藏语康方言使用情况（%）

语域	交际场合	甲根坝乡	朋布西乡
家庭域	父母	84.7	9.4
	配偶	64.3	2.2
	兄弟姐妹	92.9	11.1
	子女晚辈	68.4	4.4
生活域	本民族熟人	92.9	19.4
	外民族熟人	33.7	12.2
	偶遇陌生人	59.2	30.0
	集贸市场	88.8	22.2

续表

语域	交际场合	甲根坝乡	朋布西乡
工作域	会议	87.8	31.1
	政府机关	71.4	17.8
	医院看病	70.4	13.3
	宗教祭祀	81.6	35.6
文化域	读书看报	54.1	51.9
	广播电视	74.5	35.2
	上网	54.1	47.9

在生活域和工作域中，两地居民是否说康方言取决于交际对象是否是本族人。在走访过程中发现，在和外民族人交流时，两地居民都很少说康方言，他们都表示会尽量使用四川话或普通话。但在文化域中，朋布西乡受访者中有51.9%的人表示会看藏文的书籍或报刊，有35.2%的人会听康方言广播或看康方言电视节目，表示自己上网时会使用康方言的受访者也达到了47.9%。可见，朋布西乡居民的主要语言虽然是木雅语，但是在文化域中康方言占了比较重要的地位。这主要是受传播媒介所限。

两地四川话使用对比。根据表2.144，四川话在两地居民的家庭域中使用比例都比较低。在生活域中，四川话的使用情况很大程度上受到了交际对象的影响。在工作领域中，工作场合或者医院政府等场所，四川话使用比例有所提升，因为政府和医院的工作人员大多是四川人。

表 2.144 两地四川话使用情况（%）

语域	交际场合	甲根坝乡	朋布西乡
家庭域	父母	2.0	2.2
	配偶	0	0
	兄弟姐妹	0	8.3

续表

语域	交际场合	甲根坝乡	朋布西乡
家庭域	子女晚辈	0	0.6
生活域	本民族熟人	2.0	7.2
	外民族熟人	32.7	32.8
	偶遇陌生人	12.2	25.0
	集贸市场	5.1	35.0
工作域	会议	3.1	13.3
	政府机关	10.2	26.7
	医院看病	17.3	35.6
	宗教祭祀	0	2.2
文化域	读书看报	0	0
	广播电视	11.2	12.8
	上网	2.0	17.6

　　两地文化域的四川话使用状况，主要体现在看电视和手机上网方面。虽然在家庭域和生活域中，两地居民很少使用四川话交际，但是他们看四川话电视节目的比例很高，其中甲根坝乡的比例是 11.2%，朋布西乡这一比例是 12.8%。手机上网时也会经常观看四川话的短视频，甲根坝乡有 2% 受访者表示会在手机上看四川话的视频，朋布西乡则有 17.6%。

　　两地普通话使用对比。根据表 2.145，甲根坝乡居民在家庭域中只有 1 人表示跟父母交流时会使用普通话。朋布西乡有 17.8% 的人表示跟兄弟姐妹沟通时会说普通话。朋布西乡在生活域和工作域使用普通话的比例都明显高于甲根坝乡。例如在跟外民族熟人交流时，甲根坝乡有 24.5% 的人会说普通话，朋布西乡该项比例则达到了 63.9%。偶遇陌生人的语境下，甲根坝乡有 19.4% 会说普通话，朋布西乡则高达 61.1%。

　　使用普通话比例最高的场合是听广播看电视，甲根坝乡有 61.2% 的人会看普通话的节目，朋布西乡有 87.7%。两地居民上网时使用普通话的比例很接近，分别是 21.4% 和 23.8%。甲根坝乡有 15.3% 的人会看汉语的书籍报刊，朋布西乡有 66.9%。

表 2.145 两地普通话使用情况（%）

语域	交际场合	甲根坝乡	朋布西乡
家庭域	父母	2.0	6.6
	配偶	0	0
	兄弟姐妹	0	17.8
	子女晚辈	0	1.1
生活域	本民族熟人	1.0	17.8
	外民族熟人	24.5	63.9
	偶遇陌生人	19.4	61.1
	集贸市场	2.0	60.6
工作域	会议	2.0	42.8
	政府机关	7.1	51.1
	医院看病	10.2	61.7
	宗教祭祀	7.1	3.3
文化域	读书看报	15.3	66.9
	广播电视	61.2	87.7
	上网	21.4	23.8

两地语言使用模式对比

两地在家庭域的语言使用模式如下表 2.146 所示：

表 2.146 两地家庭域语言使用模式（%）

	家庭域	
	甲根坝乡	朋布西乡
康	91.8	1.7
木	0	83.9
普	0	0
川	0	0
木–康	1.0	5.5
木–普	0	3.4
木–川	0	0
康–普	3.1	0
康–川	3.1	2.6
普–川	0	0
木–康–普	0	2.9
木–康–川	0	0
木–普–川	0	0
康–普–川	1.0	0
木–康–普–川	0	0
合计	100	100

甲根坝乡家庭域语言使用模式有五种，分别以"K"代表康方言，"M"代表木雅语，"P"代表普通话，"C"代表四川话，具体如下：

①K；②K-P；③K-C；④M-K；⑤K-P-C

朋布西乡家庭域语言使用模式有六种，具体如下：

①M；②M-K；③M-P；④M-K-P；⑤K-C；⑥K

甲根坝乡居民在家庭域主要选择 K 模式，即康方言单语模式，占比

91.8%；朋布西乡主要选择 M 模式，即木雅语单语模式，占比 83.9%。可以看出，甲根坝乡和朋布西乡在家庭域的语言使用模式都比较单一，而且两地在家庭域的语言选择差异巨大，分别以康方言和木雅语单语为主，只有个别受访者选择了双语模式。

两地生活域语言使用模式对比如下表 2.147：

表 2.147 两地生活域语言使用模式（%）

	生活域	
	甲根坝乡	朋布西乡
康	77.6	6.2
木	0	18.1
普	0	0
川	0	0
木-康	0	43.4
木-普	0	10.2
木-川	0	0
康-普	10.2	0
康-川	6.1	0
普-川	1.0	0
木-康-普	0	16.7
木-康-川	0	2.0
木-普-川	0	1.7
康-普-川	5.1	0
木-康-普-川	0	1.7
合计	100	100

甲根坝乡生活域语言使用模式具体如下：

①K；②K-P；③K-C；④K-P-C；⑤P-C

甲根坝乡居民在生活域的语言使用模式比较简单，还是以 K 模式为主，占比 77.6%；其次是 K-P 模式，占比 10.2%。

朋布西乡生活域语言使用模式：

①M-K；②M；③M-K-P；④M-P；⑤K；⑥M-K-C；⑦M-P-C；⑧M-K-P-C

朋布西乡居民在生活域选择 M-K 模式的占比最高，有 43.4%；其次是 M 和 M-K-P 模式，分别占 18.1% 和 16.7%。

通过对比发现，朋布西乡居民在生活域的语言使用模式比甲根坝乡更加复杂，既有木雅语和康方言的单语模式，也有兼用普通话或者四川方言的双语（多语）模式。和家庭域一样，甲根坝乡在生活域的语言模式仍以康方言单语为主。但是朋布西乡只有不到两成的人选择了木雅语单语模式。

两地工作域语言使用模式对比如下表 2.148：

表 2.148 两地工作域语言使用模式（%）

	工作域	
	甲根坝乡	朋布西乡
康	36.7	9.7
木	0	15.8
普	5.1	14.3
川	0	7.8
木-康	2.0	0
木-普	0	0
木-川	0	0
康-普	46.9	20.5
康-川	3.1	0
普-川	0	0

续表

	工作域	
	甲根坝乡	朋布西乡
木–康–普	1.0	27.8
木–康–川	0	0
木–普–川	0	2.1
康–普–川	5.1	0
木–康–普–川	0	2.0
合计	100	100

甲根坝乡工作域语言使用模式：

①K–P；②K；③P；④K–P–C；⑤K–C；⑥M–K；⑦M–K–P

朋布西乡工作域语言使用模式：

①M–K–P；②K–P；③M；④P；⑤K；⑥C；⑦M–K–C；⑧M–K–P–C

两地在工作域的语言使用模式都比较丰富，甲根坝乡有七种模式，以 K–P 模式为主，占比 46.9%；其次是 K 模式，占比 36.7%。和甲根坝乡相比，朋布西乡的语言模式分布更加均衡，一共有八种模式，M–K–P 和 K–P 模式比例最高，分别占 27.8% 和 20.5%。其次是 M 和 P 模式，分别是 15.8% 和 14.3%。

两地文化域语言使用模式对比如下表 2.149：

表 2.149 两地文化域语言使用模式（%）

	文化域	
	甲根坝乡	朋布西乡
康	23.5	27.1
木	0	0
普	19.4	36.8

续表

	文化域	
	甲根坝乡	朋布西乡
川	2.0	1.2
木–康	0	5.4
木–普	0	0
木–川	0	0
康–普	34.7	20.5
康–川	5.1	4.2
普–川	1.0	0
木–康–普	0	0
木–康–川	0	1.2
木–普–川	0	0
康–普–川	14.3	2.4
木–康–普–川	0	1.2
合计	100	100

甲根坝乡文化域语言使用模式：

①K–P；②K；③P；④K–P–C；⑤K–C；⑥C；⑦P–C

甲根坝乡在文化域有七种语言模式，以 K–P 和 K 模式为主，分别占比 34.7% 和 23.5%。其次是 P 和 K–P–C，分别占 19.4% 和 14.3%。还有少数人选择了 K–C、C 和 P–C 模式。

朋布西乡文化域语言使用模式：

①P；②K；③K–P；④M–K；⑤K–C；⑥K–P–C；⑦M–K–C；⑧M–K–P–C；⑨C

朋布西乡有九种模式，以 P 模式为主，即普通话单语模式，占比 36.8%。其次是 K 和 K–P 模式，分别占 27.1% 和 20.5%。

通过对比两地文化域的语言使用模式，可以发现 K、P 和 K–P 三种模式在两地占比都较高，但是两地的侧重点不同。甲根坝乡以 K-P 模式为主，朋布西乡以 P 模式为主。文化域的语言使用调查包括读书看报、看电视听广播，以及上网。木雅语没有文字，所以没有相关的书报，而且木雅语的电视节目也很少，因此木雅语在文化域的使用频率很低。藏语康方言和普通话的书报、电视节目资源都比较丰富。

综上所述，甲根坝镇内部的两个乡——甲根坝乡和朋布西乡，在语言使用和语言认同上存在明显的差异。两地居民习得的第一语言不同，甲根坝乡的第一语言是藏语康方言，而朋布西乡的第一语言是木雅语，习得途径基本都是家人传授。甲根坝乡是旅游的交通要道，对外交流频繁，长期的接触与融合，当地居民已经基本由木雅语转用康方言了。两地居民木雅语能力不同，甲根坝乡居民大多听不懂也不会说木雅语，朋布西乡居民熟练掌握木雅语。甲根坝乡虽然也属于木雅文化圈，当地居民也认同自己是木雅人，但是调查发现当地居民几乎没有人会说木雅话了，哪怕是六七十岁的老人也只掌握康方言，部分儿童甚至不知道自己是木雅人。毗邻的朋布西乡情况却正好相反，除了个别藏汉族际通婚家庭出现了语言转用，该地区的木雅语传承未出现明显的断代现象。两地居民的二语水平有差异。从问卷数据和访谈来看，朋布西乡居民的普通话水平普遍高于甲根坝乡。两地居民的四川话能力接近，朋布西乡略高于甲根坝乡。

康方言在甲根坝乡和朋布西乡居民生活中都占有重要地位，并且是当地藏民族最重要的交际语言和身份标识。当地人对康方言和康巴文化和身份有着强烈的认同感，他们大多从小就积极学习康方言以及藏族文化。调查发现，当地木雅人大多都认为自己是藏族人，对藏文化和藏民族身份有着比较强烈的认同感。

群体的母语认同是社会身份认同的重要标志之一，但是某种语言所处的不同状态会对语言族群的认同感产生不同的影响。当问及受访者"木雅人是不是必须说木雅话"这个问题时，甲根坝乡表示当然应该说木雅语，因为这是民族身份的标志。但是当地人的木雅语能力极差，甚至完全不会说。这也反映出，语言认同与语言使用和语言能力的不一致性。仅仅依靠民族认同，是不能维系语言使用和语言能力的。

当地居民 90% 以上都认同自己是藏族人，对藏语康方言有强烈的民族身份认同，但是他们也对普通话的工具价值给予了肯定。特别是当地年轻人群体对普通话的功能评价都非常积极正面，在价值评价这方面都高于木雅语和康方言。在情感认同方面，当地人认为日常生活中最亲切的还是藏语康方言。但是值得一提的是，年轻群体对普通话是否亲切这项的评分普遍高于中老年，这说明如今当地的青少年群体对普通话的情感认同有了一定程度的转变和提升。除了积极的价值评价和提升的情感体验，从当地人对普通话积极的使用倾向也可以看出，普通话在当地的影响力逐渐提高。当地居民对普通话日益提升的语言认同感，很大程度上是由于普通话的工具功能。康方言作为当地学校的教学语言之一，也使其在人们的日常生活中占有较高的比重。

2.5　川西康区语言认同的形成与特征

2.5.1　语言认同的形成路径

本章主要从语言能力、语言使用、语言态度来考察川西康区的语言认同现状。但是这三者与语言认同之间是何种关系，这三者之间又是何种关系，语言认同的形成路径是怎样的。还需要进一步探讨。语言态度指人们对不同语言或语言变体的认识和价值判断，从而形成特定的语言价值观、语言态度以及语言情感。语言态度主要包括两大方面：情感方面的语言态度，指说话人在情感、情绪上，对特定语言的反应和感受。它往往与说话人的母语和文化背景甚至个人的生活经历等密切相关；理智方面的语言态度，指从实用或功利的目的出发，对特定语言的理智上的评价。它往往反映了说话人所处社会中特定语言的实际功能和社会地位。语言态度常常影响说话人的语码选择和语言使用。语码选择可以指示一个人的民族和族群身份，所以可以说，语言态度间接地建构了民族身份。情感方面的语言态度，常常表现为人们把一种语言和它所关联的国家或民族群体联系在一起，表达对本族语言的忠诚和热爱，它反映了一种民族意识和民族心理。理智方面的语言态度会受到社会舆论的影响，主要取决于特定语言在使用中的功能以及它可能赋予说话人什么样的社会地位。因此，语言态度在语言身份建构过程中扮演着重要的角色[1]。一般情况下，语言身份建构所形成的认同与语言态度正相关，澳大利亚社会语言学家布拉德利（Bradley）认为：“在语言保持中，也许语言社区对自己语言的态度是至关重要的因素。”武尔姆（Wurm）也指出：“保持和重新恢复一个面临濒危的语言最重要的因素之一就是语言使用者对母语的态度。”语言认同和语言态度是维系本族、本地域语言传承的关键因素，在一定的态度和认知的基础上才会有相应的言语行为和言语选择[2]。

语言态度与语言使用之间紧密相关，积极的语言态度会产生积极的语言使用，从而提高语言能力[3]。语言使用是语言认同的重要表现，但不是唯一的表现途径。语言态度会影响语言使用和语言认同，但是语言态度与语言使用、语言认同并不一定是完全一致的，还受到政治经济因素、社会环境等外在因素的影响。因此，目前学术界在考察语言认同时，会考虑特定社会环境下的语言态度、语言使用及语言能力。

语言认同是说话人为实现特定交际目的而征用各类符号资源进行的语言实践。语言使用是一种认同行为，是向其他人表明自己身份的一种手段。后结构主义认为个体是多样的、矛盾的、动态的，并且随时空变化。主体性是通过话语建构的，并根植于历史和社会中，因此语言的使用过程也是定位“我是谁”，以及个体和社会的关系的过程，即是一种认同构建和协商的过程[4]。但关于语言使用与身份认同的关系一直存在争议。语言使用的改变是否必然会引起身份认同发生变化？语言使用与身份认同的关系在不同的社会

---

[1] 姚欣．语言认同的本质及其发展进路 [J]．西安外国语大学学报，2020（04）：8-12.

[2] 道布．语言活力、语言态度与语文政策——少数民族语文问题研究 [J]．学术探索，2005（06）：95-101.

[3] 王松涛．语言保护理论初探 [A]．从有序到浑沌：庆贺张公谨教授八十华诞文集 [C]．北京：中央民族大学出版社，2015：323.

[4] 陈默．认同对汉语二语学习者口语复杂度、准确度和流利度的影响 [J]．语言教学与研究，2020（01）：23-35.

条件下又是如何发生变化的？一种观点认为，语言既然体现着人们的信仰、思维与价值观念，个体或群体本身的认同也理所当然地存在于此语言中并通过其建构起来，从而语言使用的变化必然影响认同的变化。如费什曼指出："许多复兴和创造都是基于语言而完成的，民族认同通过语言和符号系统被赋予意义和表达出来。同时，与语言联系紧密的政府部门、教育系统、文学艺术、经济机构等在现代社会中都被赋予了民族的标签。"[1] 语言使用的变化与身份认同的改变是一个共时的过程，语言使用会影响到身份认同的形成，身份认同的变化也会影响到语言态度和语言使用。但是另一种观点则认为，语言使用与身份认同之间的关系是模糊不清的。一些研究者发现，语言并不是认同的基础组成部分，一些群体在语言转用后依旧保持着对民族文化的认同，语言则往往被强调其符号性和情感性的价值。这是因为，除语言之外，宗教、政治关系、经济、社会阶层等因素比语言更能促使民族认同的发生。"在以色列和巴基斯坦，尽管民族主义的产生是同时基于宗教和语言两个方面，但宗教却在其中发挥了最重要的作用；克罗地亚的民族主义是基于社会经济与宗教两方面的共同作用而产生，克罗地亚人重新强调语言的差异是在民族主义发生之后才出现的。"[2] 其次，语言使用与族属之间既存在"一族一语"的一致性现象，也存在"一族多语"或"多族一语"的不一致现象，从而使得语言与身份认同之间的关系变得更为复杂多样。"德语同时被德国人、奥地利人和部分瑞士人三种语言群体作为民族主义的表达工具；在爱国主义或民族主义的表现中，对于故乡、土地、生活环境、亲族的依恋往往可以用多种语言进行表达。""以群体认同的延续为基础的文化复兴也可以在语言转用的情况下进行，如美裔犹太人、爱尔兰人、苏格兰人的案例等"[3]。总之，语言使用的变化与身份认同的构建并不是既定的或排他的。

[1]　Joshua A. Fishman. Concluding Comments. Joshua A. Fishman. Handbook of Language and Ethnic Identity [C]. Oxford：Oxford University Press，1999：451.

[2]　Appel R，P Muysken. Language Contact and Bilingualism [M]. London：Arnold，1987：15. 转引自王浩宇. 民族交融视域下的语言使用与身份认同 [J]. 中南民族大学学报，2019（04）：16-22.

[3]　王浩宇. 民族交融视域下的语言使用与身份认同 [J]. 中南民族大学学报，2019（04）：16-22.

王晶（2021）等学者提出了汉语认同形成的三条直接效应："汉语认知→汉语情感""汉语认知→汉语行为""汉语情感→汉语行为"。语言认同的构建一般遵循"语言认知→语言情感→语言行为"的构建路径。首先，语言认知作为对语言的价值和属性判断，是语言认同建构的基础，处于语言认同结构中的第一层次。杨荣华（2010）通过对147位英国华人的调查发现，"对华语的本体特征及汉语所承载的政治、经济和文化价值认知越强的英国华人，对华语的评价越积极，在家庭和其他华人集会的空间里，更可能选择使用华语。"因而，要揭示语言认同的形成路径，需首先了解学习者家庭或自身对语言的认知情况，以发挥语言认知"由知到情，由知到行"的作用[1]。其次，语言情感可对语言行为产生显著的直接影响，是语言认同结构模型的第二层次，具有承上启下的作用，占据中心位置。郑全全（2017）指出：对汉语的情感是学习者主体认可，可主动采纳的一种结果，超越了外界信息的客观认知和被动选择，能够引发具有主动、趋同特点的汉语行为。再次，语言行为是三个直接路径的结果变量，也是语言认同的第三个层次。语言认同的内在过程构建完成，主要体现在语言学习者对语言的探索，投入和使用范围等行为方面。诺顿（Norton 2013）指出：语言学习者通过语言的使用参与了语言和认同的建构与协商，反映着学习者的自我定位、自我与外部世界以及未来可能性的关系。最后是语言能力，周明朗（2014）指出，语言能力在认同中具有重要作用，语言认同研究必须要基于学习者真实且可验证的语言能力出发。语言能力与语言使用是相辅相成的，语言能力越强，学习者越愿意使用语言，学习者使用语言越多，其语言能力也会随之增强。

2.5.2 川西康区语言认同的特点

川西康区复杂性"多言多语"社区正在逐步形成。从"单语言"到"双语言"的转变是当地语言生活的一个重要特点。"多言多语"不仅指语言的地理空间分布，而且是指在实际交际中所呈现出的多言多语状况。当地被调查

---

[1] 王晶，武和平，刘显翠．华裔学习者汉语认同机构模型与形成路径研究［J］．语言文字应用，2021（04）：93-103.

者大多具备不同程度的二语能力，他们日常对话中可以同时使用多种语言。语言借用、语码转换、语言混合程度也越来越高。各种不同的语言（或方言土语）构成一个复杂的"多言多语"社区。

在语言使用上，当地的语言使用形成明显的功能分层，包括母语、民族主体语言（族际通用语）、区域性通用语言、国家通用语言等。以木雅文化圈为例，该区域以木雅语作为母语，藏语康方言作为民族通用语，四川话作为区域通用语，普通话作为国家通用语，在不同领域发挥着不同的作用。从语言使用模式上看，表现为在家庭和本族人内部主要使用木雅语，对外交往则主要使用普通话、四川话。分代际来说，在内部语域（指交际关系多为亲族、语域多为家庭等私有场合）中，老年人以木雅语单语模式为主；中年人在与子女的交际中，以及在庄重场合与本族人的交际中开始出现双语模式；青年人与家人和本族人交流仍以木雅语单语为主，但多语模式开始出现，表现为"木雅语-普通话""木雅语-康方言""木雅语-康方言-普通话"等几种双语或多语组合模式。在外部语域（指交际关系多为同事、朋友、陌生人等，地点多为学校、工作单位、商场、集市等公共场合）中，老年人和中年人以四川话单语模式为主；青年人以普通话单语模式为主，但多语模式大量出现，如"普通话-四川话""普通话-康方言""木雅语-普通话""木雅语-普通话-康方言"等双语或多语组合模式，而且普通话已经成为青少年对外交流最主要的语言媒介。

在语言认知方面，不同的语言认同促使不同语码的功能和关系发生变化，高声望的语码或变体主要适用于公共场所，家庭等私人场所则选择以母语为主。比如木雅藏族把木雅语作为身份认同的一个重要标识，调查对象有着明确的"我是木雅人"的群体认知，对木雅语情感维度方面的评价非常高。但是，他们还是存在语言使用与身份认同的两难困境，在语言使用和语言态度方面呈现出复杂性和不一致性。比如在情感态度上，木雅语的积极评价最高，在家庭域中木雅语的使用占据主导地位；但在对外交往中，即使是和其他藏族支系或者在外地与同乡交往时，他们也很少使用木雅语，一些被调查者表示在其他地区说木雅语感觉低人一等，被人瞧不起。另外，虽然当地居民对普通话在功能价值和地位上的积极评价高于四川话，但在生活和工作领域中，使用最多的却是四川话。可见，一方面，在情感和民族认同层面，他们忠于自己的母语；在功能价值和国家认同层面，他们则忠于官方语言。

从区域视角来看，调查结果发现，虽然同属木雅语西部方言核心区的几个乡镇，其语言认同模式却存在很大差异。各乡镇语言使用模式不同，语言功能分布也各不相同，表现为：家庭和本族人内部各乡镇均主要使用木雅语，但对外交往方面，贡嘎山乡和朋布西乡主要使用普通话，沙德镇和普沙绒乡主要是四川话。讲话人会根据语域、场合和交际对象的变化，对自己的语种使用进行规划和选择。各乡镇在语言认同状况上也呈现出很大的差异性。在沙德地区，有2人家中已转用康方言，全部受访者均具备双语或多语能力。语言认同度排序为：木雅语>康方言>汉语方言>普通话>安多方言>卫藏方言；朋布西乡有3人家中已转用康方言，语言认同度排序为：木雅语>普通话>康方言>汉语方言>卫藏方言>安多方言；贡嘎山乡有1人家中已转用康方言，语言认同度排序为：木雅语>普通话>汉语方言>康方言>卫藏方言>安多方言；普沙绒乡有1人家中已转用康方言，语言认同度排序为：木雅语>汉语方言>普通话>康方言>安多方言>卫藏方言。以往学术界普遍认为，木雅语西部方言区受到藏文化影响较大，本研究也证实了这一观点。木雅文化圈中如甲根坝乡等地区已发生语言转用，使用藏语康方言。但本研究调查发现，在木雅语西部方言区内部南北木雅语仍存在较大的差异，在语言使用和转用上也存在明显不同。大体上以沙德镇南部为界，北部的朋布西乡、沙德镇具有一致性，和藏语者接触较频繁，木雅语中的不少词汇已经是藏语借词，语言生活中的借词大多借自藏语（白军伟，2018），他们的藏语能力更高，在语言使用上有向藏语转化的趋势。但同时，他们的汉语能力也很高，也有大量的语码转换和多语现象。南边的贡嘎山乡、普沙绒乡仍然主要使用木雅语。当地木雅语的语言适应和语言使用变化主要表现为：语音、词汇、语法与主流语言（藏语或汉语）趋同、言语多语化、语码混合与语码转换。因此，本研究认为木雅文化圈已经形成了一个少数民族多语言语社区，目前当地语言认同的特点表现为：不再以准确的母语使用和完全语言能力来表征民族或族群认同，而是采用语码混合、语码转换、言语多语化等言语实践来弥补母语产出能力的不足，从而产生动态的语言观和多元文化认同。而且随着经济一体化的到来，木雅人的语言适应不再局限于官方语言，开始接受并学习英语等外语的越来越多。在访谈中了解到，当地除了汉藏跨族通婚，还有与外国人通婚的现象，这也进一步促使了当地语言的多元化发展与语言认同的多元化。

　　此外，本研究分别对影响语言使用的社会变项进行了相关性分析，证明语言变异与社会变项（年龄、种族、性别、地域等）之间密切相关。但对于影响语言变异的社会变项是否会影响语言使用者的身份认同和族群认同，以及社会变项与语言使用者身份认同、民族和族群认同之间的相关性等问题还有待进一步研究。

第3章　民族的迁徙与交融：
一个汉族移民村的语言认同考察

3.1　康区历史上的民族迁徙与融合

康区由于地处藏彝走廊的大通道，民族文化交流非常频繁。据《后汉书·南蛮西南夷列传》，早在汉武帝建元六年（公元前 135 年）"开西南夷"时，已有一些汉人迁入康区。元鼎六年（公元前 111 年），于古莋都置沈黎郡，后来，沈黎郡"并蜀为西部，置两都尉，一居旄牛，主徼外夷，一居青衣，主汉人。"其辖境达雅砻江流域，并有旄牛道通蜀，旄牛各部与蜀之汉人发生经济交往。唐时，在大渡河沿岸设立了许多羁縻州，各地汉人陆续迁入康区定居。明末长期战乱，汉人更是大量迁入这一地区。清初用兵西藏，康定至拉雅设站程81处，安置塘兵等不下5000人。随着中央王朝政治力量逐步深入康区，汉族移民开始沿川藏道大量涌入康区。自唐宋以来，使康区汉藏及各民族发生深刻联系的，有一个重要因素，即延续千余年的茶马贸易与茶叶输藏所形成的茶马古道。汉藏茶叶贸易一直是中央王朝治理边疆的重要手段和税收的重要来源，明朝曾在产茶区四川雅安设有茶马司，并形成"以茶御边"的思路。明末张献忠入蜀所引发的蜀乱，使蜀地汉族民众开始大量西迁，纷纷渡过大渡河避险。《荒书》记载："成都残民多逃雅州，采野菜而食，亦有流入土司者。"[1] 清《雅州府志》记载："自明末流寇之变，商民避兵过河，携茶贸易，而乌斯藏亦适有喇嘛到炉，彼此交易，汉番杂处。"[2] 所以在清初，"汉番杂处"的打箭炉（今康定）开始作为茶叶贸易的中心市场迅速兴起并繁荣[3]。

汉藏民族接触交融最普遍的方式就是通婚。从清朝至民国时期，进入康区的汉族民众主要以官兵、商人、垦民和各类工匠为主。他们大多娶当地藏族妇女为妻，《西康之种族情形》记载："官商兵卒，在西康各地，安家立业，娶夷为妻者，尤指不胜计。近今三十年，西康之歧种人，已遍布于城市村镇各地，真正夷族，则须深山内地，始能寻觅矣。盖清末之数万边军，及各地垦民，无不在西康娶妻生子，川陕各地商民，在村镇经营商业者，亦多娶夷女辅助"[4]。1938 年的调查显示，康定"除少数来自内地者，本地所谓汉人，十九皆汉夫康妇之混血儿。"[5] 民国时期长期驻防理塘的曾言枢说："汉人每每存意同化康人，入康久居，娶妻生子，亦自不觉间，装、靴、带、剑、语言、皮肤，俱康化矣。入其环境，有其环境之需要，所以理想不胜事实，固有其必然性在。"[6] 同时，这些汉族民众又把汉文化元素带入当地的藏族文化之中，形成当地人所说的"汉人不纯，藏人不藏"的现象[7]。日本人类学家中根千枝（Nakane Chie）在谈论康区文化习俗时曾说："在汉人与藏人有密切接触的边缘地带，我们观察到一些十分有趣的现象。这里的汉藏交往不仅造成一些族际通婚，这些通婚的夫妇的居住也有其特点，在这些的汉藏通婚案例中，汉人男子与藏人女子通常都生活在藏区，而很少见到藏族妻子

[1]　[清] 费密. 荒书 [M]. 杭州：浙江人民出版社，1983：165.

[2]　[清] 曹抡彬，曹抡翰等. 纂辑. 雅州府志（乾隆）：卷之十：筹边 [M]. 台北：成文出版社，1969：249.

[3]　参见刘芝晗，石硕. 文化自觉与铸牢中华民族共同体意识——近代康区汉藏文化交融对铸牢中华民族共同体意识的启示 [J]. 西北民族研究，2022（03）：5-16.

[4]　西康之种族情形 [J]. 四川月报，1936（04）.

[5]　柯象峰. 西康纪行 [J]. 边政公论，1941：3-4.

[6]　曾言枢. 宣抚康南日记 [J]. 康导月刊，1943（06）.

[7]　伍呷. 九龙藏族社会的历史考察 [A]. 李绍明，刘俊波. 尔苏藏族研究 [C]. 北京：民族出版社，2007：268.

迁往并生活在汉人地区。同时，那些在藏区生活了几代的汉人家庭都被藏化了，根本看不出来他们是藏人还是汉人。而且我发现，在那些地区的汉人具有令人惊奇的能力来克服他们与其他民族之间的差异。在这些地区，藏人也在一定程度上吸收了汉人的文化。例如作为当地社区或寺庙首领的藏人一般都会讲流利的汉语，而且通晓汉文，通常在他们的藏族名字之外还有汉人姓名。一眼看过去，很难看出他们是汉人还是藏人，但是他们对自己的藏族身份认同还是很清楚的。"[1] 清代文献中记载当地人是用"几个舌头说话的人"，即指他们既能说藏语康方言，也能说四川方言，还能说当地的土语"地脚话"[2]。尤其是近现代以来，随着社会生产力的发展，以商业贸易为代表的民族经济交流比历史上任何时期都更为频繁，这种交流进一步加大了各民族的迁徙和互动，加之跨民族通婚等，汉藏民族从语言、生产生活、婚丧嫁娶、生活习俗等各方面都产生了民族文化交流融合的现象。"康区是清代民国以来汉藏民族与汉藏文化深度交融的一个地区。这是康区社会的一个重要特点，也是我们认识康区的重要角度"[3]。费孝通先生曾指出，由于这一区域"民族种类繁多，支系复杂，相互间密切接触和交融"，"能看到民族之间文化交流的历史和这一历史的结晶，从而能对'中华民族多元一体格局'有一个比较生动的认识"[4]。

3.2　普沙绒乡火山村的语言使用与语言态度

火山村是汉族移民的聚居区，根据访谈得知，火山村村民的祖辈大概在

---

　[1]　[日]中根千枝.中国与印度：从人类学视角来看文化边陲[J].马戎译.北京大学学报，2007（02）：143-147.

　[2]　黄布凡.川西藏区的语言关系[J].中国藏学，1988（03）：142-150.

　[3]　石硕.多民族交汇地区是铸牢中华民族共同体意识的关键区域[J].中国藏学，2022（02）.

　[4]　费孝通.给"藏彝走廊历史文化学术讨论会"的贺信[A].石硕主编.藏彝走廊：历史与文化[C].成都：四川人民出版社，2005：2；刘芷晗，石硕.文化自觉与铸牢中华民族共同体意识——近代康区汉藏文化交融对铸牢中华民族共同体意识的启示[J].西北民族研究，2022（03）：5-16.

20 世纪中后期因躲避战乱、逃荒、逃避抓壮丁等原因，从四川省遂宁、安岳、大邑、邛崃等地外迁至此地。火山村位于普沙绒乡西北方向，以峡谷地貌为主，平均海拔 2500 米，距离康定市一百六十多公里。火山村附近有力丘河、荷花海国家森林公园、白马石、木雅圣地景区、康定情歌（木格措）风景区等旅游景点。火山村男性 260 多人，女性近 180 人，全村共 86 户，居住类型为小聚居，山脚下及山上大约各占一半。村民大多为李姓和杨姓，此外还有张、元、高等姓氏。因当地与外界来往不便，阻隔了语言的交流，形成了相对封闭的移民村落。火山村有民宿 30 余家，村内无景点，但计划开发旅游项目。周边莲花湖景观距火山村 7 千米，平均日接待游客量几十人。当地经济来源主要是靠种植虫草和松茸，其次是外出打工，人均年收入上万元。目前该村注重调整产业结构，因地制宜大力发展当地经济，已获得政府拨款搞集体经济，大力发展旱作农业，种植仙人掌，售卖仙人果，增加了农民的收入。火山村村内有幼儿园和小学各一所，无初中和高中，初中及高中学生均在新都桥求学，多为新都桥藏文中学。学生入学率 100%。新都桥藏文中学采取双语教学模式，学校老师教授汉语和藏语。教学班级分为藏单班和藏加班两种，藏单班语文、政治课是汉语教学，其他课程均为藏语教学。藏加班则所有课程均采用汉语教学，教学模式与汉族学校基本一致，另外加藏语课。火山村居民户口本上为藏族，但据调查发现大部分村民自我认同为汉族，村民基本都有汉、藏两个名字。

　　本次调查采取随机入户的调查方法，发放并回收问卷 99 份，有效问卷 98 份，问卷有效率 98.99%，覆盖调研地点总人数 25% 以上。其中男性 51 人，女性 47 人。根据联合国教科文组织的年龄划定标准，被调查者青年（0-34 岁）37 人，中年（35-50 岁）29 人，老年（51 岁及以上）21 人，性别与年龄分布较为均衡。调查对象中藏族与汉族人口分别为 93 人、5 人，分别占比 94.9%、5.1%。调查对象多出生在康定市火山村，也有少数出生在雅江、长草坪村等地。关于调查对象的受教育程度，当地居民教育水平普遍偏低，普遍没有接受过系统的学校教育，没上过学的人数最多，其次是上过小学的人数居多，占 33.7%，高中及以上学历共计占比 12.3%。调查对象父母的受教育程度也普遍偏低。其中，调查对象的父亲受教育程度是没有上过学的最多，有 59.6%，其次是小学学历的占比 28.7%，高中学历的仅有 2.1%，大专及以上学历者仅有 1.1%。调查对象的母亲受教育程度为没有上过学的高达 82.1%，小学学历的占比 16.8%，高中学历的仅有 1.1%，没有接受过大专及以上学历的人。调查对象的职业分布，如表 3.1 所示，超过一半的调查对象职业为农民，占比最高，为 59.2%；此外学生占比也很高，为 22.5%；其他职业如公务员、教师、企事业工作人员只有零星分布。

表 3.1 火山村调查对象职业分布情况

		频率	百分比	有效百分比
有效	公务员	1	1	1
	工人	1	1	1
	教师	3	3.1	3.1
	企事业工作人员	4	4.1	4.1
	农民	58	59.2	59.2
	牧民	0	0	0
	商业、服务业人员	2	2	2
	学生	22	22.5	22.5
	不在业人员	5	5.1	5.1
	其他	2	2	2
	总计	98	100.0	100.0

关于调查对象在本地居住时长，从下表 3.2 可知，居住时长在 21 年以上的占比 68.8%，居住时长为 11-15 年的占比 13.5%，16-20 年的占比 10.4%，6-10 年的占比 7.3%。从其他地方迁入本地的人口较少，且多是由于婚姻迁入。通过问卷中"除本地外，您在哪些地方居住过一年以上（具体到市/县、乡/村）"一问题，了解到调查对象外出居住的地方多集中在雅江和新都桥，且原因多是为了求学。

表 3.2 调查对象在火山村居住时长情况

		频率	百分比	有效百分比
在本地居住时间	6-10 年	7	7.3	7.3
	11-15 年	13	13.5	13.5
	16-20 年	10	10.4	10.4
	21 年以上	66	68.8	68.8
	总计	96	100.0	100.0

3.2.1　火山村居民的语言能力

语言能力调查主要包含语言掌握情况和语言水平两个方面，分为能够用哪些语言与他人交谈、对能够使用语言的具体掌握程度和文字的掌握程度三个维度。通过图 3.1 可知，汉语方言（四川话）、藏语、普通话分别为火山村居民掌握数量前三的语言，其中，藏语中掌握康方言的人数最多。火山村居民在交际中能够使用的语言依次为四川方言（83.7%）>藏语（65.3%）>普通话（36.7%）。

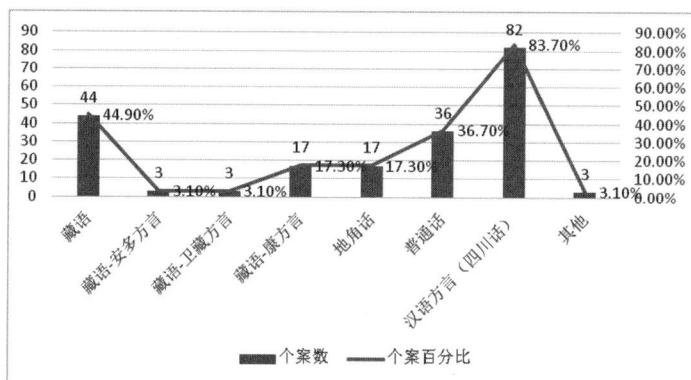

图 3.1　语言掌握情况[1]

---

[1]　图中的"藏语"一栏表示被调查者无法判断自己所说的藏语具体属于哪一种藏语方言，后经调查者确认为藏语康方言，下同。

由图 3.2 可知，火山村居民以双语或多语能力者为主，约占总人数的 63.3%，单语者仅占 36.7%。

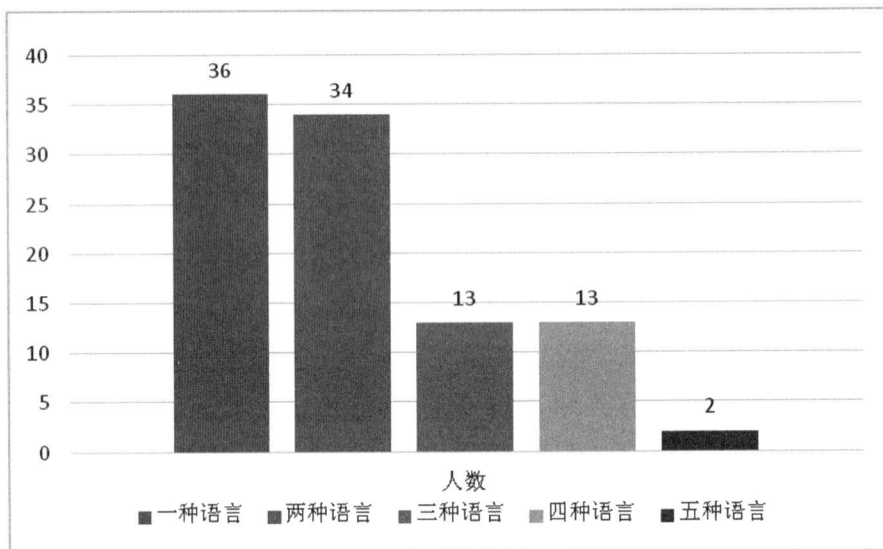

图 3.2　掌握语言的数量

语言水平即语言使用能力，可从听、说、读、写四个角度对被调查者的语言掌握情况进行考察。问卷按照"能听懂并会说""能基本听懂且基本能交谈""会听说简单的日常话语""基本听不懂且基本不会说""完全听不懂完全不会说"5 个层次的语言分级，进一步细化为 7 个选项，考察被调查者的语言听说水平和掌握程度。图 3.3 显示，在各种语言或方言的听说能力中，四川话是火山村居民掌握水平最高的方言，基本上处于"能流利准确地使用"的语言等级，总占比 72.4%。其次是普通话，但大部分火山村居民处于"基本能交谈但不太熟练"等级之上，次于四川方言。

在受访的火山村村民中，63.3% 的村民都是能够使用两种或两种以上语言的多语能力者。"藏语-四川话""四川话-普通话"等双语及"藏语-地角话-四川话""藏语-四川话-普通话"等三语都有一定的居民掌握，四语人也占一定的比例。

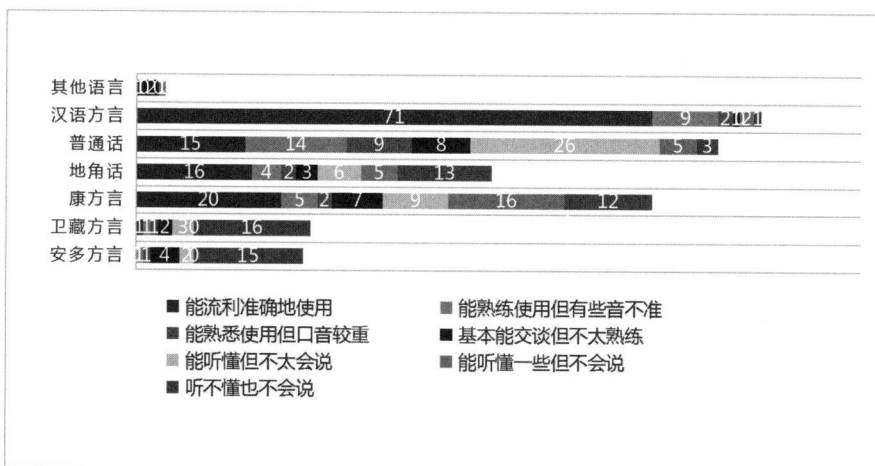

图 3.3　语言听说水平

在读写能力方面，由图 3.4 可知，火山村居民对汉文的掌握程度在读写两个方面均超过藏文，同听说能力的分析结果一致。

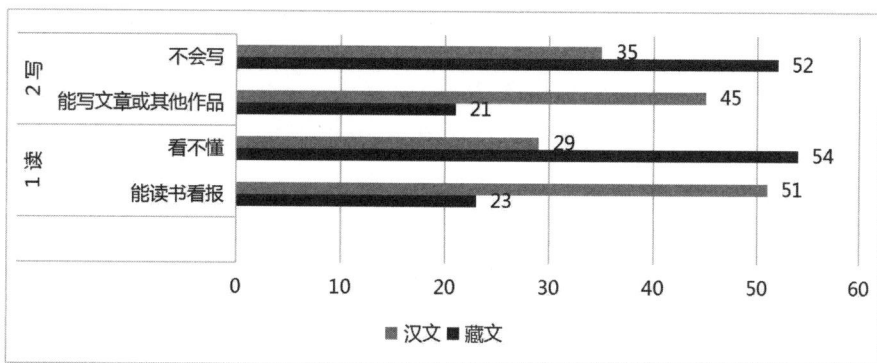

图 3.4　语言读写能力

可见，火山村居民的语言水平情况为：四川方言>普通话>藏语（康方言）。

关于当地的语言习得情况，由下表 3.3 可知，当地居民最先学会的第一语言是四川话的人数占比 54.4%；最先学会的第一语言是藏语康方言的，所占比例达 28%（17.6%+10.4%）。

表 3.3 您小时候（上学或 5 周岁之前）最先学会的语言是什么？（可多选）

语言	频率	百分比
藏语	22	17.6
藏语–安多方言	0	0
藏语–卫藏方言	0	0
藏语–康方言	13	10.4
地角话	14	11.2
普通话	8	6.4
汉语方言（四川话）	68	54.4
总计	125	100.0

3.2.2 火山村的语言使用状况

家庭域中的语言使用。家庭域是建立在婚姻、血缘等关系基础上的语域，该语域的语言使用情况不仅受到家庭所处言语社区语言环境的影响，也反映了语言代际传承的情况。根据图 3.5 显示，在家庭域中，火山村居民无论是与长辈，还是同辈和晚辈交流，使用频率最高的都是四川话。值得注意的是，火山村居民在与同辈和晚辈交流时，使用四川话的频率要明显高于与长辈和夫妻之间的交流。藏语康方言作为火山村周边民族使用频率较高的语言，在火山村居民家庭语域中的使用频率同交际对象的辈分有关，交际对象辈分越高，使用藏语康方言的比例越高。此外，被调查者在与兄弟姐妹等同辈交流时，使用双语、多语模式比例明显上升，由此可见同辈之间的交流使用的语言更为丰富，语言使用组合模式更为多样。家庭域中各语言或方言整体使用频率排序为：四川方言>藏语>普通话>地角话。

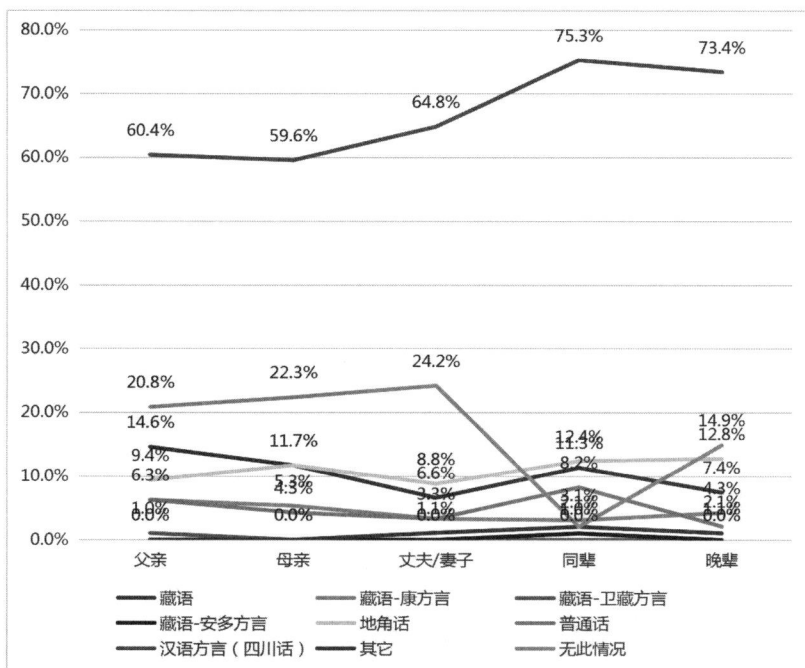

图 3.5　家庭域语言使用情况

　　在与长辈交流时，火山村被调查者在家时与父母等长辈交流时使用的语言如下表 3.4 所示，其中与父亲交流时，使用各语言的百分比为：汉语方言（四川话）（50.9%）、藏语（18.5%）、地角话（木雅语）（7.9%）、普通话（5.3%）；与母亲交流时，使用各语言的百分比为汉语方言（四川话）（51.9%）、藏语（14.8%）、地角话（木雅语）（10.2%）、普通话（3.7%）。可见，与长辈交流时，四川话在家庭域中的使用占有绝对的地位，其次是藏语与地角话（木雅语）。

表 3.4 您在家与父亲母亲交流时，使用什么语言呢？（可多选）

语言使用 交际对象	父亲		母亲	
	频率	百分比	频率	百分比
藏语	14	12.3	11	10.2

续表

语言使用	父亲		母亲	
交际对象	频率	百分比	频率	百分比
藏语–安多方言	0	0	0	0
藏语–卫藏方言	1	0.9	0	0
藏语–康方言	6	5.3	5	4.6
地角话	9	7.9	11	10.2
普通话	6	5.3	4	3.7
汉语方言（四川话）	58	50.9	56	51.9
无此情况（指父母亲已不在世）	20	17.5	21	19.4
总计	114	100.0	108	100.0

与同辈交流时，根据表 3.5 所示，被调查者与丈夫（妻子）交流时，各语言的使用比例排序为：汉语方言（四川话）（58.4%）、藏语（8.9%）、地角话（木雅语）（7.9%）、普通话（3%）；与兄弟姐妹交流时，各语言使用比例排序为：汉语方言（四川话）（66.7%）、藏语（13.6%）、地角话（木雅语）（10.8%）、普通话（7.2%）。

在与兄弟姐妹等同辈交流时，选择使用汉语方言（四川话）的人数是在家庭域中使用频率最高的，达到了 66.7%。除汉语方言（四川话）外，使用频率较高的还有藏语（康方言）和地角话（木雅语）。总体来看，无论是与父母等长辈交流，还是与丈夫妻子、兄弟姐妹等同辈交流，汉语方言（四川话）在家庭语域中都占有明显优势地位，是受访者最常使用的语言。

表 3.5 您在家与同辈之间使用什么语言交流呢？（可多选）

交际对象	丈夫（妻子）		兄弟姐妹	
语言使用	频率	百分比	频率	百分比
藏语	6	5.9	11	10

续表

交际对象 语言使用	丈夫（妻子）		兄弟姐妹	
	频率	百分比	频率	百分比
藏语-安多方言	0	0	1	0.9
藏语-卫藏方言	0	0	0	0
藏语-康方言	3	3.0	3	2.7
地角话	8	7.9	12	10.8
普通话	3	3	8	7.2
汉语方言	59	58.4	74	66.7
无此情况	22	5.0	2	1.8
总计	101	100.0	111	100.0

与晚辈交流时，如表 3.6 所示，被调查者与晚辈交流时的语言选择累计占比为：汉语方言（四川话）（62.2%）、地角话（木雅语）（11.1%）、藏语（10.2%）、普通话（1.9%）。可见，汉语方言（四川话）仍占有绝对优势。但是木雅语的使用比例超过了藏语康方言。

表 3.6 您在家对晚辈或子女最常说哪种话（语言）？

语言	频率	百分比
藏语	7	6.5
藏语-安多方言	0	0
藏语-卫藏方言	0	0
藏语-康方言	4	3.7
地角话	12	11.1
普通话	2	1.9
汉语方言	69	62.2
无此情况	14	12.6
总计	108	100.0

生活域中的语言使用状况。生活域指日常生活中，同本民族或外民族邻居及熟人、当地陌生人聊天和在集贸市场交流的语域。图 3.6 显示，当面对熟人时，除四川方言外，火山村居民更倾向于使用藏语（康方言）进行交流；而面对陌生人时则更有可能选择普通话。生活域各语言整体使用频率排序为：四川方言>藏语>普通话。

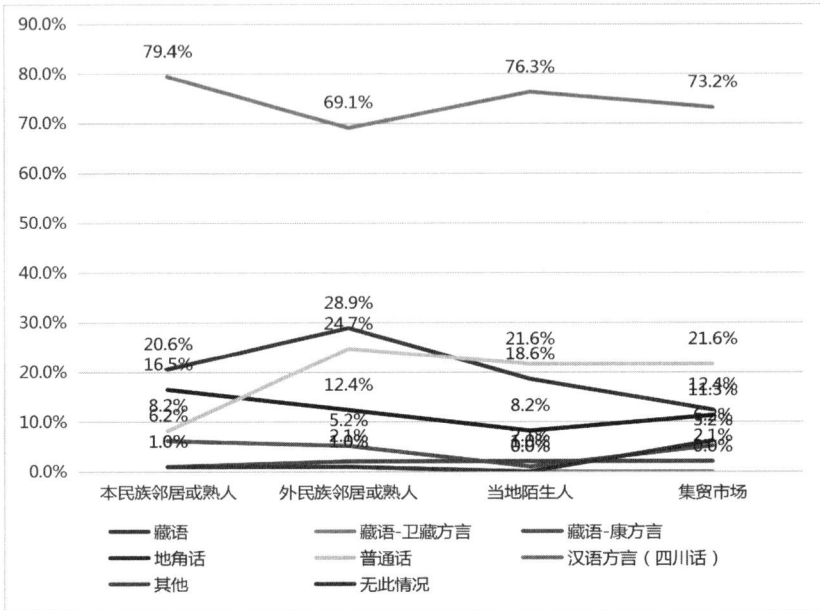

图 3.6 生活域语言使用情况

与本民族邻居或熟人交流时，根据表 3.7，在与本民族邻居或熟人交流时，四川话仍然是使用频率最高的语言。其次是藏语和地角话。

表 3.7 您跟本民族邻居或熟人聊天时说什么语言或方言？

语言	频率	百分比
藏语	20	15.5
藏语-安多方言	0	0
藏语-卫藏方言	1	0.8

续表

语言	频率	百分比
藏语-康方言	6	4.7
地角话	16	12.4
普通话	8	6.2
汉语方言	77	59.7
无此情况	1	0.8
总计	129	100.0

与外民族邻居或熟人交流时，据表 3.8 所示，在与外民族邻居或熟人交流时，汉语方言（四川话）依旧是使用频率最高的语言。除此之外，藏语（康方言）、木雅语的使用比例有较为明显的提升。因为火山村周边被木雅藏族所包围，周边村落通行木雅语及藏语康方言，这应该是导致与外族邻居或熟人交流时这两种语言使用频率增高的原因。

表 3.8 您跟外民族邻居或熟人聊天时说什么语言或方言？

语言	频率	百分比
藏语	28	20.3
藏语-安多方言	0	0
藏语-卫藏方言	1	0.7
藏语-康方言	5	3.6
地角话	12	8.7
普通话	24	17.4
汉语方言	67	48.6
无此情况	1	0.7
总计	138	100.0

与当地陌生人交流时，根据表 3.9 火山村村民在本地遇到陌生人时，四川话仍为使用最多的语言，普通话其次。

表 3.9 您与当地陌生人交流时说什么语言或方言?

语言	频率	百分比
藏语	18	14.8
藏语-安多方言	0	0
藏语-卫藏方言	0	0
藏语-康方言	1	0.82
地角话	8	6.6
普通话	21	17.2
汉语方言	74	60.7
无此情况	0	0
总计	122	100.0

在集贸市场。火山村由于位于山谷地区与半山腰处，村中无集贸市场，村民需要去往火山村外的大型集贸市场进行日用品、生活用品购置。根据表 3.10，在集贸市场，汉语方言（四川话）的使用比例最高，达到 52.2%，可见四川话在当地的通行度较高。此外普通话占比 15.4%、藏语占比 12.5%。

表 3.10 您在集贸市场中说什么语言或方言?

语言	频率	百分比
藏语	12	8.8
藏语-安多方言	0	0
藏语-卫藏方言	0	0
藏语-康方言	5	3.7

续表

语言	频率	百分比
地角话	11	8.1
普通话	21	15.4
汉语方言	71	52.2
无此情况	6	4.4
总计	136	100.0

　　工作域的语言使用状况。工作域的语言使用情况主要调查交际参与者在政府、医院和学校、工作、会议等正式场合的交际用语选择情况。火山村仅有一个村民活动室，村民去往政府机关办公的地点并不统一。由图 3.7 可知，四川方言和普通话是当地居民前往政府部门办事时最常使用的语言。此外偶有使用藏语康方言的情况。调研小组通过实地观察当地政府人员办公，内部与外部交流均使用四川方言与普通话，未出现使用藏语康方言的现象；此外公文以及日常通讯交流均书写汉字，藏文仅出现在相关政府宣传标语、门牌等地方，且多为汉藏双语共同使用。

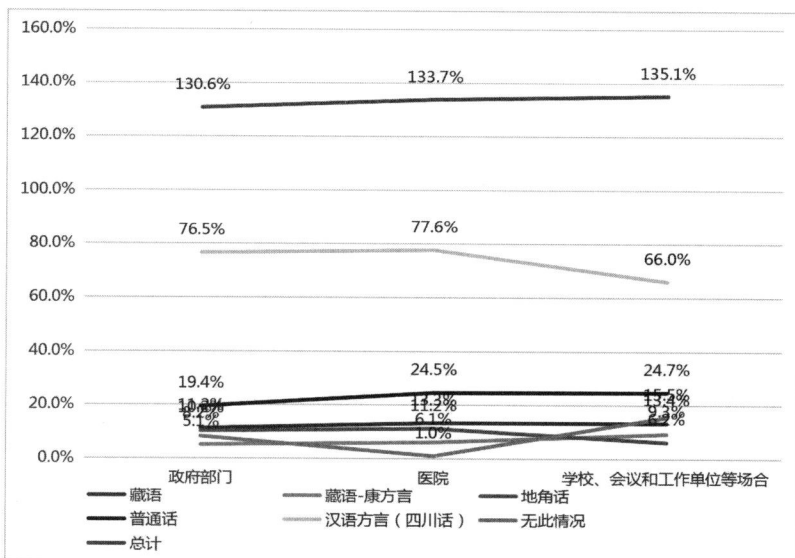

图 3.7　工作域语言使用情况

火山村村中没有医院或卫生院等相关机构，村民看病就医需要前往沙德镇等地。图 3.7 显示，被调查者语言使用情况与政府机关场合中大致相同，四川方言使用频率最高，普通话次之，藏语占比较低。由普通话的使用频率提高这一现象可以发现，去医院看病本是当地居民的生活场景，由于汉族技术人员或是汉族干部来到此处大多使用普通话或者四川话，对当地的语言使用造成了一定的影响。工作域各语言整体使用频率排序为：四川方言>普通话>藏语>地角话。

总之，火山村在不同语域中的语言使用状况大致为：汉语方言（四川话）在任何场合都占有绝对优势，无论是在生活域、家庭域中，还是在工作域中，使用频率都达到了 50%以上。普通话在生活域与工作域中使用频率相较于家庭域更高，可见火山村居民在比较正式的公共场合更倾向于使用普通话。藏语（康方言）在各个场合的使用频率相对于汉语方言（四川话）而言较低。地角话（木雅语）在不同场所中使用频率均不高。火山村居民在不同语域语言的使用状况显示，当地已基本形成四川方言、藏语、普通话等多语使用的语言社区。作为多语者的火山村居民会根据不同的语域选择合适的语言或方言。

由此可见，火山村居民的汉族祖辈在从使用四川方言的地区移民至火山村后，同周边藏族通婚，其后代世代生活在此地。当地居民在适应周边少数民族语言即区域主流语言的同时，也没有放弃祖辈的语言，不仅保留了使用四川方言的习惯，而且使之作为了家庭语域、工作语域和生活语域的主导语言而存在，即几乎在任何场合，四川方言在火山村村民的交际中都占有绝对优势。因此，四川方言在当地仍然保持有第一语言的地位，也是一种传承语。

3.2.3　火山村的语言态度状况

语言态度反映了语言使用者对某一种语言的吸引力、社会优越感和发展动力的认识和评价，通常涉及语言的地位和语言的功能。综合各种语言态度评价指标，问卷将语言态度分为三个维度，分别是语言认知、对语言的情感态度和语言态度的行为倾向。

在调查过程中，让被调查者针对不同语言，对情感态度中的"好听""亲切"，认知态度中的"有社会影响""有用""有身份"等因素进行打分。采取五分法，将各因素分为 5 个等级，分值越高，等级越高，所代表的语言态度也就愈加积极与正面。

由图 3.8 可知，火山村语言态度（认知与情感因素）均值排序为：好听：普通话>最先学会语言>当地通行语言；亲切：最先学会语言>普通话>当地通行语言；社会影响力：普通话>最先学会语言>当地通行语言；有用：普通话>最先学会语言>当地通行语言；有身份：普通话>最先学会语言>当地通行语言。前述调查显示，最先学会的语言是四川话的占比 54.4%，是藏语康方言的占比 28%。当地通行语言为四川话。

当地居民对于普通话的评价最高、最为正面，认为其最好听且最有用，也是社会影响力最大与身份象征最明显的语言。当地村民认为四川方言较为好听亲切，但社会影响较小，认为普通话更有社会影响力。这也与被调查者在工作域与社会域中使用普通话的频率更高相一致。

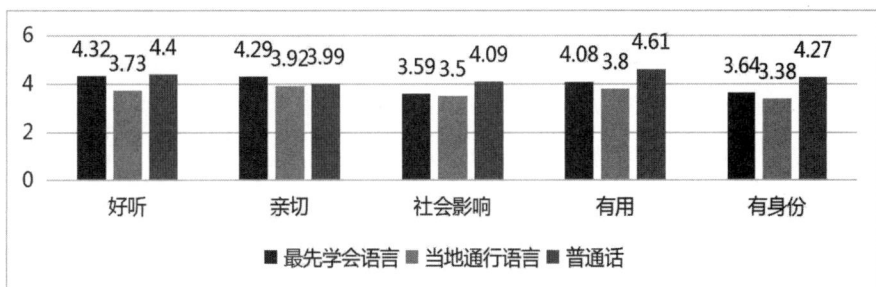

图 3.8 语言态度（认知与情感因素）均值

3.3　普沙绒乡火山村的双重认同建构

火山村居民身份证上的民族成分均显示为"藏族"，但在民族历史沿革、共同记忆、风俗习惯等诸多方面都显示出强烈的汉族认同。通过火山村村干部的访谈可知，火山村的祖先并非当地藏族，而是汉族移民，最短年限的汉族移民也将近有八代人，有些则是十五代人、二十代人以上。火山村共 86 户人家，大部分为李姓和杨姓，还有张姓、元姓和高姓。其中历史最为悠久的是李姓。火山村当地原来全是大山，人烟稀少。一些来自四川省遂宁、安岳、大邑、邛崃等地的汉族人民，多因躲避战乱、逃荒、逃避抓壮丁等原因迁入本地。由于当时火山村一带全是原始状态的大山，没有土地耕种，这些移民放火将大山烧了以获得肥沃的土地来发展农业，火山村也因此得名。火山村村主任在访谈时表示："我们身份证上写的藏族是因为我们现在生活在藏族地区，而且有汉藏通婚的情况，但是我们很多都自称汉族人，一直都说汉语，藏语反而听不太懂。"由此可见火山村祖辈由汉族地区迁移而来，在世世代代的生活中又由共同的这种历史记忆和文化沿革而形成当地的族群认同。

因为火山村由汉族移民构成，由于长期生活在藏族地区，经历了"本地化"的历程，体现出汉藏融合的特点。火山村在饮食、服饰和住宅上都呈现出汉藏结合的特点。当地居民既有穿藏服的也有着汉装的，饮食上既吃藏族特色菜肴和小吃又保留了吃米饭的习惯；住宅外观上是木雅风格的，内部又采用汉族布置；在节庆和婚丧嫁娶这一类活动中，火山村将汉藏习俗融为一体。比如办喜事时着藏服但采用汉族办席模式，办白事时则往往采取土葬的方式，而不会采取藏族常用的天葬和水葬。但在个别丧葬活动上，如家中老人去世时会请当地藏传佛教的喇嘛给老人念经以超度亡魂。

但是，火山村的大部分人仍然坚持汉族身份认同和汉文化认同。比如宗教节庆方面：火山村没有按照藏族的习俗过藏历年，也不参加藏传佛教的各项宗教节日，依然坚持过汉式春节等传统节日；宗嗣承替方面：对于汉族人来说与宗嗣有关的各项制度是传统文化中的重要组成部分。尽管在婚丧习俗方面火山村居民采取了许多藏族的习俗，但在宗嗣承替上明确表达出了对汉族人身份的坚持。在甘孜藏区的藏族习俗中，不管是儿子女儿都可以承嗣门第，以子娶妇和以女赘婿没有什么区别，许多父母更偏向于与女儿生活在一起，故以女赘婿来承嗣门第的比例可能更大。但在火山村地区这种情况基本是不存在的，大多数家庭都以"男婚女嫁"的方式来延续后代；教育方面：甘孜藏区最早的汉式学堂是由汉商自发筹集资金建造的，聘请先生教授儒学。

而目前火山村学校的教育模式和学习方式也和汉族一致，学校教学以汉语为主导；姓氏方面：火山村的大姓为"李""杨"姓，且其村落的影响力显著。姓氏承载着汉族人的历史记忆，"李""杨"作为火山村的大姓说明该地区有作为汉人族群的根源记忆，也是这个地区汉族社会的集体记忆；称呼方面：火山村居民自称"汉族人"，无额外的他称，汉藏通婚家庭出生的半藏半汉的孩子也无特定称呼，不像藏族当地人自称"木雅人"。

在语言使用方面，尽管火山村处于木雅文化圈，周边都是藏族村落，但当地仍较好的保存了自己的母语，当地最为通行的语言仍是四川话。四川话也是当地人最熟练掌握的语言，基本上均处于能听懂并会说这一语言等级，总占比为 72.4%。在家庭域中，当地居民与长辈交流、与同辈交流、与晚辈交流时均以四川话为主，使用频率皆超过了 55%；在生活域中和工作域中，也以四川话为主。可见无论在何场合四川话的使用都占据绝对优势。究其原因，从地理位置看，火山村位于普沙绒乡西北方向，东北与桥头，西北与窝吉，东南与新开发的旅游景点——荷花海接壤，北临力丘河，南部空旷无常住人口。东西向与火山村接壤的村落规模小、人数少，南部和北部人迹罕至，这就使得火山村居民缺少与周围居民交流和来往的机会，语言接触现象自然也不丰富。从地形地势看，火山村以峡谷地貌为主，平均海拔 2600 米，最高海拔 2800 米，村民落户于山脚和山腰，各占一半左右。村内只有一条公路与外联通，距离中心城区二十多里路程，距离康定市一百六十多公里。火山村位于峡谷地带，这样的地形有天然的屏障作用，加上地势高，修筑公路不便，与外界联通较少。大部分村民一般在本村寨活动。火山村的地理环境使得当地语言内部之间的联系逐渐增强，同时因为交往不便与周边村寨缺少交流机会，从而与周边语言保持了一定距离，当地语言得以内部保持相对一致，对外相对独立。火山村村民大多居住于力丘河边的半山坡上，以前只能通过溜索过河，近年才修建了木桥。这样的地理条件起到了阻隔交通的效果，同样也阻隔了语言的交流。如此一来，一个相对独立的"语言交往区"就会成为一个相对独立的地域文化区，同时也是一个独具特色的语言区。因此，地理环境特征往往成为语言的分界线[1]。

在语言态度上，当地居民对于普通话的评价最高、最为正面，认为其最好听且最有用，也是社会影响力最大与最有身份的语言。在语言行为倾向上，普通话是受访者今后最期望学习的语言，其次是四川话、藏语。对于木雅语和外语等，受访者学习的意愿较弱。

在语言认同上，绝大多数被调查者都认为其最先学会的语言以及当地通行的语言为汉语方言（四川话），累计占比达到了80%以上。火山村村主任在访谈中谈道："我们土生土长的说不来藏语，我们一直说汉话，我认为我们的母语是汉语，藏语我们好多人说都不会说，就只听得懂，我们平时大部分情况下都说四川话。"由此可知，四川话是当地居民的母语，也是火山村居民世代传承的语言。火山村居民从移居到此地开始就注重汉语的传承和使用。尤其是老一辈人，对汉语有着特殊的记忆和情感。长期以来他们维护并忠诚于汉语，并将这种情感和态度自发地传承给下一代。这种以汉语为母语的文化心理维系着火山村居民的汉语认同和汉族认同，并具有稳固性和持久性的特点。正是在上述文化心理的支配下，火山村居民才能将这份特殊的文化记忆保留至今。在村寨内部坚持使用汉语，主观上起到了汉文化传承、增强族群凝聚力的作用，客观上则促使当地居民倾向于使用汉族先进生产方式、教育制度等从而促进当地的经济文化发展。火山村居民大多是因为避乱从四川其他地区迁移到此，由于当地地理环境的阻隔导致交通不便，与外界交往较少，这些汉族移民有较强的内部凝聚力，故而形成了相对封闭的移民村落。加上在文化心理上对汉语的认同感更高，汉文化教育和以汉语为媒介的生产生活方式为汉语的传承，以及对汉民族与汉文化的认同创造了有利环境。

但另外一方面，汉族移民在最初来到藏族地区时因语言不通，于是采用汉字注音的方法编辑藏语常用语手册，如用类似"天叫朗，地叫撒，驴叫孤日，马叫打"的顺口溜来学习藏语（任乃强 2009）。后来因为汉藏通婚，与周边民族接触交往等原因，汉族移民在长期历史发展中掌握了藏语，甚至学

---

[1] 根呷翁姆，胡书津.多语环境中的道孚"语言孤岛"现象分析［J］.西南民族大学学报，2008（05）：86-90.

会了当地的土语木雅语，出现汉语藏语多语使用的情况。在火山村绝大部分居民都有两个名字，一个汉名，一个藏名。

随着火山村经济和社会的发展，跨地区、跨民族的产品交换活动和社会交往逐渐增多，这使得不同民族的语言接触越来越频繁，人们对第二语言的需求越来越大，这就出现了语言兼用的现象和语码转换现象。通过"与藏族朋友谈话时是否夹杂汉语"这一问题的问卷统计，可以看到，即便在和藏族朋友说藏语时，有 79.31% 的被调查者会夹杂汉语词语或句子，仅有 20.68% 的被调查者只使用藏语进行交谈。可以看到语言接触对当地的语言使用产生了较大影响。但由于语言接触程度不深，对当地的通行语和母语的地位影响不大。

在对待子女未来学习语言的态度上，普通话、藏语、四川话这三种语言（方言）的占比都较高，可见多数受访者对于子女未来掌握多种语言持积极态度，注重多种语言的掌握与使用。关于对"本民族语言（四川语）的发展持何种观点"的调查分析可见，青年选择汉语和藏语"二者相互渗透，长期共存发展"的人数比例为 59.5%，明显小于中年（80%）以及老年（87%）。可见中老年人对汉语和藏语融合发展的预期大于青年人，青年人有 35.1% 的人认为四川话会继续发展。但总体来看不管何种年龄层次都希望汉语和民族语能相互融合，共同发展，注重保护本地语言的多样性。

因此，火山村表现出一种汉藏融合型的双重认同建构，一方面存在着强烈的汉人族源观念，另一方面在日常生活中也表达着强烈的藏族认同。对定居在火山村的汉族移民后代来说，历史沉淀而成的内在凝聚力，即共享的民族文化记忆和共同的命运等是他们汉族认同的重要内驱力。民族识别对他们的认同观念有一定影响，从汉族变成了藏族，一些被调查者也认为藏族身份对他们更有利，认同自己的藏族身份，特别是青年一代这种趋势更为明显。可见国家民族政策和主流意识形态也在一定程度上影响了当地人的民族认同。

第 4 章　民族、区域与国家：语言与多元认同

4.1　宏观视角：语言选择与多重认同

多语社区中的语言选择问题一直是语言认同研究的重点关注对象。人际交往是人类最重要的活动之一，在人际交往中语言的选择应符合自己的身份，以保持言语交际的顺利进行。人的社会身份不同，其交际互动特征与语言选择的方式也不同。费尔克劳夫（Fairclough 1995）认为语言是一种社会实践，是维护社会秩序的中坚力量，不仅反映社会现实，而且是对社会意识形态的重现控制。在社会文化层面上，语言与人的社会价值观、宗教信仰和权力观念三者之间是相互影响的，对个人身份构建的影响巨大。语言的选择会导致话语内容的改变甚至是社会的变革，从而使人的身份发生转变。通过言语交流，个人的社会身份、社会网络和人际关系体系在某种程度上得以建构，这就是元语言功能中的人际功能。语言顺应论认为使用语言的过程就是一个不断进行选择的过程，"选择"包含以下三个重要的核心概念：变异性、商讨性和顺应性。变异性指语言的选择使用会随着言语交际的不同而发生变化变异；商讨性指语言选择使用不是一成不变的或固定的，而是具有互动性和高度灵活性。顺应性则表明语言的选择使用是随着时代的变迁而不断变化的，总能做出最佳的选择以适应社会变革，满足人们对其的需要（何自然 2007）。语言的选择过程在语言产出之前便已在大脑中形成，在人的意识范畴下主动积极地顺应认知的、情景的和社会文化的语境层面，从而选择合适的语言表达

形式。根据不同的语言表达形式构建不同的个人和社会身份，以此来适应社会交际活动的变化与发展。

在语用学研究中，交际者身份一直被看作是影响交际中言语行为实施的重要因素之一。想要明晰交际者的身份，离不开对其语言的选择和使用的分析与阐释（陈新仁 2013）。交际者通过采用有利于自己的身份参与不同的社会实践活动，并通过不同的会话方式为自己和交谈者建构特定语境的身份。要分析了解个人的身份是如何建构的，首先需要考虑个人在社会活动中所使用的语言特征以及所展现的身份属性。因此，话语研究者认为个人的身份可以在实时的语言实践活动中被建构或者转换。语言行为即认同行为，认同行为不仅仅是主观的，也是在与他人不断互动中而逐步建构的，个人通过社会互动及语码的转换、混用等语言变异行为呈现认同的复杂性和多维性等特点。

在民族地区，一般情况下，语言的选择体现语言认同和民族认同，语言认同和民族认同一致，但是因为很多民族内部存在使用不同语言的支系民族，例如藏族的一些支系民族分别使用木雅语、扎巴语、嘉绒语、尔苏语、贵琼话、白马语、尔龚语、却域语、纳木依语、史兴语等语言，这些民族使用的多种语言一般属于不同的语支甚至不同的语族。因此，在这些民族支系文化圈，语言认同与民族和族群身份之间的关系比较复杂。

传承语与族群认同。 "传承语"（heritage language）亦被称为"祖语""家庭语言""社区语言"等。在民族身份建构中，传承语通常被认为是至关重要的因素。传承语与民族认同之间的正相关关系已经得到了大量实证研究的证实。相关研究表明个体的民族认同感与传承语能力发展之间具有正向的相互作用。菲尼（Phinney 2007）的多民族认同量表分别测量民族认同的两个过程："探索"和"承诺"。探索指的是个体对民族的历史、行为规范、信念的积极了解和吸收；承诺是指个体清晰的民族归属感以及由此产生的积极态度和自豪感等情感体验。传承语在这两个认同过程中都扮演着极为重要的作用。民族传承语能力有益于形成健全的民族认同，培养良好的家庭关系，是青少年健康发展的关键因素。在多元文化的社会交往中，传承语使用者可能由于语言和文化上的不同而受到来自主流社会的排斥，进而导致对传承语的疏远和抗拒。这些因素都可能对民族认同的探索和建构过程造成消极影响[1]。

目前传承语概念主要是针对移民家庭的研究，关于传承语的界定学术界有不同看法。但学者普遍认为不必拘泥于术语之争，不同学者可以根据自己的研究对象，提出操作性定义。如果按照罗斯曼（Rothman 2009）对传承语的定义，即一种语言"是一种在家使用的语言，或者在其他方面幼儿容易接触到的语言"，并且"不是社会或者国家广泛使用的主导语言"，那么它就有资格被认为是一种传承语。从这个角度看，那么川西康区藏族支系民族的"地角话"就可以界定为一种传承语言。通过田野调查发现，比如在木雅文化圈，由表 4.1 可知，木雅语（地角话）作为木雅藏族的母语，是当地居民最早学会的语言，所占比例累计达 89.7%。

表 4.1 在小时候（5 岁之前），您最先学会的语言（方言）是什么?

语言	频率	百分比
康	5	2.1
木	178	73.9
普	1	0.4
川	18	7.5
康-木	6	2.5
木-普	9	3.7
木-川	17	7.1
普-川	1	0.4
木-普-川	4	1.7
康-木-川	2	0.8
总计	241	100

---

[1] 萧旸. 多语意识形态下的传承语教育与身份研究 [J]. 国际汉语教学研究，2021（04）：15-27+65.

木雅语是木雅人族群自我认同的显性标志，但不是民族通用语，因此可以作为木雅族群的一种传承语。对木雅语的选择与使用，是木雅人对于自身族群身份认同的实践。木雅人在家庭域和内部生活域中都首选木雅语进行交际，表现出强烈的族群身份和族群文化认同。木雅语与藏语康巴方言、安多方言和卫藏方言都无法交流，不能互通，是仅在木雅人内部沟通的语言工具。根据调查数据分析，木雅语认同主要表现在情感认同方面，与年龄、文化水平、家庭背景、性别等社会因素都不具备相关性，即木雅语认同是木雅人各年龄段，不同文化水平，不同家庭背景和不同性别都具备的一种族群认同。木雅文化圈的居民有着明确的"我是木雅人"的族群认知，对木雅语情感维度方面的评价非常高，认为木雅语更具亲切感。当地人会自称是"木雅人"，而一般不会说"藏族"。作为一种基础身份认同，木雅语还保留着族群身份象征的历史内涵和文化内核。

传承语作为民族身份的具体体现，学习者学习传承语的动机主要是获取自己的族裔身份，或者是对语言内在的文化、情感价值的认同。根据对川西康区传承语的语言使用情况、语言能力和语言态度等调查显示，当地人习得传承语最强烈的动机之一是能够与家人交流，并能够了解自己族群的语言和文化根源。传承语学习可以帮助他们确认并强化多元身份中的族群身份。川西康区的传承语习得主要来自家庭传授，一般来说，传承语习得都始于家庭，但典型的第二语言学习则是始于学校教育。从语言习得的角度看，传承语学习者和母语学习者有些相似，他们都在童年早期就接触到了目标语言。然而，传承语学习者与传承语的接触往往在他们后期成长过程中被打断，传承语的使用范围和领域受到限制，往往局限在家人或者社区成员之间。比如木雅文化圈的青少年进入学校后接受的双语教育，只是针对当地民族通用语言藏语的学习，而不包括木雅语。由于传承语学习者在语言习得的重要阶段，转向另一门优势语言而中断了传承语的学习，因此传承语习得可以被视为发生在双语而非单语环境下的未完成的一语习得，同时又具有二语习得的许多特征[1]。这种观点认为，"不完全习得"是造成传承语能力与母语能力之间差异的主要原因之一。在多元文化的社会交往中，传承语的弱势地位可能衍生出语言上的不安全感，一个具体的表现就是传承语使用和学习中产生的焦虑等负面情绪。这些因素都可能对民族认同造成消极影响。

目前我国的少数民族双语教育通常是教授国家通用语普通话和民族通用语言，而很多支系民族使用的是"地角话"，但在双语教学语境下，这些支系语言都未进入双语教育体系。"现代社会如果一种语言不能进入母语教育系统，这种语言是无法延续的，因此母语教育也是濒危语言保护的最基本条件。但是母语教育本身的制约条件却很严格，至少需要语言本身的规范性和有记录这种语言的书面语文字系统。然而具备这些条件的民族语言是很少的"，"中国除了蒙古语、藏语、维吾尔语、哈萨克语、朝鲜语、傣语、彝语、锡伯语等使用传统民族文字以外，20世纪50年代以后政府曾借鉴苏联的模式，为壮族等10几种少数民族创制或改革过文字，但是这些新的民族文字目前基本很少或不再使用。绝大多数少数民族语言（超过100种）没有本民族文字，当地政府和民间的书面语活动与文献记录只能使用汉语文或其他通用民族语文"[2]。田野调查发现，川西康区藏族支系语言基本都没有自己的文字系统，当地一些少数民族通过民间创制了一些没有正式行政和法律地位的拼音方案，或引用藏文用以记录和传承本民族的口头文化。要使这些本土语言实现可持续发展，一个重要措施就是为无文字语言创制文字，以用于编写和出版教材读物等材料。因为传承语独有的民族性和历史背景，传承语教育往往与民族文化认同或教育公平问题联系在一起。学者认为，传承语教育应该承认不同语言变体或方言的合理性和正统性，除了语言技能教学以外，促进学生的文化认同和保护学生的自尊成为一个重要的教学目标。例如，对于来自木雅语家庭的学生来说，藏汉双语项目所教授的藏语并非他们的家庭语言。他们与藏语背景的学生也可能有很大的认同差异。这会导致语言教学模式不符合传承语人群的语言经历、技能和情感需求。也忽视了传承语人群的内在多元性，

---

[1] 曹贤文.传承语教育与海外汉语教学.中国社会科学报.2018-07-09.

[2] 黄行.科学保护语言与国际化标准 [J].民族翻译，2014 (02)：14-19.

消除了个体因传承语背景而获得的独特的"地理、社会和风格差异"，与倡导多语多文化的现代教育理念相悖。较为理想的做法是为不同语言背景的学生群体设置平行课程，比如在双语教学项目中针对非传承语学生、不同民族背景的学生以及支系民族背景的学生等设置不同的课程体系。这种适应性的教学设置可以更好地针对学生潜在的语言水平，从而优化学习动机和教学效果。

传承语语言使用者往往具有多重身份。比如木雅文化圈的居民，尽管藏语康方言是他们的民族通用语和双语教学语言之一，但调查显示大部分人认为"地角话"才是他们的家庭语言和母语，也是他们构建族群身份认同的依据和来源。同时，在双语学习过程中，他们也高度认同普通话和藏语的经济价值和工具价值，将学习普通话和藏语视为走出大山，找到更好工作的途径。此外，这些支系民族语言大多是濒危语言，语言生存的关键在于其语言活力，客观的语言活力由语言地位、使用人口和体制支持等来实现，而主观的语言活力则取决于价值取向。木雅文化圈对木雅语主要是情感认同，是木雅族群认同的外显标志和内隐力量，是凝聚木雅族群认同意识的物质载体，除了资源价值，如何提升木雅语的经济价值、文化价值等是维系木雅语活力需要解决的问题。特别是如何将濒危语言保护与族群意识凝聚相结合。而且，在木雅语传承与传播过程中，不能局限于族群认同小圈子，应该认识到木雅族群认同与中华民族认同的一致性，将对木雅族群认同的认识及实践与对中华民族认同和国家认同统一起来。

民族通用语与非主体民族认同。"我国的少数民族一般都有代表其民族的主体语言，同时一些民族内部的不同支系还使用各种与主体民族语言不同的语言，这些非民族主体语言的使用者的母语认同态度可能存在较大的差异"[1]。藏语康方言是川西康区的民族通用语。藏语的各方言差别比较大，藏语传统三大方言康方言、安多方言、卫藏方言之间不能互通，但是因为使用共同的书面语文献，有可以互相理解的中心方言，因此具有藏民族语言身份认同。然而藏族各支系民族语言既没有共同的书面语，也没有中心方言，

---

[1] 黄行. 论中国民族语言认同 [J]. 语言战略研究，2016（01）：25-32.

且语言沟通度低，仅有共同的民族身份，其不同的地区变体非常复杂。调查显示，由于多民族大杂居、小聚居的分布格局，川西康区大多数民族都处于多语环境中。当地各民族互相接触交流时，基本都使用藏语康方言，学校双语教学也主要是学习当地主体民族语言藏语康方言。一些学者认为少数民族在接受强势的第二语言教育后，由于面临失去母语的危险。"父母们常常感觉到他们正在失去他们的孩子，这些子女已经不太会讲母语，而且以他们的父母、语言和文化为耻，结果没有预期所承诺的那样有任何收益地迅速同化"（Skutnabb Kangas 1999）。从田野调查点情况来看，大部分当地人都希望自己的孩子能学好汉语和藏语，成为民汉兼通的人才，以后可以参加升学、招工和招干。但并不刻意要求他们的孩子接受母语木雅语的教育。对于他们来说，继续使用母语或转用藏语康方言并没有威胁到族群和民族认同的改变，因此，学习在政治经济各方面占强势的汉语和藏语被认为是理所当然的事情。

地域通用语与地域认同。地域认同可以通过语言变体的选择和语言认同的地域差异加以体现。相关研究多关注不同地域的移民群体英语是如何与主流英语同化或分流，而近期学者提出移民群体英语不可被看作铁板一块，其自身也有地域变异和变化。通过地域变体使用可以建构地域认同，且变体转用是民族认同和地域认同交叉作用的结果（Wagner 2013）。在川西康区，"四川话"这一汉语方言是人们在跨民族交际时，尤其与汉族打交道时彼此之间最为重要的交际工具。调查显示，无论在家庭、社区，还是在工作单位或集贸市场，当地居民在日常生活中使用四川话的频率都非常高。因为当地除了其主体民族藏族以外，也杂居着汉族、羌族和彝族等其他民族。四川方言作为区域通行语，有着广泛的适用范围。据访谈得知，目前当地学校里的老师在上课或课后交流时，也经常会使用四川方言。从地域层面来看，使用同一种语言被认为是对共同地域文化、观念和价值的共享。"四川话"体现了地域文化和地域身份构建之间的紧密关系。与"四川话"密切相关的是"川西"这一地域认同，也表现出川西康区民族交往边界，特别是汉藏边界的淡化和模糊化的特点。而且近年来，随着川西旅游业的发展，各民族交往增多，四川话作为区域交际工具的职能不断扩大，"川西少数民族"这一地域身份认同的构建是多民族在特定区域内交流交往交融的结果。汉语"方言是一个区域或一个族群内部认同的主要标志，方言的萎缩、消亡大大弱化甚至消解了既有的母语权益以及区域认同和族群认同。这种状况越来越引发方言使用者的焦虑感和危机感，并促使他们奋起保护方言。在现体制下，这种行为很容易造成社会对立和冲突。"[1] 四川话作为川西康区的地域通用语，以及地域认同的标志，具有其积极价值。

民族共同体视域下的国家通用语与国家认同。2000 年《中华人民共和国国家通用语言文字法》颁布，将推广普通话和推行规范汉字纳入法制化管理轨道。将"汉民族共同语"进一步提升为"国家通用语言"，将普通话和规范汉字规定为国家通用语言文字，将国家推广普通话的范围从汉语方言区扩大到少数民族地区。普通话逐渐成为中国公民身份的象征，多民族国家认同建构的基础。对国家通用语的认同，不仅是语言的认同，而且是国家整体认知、国家情感归属的心理与行为过程，学习和掌握国家通用语言文字是提升国家认同感的重要手段。国家认同在认知维度上反映人们对政治制度、国家历史、政治权威、英雄人物、风俗文化等的认识和了解。在情感维度上是指人们对国家的依恋感、归属感、热爱感、荣誉感、自豪感，是对国家作为政治共同体的合法性的承认，接受执政党的政见，并参与国家的建设[2]。获得并保持一定的国家认同，是民族国家存在的基础，构建国家认同也成为民族国家建设的根本任务。随着民族国家"多族化"现象的出现和发展，认同构建就成为民族国家必须优先解决的根本问题[3]。国家认同作为高层次的认同，是国内单一民族认同和地域认同的升华，是维护国家安全统一的坚实基础[4]。

在川西康区，田野调查显示，当地居民除熟练掌握木雅语以外，都不同

[1]　曹志耘. 汉语方言研究愿景 [J]. 语言教学与研究. 2012 (05)：87.

[2]　赵锐，胡炳仙. 少数民族大学生国家认同现状及影响因素——基于 Z 民族院校的调查 [J]. 中南民族大学学报，2014 (04)：51-56.

[3]　周平. 民族国家认同构建的逻辑 [J]. 政治学研究，2017 (02)：2-13.

[4]　杨海萍. 新疆大学生国家认同教育的现状调查与路径选择 [J]. 新疆师范大学学报，2010 (04)：52-59.

程度地具备康方言、四川话和普通话的能力。普通话已经成为当地居民对外交际不可或缺的交际工具。大部分父母都期望子女能学好普通话，拥有更好的发展前景。特别是青少年群体掌握普通话的比例已达到90%以上，甚至完全单用普通话进行交际的现象越来越多。当地居民对普通话的实用功能和社会影响力都高度认同。此外，另外一个普遍的现象是各族群之间并不刻意固守本族文化，而是持一种极为开放、包容和共享的文化态度。人们不会因自己的民族身份而排斥他族文化，更没有将民族与文化对号入座的意识。日常生活中，各民族在文化上相互影响、相互渗透、相互包容，形成你中有我，我中有你的文化共享局面。"在康定、巴塘一带，一个家庭就享受着汉藏两种文化交汇的日常生活，他们既过藏历春节，也过汉族中秋节；既讲汉语，又讲藏语；既供佛像又贴对联；既吃大米、蔬菜，又吃糌粑、牛肉；既穿藏装，又穿汉装、西装。"[1] 这反映了康区民族之间文化共享的特点。

汉语普通话作为国家通用语，严格地说，是一种超方言的经过人为规范的标准语，而不是国民自然的母语，所以其功能和地位类似国外被称作 lingua franca 的通用语言，即它不是一种自然的母语，但却是许多不同母语人共同使用的通用语言。由于语言交际功能强弱与语言文化认同功能并不平衡甚至互成反比，即语言的文化认同通常会随语言工具功能的衰减而有所加强，弱势语言由于其使用功能的衰微而凸显其语言群体的认同功能。因此，国家通用语言的基本职能是社会交际与信息传播工具，与民族语言的文化和人权功能为互补关系，国家通用语言的认同侧重其交际功能认同，民族语言的认同侧重其族群身份和文化功能的认同。我国大多数民族语言都是绝对的弱势甚至濒危的语言，保护和抢救濒危语言更多是对其语言群体母语认同意识和文化载体价值的承认与尊重。在中华民族多元一体格局下，少数民族学习和使用国家通用语，是为了更好地与外界交流，更加便利地学习先进技术，对于促进文化自觉、提升文化自信以及推进本族语的传承均具有重要的意义。因此，在面对当前民族语言的传承以及民族语言与国家通用语的关系问题上，一方

---

[1] 格勒. 略论康巴人与康巴文化的特点 [A]. 泽波、格勒主编. 横断山民族文化走廊康巴文化名人论坛文集 [C]. 北京：中国藏学出版社，2004：7.

面必须重视语言多样性对社会发展的重要意义，客观看待并尊重多语并存并用的社会局面。另一方面，学习与推广国家通用语，不仅是推动少数民族全面发展的基础性条件，也是增强少数民族国家意识、构建中华民族共同体的重要举措。国家认同的形成是一个逐步演进的过程，由文化认同发展到民族认同最后实现国家认同。在这个过程中，语言扮演了非常关键的角色。鉴于语言认同与文化认同、民族认同的紧密关联，历史上许多国家通过语言政策强化语言认同，实现强化国家认同的目的[1]。中华民族多元一体，呈现民族文化的多样性与中华文化的共同性于一体的特征。因此，把保护民族文化的多样性与增强中华民族文化的共同性相结合，才更有利于增加各民族的中华文化认同，从而提升民族认同与国家认同。

4.2 微观视角：个人交际环境与身份认同

语言认同的语境可以分为两大类：社团语言环境和个人交际环境。社团语言环境指由特定目的及言语特色形成的社会群体环境，包括处在不同语言环境下的某个民族语言环境和同一语言内部地域方言和行业语言环境。社团语言注重该群体的共性身份，其成员通常会主动地接受这种语言身份，从而与其他成员一起形成文化、心理的共鸣，确立其文化地位。个人交际环境指人在日常生活中使用共同语交流的环境，个人交际注重语言的殊性身份，从而受到交际话题、言语基调（包括语气、情态、称呼）的影响。在具体语境中，交际双方话语内容的选择被诸多因素影响，话语内容的选择可以区分出群内和群外身份，在交际中定位自我和他人，同时也塑造了人际关系。纳吉（Nagy 2014）等发现，尽管强烈的集体认同可能会使语言使用者选择具有群体特征的语言，但语言实践行为中也可能出现大量的语码转换或语码混合。因此群体认同的强弱并不能准确预测个体的言语实践行为。因为个体身份建构具有动态可变性。交际者的身份是在动态语境中交互作用的产物。随着会

---

[1] 赵蓉. 文化认同视域下的美、法、欧盟语言政策规划研究 [J]. 语言政策与语言教育. 2018（02）：43-53；黄行. 论中国民族语言认同 [J]. 语言战略研究. 2016（01）：25-32.

话的推进，交际双方会随着交际目的、需求、情境的变化而不断调整身份，并对应地体现在话语选择上。其次，身份建构具有协商互动性。身份是会话双方或多方协商共建的。在交际过程中，交际者会根据交际对象的不同以及双方关系的变化策略性地调整身份。最后，身份建构具有话语策略性。在交际过程中，会话双方有意识地选择语言手段、语用策略或实施言语行为来调节身份地位、人际关系及亲疏距离[1]。

布鲁尔和加德纳（M. B. Brewer ＆W. Gardner）从社会心理学的角度提出身份存在三个层次的表征，即个体表征、人际表征和群体表征。其中人际表征指的是关系型自我概念，源于与其他社会个体身份联系的交往关系、角色关系而形成的自我概念，并相应提出人际身份这一概念。美国传播学家特蕾西（K. Tracy）从传播学的视角又提出了交互身份和关系身份概念，二者都区别于一个人进入交际前具有的特征或属性，指向在具体的交际情境中，经交际双方协商所展现的动态可变的身份。在此基础上，陈新仁教授从身份的交际属性出发，提出了语用身份概念，突出相关身份动态变化的交际属性以及相关研究的语用属性，这种语境化的、语言使用者有意或无意选择的自我或对方身份，以及说话人或作者在其话语中提及的社会个体或群体的他者身份统称为语用身份。人际关系的形成与确立离不开交际双方身份的建构，交际参与者建构何种身份，以及借助哪些特定的语言手段建构各自的身份，对于形成和维系必要的人际关系都是至关重要的。因此，有必要将身份建构置于动态交际语境中分析其人际语用属性[2]。身份建构观的具体体现主要是动态性和协商性。动态性主要强调身份建构是在会话展开过程中进行的，是在交际的时间维度上动态展开的，同时还体现在身份的动态转换上。协商性主要指身份是交际双方协商建构的，协商性意味着身份建构过程中交际双方的共同参与。那么，交际双方如何进行身份协商，共同参与身份建构，其运作机制等都需要进行系统考察。

---

[1] 宋雪坤.语言学身份研究的理念转变.中国社会科学网.2020-09-01.

[2] 宋雪坤.语言学身份研究的理念转变.中国社会科学网.2020-09-01.

4.2.1　身份的动态性与语码转换

身份的动态性是指人们往往具有多重社会身份，但在社会生活中会根据不同的交际情境、交际对象和交际目的等而选择呈现出不同的社会身份特征。身份是人们通过实时的交际活动创建出来的。"根据交际过程中身份的呈现情况，身份可以分为话语身份、情境身份与可迁移身份。话语身份是完整的言谈应对组织结构的构成部分，在言语交际过程中，交际参与者在动态展开的言谈互动中会根据自己和对方执行的行为获得自己当前的话语身份；情境身份是具体的交际实践触发的身份，这种身份在交际事件中相对稳定；性别、种族、年龄等特征展示的身份被称作可迁移身份，因为这些身份是交际者的物理或文化特征，当可迁移身份和当前交际任务有关，并对当前会话序列产生影响时，它同时就成了情境身份。"[1] 在具体的交际情景中，人们可以调用不同的语言资源构建合适的身份以促成交际目标的实现，在此过程中，个体身份在不断地协商、选择、建构，因此具有很强的可变性。费什曼（Fishman 1972）的语域理论指出一个多语人，会依照不同的情境及活动范围选择某一种语言、方言或语体。该理论从社会文化结构角度，解释了双语或多语环境中说话人不同的语言选择。语域通常可分为家庭域、朋友域、宗教域、教育域和工作域五类。说话人对语言所做的选择会受三个要素的影响，分别是"个人在交际中的身份""交际情景"及"交际话题"。甘伯兹（Gumperz 1982）对此做了补充和完善，提出了"情景型语码转换"和"喻意型语码转换"的概念。前者指由于说话人的权利和义务（即言语情境）的不同而引发的语码转换，是在不同情境中发生的；后者则指说话人为调整角色关系而采取的语码转换，是在相同情境中发生的。

语码是人们进行交际的符号系统，既可以指一种语言或一种语言变体，也可以指一种方言、语体或语域。语码转换作为语言接触和跨文化交际中的一种普遍现象，指在同一交际片段中交替使用两种、多种语言或语言变体。

---

[1]　吴亚欣. 身份研究的会话分析路径 [J]. 外国语，2021（03）：49-59.

随着各民族文化交流、语言接触日趋频繁，当不同民族、不同群体进行交际时，语码转换是普遍存在的一种现象，此时语码转换与民族身份的建构关系密切，因为不同语码在很大程度上指示一个人的民族身份（Myers Scotton 1993）。甘柏兹（Gumperz）使用"关联"来解释特定语码和社会意义之间的联系。他认为由于语言特征和说话人属性、语境特征等存在关联，才会诱发出于主观动机的隐喻语码转换。基于该理论，斯科顿（Myers Scotton）进一步提出了标识理论，吉尔斯（Giles）提出了交际适应理论，将语码选择的动机和语码携带的社会意义方面的研究引向深入。

语码转换是对交际进程中的交谈的一种动态反应。转换语码，一方面是将交谈从某一种已经出现的社会场景中解脱出来，另一方面，又是试图同谈话参与者协商以重新确立一种属于新的社会场景的交谈[1]。因此，宏观地看，语码的选择体现了讲话人的社会关系和地位；微观而言，语码又是讲话人在交际环境中的一种决策和目的。埃克特（Eckert）首先将"索引性"概念引入到语码转换研究中，他指出语码转换不能简单理解为各语言变体与使用者性别、种族、年龄等社会属性的简单匹配，而是实时交际中说话人利用语言携带的索引性信息构建身份和地位的一种话语策略。比如强调话语信息的庄重；划分他群–我群的区别；构建其民族身份等等。语码选择、语码转换和语码维持都与个人民族身份的选择、改变与维持密切相关，语码转换发挥着建构民族身份的作用。因此，本节主要探讨在川西康区，语码转换携带怎样的索引性信息，这些索引性信息在交际中起到怎样的语用功能，以及索引特征是如何与社会语境互动的。

"情境型"语码选择与族群身份建构

"情境型"语码选择指说话者根据自己所处情景的改变而进行的语码转换，即双语人使用多种语言或语言变体，在不同的言语情境之间进行调适和转换的过程。"语码的转换意味着不同的群体成员身份和身份认同，当与不同

---

[1] 卡·司珂腾，威·尤利. 双语策略：语码转换的社会功能［A］. 祝畹瑾编. 社会语言学译文集［C］. 北京：北京大学出版社，1985：201.

的群体接触时，语言就可能成为群体身份的象征。"[1] 因此，民族和群体身份的建构可以通过语码转换来实现。

由于"情境型"语码选择涉及不同的语域，因而需要说话人具备不同的语言能力。因此，本研究以木雅藏族为中心，首先对木雅藏族的语言能力进行了统计，如表 4.2 所示，木雅藏族大多具备木雅话、四川话、普通话、康巴话、安多话、卫藏话等多语能力。受访者中极少只掌握母语单语的人，都具备双语或多语能力。

表 4.2 木雅藏族的语言能力调查表[2]

		个案数	百分比	个案百分比
您现在能用哪些话与人交谈？	安多方言	59	4.5%	14.3%
	卫藏方言	37	2.8%	8.9%
	康方言	287	21.9%	69.3%
	地角话（木雅话）	332	25.4%	80.2%
	普通话	320	24.4%	77.3%
	汉语方言（四川话）	271	20.7%	65.5%
	其他	3	0.2%	0.7%
总计		1309	100.0%	316.2%

情境语码选择的主要功能是彰显个体的群体身份。社会群体身份可以通过不同的方式显示，但在"许多切合的手段中，语言是最灵活的，最有说服力的。"[3] 少数民族的族群身份意识在不同的交际情境中通过不同的言语形式被建构起来。这类与族群身份相联系的语码选择并不是盲目的，它是说话

---

[1]　Heller, M. The Role of Language in the Formation of Ethnic Identity. in J. Phinney &M. Rotheram（eds.）. Children's Ethnic Socialization ［M］. Newbury Park, CA：Sage, 1987：180-200.

[2]　选项"其他"指彝语等语言。

[3]　Bucholtz, M.；Hall K.；Duranti, AI.（eds.）. A companion to linguistic anthropology：Language and identity. Blackwell Publishing, 2006：369.

者用于建立、超越或者消除群体界限的一种言语策略。在研究情境语码选择的动因时，社会语言学主要考虑的是文化背景、种族特征、教育、职业等社会因素的影响，本研究认为，在对具体语言的价值、地位、功能、情感的认识和评价基础上所形成的语言认同才是语码选择的基本动因，语言认同度的差异会直接影响语言使用者的语言态度和语言行为，也会制约其语码选择。反之，通过其语码选择，也可以考察其语言认同状况。

关于语言使用状况的调查发现，木雅文化圈已基本形成木雅话、四川话、普通话、康巴话、安多话、卫藏话等多语分层使用的言语社区。当地的多语人，会依照不同的情境及活动范围选择某一种语言、方言或语体，以适应不同交际的需要，增强自身对不同言语社区的归属感：

（1）关于民族与民族语认同。被调查的木雅人均认同自己是藏族。认为木雅语为本民族语的占67.7%，以康巴话为本民族语的占18.7%。

（2）家庭领域的语言使用。木雅人在家里无论是与父母还是与配偶、兄弟姐妹，以及子女交谈时，主要使用木雅语。各语言使用频率高低排序如下：木雅语>康方言>四川话>普通话>安多方言>卫藏方言>其他。

（3）工作领域语言使用状况，指在医院、政府机构、单位工作等场合的语言使用情况。使用频率依次为：普通话>四川话>康巴话>木雅话。普通话、四川话已成为社交领域的主导语言。

（4）生活领域的语言使用。在与本民族邻居或熟人聊天时常说的语言，木雅语占比49.5%，康方言占比19.8%，占绝大多数；与外民族邻居或熟人聊天时常说的话，普通话占比43.7%，其次是四川话，占比32.0%。可见，生活领域使用较高的语言为木雅语和普通话、四川话。

（5）文化资讯领域中的语言使用。关于您经常收看什么语言或方言的电视节目和广播，以及网络视频等，按选择频率高低排序依次为：普通话（49.8%）>康方言（23.0%）>四川话（10.6%）>安多方言（6.2%）>卫藏方言（4.3%）>木雅话（2.9%）>其他（英语）（3.3%）；关于您现在常看的是哪种语言的书和报刊，依次为：汉文（47.8%）>藏文（40.3%）>无此情况（9.7%）>其他（英语）（2.2%）。可见，普通话和康方言的资讯节目是当地收看最多，也是最受欢迎的。

　　总之，木雅语是家庭内部主要交际语言，但在集市、医院、政府部门等公共场所，以及跟其他民族交流时，四川话和普通话则充当了主要的交际语言。因此，当地语言使用的层级性表现为：母语（木雅语）、族际通用语（藏语康方言、藏语安多方言、藏语卫藏方言）、区域性通用语言（四川方言）、国家通用语言（普通话）的功能分层。

　　根据"双言制理论"，在比较稳定的双语社会中，社会通用的几种语言变体各有其适用的场合，可分成适用于比较高端的社会经济场所的"高变体"，和比较低端场所的"低变体"。整个社会对此则保有一致的看法和一致的实践行为，违反这些惯例将招致非议甚至导致交际活动的失败或中断。木雅文化圈的语言使用表现出了明显的"多层双言体系"现象，即在法定机构和工作场所等正式度较高的场所中使用普通话或四川话，而在正式度较低的场合如家庭和邻居聊天等，木雅话使用频次更高。调查显示，木雅人使用的几种语言或语言变体的地位和功能分工明确，其中普通话为国家通用语，四川话为族际通用语，康巴话为区域优势语，木雅语为族内及家庭交际语。木雅藏族说话者熟悉并遵从其所属社区的"多层双言体系"，以及相应的社区交际规则和语言使用规范。这种"双言制"社区的形成是一种多语社会的普遍现象，国内学者关于普通话和方言之间的语码转换研究也得出了一致的结论，即正式场合下社会成员偏向使用普通话，生活场景下偏向转用方言的结论。语言索引性特征表现为国家通用语普通话作为高层变体，表征权威，国家身份建构；民族语言作为中层变体，表征平等，民族身份建构；地方土语作为低层变体，表征族群身份建构。当地土语"地角话"由于与族群身份密切相关，在多语交际中成为同族群身份交际者的"身份代码"以区别"异己身份"。

"喻意型"语码转换与个人身份建构

　　"喻意型"语码转换指为了改变话题或说话的语气，或是为了调整角色关系而进行的语码转换。即在相同情境中发生的，包括说话人在话轮间，句子和分句之间的"语码转换"和句子内的"语码混用"。如果说话人掌握一种以上的语言，语码转换便成为他们增进或减弱说话者之间的社会距离，凸显或淡化说话人某一身份认同的主要策略。调查显示，"喻意型"语码转换在木雅文化圈是很普遍的现象。如表 4.3 所示，73.6% 的被调查者表示在和本民族朋友说本民族语时，会夹杂汉语词语或句子。

表 4.3 在和本民族朋友说本民族语时，您会夹杂汉语词语或句子吗？

		频率	百分之	有效百分比	累计百分比
有效	会	299	72.2	73.6	73.6
	不会	107	25.8	26.4	100.0
	总计	406	98.1	100.0	
缺失	系统	8	1.9		
总计		414	100.0		

关于"喻意型"语码转换的原因，一些学者认为，说话人在一种语言中掺杂另一种语言的词语，是因说话人对第一种语言的词汇获取受到限制所致，因此，语码转换是词汇缺乏、语言熟练度不够的"双语人"的标志（Holmes, Roberts & Aipolo 1993）。如表 4.4 所示，关于"您为什么会夹杂汉语词汇或句子"，最常见的回答是"有些词或句子本民族语中没有"（42.4%）。一些反映特定民族文化的汉语词汇，包括蔬菜水果名称，以及一些新兴的科技术语、电器名称等，在木雅语里无法找到完全或部分等值的词语，因此不得不使用汉语。

表 4.4 您为什么会夹杂汉语词汇或句子？

		频率	百分之	有效百分比	累计百分比
有效	有些词或句子本民族语中没有	128	30.9	42.4	42.4
	让别人知道我是双语人	27	6.5	8.9	51.3
	有些词语成句子，用汉语表达更简洁明了	48	11.6	15.9	67.2

续表

	频率	百分之	有效百分比	累计百分比
个人习惯，没有别的意思	97	23.4	32.1	99.3
其他	2	.5	.7	100.0
总计	302	72.9	100.0	
缺失 　 系统	112	27.1		
总计	414	100.0		

但是，双语人在较好地掌握两种语言词汇量的情况下仍然会掺杂使用另一种语言的词语。在言语互动的过程中，说话者会采取语言聚合或背离的形式，以缩减或增加与对话者的差异。聚合是指一方向另一方的语言靠拢，而产生语言迁就现象。分离是指双方各自突显自我族群意识，各自认同自己族群的语言，这往往缘于语言人深厚的民族情感与语言情感（Giles，Howard&Coupland 1991）。有23.4%的被调查者表示"语码混用"是"个人习惯，没有别的意思"，但通过进一步深度访谈了解到，很多人表示如果交际对方不懂当地语言，为了更好地与对方交流，他们会转换成四川话或普通话与对方交流，如果自己汉语不够熟练，就会出现"语码混用"现象。因此，汉语与木雅语的"语码混用"主要是缘于双方社会经济地位的不对等，弱势一方为了沟通、协调的方便，或为了提高自己社会地位，而采取的一种语言迁就的言语策略。

另外，在木雅语中夹杂使用汉语，很多时候并非因为木雅语词汇的缺口和获取能力受限所致，而是为了表达一种特殊的交际含义。即通过使用句内语码转换来表达说话者既不同于原籍当地人，又不同于未融入当地文化的外地人的特殊的双文化身份。通过观察和访谈发现，部分双语者有选择地在交际时进行语码转换，表示自己不同于两种单语者身份外的身份认同。这种主动的带有指示意义和特定功能的语码转换，表达了说话者的语言和文化多样性背景，这种多样性往往会成为一种文化资本而内化为说话者的优越感，"让别人知道我是双语人"（6.5%）。此外，"语码混用"还有一部分原因是语言表达的"省力原则","有些词语或句子，用汉语表达更简洁明了"（11.6%）。这也反映出当地年轻人语言能力，包括普通话能力大幅提高，已成为比较熟练的双语人。

关于对语码混用的接受度及看法，如表4.5所示，44.7%的人认为正常，14.7%的人认为说话人"非常聪明"，可见，当地对于语码转换和语码混用现象大多数人都能理解和接受。特别是年轻人，语码转换的使用范围在不断扩大，语码转换的形式也更加灵活和自由。交际者在具体语境中利用语码携带的索引性信息来完成具体的交际目的，语码转换成为一种元语用特征进入到日常交际中，用于建构说话人实时的语用身份。而且，语码转换开始逐步发展成为多元文化和多元认同的表征。年轻一代语言使用者也由所谓固定、本质或永久的认同，逐步发展出多重、多元的认同。

表 4.5 若本民族人跟您谈话时，在本民族语中夹杂汉语，您认为他是：

		频率	百分之	有效百分比	累计百分比
有效	非常聪明	61	14.7	15.2	15.2
	炫耀	31	7.5	7.7	22.9
	语言表达能力差	121	29.2	30.2	53.1
	正常	185	44.7	46.1	99.3
	其他	3	.7	.7	100.0
	总计	401	96.9	100.0	
缺失	系统	13	3.1		
总计		414	100.0		

吉尔斯（Giles 1973）等提出三种言语适应模式，当人们在言语交际中为获得对方的正面评价、增进理解以及建立友谊时，会尽量采用对方的言语模式以接近其言语风格，即趋同模式；当说话人为保持其社会身份特征和群体特征，那么在交际中会刻意突显某些言语模式或语体特征以区别于对方的言语模式和言语风格，即趋异模式；当在言语交际中既不趋同也不趋异，保持

自己本色，即保持模式。社会身份对个体语言选择具有一定的影响（Giles, Johnson 1987）。个体在语言的各个层面既有顺应对方的行为，但同时也有在语言层面上突显其身份特征的选择性行为。如语码转换往往具有身份标志功能，是说话人为了突显自己的身份特征而选择与交际对象不同的语码。语码转换可以用于彰显说话人身份并协调双方的权利义务关系。斯科顿（Scotton 1993）的"标记模式理论"揭示了人们如何通过不同语码的转换来标示自己的多重认同。任何多语社区里的每一种语言都同具体的社会功能相联系，选择某种语码意味着选择了某种社会认同以及相应的社会权利义务。因此，语码转换是个体自我认同与族群认同建构的重要手段。但是，由于木雅语使用的层次低、范围窄，当地人对木雅话的情感认同度高，可是在外使用木雅话时又觉得低人一等，从而形成较为矛盾的语言使用和认同心理。木雅藏区居民普遍认为在习得木雅语的同时，应该学习和掌握普通话，甚至还出现了不希望子女学习木雅语的现象。这必然导致木雅语在使用层次、使用范围、使用频率上不断萎缩，从而加深其濒危程度。

这类与民族身份相联系的语码选择和语码转换并不是盲目的，它是说话者用于建立、超越和消除群体界限的一种言语策略，并在一定程度上表达了民族感情。在这种情况下，语码转换往往彰显或重构了民族身份，从而维护了民族内部的团结和社会政治权益，或者增进了族群之间的融洽与和睦，避免了族群冲突。特别是在某些多种语言文化并存、种族矛盾一触即发的社会背景下，语码的灵活运用和转换是理顺人际关系的关键。在对外交流时将母语及时切换到通用语码，以避免自身的民族身份与外界冲突，也被不少双语社团视为言语行为规范，其目的就在于保持与其他言语社团的和谐关系[1]。

4.3　语言与多元身份建构

总体来说，川西康区少数民族身份认同有两种趋势：一方面身份认同继

---

[1]　刘承宇，吴玲丽．语码转换与民族身份的建构［J］．外语学刊．2011（03）：101-105.

续主流化，积极融入主流社会，建构中华民族共同体身份；另一方面，由于学习和使用的语言越来越多，在文化认同上日益走向多元化，形成多元化的语言观和多重身份认同。在此过程中有几种值得注意的现象。

4.3.1 语言与身份认同之间的剥离现象

根据莱帕赫（LePage 1975）的身份行为模式理论，言语行为的一个普遍动机是让自己的语言和想要认同的群体身份的语言趋于一致。对本族语的使用在一定程度上反映了语言人的民族意识和民族情感，是影响民族意识建构的重要因素。但语言需要与民族身份中的其他因素相联系而发生作用，诸如文化、宗教、血缘、地域等，人们也可以通过文化习俗、宗教礼仪、民族艺术等多种形式来表达自己对本民族的认同。因此，某个群体即使已经发生了语言转用，不再使用本族群语言，而使用其他民族语言，但仍可以认同为本族群成员。早在 20 世纪 60 年代，格雷泽和莫宁汉通过对纽约的族群研究发现虽然共同的文化发挥有一定作用，但将族群成员联结起来的主要还是利益关系。科昂基于在非洲尼日利亚城市内族群的研究，认为族群本质上是一种政治现象，是一种非正式利益群体。现代社会的族群是不同群体为了权力地位（就业、发展资金、教育、税收、政治职务等）而进行争夺的结果。族群是各群体组织起来在相互竞争中追求集体利益的媒介，当与利益相冲突或缺乏必要性时，族群身份在社会生活中的显著性就会降低。帕特森比较了牙买加和圭亚那的华人移民的族群认同。在牙买加，华人群体的经济机会比较少，因此他们集中在零售业发展，利用族群社会网络获得利益。在经济机会有限的情况下，华人身份给这些移民带来了利益。而在圭亚那，更多样化的经济机会鼓励了中国移民在整个经济领域的广泛分散。族群网络并没有给圭亚那的华人带来特别的优势，结果是，华人身份认同在牙买加仍然很活跃，而在圭亚那，这一认同开始在主流文化的影响下消退[1]。美国人类学家郝瑞在考察攀枝花市的彝族支系诺苏、里泼和水田的族群认同时发现，为了获得某些

---

[1] 吕钊进.超越"族群-民族"二元框架：边界建构范式和认同情境论对中华民族共同体研究的启示 [J] .民族学刊，2021（10）：17-27+115.

优惠待遇，诺苏人认同"彝族"；里泼人虽然已经汉化，但是认同彝族，因为彝族认同在政治经济、就学优惠、计划生育等方面可以获得好处；而同样汉化很深的水田人却不愿意认同彝族而希望单独识别为单一民族。因为水田人被汉族村子包围，远离其他彝族村庄。另外，历史上诺苏长期被汉人歧视，所以，水田人不愿意被认为是"野蛮的""落后的"诺苏的成员。他们通过转用汉语、改用汉族习俗的方式来彰显自己与"高山蛮子"诺苏人的不同。但他们又不能割断历史上与诺苏的关系，于是提出希望被识别为不同于"彝族"的诺苏人的"水田族"，或至少被称为"彝族水田人"，而不是单纯的"彝族"[1]。

川西康区的调查结果表明，不会说本民族或本族群语言并不会影响其民族和族群身份认同。例如，在语言转用地区如甲根坝乡，尽管当地人已经不说木雅语，而转用藏语康方言，但他们大多数人仍认同自己是木雅人。再如普沙绒乡火山村的汉族移民，原本处于木雅藏族村落包围中，他们对木雅藏族人有非常清晰的非我族类的认知，但是一部分人却认同自己是藏族。在民族认同建构过程中，我国少数民族政策对各民族的认同建构影响深远，少数民族优惠政策加强了各少数民族的族群认同，也使部分新中国成立初期极力隐藏自己少数民族身份的行为主体在当代积极建构起自己的少数民族身份。在川西康区，与少数民族通婚的汉人，也乐于将自己子女认同为少数民族。因此，除语言之外，民族政策、经济、文化、权力也是当代中国少数民族认同建构参考的重要维度。而且在川西旅游开发，经济发展的浪潮中，当地民族开始有意识地利用语言、节日、服装等不同的文化符号彰显其民族和族群性，以期在旅游业发展、国家对少数民族的政策扶持等各种背景下争取权益。

4.3.2　语用策略与多元身份建构

社会空间的开放性和不稳定性使少数民族群体面临的语境更为复杂和更具多样性，对强势语言和文化的趋向性驱使他们不断调整自己的言语方式，

---

[1]　巫达 . 尔苏语言文字与尔苏人的族群认同 [J] . 中央民族大学学报，2005（06）：133-139.

来塑造和平衡自己的身份。因此，人们在言语实践中逐渐协调行为、思维方式和价值观，并通过言语实践构成相对稳固的群体身份。"在特定语言事件中，说话人从诸多可行的语言变体中做出选择，可以揭示出他的家庭背景和社会意图；可以标识出他的身份，如是南方人、城里人、乡下人、受过教育的人还是没有受过教育的人；甚至也可以表明他想显得友善还是冷淡，熟悉还是疏远，是想抢占上风还是甘拜下风。"[1] 这取决于语言使用者的态度、动机和具体的交际场合。川西康区的年轻一代越来越认同于"多元能力语言使用者"，不再将自己定位于支系民族。调查发现，在他们看来，普通话能够提供更多的可能性，是一门通用语言、科学技术的语言、媒体的语言，学会了国家通用语普通话，将来就有更好的入学和求职机会。青少年一代的想象共同体不限于民族内部，而是延伸至族际交往、汉藏交往，甚至国际的多语社会网络交往。青少年一代的想象认同并非面向过去和现在，而是乐观地面向未来。他们认为作为多语者，语言资本是具有市场价值的，民汉双语人在市场上更具有竞争价值，他们的身份将被重新定位。

　　语言使用者的语用策略也体现出身份之间的相互影响，川西康区青年一代语言使用者在语言使用上更具有语用混合性和创造性的特点。艾克特（Ecker 2018）认为："不同的言说方式被用来表明身份的不同存在方式，而这些方式就包括了潜在的要表达的不同内容。""语体模仿"和"语体化"都是表达身份的一种语用策略，"语体模仿"即通过选择特定的语言变体"模仿"特定群体的语言风格，以便和他们认同的群体相似，或者通过选择其他语言变体与他们不认同的群体划清界限。"语体化"指言说者使用某种特定的语言变体来构建身份。通过这种语言实践，言说者往往借助外族或其他群体的语体特征来构建自身的新身份，而这种身份往往是一个明显不属于自己的身份（Coupland 2007）。在对前述木雅文化圈的调查研究中可以发现，一部分年轻人在木雅语中夹杂使用汉语，很多时候并非因为木雅词汇的缺口和获取能力受限所致，而是为了表达一种特殊的身份含义。即通过使用语码混合来

---

　　[1] John J. Gumperz. Language in Social Groups [M]. Stanford：Stanford University Press，1971. 转引自祝畹瑾. 社会语言学译文集 [C]. 北京：北京大学出版社，1985：41.

表达说话者既不同于原籍当地人，又不同于未融入当地文化的外地人的特殊的双文化身份。这种主动的带有指示意义和特定功能的语码混用，表达了说话者的语言和文化多样性背景，这种多样性往往会成为一种文化资本而内化为说话者的优越感，"让别人知道我是双语人"（6.5%）。这是一种引发式语体转换。对这种语码混用的接受度及看法，如前文所示，44.7%的人认为正常，14.7%的人认为说话人"非常聪明"，可见，当地对于语码混用现象大多数人都能理解和接受。特别是年轻人，语码混用的使用范围在不断扩大，形式也更加灵活和自由。语码混用开始逐步发展成为多元文化和多元认同的表征。同时年轻一代大量使用网络新词，一些新词体现了汉族都市文化圈的新生活方式和新实践行为。这些词语不仅有助于填补当地词汇空白，更重要的是它们附有"索引性"价值，可以凸显其精英地位，当地是否出现了"新精英人群"的建构还需要进一步深入研究。

随着社会主义市场经济的逐步确立，中国社会也在发生着深刻变化。就民族关系而言，一方面，原先相对稳定的民族分布格局出现了流动化趋向，各民族的空间分布朝着充分平衡的方向变迁，人际、群际以及族际间纽带关系更加复杂多样和动态活跃，各民族成员逐渐呈现出相互交融的态势，民族地区与少数民族群体的传统边界也开始模糊。在川西康区，少数民族在身份认同方面已体现出较强的嵌套性或多元性特征。在少数民族语言发挥其本民族认同功能的同时，转用或兼用国家通用语已不完全是一种工具性实践，同时也带有文化融合与民族融合的特点。比如对于木雅藏族来说，他们往往涉及不同层面的语言认同：在民族认同层面他们有对本民族藏语的忠诚，在国家认同层面他们有对国家通用语的忠诚，同时又保有对母语木雅语的族群认同，以及对四川话的地域认同。因此，青年一代木雅藏族人往往成为双语者或多语者，既保有对母语的忠诚，又可以充分利用其他语言的工具性便利。

本研究主要是通过客观数据标准来分析调查对象的群体认同等共同特征，在微观层面，还需要加强对语言认同建构过程的考察，因为通过客观标准来分析调查对象的群体认同等特征，无法解释其个体身份认同的流动性。如何分析身份认同的流动性，揭示语言认同的建构过程，相关研究的理论框架还需要进一步完善。在数据搜集上，需要广泛搜集日常口语会话语料，并在此基础上挖掘身份建构的语言资源。在数据分析上，还需要从传统的语言学分析视角，从一般性言语特征，如语音、句法、词汇、语篇等入手，结合言语行为、语体变异等语言特点进行深入研究。目前的研究方法和语料来源还比较单一，缺少大规模真实性语料资源，对不同语体和话语中的身份认同展开实证性研究将是后续研究工作的重点。

第 5 章 区域视角：语言认同与语言教育

5.1 语言认同与语言教育研究

"语言教育"与"语言教学""语言学习"这几个概念关系密切，语言教育侧重于教育者的角度，语言教学主要指课堂教学，是语言教育的重要组成部分。语言学习则侧重于学习者的角度[1]。从学习者的角度看，通过语言教育学习到的不仅是用某一种语言交流的能力，即掌握核心语言知识的能力，而且也是习得和适应相应的语言文化，掌握语言背后的社会文化和交际文化的能力。同时，语言学习也不是简单的符号学习，还包括身份、社会关系的协商和建构等，从而培养学习者的身份认同、文化认同能力等。因此，语言学习的结果有多个维度。一方面是直接的语言技能水平的提高，即"语言结果"，另一方面是人的交际方式、价值观念的改变，包括身份认同的建构或转变，即"非语言的结果"。在以移民为代表的第二语言习得研究中，"非语言的结果"多指移民群体民族认同的改变。目前在全球化背景下，"外语"情境下的认同转变也成为一个被普遍关注的现象。学习者根据"想象共同体"的选择和相关情境的寻求、建构，可以不断接近自己的二语"想象认同"或"理想二语自我"（许宏晨 2010）。在我国少数民族双语教学中，汉语也是作为少数民族第二语言习得，那么，在双语教育背景下，汉语二语习得会对少

---

[1] 李宇明.孔子学院语言教育一议［J］.语言教学与研究，2014（04）：2.

数民族身份认同的建构产生什么影响，如何通过双语教育提升少数民族的民族认同和国家认同，都是值得研究的问题。

通过前文对"语言认同"研究相关文献关键词知识共现图谱的分析，围绕着高频词"语言认同"展开的研究包括"汉语认同""民族语言""语言""民族""自我认同感""双语教育"等子主题。可以看出，关于语言认同与"双语教育"之间的相关研究一直是学术界关注的重点话题。特别是语言认同和二语水平之间的正相关关系已得到众多实证研究的证实。布洛克（Block 2002）指出认同对于第二语言习得的重要作用。只有当第二语言学习者能客观看待自己的母语及第二语言所对应的不同文化，并借助第二语言构建新的"主体地位"，即完成认同重构，才能实现自觉且深入地融入第二语言社群的实践活动，从而推动第二语言习得水平的快速提高。莫耶（Moyer 2004）以学习德语的二语学习者为研究对象，发现学习者的自信、语言认同和二语水平之间存在着正相关关系，学习者的语言认同可以通过自信建立从而促进二语水平的提高。因为语言认同与二语水平之间存在正相关关系，那么帮助学习者建立积极的二语认同有助于学习者提高使用二语的自信，从而促进学习者的二语习得；而二语水平的提高又会反过来帮助学习者提高自信，从而带动语言认同进一步发展。对目的语积极的语言认同可以帮助二语学习者更好地融入目的语社团，提高二语水平。Choi（2015）对于韩国移民英语习得情况的调查也显示出，韩国的移民一代和二代的英语认同度极高，但韩语认同非常弱，因此其中绝大部分的移民英语听说和读写水平非常好，而韩语的听说读写各方面能力都很低，这说明了他们语言能力的高低和认同感强弱有着密切的关系。克拉姆契（Kramsch）在《认同和语言学习：对话的延伸（第二版）》一书的后记中写道："语言教育领域探讨认同的研究论文汗牛充栋，这种现象表明，认同已然成为这个领域的研究核心。可以说，语言认同与语言教育已经成为一个相对独立的研究领域。"

国内的语言认同与语言教育相关的研究始于 20 世纪 90 年代，受国外语言认同建构理论的影响较大，主要关注的是语言认同与二语习得之间的关系，比较有代表性的是高一虹等的研究，高一虹借鉴人本主义心理学家弗罗姆

（Fromm）的"生产性取向"概念，提出了"生产性双语现象"理论。并进行了系列实证研究[1]，通过对我国二语学习者的调查发现，学习动机与自我认同之间存在相互关联。其中，通过对"最佳外语学习者"的研究提出（Gao 2001），学习者的取向不同于经典的"削减性""附加性"双语认同，而是"生产性"的，即母语与目的语水平相得益彰，对两种文化的理解相互促进和深化，学习者整体的认知、情感、行动能力得以提高。不过该研究侧重整体取向，对学习过程的探索还不够深入。而且"生产性双语现象"的提出是基于对部分"最佳外语学习者"的访谈，是一种比较理想的双语类型，目前还没有见到"生产性双语现象"的定量研究。后来高一虹等的《大学生英语学习动机与自我认同发展》（2013）一书对来自五所不同类别高校的 1000 多名本科生进行了从入学到毕业的跟踪调查，以综合报告的形式探索了我国英语教育在全球化背景下的定位。从历史的、整体"人"的视角，考察英语学习动机与学习者自我认同的变化以及二者的关系，探索外语情境中学习动机与学习的"非语言成果"自我认同之间的动态关系。

关于语言认同对学习者听说读写等语言能力影响的相关研究认为，语言认同可以影响和改变语言人的语言能力。陈默（2017）发现在相同的测试难度下，瑞士德语母语者的汉语认同度越高，他们的汉语声调准确率就越高。在《认同对二语学习者口语复杂度、准确度和流利度的影响》（2018）一文中通过问卷调查和口语语料分析，考察了三种认同（族群认同、文化认同和语言认同）对韩国、俄罗斯和巴基斯坦汉语学习者口语复杂度、准确度和流利度的影响。研究表明认同对汉语二语口语产出具有显著影响，积极的认同有助于二语能力的提高，认同对第二语言习得具有重要影响。因此，认同对语言学习的影响和作用十分突出，语言认同的心理会带动主体的内在情感和

---

[1]　高一虹，赵媛，程英，周燕. 大学本科生英语学习动机类型与自我认同变化的关系［J］. 国外外语教学，2002（04）；李淑静，高一虹，钱岷. 研究生英语学习动机类型与自我认同变化的关系［J］. 外国语言文学，2003（02）；高一虹，程英，赵媛，周燕. 本科生英语学习动机强度与自我认同变化［J］. 外语与外语教学，2003（05）；高一虹，周燕. 英语学习与学习者的认同发展——五所高校基础阶段跟踪研究［J］. 外语教学，2008（06）等。

交际行为倾向，这样的心理反应在语言学习上便会产生目的语、母语态度的差异以及不同的学习动机和归属感。

关于语言与文化认同的相关研究发现，如果学习者对目的语文化持积极认同，则二语水平较高；如果学习者拒绝与目的语母语者交际，则二语水平较低。"跨文化认同界定为文化认同的拓展与更新，彰显交际者立足自身社会，开放自我，整合不同文化元素的潜质。"[1] 语言学习者的文化包容态度、对二语的认同感、对其他民族的态度都会影响其二语使用水平和语言能力。学习者对目的语的文化认同越高，二语习得效果越好，反过来，语言使用水平的提升，对其他国家、民族的文化认知也会相应更新，跨文化认同也会相应提高。"语言是文化的载体，学习一种语言同时意味着学习一种文化。从传播的角度看，传播一种语言也是在传播一种文化。"[2] 其中对华裔学生的语言学习与文化认同的相关研究是一个热点话题。王爱平（2000）借鉴西方二语习得理论和华人身份认同理论，对来华学习汉语的东南亚华裔学生的学习动机和相关情况进行调查研究，发现对中华文化的认同是东南亚华裔学生学习汉语的重要动机，教学者应当充分认识到文化认同在汉语学习过程中的重要性；邹晓彧（2012）通过对菲律宾华校学生语言态度和文化认同的调查研究显示在菲律宾华校就读华裔学生的华文认同度远高于非华裔学生，学生汉语水平和文化认同之间具有明显的正相关关系；孙瑞（2018）对印尼泗水华人的中华文化认同从认知、情感和行为三个方面进行了调查，发现汉语水平、汉语学习时长对中华文化认同影响明显；王斌（2016）对新疆师范大学华文教育基地的华侨华人学生接受华文教育前后的中华认同差异进行了细致分析，探讨华文教育对中华认同的促进作用，提出了提升华裔学生中华认同的有效教学对策。

关于语言认同与语言教育的相关研究，"语言教育规划"也被认为是"语言习得规划"，有别于"本体规划""地位规划"和"信誉规划"等语言规

---

[1] 戴晓东.解读跨文化认同的四种视角 [J].学术研究，2013（09）：144-151+160.

[2] 魏岩军，王建勤，朱雯静.不同文化背景汉语学习者跨文化认同研究 [J].华文教学与研究，2015（04）：38-47.

划。语言教育规划集中在教育体系内部的管理规划和执行政策。其中，语言
学习者的语言认同程度是验证语言教育政策和规划成效的一个重要参考指标，
也是语言教育政策和规划制定和实施的依据。在语言教育规划中如何发挥语
言认同对语言评价态度、语言使用等外部行为倾向要素的调节作用，是当下
的一个重要议题。相关研究如谭晓健等（2017）通过调查缅北华裔学生对汉
缅语的态度，以及对母语文化和本族群的认同状况，提出当地政府应充分尊
重和保障包括华人在内的境内各民族接受母语教育和使用母语的权利，制定
合理的语言政策和规划；侯燕妮（2018）通过华人对马来西亚的国家认同状
况的调查，发现华人对马来西亚的国家认同既处于相对稳定的状态，同时又
处于一个不断变化发展与调试的过程中，认同一直是主流，博弈只是特定时
段、特定政策下的民间策略。而语言政策是其中的影响因素之一；沈玲
（2016）通过对菲律宾新生代华裔家庭成员的问卷调查显示，菲律宾政府各时
期对华文教育的不同政策导致了华人家庭三代人不同的民族语言文字掌握与
使用水平；赵靓秋、郝晓鸣（2009）以新加坡当地发行量最大的华文报《联
合早报》为例，通过追溯新加坡语言教育政策的历史演进，结合政治、经济、
种族文化等环境因素的影响，探究华人身份认同所经历的变迁。

　　关于语言认同与家庭语言政策的研究也逐渐成为一个热点。官方语言教
育、双语启蒙教育、英语教育等，很大程度上都受制于家庭成员中父母的语
言意识、对民族语言和民族文化的认同等因素的影响。不同的家庭教育模式，
采用了不同的语言管理方式，促成了受教育者对不同语言的态度和认同。相
关研究显示国家语言政策对家庭语言政策产生隐性、间接影响，而家庭语言
政策则对儿童语言文化认同的建构产生直接作用，家庭的语言投资和语言管
理行为，折射了父母对子女文化认同的规划（李秀锦，刘媛媛 2016）。相关
研究认为从社会文化发展角度，健康积极的家庭语言政策更有利于建立和谐
的语言生活环境，有利于防止家庭语言暴力，建构文化认同，同时在民族稳
定和社会和谐发展方面也有积极作用（丁洁 2019）。

　　关于语言学习与身份认同之间关系的研究一直是一个重要研究领域。身
份认同是一个动态的过程，是个体对自我身份的确认和对所归属群体的认知

以及所伴随的情感体验及行为模式进行整合的心理过程。周明朗（2014）认为华语学习者的身份认同影响了华族的语言认同及学习过程，为了解决华语学习者的身份认同和语言认同困惑，应该有机匹配相应的华语教育理念、教学法、教材和教师等。华语在海外的重要社会功能是文化传承和身份认同，华语教育应致力于帮助海外华人建立和强化华人身份认同和文化认同。

按照语言认同理论，语言学习和语言使用必须有相应的身份支撑，而身份的建构离不开文化的建构。学习语言的目的不仅仅是为了交流，也是认识语言背后的文化，建构身份认同与文化认同。因此，语言教育不仅仅是"教什么"和"怎么教"的问题，发挥语言的认同功能是更深层次的命题。这当中涉及一系列需要深入研究的问题，比如语言教育如何建构言语社区成员的语言认同，语言教育会对其语言认同产生何种影响，如何评估言语社区成员在接受语言教育前后的语言认同差异，如何有效提升语言认同的教学策略等。特别是学习者的学习动机与自我认同之间的关联性，二语学习者自我认同与社会情境、社会变革，以及语言政策之间是何关系等，都是值得深入探讨的话题。

5.2　少数民族语言认同与语言教育研究

我国的少数民族双语教育主要指少数民族母语和国家通用语言教育，双语教育的目标是培养"民汉兼通"的双语或多语人才。该目标既充分考虑了少数民族地区社会经济发展和各民族交流交往的需求，又兼顾了本民族文化的传承和民族认同的需要。双语教育涉及一系列的问题，如双语现象的产生、双语人母语及文化的保持、双语人的语言态度和双语教育类型、教育模式的选择、双语教育结果的评估等内部问题，而且也涉及民族接触、语言接触和文化接触等外部社会环境问题。操双语者的语言和文化认同意识，即他们对母语和第二语言的理解和接受是实施双语教育中的一个重要的方面，需要引起学界的广泛关注。

语言认同和语言态度是维系本族、本地域语言传承的关键因素。随着语言学习中的民族与文化冲突问题的不断出现，民族和族群认同的结构、发展和评估以及认同与语言文化的关系等问题已成为认同研究领域的一个焦点。民族和族群认同是个体作为族群当中的一员的自我认同或自我感知，是青少年期和成年期的重要发展任务。相关研究显示，成功的二语学习者会对目的语族群表现出强烈的认同感。如瑞典年轻人良好的芬兰语技能与对芬兰语群体的认同感增强有关（Henning & Karmela 2007）；俄罗斯裔青少年的语言使用从俄语转换为德语与对德语族群的积极情感认同有关（Michel，Titzmann & Silbereisen 2012）。国内关于少数民族语言认同与语言学习、语言教育的相关研究，如吴海英、左雁（2008）将少数民族语言与族群认同关系的研究大致划分为三个方向：非母语语言的发展与族群认同、族群认同与母语保持与转用、二语习得与族群认同；杨玉（2013）通过对四所云南高校的少数民族大学生民族认同与语言态度的调查，认为大学生群体的民族认同与民族语的语言水平之间关系密切；马智群、罗小男（2017）以新疆地区少数民族大学生为样本，考察了民族认同、语言态度与语言水平之间的关系，认为当被试具有较高的民族语水平时，对自己的民族身份也就更加肯定，民族认同程度更加强烈；红岩（2014）以蒙古族中学生民族认同为题，以接受不同语言教育(蒙语授课学校和汉语授课学校)的蒙古族中学生为调查对象，探讨接受不同语言教育的蒙古族中学生民族认同现状。认为汉语授课蒙古族学生普遍存在蒙古语水平和民族认同较低，对蒙古文化习俗了解匮乏的情况；王晓为、钟学彦（2018）在涵化理论视域下，建议合理运用语言认同调节语言涵化的进程，促进民族认同的建构，从而保护作为民族标记的民族语言，提升本民族语言活力。

少数民族文化认同表现为个体对本民族文化和其他民族文化的接纳和认可程度，包括个体对不同文化的了解程度、情感上的认可及行为的坚持。雍琳、万明钢（2001）通过问卷调查，认为影响藏族大学生文化认同的主要因素有社会文化环境、家长文化程度、即时情景等；张京玲（2008）从文化认同态度角度调查了藏、壮两个民族的文化认同态度和文化适应情况与差异，发现藏族学生对主流文化的态度比壮族学生更积极。因为双语教育政策的实施，我国少数民族地区的学生承担了本民族文化传承和国家主流文化学习的双重任务，考察少数民族对母语和二语的认同差异，针对性地提出帮助当地少数民族构建语言和谐的对策，规划并实施符合现实需要和少数民族发展规律的语言教育规划逐渐成为当下的研究重点。

双语和多语化是我国少数民族语言的发展趋势，如何通过双语教育，充分发挥语言在民族认同和国家认同中的促进作用是一个热点问题。戴庆厦等详细论述了新时期中国少数民族双语的变化及对策、中国少数民族双语教学问题等，认为"语言在民族诸特征中占有特殊的地位"，研究语言与民族的关系，对于科学地认识语言和民族的特点以及修订包括民族语文政策在内的民族政策提供诸多益处[1]；王娟（2017）认为应该加大新疆维吾尔族大学生双语教育教学的力度，提升新疆维吾尔族大学生国家通用语的使用能力，进而增强其对国家通用语的认同感；刘玉杰等（2016）针对促进国家认同和民族认同的双语教育途径提出了建议；王莉、崔凤霞（2009）认为语言认同可以改变少数民族的语言能力，少数民族的语言认同对其自身的语言使用有"动力性影响"，"而语言使用，又总是给语言能力的大小以决定性的影响"。研究少数民族地区的语言与认同的关系对于民族地区的语言保护和文化认同会产生积极影响，有利于总结、调整实施双语教育的适当措施。

根据目前的研究成果来看，学界普遍认为语言认同能够促进语言教育的实施，语言教育的发展完善能够增进语言认同，同时进一步强化与语言认同相关联的语言能力和语言使用水平的提升，二者有着积极的互动关系。但是语言教育对文化认同、族群身份认同等的作用也是一把双刃剑，普通话教育对于少数民族来说，促进了他们的国家认同感、民族文化认同感的提升，有利于民族团结和社会发展。但同时不少少数民族家庭弱化了对母语的保护，不利于语言生态多样性和文化多样性的保持。维系母语、家庭文化传承，防止语言工具性的极端化，也需要从语言教育入手，促进方言文化和民族文化的保护、可持续发展与语言教育的融合。

---

[1] 戴庆厦. 语言和民族 [M]. 北京：中央民族大学出版社，1994：1-6.

　　长期以来中国少数民族双语教育更重视语言学习结果，如汉语水平的提高，语言知识的获取，以及教学内容、教学法、教师培训和双语教育政策规划等问题的研究，对语言教育的"非语言结果"的研究还关注不够。就非语言学习结果而言，双语课程如何助力于发展学生良好的自我意识，如何建构学生的国家共同语认同，如何从文化认同到民族认同再到国家认同，这至少包括三个过程：一是让学生发展和建立自我同一性，使他们能够认识"我是谁"；二是在此基础上发展民族同一性，让学生认同自己民族的文化。包括语言、习俗、宗教等；三是在以上两者的基础上延伸其认同，使之达到国家认同的层次[1]。在这几个过程当中，语言教育如何发挥作用，还有待研究。与语言学习结果相比，非语言结果尤其是语言认同的研究相对较少，还亟待深入。

　　现有的少数民族双语教育主要是学校课堂教学，而且大多是知识性讲授，如讲解中华传统文化，提升学习者对于汉文化的理解，从而提高其汉语认同度等。对于处于一线的语言教师来说，宏观上的策略要想在实际的教学过程中发挥作用，还需要很长的过程。而如何使教学手段有效地发挥作用，现有的课堂教学形式似乎不能有效激发学习者的学习动机。在相关实证研究已经明确语言认同对语言能力积极影响的基础上，可以从语言认同出发，对学习者的语言学习过程进行适当干预，以期取得更好的教学效果。

　　"规范"和"认同"是语言政策与规划的两大核心，"声望规划"实际上是对语言认同的规划，地位规划和本体规划的失败常常是因为对声望规划的忽视造成的（Haarmann 1990）。本章从历时视角和发展脉络中审视川西康区双语教育问题。从川西康区语言认同状况的考察入手，深入剖析少数民族语言认同和语言教育的关系，并深入川西康区开展社区语言教学试点。

5.3　川西康区语言教育的实践进程

　　边疆教育一直是川边藏区建设的重要内容。关于边疆教育的研究文献很

---

[1]　武启云．多元文化视野中的双语教学［J］．民族教育研究，2003（01）：55-59.

多，但专门从语言角度进行研究的很少。专门针对边疆教育中的语言问题进行文献梳理，理清康区语言教育的发展脉络，对于把握今天康区少数民族双语现象的形成及特点，以及边疆教育的规划有借鉴意义。

清末及民国政府以来对边疆教育中语言问题的讨论以及川边康区语言教育政策的实施，主要是以"川边"地区为单位展开的，"川边"又称川滇边，指今天的四川甘孜州、云南迪庆、西藏昌都市以及青海玉树一带。清朝末期，清政府对川边地区实行了以改土归流为核心的改革，其中解决语言问题是"兴学"的首要任务。在改土归流之前，川边地区学校的数量极少，绝大多数藏族儿童不能上学，只能进入寺院学习。1904年，近代新式学堂开始兴起，时任打箭炉军粮府的伍文元开办了大同学校，成为川边近代教育办学校之始。同时，时任巴塘粮员的吴锡珍采取了创办官话学校、编辑官话课本、强迫汉藏学童入学等措施，促进藏汉双语的学习，开启了川边近代教育的发展。当时政府根据民族地区语言不通的实际情况，推行藏汉双语教学，进而提高教学效果。到1906年，川边当局在成都设立四川藏文学堂。时任边务大臣的赵尔丰全力推行兴学，确定了首要任务是创办初等教育。1907年，在炉城（今康定市）设立了"关外学务局"，主管兴学的大小事务。在各地设置官话学堂和初等小学堂，形成了两种双语教育模式。同时设立"劝学所"，派劝学员到各地劝学，宣传兴学。通过建立考核和奖励机制，提高民众的受教育意识。川边当局还根据教育对象和培养目标的差异，设置了包括师资培养和普及教育在内的不同培养模式。成立了"师范传习所"，招收初识藏汉文字的民众经过短期培训后派往各地任教。除了普及教育之外，还与实际生产生活结合起来。1910年，巴塘粮员聘请了制陶大师开办陶业学堂以传授陶艺技术；学务总局专门开课试验养蚕，以传授养蚕缫丝技艺[1]。1911年，为解决师资问题，提高师资教育水平，川边学务局开办"官学师范传习所"（后改为藏文专修学堂），招收通晓藏汉双语的人进行培训，培训后派往各地教授藏语和汉语，要求学员必须学习藏汉双语，以确保任教后能用双语进行教学。从1907

---

[1] 张炼.清末川边藏区教育的开发述评 [J].西南民族大学学报，1992（02）：71-76+87.

年至 1911 年，在四年的时间里兴办了 200 余所学校，学生人数迅速增加，开创了"川边普通教育的黄金时代"[1]。可以说，"藏汉双语教育是川边兴学成功与否的关键。"[2]

清末川边兴学的实质是学习西方近代教育，改革传统旧教育。川边当局充分考虑了当地特殊的社会环境和文化习俗背景，针对不同的对象实行差异化的教学模式，进而推行藏汉双语教学。通过创办初等教育官话学堂，强调学习"官话"的重要性，使用通俗易懂的白话文编印本土教材，注重正统文化和国家意识的教育，把汉语和汉族传统文化礼仪作为教学内容的重点，将生产技术的传播与语言教学结合，其采取的一系列措施和政策都确保了教学的实效性，在促进藏汉文化交流、增强国家意识等方面具有深远的意义。虽然川边兴学也有诸多弊病，但其通过藏汉双语教学渗透现代教育思想，开启了川边藏族地区近代教育的先河，为川边藏族地区近现代教育奠定了基础，具有重要的现实意义。

到 1911 年 6 月保路运动后，川边兴学便止步并开始衰退，学校数量和学生人数急剧下降。到民国时期，在川西地区的藏族教育中出现了特殊的制度——"雇读制"，即有钱人雇佣汉族子弟顶替自己的孩子上学读书。由于清末兴学多是秉持汉族文化的同化政策，未能充分考虑当地的语言文字、风俗习惯和宗教信仰等特点，且强迫入学的方式引起了当地群众的反感，因而出现了有钱人雇佣他人读书的现象。从 1912 年至 1949 年，"雇读制"也经历了沉寂、复苏、高潮和衰退四个阶段。直到新中国成立，各民族平等的实现以及少数民族扶持政策的实施，"雇读制"才正式退出历史舞台。

新中国成立初期，四川藏族地区的藏汉双语教育才正式开启。1952 年，西康省藏族自治州（今甘孜藏族自治州）通过了《西康省藏族自治州关于发展民族语言文字的实施办法》，规定："自治区内各级人民政府行文以藏文为主，告示、宣传及学习文件均用藏汉两种文字印发；鼓励汉族干部学习藏语

---

[1]　刘绍禹.西康教育史之略述［J］.康藏前锋.1938，4 卷 1、2 期.

[2]　姚便芳.双语教育：清末川边藏区兴学之关键——兼谈清末川边藏区双语教育的基本模式［J］.西藏研究，2011（01）：96-102.

藏文，少数民族干部在自愿原则下学习汉文。"[1] 以文件的形式规定了藏汉双语的使用和学习。当时的西康省教育厅和四川省教育厅先后在 1955 年和 1956 年传达了实施民族语言文字教学的指示，要求在藏族聚居地运用"藏语+汉语"的授课模式，称为"一类模式"；而在民族杂居地区运用"汉语+藏语"的授课模式，称为"二类模式"。从建国初期到 1957 年，相关部门开设了民族语文课并编译出版了小学藏文教材。1958 年至 1978 年，"由于'左'的路线干扰，民族语文工作和民族语文教学受到极大的影响，推行单一的汉语教学，双语教学被'直接过渡'所代替。"[2] 因此，藏语文课在多数地区停开。此阶段的藏汉双语教育严重受挫，发展缓慢。

在党的十一届三中全会后，川西藏族地区的藏汉双语教育重新起步，各地相继恢复了中小学的双语教育工作。教育部和国家民委于 1980 年和 1981 年先后下发了《关于加强民族教育工作的意见》和《关于进一步加强民族教育工作的报告》，强调中小学教育要适合少数民族的特点，应在教育体制、内容和教学方法等方面进行改革。从 1983 年至 1987 年，连续五次召开了双语教学会议，着重探讨了四川双语教学工作的正确道路，逐步形成了双语教学体制的建设框架。1988 年《关于彝、藏族中小学双语教学工作的意见》使四川的双语教学工作"迈出了新时期的第一步。"[3] 同年，康定市为深化教改，在假期举办了小学双语教学研究班。在折西地区积极开展双语教学。该阶段的藏汉双语教育发展迅速。从 2006 年至 2010 年，甘孜州实现了双语教学从小学到大学的直通，进入了跨越式的发展。

黄布凡（1988）把川西藏族地区的小学教学形式归为四类。一是各科都使用藏语文教学，此类教学大多位于藏语方言区，包括了甘孜州的部分区县。二是各科都使用汉语文教学，此类教学多用于通行汉语的城镇，也包括不适用藏语的藏族地区。三是以藏语文教学为主，要达到五省区，即西藏自治、

［1］ 康定民族师专编写组，甘孜藏族自治州民族志［M］．北京：当代中国出版社，1994：320．

［2］ 胡书津．试论我国民族教育与民族语言的关系［J］．西南民族大学学报，1996（03）：112 −115．

［3］ 沈成军．四川双语教学工作的回顾与展望［J］．中国民族教育，2000（05）：15−17．

青海、四川、云南和甘肃的藏文统一标准，汉语文单设一科。此类教学模式通行于藏语方言区的部分乡村。四是以汉语文为主，藏语文单设一科。此类教学模式通行于"地脚话"分布区，学生要同时学习两种陌生的语言和文字，难度较大。黄布凡认为仅仅因地制宜、采取多种形式的办学方式仍不足以把川西藏族地区的教育发展起来，还应在教师教学用语，借用教学辅助工具，解决与中学课程的衔接等方面多加考虑。雷莉（2018）也指出在川西藏族地区开展的双语教学主要有四种模式，一是单一的汉语教学；二是单一的藏语教学；三是以藏语为主，汉语为辅的"辅助性"教学；四是"藏汉并举型"的"藏加双语"教学。如今，川西康区的大多数学校以第一种模式为主，第四种模式为辅。

可见，川西康区的语言政策和规划发展情况复杂，如何实施藏汉双语教育，符合当地群众的需要一直以来都是有关部门关注的重点。如何制定适宜当地语言情况、符合当地语言特点的语言规划和语言政策也是目前学界研究的重点。尽管双语教育一直在不断发展完善，但仍有一些不利于族际融合的做法。如目前的双语教育是在独立的学校中开展的，局限在少数民族地区的学校以及少数民族群体，是"少数民族学汉语，汉族不学少数民族语言"的单向模式，不利于族际学生之间的交流与融合，也不利于其他年龄段少数民族群体的学习。此外，由于课堂教学的部分内容远离民族学生的文化背景和生活实际，加之当地教学资源不完备、具备多元文化背景的教师短缺等问题，都是制约双语教育发展的因素。因此，如何制定出既符合少数民族实际情况，又符合当地群众需要的语言规划便显得尤为重要。

"少数民族双语教学"是指以两种语言为教学媒介培养学生熟练运用双语和跨文化适应能力的教学体系[1]，是中华人民共和国成立后参考苏联多民族国家的管理模式，形成的汉语与少数民族语言双轨发展的教育模式。我国《宪法》规定了少数民族有使用自己语言受教育的权利，这也为我国少数民族双语教学提供了根本的制度保障[2]。新修订的《中华人民共和国教育法》规

---

[1]　李宇明. 当代中国语言学研究［M］. 北京：中国社会科学出版社，2016：382.
[2]　李儒忠. 中国少数民族双语教育历史进程综述［J］. 新疆教育学院学报，2009（01）：1-8.

定：民族自治地方以少数民族学生为主的学校及其他教育机构，应该从实际出发，使用国家通用语言文字和本民族或者当地民族通用的语言文字实施双语教育政策[1]。这个政策既是我国民族地区教育的特色，也是保障少数民族教育公平和教学质量的重要途径。近年来，我国政府的民族工作有所调整，强调通过推广国家通用语言文字来强化中华民族的身份意识和身份认同，积极推进中华民族一体化和国家认同。"从纵向发展看，我国日益成熟和普及的市场经济机制，要求作为语言社会交际效率最高的国家通用语言必须在民族地区大力推广普及。从横向比较看，世界发达国家和地区通用语言文字的推广和普及工作早已在工业化和现代化的进程中已基本完成，而在我国汉语方言地区和少数民族地区的国家通用语言文字普及程度还远远达不到一个现代化国家应有的水平，因此推广国家通用语言文字仍是一项长期的工作和任务"[2]。少数民族双语教学形成了以国家通用语为主、少数民族语言为辅的有序多语的模式。此外，我国发展了少数民族地区国家通用语的学前教育体系，对促进"中华民族多元一体"的国家意识和提升国家认同成效显著。

5.4 川西康区语言认同与语言教育的实证研究

相较于对华裔和外国学生的汉语学习，少数民族汉语教学一直是汉语作为第二语言教育研究的薄弱点。由于语言认同会影响人们的语言使用和语言能力，因此了解某地区的语言认同情况对制定语言政策与规划语言教学有着至关重要的作用。将认同理论引入对少数民族学生的双语教育研究，可以让双语教育在构建中华文化认同、国家认同中的作用得到更好的发挥。此外，少数民族学生的汉语语言认同状况也可以真实地反映国家语言政策在当地实施和普及的情况，为该民族地区的语言政策制定提供参考。从语言教学角度，明确汉语语言认同对学生汉语语言能力的影响，就可以根据研究结果进行适

---

[1] 方晓华. 少数民族学习和使用国家通用语言文字的必要性与紧迫性 [J]. 双语教育研究. 2017（12）：1-10.

[2] 黄行. 国家民族政策与民族语言政策 [J]. 中国社会语言学，2015（02）：20-26.

当干预。教师可以有针对性地改进自身的教学方法和管理办法，从而提高对少数民族汉语教学的实际效果。

当前少数民族双语教育研究中对民族学生二语学习心理机制的探讨还比较少。第二语言自我认同影响语言学习的投资，进而影响语言能力。因此，对少数民族二语学习者语言认同问题的探讨，可以促进双语教育质量的提高。了解少数民族学生在二语学习过程中的矛盾心理，认同困惑，从社会心理、社会文化角度探索帮助他们增强学习动机，增加学习投资，提高语言学习参与性的途径。创设良好的语言学习情境，有针对地对双语教育实践中的具体问题开展科学研究，可以切实解决双语教育"怎么做"的问题。少数民族双语教育领域的语言认同研究，一方面要更加关注如何在民族地区复杂的言语情境下，协调族群认同，母语情感，文化传承与国家通用语推广的关系。另一方面还要重视学习者在第二语言学习中可能面临的矛盾心理、认同困惑对他们学习投资和学习参与性的影响，提高民族地区双语教育质量。

本节拟通过几个具有代表性意义的个案研究，尝试探讨以下问题：川西康区少数民族如何通过双语教育和国家通用语学习来获得自己的话语权，为融入目的语社群做出了哪些语言和文化投资行为，同时是否能保持其本身语码库的活力，避免母语语码变为惰性码、死码；当地少数民族在学习国家通用语的过程中如何通过学习与交际不断与自我协商，构建对国家共同语和中华民族共同体的认知、态度及行为模式，建构出怎样的动态认同结构。在此基础上，结合调查对象语言认同的特点和影响因素，探索可以有效帮助当地学习者提高国家通用语认同的教学策略。

5.4.1　川西康区的语言习得状况调查

贡嘎山乡的语言习得状况

贡嘎山乡第一语言习得情况。如图 5.1 所示，贡嘎山乡被调查者中有96.5%的人小时候习得的第一语言为木雅语，当地木雅语保存较好。

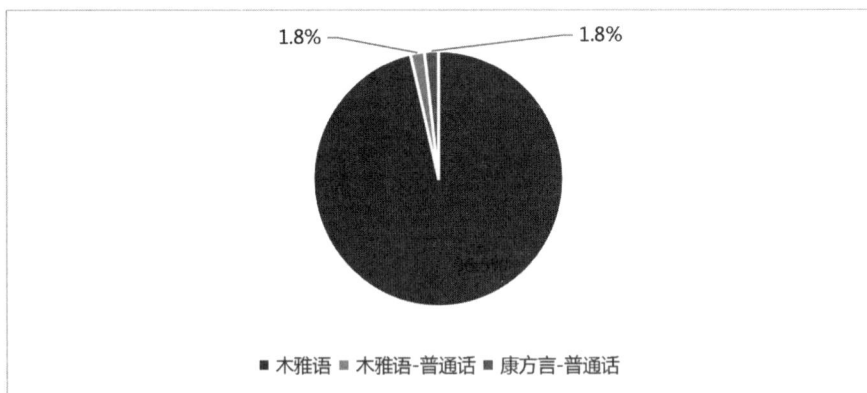

图 5.1 贡嘎山乡居民小时候最先学会的语言分布图

语言文字习得途径。如图 5.2 所示，贡嘎山乡大都是通过学校教育和社会交往习得普通话，同时电视广播也是当地居民学习普通话的一种途径。在木雅语习得方面，全部被调查者都是通过"家里人影响自然学会"木雅语的，可见，家庭传承仍然是木雅语的主要习得途径。

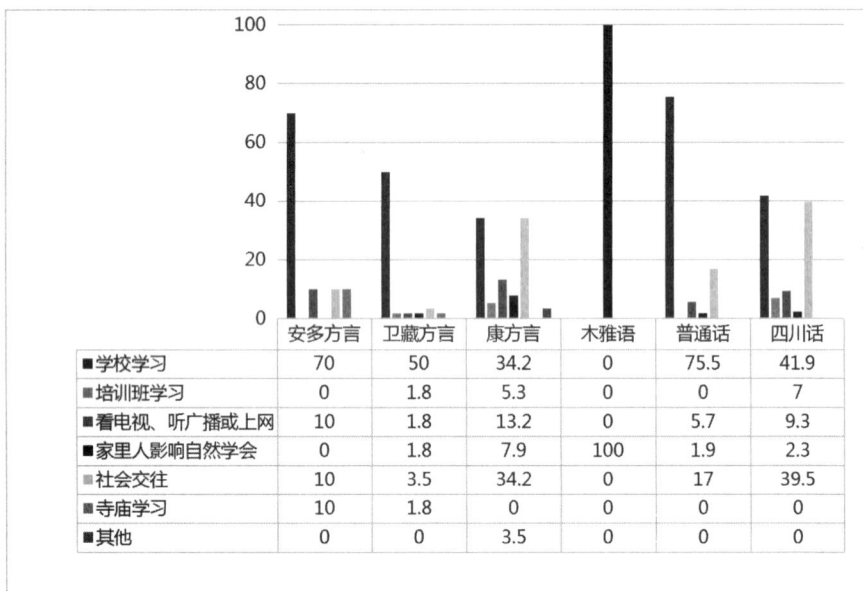

	安多方言	卫藏方言	康方言	木雅语	普通话	四川话
■学校学习	70	50	34.2	0	75.5	41.9
■培训班学习	0	1.8	5.3	0	0	7
■看电视、听广播或上网	10	1.8	13.2	0	5.7	9.3
■家里人影响自然学会	0	1.8	7.9	100	1.9	2.3
■社会交往	10	3.5	34.2	0	17	39.5
■寺庙学习	10	1.8	0	0	0	0
■其他	0	0	3.5	0	0	0

图 5.2 贡嘎山乡语言习得途径分布图（%）

在文字习得方面，如图 5.3 所示，学校教育仍然是居民掌握藏、汉文的主要途径，另外也有 14.3% 居民表示自己是通过平时看经书自学学会藏文，4% 的人通过自学学会汉文。

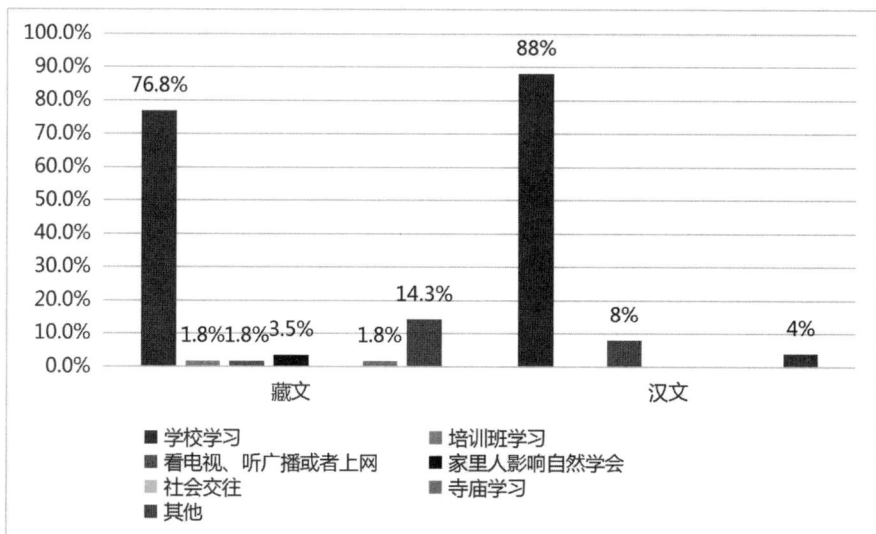

图 5.3　贡嘎山乡文字习得途径分布图

总之，贡嘎山乡被调查者中除 1 人家庭转用康方言和普通话之外，其余被调查者最先习得的语言均为木雅语，且均为双语或多语使用者。家庭影响是木雅语习得的唯一途径；贡嘎山乡受访者的普通话能力较好，68.5% 的被调查者都"能听懂并会说"普通话，学校学习是学会普通话最主要的途径；被调查者的康方言语言能力较低，仅 29.8% 的人能熟练使用康方言进行交际。

朋布西乡的语言习得状况

朋布西乡的第一语言习得情况。从图 5.4 可知，朋布西乡被调查者中有 89.5% 的人习得的第一语言为木雅语，其次是康方言，另有 1.7% 和 0.6% 为普通话、四川话。

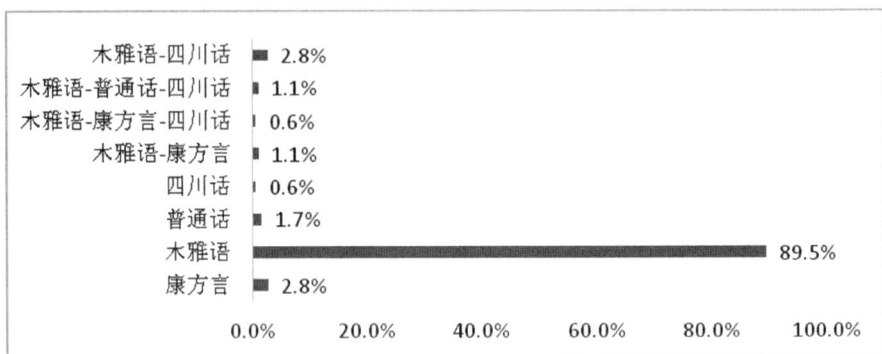

图 5.4 朋布西乡居民小时候最先学会的语言分布图

通过访谈得知，被调查者最先习得木雅语的 162 人中，147 人来自朋布西乡本地，其他 15 人也均来自木雅语通行地区沙德镇和贡嘎山乡。5 名最先习得康方言的被调查者均出生于朋布西乡本地。族际通婚对居民的母语有较大影响，被调查者中母语为普通话、四川话或木雅语–普通话–四川话三语的 6 人均来自藏汉族际通婚家庭。其他母语为双语或三语的被调查者均为朋布西本土家庭，父母都是木雅本土人，但已经有意识地为后代营造双语或多语的家庭语言环境。

综上来看，木雅语仍是朋布西乡居民家庭中习得的第一语言，但同时，康方言、四川话和普通话在朋布西乡的家庭中开始被当作第一语言习得，已有个别家庭出现语言转用现象，表现为转用康方言、木雅语–康方言双语、木雅语–四川话双语或木雅语–康方言–四川话三语。族际婚姻是影响该地区居民第一语言习得的一个重要因素，在一些族际婚姻家庭中，出现了木雅语–普通话–四川话的三语语言环境，甚至有家庭已开始转用四川话或普通话。

语言文字习得途径。如表 5.1 所示，家庭仍然是木雅语的主要习得途径，通过家庭传承习得木雅语的人数比例高达 98.9%；普通话主要通过学校教育习得，电视节目也是学习普通话的主要途径；学校学习是掌握康方言的首要途径。

表5.1 朋布西乡居民语言习得途径

语言种类 习得途径	安		卫		康		木		普		川	
	计数	有效百分比	计数	有效百分比	计数	有效百分比	计数	有效百分比	计数	有效百分比	计数	有效百分比
学校学习	17	43.6	13	23.6	73	50.7	1	0.6	101	60.5	55	35.7
培训班学习	0	0	1	1.8	1	0.7	0	0	2	1.2	0	0
看电视、听广播或上网	9	23.1	14	25.5	22	15.3	1	0.6	26	15.6	24	15.6
家里人影响自然学会	0	0	7	12.7	22	15.3	173	98.9	11	6.6	16	10.4
社会交往	12	30.8	13	23.6	22	15.3	0	0	25	15	58	37.7
寺庙学习	1	2.6	7	12.7	3	2.1	0	0	1	0.6	0	0
其他	0	0	0	0	0	0	0	0	1	0.6	1	0.6
总计	39	100	126	100	144	100	175	100	167	100	154	100

在文字习得方面，如表 5.2 所示，学校学习是受访者学习掌握藏、汉文的首要途径，另有个别受访者表示自己是通过平时看经书自学学会藏文。

表5.2 朋布西乡居民文字习得途径

文字种类 习得途径	藏文		汉文	
	计数	有效百分比	计数	有效百分比
学校学习	143	87.2	144	87.8
培训班学习	0	0	1	0.6
看电视、听广播或者上网	3	1.7	11	6.7
家里人影响自然学会	10	5.5	1	0.6
社会交往	2	1.1	2	1.2
寺庙学习	2	1.1	1	0.6

续表

文字种类 习得途径	藏文		汉文	
	计数	有效百分比	计数	有效百分比
其他	2	1.1	4	2.4
总计	164	100	164	100

通过走访得知，朋布西乡还有一种重要的学习途径，即寺庙学习。在朋布西乡马达村一所寺庙中，汪秋和多德等寺庙喇嘛会利用寒暑假，开设藏文和英文补习班，吸引了周边各村的学生前来学习。

沙德镇居民语言习得状况

沙德镇居民的第一语言习得。从图 5.5 可知，被调查者中有 82.5% 的人第一语言为木雅语；有 9.5% 的人小时候习得的第一语言为藏语康方言；4.8% 的第一语言习得为四川话。

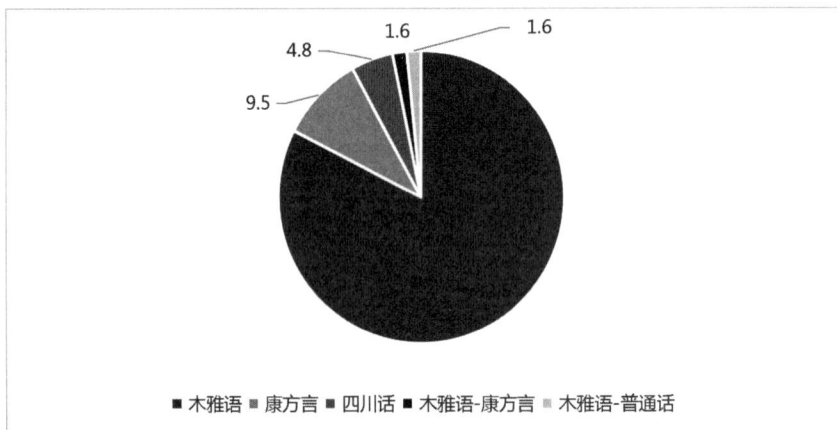

图 5.5　沙德镇居民最先学会的语言分布图

从样本数据来看，沙德镇作为木雅人聚居区，木雅语仍是当地居民最先习得的第一语言。但一些家庭已经出现了语言转用的情况，通过访谈得知，个别家庭已转用藏语康方言，少部分家庭已转为双语家庭，在这些语言转用的家庭中，父母使用的语言对孩子的语言习得影响比较大。

表 5.3 沙德镇居民语言习得途径表

习得途径 ＼ 语言种类	安		卫		康		木		普		川	
	计数	有效百分比	计数	有效百分比	计数	有效百分比	计数	有效百分比	计数	有效百分比	计数	有效百分比
学校学习	2	28.6	3	37.5	18	36.7	0	0	28	49.1	19	31.1
培训班学习	0	0	0	0	0	0	0	0	1	1.8	0	0
看电视、听广播或上网	0	0	3	37.5	3	6.1	0	0	6	10.5	8	13.1
家里人影响自然学会	0	0	0	0	14	28.6	55	93.2	1	1.8	8	13.1
社会交往	5	71.4	2	25	13	26.5	3	5.1	18	31.6	26	42.6
其他	0	0	0	0	0	0	1	1.7	3	5.3	0	0
总计	7	100	8	100	49	100	59	100	57	100	61	100

如表 5.3 所示，关于木雅语的习得，家里人影响和社会交往是主要习得途径。家庭语言环境仍然是沙德镇居民习得木雅语的主要场所。通过社会交往习得木雅语的 3 人，他们的母语均为康方言，是在移居沙德镇后，在与当地居民的交往中学会木雅语；学校、家庭、社会交往是康方言的主要习得途径。康定地区学校均实行藏汉双语教育，使用藏语康方言和普通话进行教学，康方言是学生必须掌握的语言，因此绝大部分受访者是通过学校学习习得康方言。同时，康方言在沙德镇居民的生活中占据重要的地位，适用范围广，因此"家里人影响自然学会"也是居民习得康方言的重要途径；普通话习得的途径众多，学校学习和社会交往是最主要的学习途径。由于学校双语教育的实施，学校学习成为居民学习普通话的第一途径。对于未受过教育或受教育程度较低的受访者来说，与其他民族的交往交流是其学习普通话的主要途径。由于电视、网络在沙德镇的普及，部分受访者，特别是学前儿童也能通过电视广播节目习得普通话。

表 5.4 沙德镇居民文字习得途径

文字种类 习得途径	藏文		汉文	
	计数	有效百分比	计数	有效百分比
学校学习	38	82.6	47	94
看电视、听广播或者上网	1	2.2	1	2
家里人影响自然学会	3	6.5	0	0
社会交往	0	0	1	2
其他	4	8.7	1	2
总计	46	100	50	100

表 5.4 表明沙德镇受访者主要通过"学校学习"习得藏文。还有少部分人是通过平时看经书自学学会，这部分人均是未受过教育的人群；学校教育仍然是沙德镇受访者学习汉文的主要途径。

总之，从普通话的习得途径上看，各乡镇被调查者基本都是通过学校学习。对于未接受过学校教育或受教育程度较低的受访者来说，社会交往是其学习普通话的主要途径。此外，由于电视、网络的普及，部分受访者，特别是学前儿童也能通过电视广播节目习得普通话。可见，除了学校课堂教育，课堂之外的语言教育也值得关注。

5.4.2 九龙县汤古乡学生汉语认同与汉语教育研究

汤古乡当地政府最新数据显示，截至 2018 年底当地 6 至 18 岁的上学适龄学生共有 353 名[1]。九龙县汤古乡境内只有一所小学，即汤古乡中心小学，年级范围涵盖了从幼儿园到小学六年级。该所学校学生总人数仅在 80 名左右，已包含了汤古乡大部分此年龄段的儿童，且全都是木雅藏族。大部分初、高中及以上年级段的汤古乡学生均在九龙县县城求学，就读学校范围包括九龙

---

[1] 截至 2018 年底的统计数据，由九龙县汤古乡派出所提供。

县城关小学、九龙县第一完全小学、九龙县高级中学、九龙县中学。还有极少数学生由于家庭原因和学业发展需求前往康定、成都等外地城市求学。本次调查采用调查问卷的方式，在九龙县汤古乡三个行政村九个村民小组发放纸质版调查问卷，后期又通过线上发放电子问卷邀请当地学生填写。经统计，共回收问卷 206 份，其中有效问卷 201 份。抽取了参与调查的 4 位同学进行深度访谈。

本次调查针对川西康区学生群体的特点，设计了《川西康区学生汉语认同评估量表》，量表包括：个人基本信息、汉语认同和汉语能力三个版块。其中基本信息包括学生性别、年龄、民族、受教育程度、家庭背景、就读学校等因素；汉语认同部分主要是调查学生普通话的语言使用、语言态度和语言意识三个范畴；汉语能力主要调查学生普通话听说读写四个方面的水平。在问卷调查的基础上，从汉语认同问卷得分高分组和低分组中各挑选了 2 名具有典型性和代表性的汤古乡学生进行深度访谈，以进一步了解当地学生的汉语认同和汉语学习情况，作为问卷内容的补充和数据分析结果的验证。

本次调查回收的 201 份有效问卷中，男性 88 人，女性 113 人；小学生 56人，初中生 43 人，高中生 81 人，大学生 21 人；普通话学习时长 0-6 年的 72人，6-12 年的 87 人，12 年以上的 42 人；父母均为木雅藏族的族内婚姻家庭背景学生 161 人，父母中有一方为木雅藏族、一方为汉族的族际婚姻家庭背景学生有 40 人。调查对象基本情况如下表 5.5 所示：

表 5.5 调查对象基本情况统计表

项目名称	描述	频数	百分比	累计百分比
性别	男	88	43.8	43.8
	女	113	56.2	100
年级	小学	56	27.9	27.9
	初中	43	21.4	49.3
	高中	81	40.3	89.6
	大学及以上	21	10.4	100

续表

项目名称	描述	频数	百分比	累计百分比
普通话学习时长	0—6	72	35.8	35.8
	6—12	87	43.3	79.1
	12 年以上	42	20.9	100
家庭背景	族内婚姻家庭	161	80	80
	族际婚姻家庭	40	20	100

从性别来看，男女各占一半左右；年级分类中，高中学生数量最多，大学及以上学生数量占10.4%；普通话学习时长为6-12年的学生数量最多，12年以上的学生数量较少；从家庭背景来看，族内婚姻家庭数量占绝大多数，族际婚姻家庭有40人，占样本的20%。

5.4.2.1 汤古乡学生汉语认同现状分析

汤古乡学生汉语认同现状调查

表5.6分别对汤古乡学生汉语认同的三个范畴：语言使用、语言意识、语言态度进行了统计分析。

表 5.6 汤古乡学生汉语认同现状

		语言使用	语言意识	语言态度	总计
样本情况	有效	201	201	201	201
	缺失	0	0	0	0
平均数		3.04	3.61	4.01	3.40
标准差		.516	.600	.882	.666
极大值		5.00	5.00	5.00	5.00
极小值		1.00	1.00	1.00	1.00

问卷选项设计按照"完全不同意"到"非常同意"由弱到强从 1 分向 5 分过渡，所选分值越高，表示被调查者对普通话的认同度越高。根据表 5.6 可知，汤古乡学生汉语认同的总体均分为 3.40，处于平均分中等偏上。这表明当前汤古乡学生对普通话认同度一般，但也不排斥普通话。

汤古乡汉语认同的三个子范畴均分在 3.04－4.01 之间。在汉语认同的各个维度中，语言态度平均值（M＝4.01＞3.00）最高，包含了汤古乡学生对普通话的情感、功能、认知三个面的评价，说明大多数学生对普通话的情感、功能认同度比较高；排名第二的是语言意识（M＝3.61），表明学生对普通话与木雅话和其他语言之间的差异有一定了解，对普通话政治、经济和文化价值等方面的功能也有一定程度上的认知；均分比较低的是语言使用（M＝3.04），包含汤古乡学生在家庭域、学习域、公共域和宗教域这四个场所的普通话使用情况。从整体上来说，汤古乡学生在日常生活中使用普通话的频率处于一般水平。这与汤古乡较为偏远的地理位置有着密切关系，该区域对外交流规模小，使用普通话的机会少。

语言使用是人们在具体语境里的语言行为，语言使用是语言认同最直接最具体的反应。本研究主要调查了跟汤古乡学生日常语言使用最密切相关的四个语域，即学生在家庭域、学习域、宗教域和公共域的语言行为倾向和语言使用实践。如表 5.7 所示，问题 2（M＝2.10）、问题 3（M＝2.76）和问题 4（M＝2.02）是调查汤古乡学生在家庭内部和父母、兄弟姐妹、祖父母等亲属使用普通话交流的情况。从均分来看，各问题得分都低于 3.00 分，说明学生在家庭等私密场合中使用普通话的频率非常低。问题 5（M＝4.23）考察了学生在校内使用普通话的频次，此项是语言使用部分所有问题中得分最高的一项，接近于 5.00，反映了汤古乡学生在学校领域使用普通话的情况非常好。问题 8（M＝2.06）调查了宗教场所内学生普通话使用频率，得分很低，表明汤古乡学生在当地宗教场合诵经祈福时，仍然是以本民族语为主。问题 6、7、9、10、11 是调查学生在商店、政府、医院等公共场合的语言使用情况，问题 6（M＝2.16）、问题 9（M＝2.41）考察的是商店、村子相对随意的公共社交场合。这个场合中的成员基本上为本族人且人们相互比较熟悉，因此学生使用普通话的频率也相对较低。问题7（M=3.91）、问题10（M=3.63）及问题11（M=3.75）考察的是比较开放、正式的政府、医院等外部公共场合语言使用情况。由于交际对象不全是本族人，普通话的使用频率远比在家中的使用频率高，当地学生会根据交际场合和交际对象进行语码转换。总体来看，这11项问题的均值为（M=3.05，SD=.508），说明当地学生在日常生活中普通话使用频率一般。

表5.7 汤古乡学生语言使用情况分析表

问题	各题		使用层面	
	平均数	方差	平均分	标准差
1. 与木雅话相比，你平时更多使用普通话	3.07	1.765		
2. 和父母交谈时，你更经常用普通话	2.10	1.350		
3. 和兄弟姐妹交谈时，你更多使用普通话	2.76	1.813		
4. 和祖父母聊天时，你更多使用普通话	2.02	1.484		
5. 在学校里，你更多使用普通话	4.23	1.360		
6. 与本族人聊天时，你会更常使用普通话	2.16	1.635		
7. 和陌生人交流时，你会更多使用普通话	3.91	1.556	3.05	.508
8. 在宗教场合时，你会更多地使用普通话	2.06	1.909		
9. 在本地商店买东西时，你会更多地使用普通话	2.41	1.813		
10. 在本地医院看病时，你会尽可能多地使用普通话	3.63	2.024		
11. 到本地政府办事时，你会尽可能多地使用普通话	3.75	1.868		

总的来看，在家庭域、宗教域以及较为随意的交际场合中，汤古乡学生对木雅话的使用高于普通话。这一方面是因为木雅话是当地学生的本民族语，学生对它的感情深厚；另一方面木雅话是本民族内部最方便使用的交流工具，

是维系民族感情的重要桥梁和象征民族身份的重要标志。而在学校域和相对正式的公共场合，汤古乡学生对普通话的认同比较高。社区内部木雅话保存状况完好，汤古乡学生基本都能熟练掌握本民族语，对于本民族语具有强烈的语言认同感和语言忠诚，因此在家庭环境中学生基本都是用木雅话与家人交谈；在学校环境中，由于学校规定要求学生用普通话交流，为学生使用普通话提供了机会；而在社区环境中，汤古乡学生会根据交际场合和交际对象进行语码转换。由于当地社区大多是本民族群众，很少有外来人口和其他民族，学生日常与汉族人或者其他民族沟通的机会很少，所以普通话使用频率不高。

良好的语言意识有利于传承语言的政治、经济和文化价值。根据表 5.8 可知，汤古乡学生的语言意识层面得分（M = 3.58，SD = .801）情况良好。

表 5.8 汤古乡学生语言意识情况分析表

问题	各题		使用层面	
	平均数	方差	平均分	标准差
12. 你觉得木雅话与普通话有差别	3.25	1.981		
13. 你觉得普通话与木雅话的差别大	3.32	1.998		
14. 你觉得普通话比木雅话的地位更高	3.84	1.785	3.58	.801
15. 你觉得普通话比木雅话更有经济价值	4.16	1.620		
16. 你觉得普通话比木雅话更有文化价值	2.95	1.442		

Kroskrity（2000）认为语言意识可以分为宏观与微观两个层面，微观层面的语言意识主要考察的是语言使用者和语言系统的本体特征；宏观层面的则关注的是语言的政治、经济与文化价值。因此问卷设计分别从宏观和微观角度对汤古乡学生的语言意识进行考察。问题 12（M = 3.25）、问题 13（M = 3.32）考查学生对木雅话和普通话之间差异的掌握情况，是说话人对本民族语和通用语本体差异的认知。数据统计表明汤古乡学生对木雅话和普通话之间差异的认知比较清晰。对木雅话和普通话之间的差异认识是二语学习者语

言意识的直观体现，辨认两种语言的差别包含着语言意识的引入和社会建构这一关键过程，这个过程包含了认同建构。问题 14（M = 3.84）、问题 15（M = 4.16）和问题 16（M = 2.95）是汤古乡学生对木雅话和普通话的政治功能与经济、文化价值的评价，当地学生认为普通话的社会地位、经济价值高于木雅话，但在文化价值方面却相反。可见，当地学生已经意识到作为国家通用语的普通话更加有用和更具权威性，在日常生活和教学中占据主导地位；但当地学生对普通话的文化功能不太认可，认为木雅话作为本民族语言更能标志本民族的族群身份和文化传统。语言意识部分的问卷调查表明当地木雅学生的语言意识得分中等偏上，普通话语言意识相对较强。他们认为木雅话和普通话之间存在着一定的差别，认知较为清晰。因为木雅话不仅与藏语康方言、安多话、卫藏话之间无法交流，与普通话差异巨大；但汤古乡学生对普通话的"社会地位"和"经济价值"意识比较强烈，对"经济价值"的认同度最高。

语言态度包括情感评价和理智评价，是指被调查者在听说该种语言时，在情感上的感受和反应以及对于该种语言的实用价值和社会地位的评价。下表 5.9 语言态度测量情况分析表主要涉及当地学生对普通话的情感、认知以及功能方面的评价。情感评价是指学生对普通话的喜爱程度，这往往是自然的、不自觉的情绪反应或者情感感受。认知是指学生对普通话社会地位和发展前景的看法，功能是指学生对普通话的影响力评估，是学生对特定语言的实用价值和社会地位的理智评价。表 5.9 显示，汤古乡学生对普通话的工具性评价非常高，问题 20、问题 21 认为普通话"有用"（M = 4.34）且"有影响力"（M = 4.17），这是对普通话的理智评价；而学生对普通话的情感性评价相对较低，问题 17、问题 18 认为普通话一般"亲切"（M = 3.38），"非常好听"（M = 4.01）。总体上来说，这五个指标反映了当地学生群体对普通话的语言态度是非常积极的（M = 4.01，SD = .883），理智评价优于情感评价。需要注意的是，语言态度的标准差也说明了汤古乡学生在这一项上波动很大，意见比较不统一，这一点可以在后文的访谈中得到验证。

表5.9 汤古乡学生语言态度情况分析表

问题	各题		使用层面	
	平均数	方差	平均分	标准差
17. 你认为普通话好听	4.01	1.562		
18. 你认为普通话亲切	3.38	1.660		
19. 你认为普通话容易学	3.87	1.777	4.01	.883
20. 你认为普通话有用	4.34	1.365		
21. 你认为普通话有影响力	4.17	1.815		

汤古乡学生汉语认同的性别差异

本研究主要通过两种参数统计方式进行差异性分析：第一种是独立样本 T 检验，多用于比较分析两组数据的异同；另一种是单因素方差分析，适用于比较和分析三组及三组以上数据间的异同。为了考察汤古乡学生的汉语认同是否存在性别上的差异，本研究先分别对男性和女性的语言认同数据进行初步统计，随后用独立样本 T 检验方法分析汤古乡学生汉语认同的性别差异。

通过对学生性别与汉语认同及其因子相关分析的结果，可以看出男性学生的汉语认同（M=3.39，SD=.593）与女性学生的汉语认同（M=3.41，SD=.603）差异性不显著（p=.728>0.05）。因此，性别差异与当地学生汉语认同之间不存在显著相关性。在语言认同的三个范畴中，男性和女性在语言使用这一项上表现出了较大的差异性，说明了女性在普通话的使用上表现得比男性更出色。表5.10是性别对汉语认同的影响程度分析，包括语言使用、语言意识和语言使用三个维度。从表中的汉语认同均分总体情况来看，女学生得分为3.41（SD=.603），与男生3.39（SD=.593）基本持平。在汉语语言认同的三个范畴中，男学生（M=4.03）和女学生（M=4.00）均在语言态度层面上得分最高，在语言使用（男学生 M=3.01，女学生 M=3.07）这一层面则得分最低。

表 5.10 汤古乡学生汉语认同的性别差异

	性别	样本数	均值	标准差	p-值	F 值
语言使用	男	88	3.01	.700	.545	.234
	女	113	3.07	.716		
语言意识	男	88	3.61	.763	.952	.777
	女	113	3.60	.843		
语言态度	男	88	4.03	.929	.815	.552
	女	113	4.00	.848		
总计	男	88	3.39	.593	.728	.083
	女	113	3.41	.603		

下图 5.6 比较直观地体现出汤古乡学生汉语认同在性别上的差异。当地女学生和男学生的汉语认同度总体上基本持平,语言使用层面女学生得分高于男学生;语言使用、语言态度、语言意识三因子的得分排列依次为:语言态度>语言意识>语言使用(均分都大于 3.00),说明无论男女对普通话都具有相当程度的认同感。

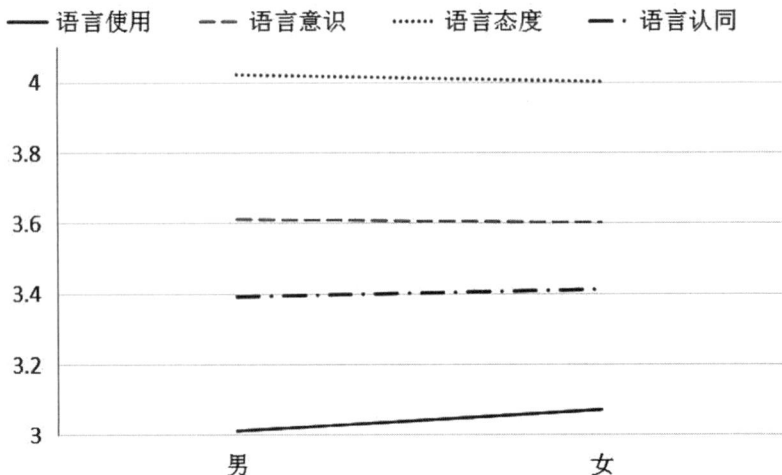

图 5.6 不同性别学生语言认同的变化趋势

汤古乡学生汉语认同的年级差异

为了了解汤古乡学生的汉语认同在不同年级上是否存在分布差异，分别对小学、初中、高中和大学及以上四个层级的汉语认同数据进行了统计，然后采用单因素方差分析的方法进行分析。表 5.11 是对小学、初中、高中、大学及以上四个不同年级对汉语认同的影响效果的分析。通过单因素方差分析来看，不同年级汤古乡学生的汉语认同差异性非常显著（p＝.003〈0.05），即汤古乡学生的年级差异与汉语认同存在显著相关性。从语言认同的各个范畴来看，语言使用的差异性（p＝.006）远低于 0.05，说明不同年级的学生在语言使用方面存在着较大的差异性。由于小学生普通话掌握情况相对较弱，交际范围相对较窄，使用频率比高年级学生少得多；随着年级的增长，高年级学生掌握普通话的情况越来越好，使用普通话的频次增加。而不同年级的汤古乡学生语言意识（p＝.089）、语言态度（p＝.226）的差异性不够明显。

表 5.11 汤古乡学生语言认同的年级差异

	年级	样本数	均值	标准差	p-值	F 值
语言使用	小学	56	2.86	.677	.006	4.219
	初中	43	2.90	.535		
	高中	81	3.25	.767		
	大学及以上	21	3.55	.701		
语言意识	小学	56	3.45	.951	.089	2.169
	初中	43	3.48	.740		
	高中	81	3.76	.655		
	大学及以上	21	3.66	.978		

续表

	年级	样本数	均值	标准差	p-值	F 值
语言态度	小学	56	3.84	.910	.226	1.463
	初中	43	4.02	.703		
	高中	81	4.15	.874		
	大学及以上	21	3.92	.807		
总计	小学	56	3.05	.576	.003	4.744
	初中	43	3.46	.487		
	高中	81	3.71	.582		
	大学及以上	21	3.71	.741		

总体来看，高中生的汉语语言认同均值（M=3.71，SD=.582）和大学生均值（M=3.71，SD=.741）最高，初中生（M=3.46，SD=.487）次之，小学生（M=3.05，SD=.576）的汉语认同均值最低，这说明不同年级学生的汉语认同也不同。其中，小学生在汉语认同及其各因子的平均得分在2.86-3.84之间，初中生的平均得分在2.90-4.02之间，高中生的平均得分在3.25-4.15之间，大学生及以上的平均得分在3.55-3.92之间。这说明随着学生年级的上升，对普通话的认同度越来越高。但到了大学及其以上阶段，汤古乡学生的汉语认同度与高中阶段基本持平。

结合下图5.7的变化趋势可以看到，从整体上看，除了大学及以上这一阶段的学生汉语认同与高中学生持平，汤古乡的汉语认同是随着年级的升高而提高。其中，高中阶段和大学阶段的学生汉语认同度最高，小学阶段的学生汉语认同度最低；无论哪个年级段的学生，语言认同三个子范畴的得分顺序均是：语言态度>语言意识>语言使用；相较于小学、初中学生，高中和大学及以上学生的普通话使用有一个明显的上升趋势；大学及以上阶段的学生语言态度较之前有所回落。高年级学生已经形成相对独立的认同观和身份意识，由于在外求学的原因对本民族语更为敏感，更希望能获得群体认同感和安全感，这也导致了高年级学生的语言态度发展有了新的转变。

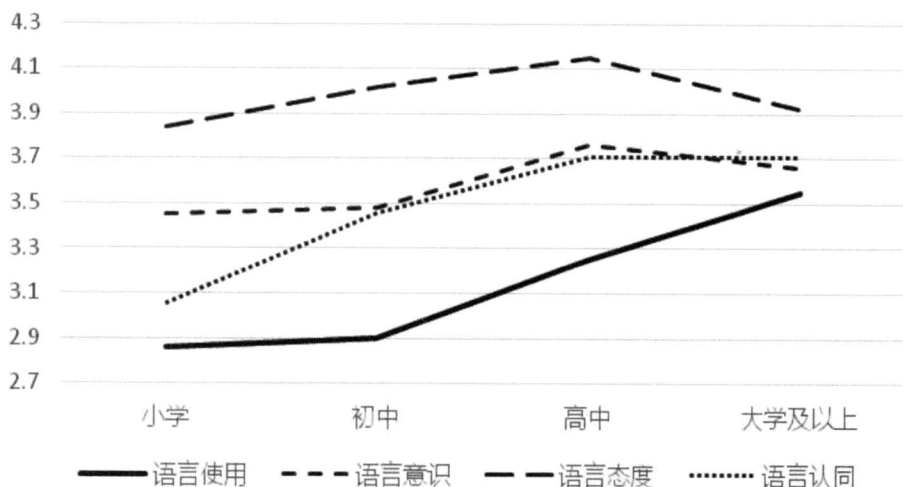

图 5.7　不同年级学生语言认同的变化趋势

汤古乡学生汉语认同和学习时长的相关性分析

根据问卷数据，首先将汤古乡学生的普通话学习时长进行分组。根据统计学原理和被试者的具体情况将学生分为三组：0-6 年、6-12 年和 12 年以上，并将其分别编码为 1、2 和 3，输入 SPSS 软件，采用单因素方差分析法进行分析。表 5.12 是三组普通话学习时长对汉语认同影响效果的分析。总体而言，不同学习时长学生的汉语认同的差异性很显著（p=.002<0.05），因此普通话学习时长不同的学生汉语认同存在显著差异。汉语认同的三个范畴中，语言使用（p=.005<0.05）、语言意识（p=.014<0.05）的差异性十分显著，说明不同普通话学习时长的学生在普通话使用、语言意识这一方面存在着明显的差异性，即学生的普通话学习时长与语言使用、语言意识存在显著的相关性。在语言态度（p=.117>0.05）方面，不同普通话学习时长的作用不明显。另外，由表 5.12 可知，汤古乡学生的汉语认同的均值总体呈上升趋势，即普通话学习时长达 12 年以上的木雅藏族学生汉语认同（M = 3.64，SD = .616）比学习时长为 0-6 年（M = 3.23，SD = .551）和 6-12 年（M = 3.44，

SD=.586）的学生的均值高，并且语言认同每个维度的均值都随着普通话学习时长的增加而逐年增加。总体来看，普通话学习时长为 0-6 年的学生在汉语认同及其各因子的平均得分在 2.87-3.84 之间，普通话学习时长为 6-12 年的学生平均得分在 3.04-4.10 之间，普通话学习时长为 12 年以上的学生平均得分在 3.32-4.11 之间。这说明随着普通话学习时长的增加，当地学生对汉语的认同度越来越高。

表 5.12 汤古乡学生汉语认同与普通话学习时长差异

普通话学习时长		样本数	均值	标准差	p-值	F 值
语言使用	0—6	72	2.87	.619	.005	5.518
	6—12	87	3.04	.733		
	12 年以上	42	3.32	.725		
语言意识	0—6	72	3.40	.850	.014	4.339
	6—12	87	3.64	.794		
	12 年以上	42	3.85	.694		
语言态度	0—6	72	3.84	.104	.117	2.168
	6—12	87	4.10	.085		
	12 年以上	42	4.11	.180		
总计	0—6	72	3.23	.551	.002	6.718
	6—12	87	3.44	.586		
	12 年以上	42	3.64	.616		

结合图 5.8 的变化趋势图可知，随着学习普通话时长的增加，汤古乡学生的汉语认同呈现上升趋势；无论哪个学习时长段的学生，语言认同三个子范畴的得分顺序均是：语言态度>语言意识>语言使用；不同普通话学习时长的学生在语言使用、语言意识上存在较为显著的差异。普通话学习时长多的学生普通话使用频率明显高于学习时长少的学生。随着普通话学习时长的增加，学生的语言意识也在不断提高；学习普通话时长为 6-12 年的学生语言态

度达到峰值，但值得注意的是，普通话学习时长达到 12 年以上的学生在语言态度层面反而有回落的趋势。这反映了语言认同的流变和逆转现象。即受主流强势语言的影响，儿童早期可能对祖传语产生偏见，不愿意接触和学习。但随着年龄的增长，种族认同意识会在社会化过程中逐渐增强，会出现不同形式的母语寻根动机的表现（方小兵 2017）。从而对母语认同增强，对强势语言的认同感弱化。

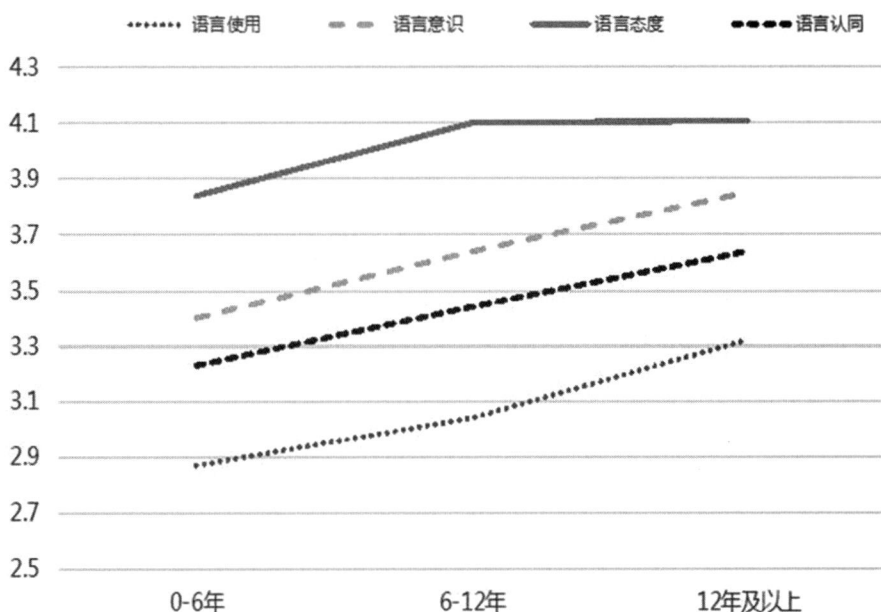

图 5.8 不同普通话学习时长与汉语认同的关系

汤古乡学生汉语认同与家庭背景的相关性分析

为了考察汤古乡学生的汉语认同是否存在家庭背景方面的差异，本研究分别对来自族内婚姻家庭和族际婚姻家庭学生的汉语认同数据进行了初步统计，采用独立样本 T 检验的方法分析汉语认同的家庭背景差异。

表 5.13 汤古乡学生汉语认同与家庭背景差异

	家庭背景	样本数	均值	标准差	p-值	F 值
语言使用	族内婚姻家庭	161	2.96	.953	.376	16.278
	族际婚姻家庭	40	3.07	.634		
语言意识	族内婚姻家庭	161	3.38	.798	.051	.251
	族际婚姻家庭	40	3.63	.796		
语言态度	族内婚姻家庭	161	4.00	.937	.707	.891
	族际婚姻家庭	40	4.06	.871		
总计	族内婚姻家庭	161	3.47	.896	.412	.5340
	族际婚姻家庭	40	3.57	.767		

由表 5.13 可知，以家庭背景作为自变量，汉语语言认同的三个维度为因变量，结果显示，族内婚姻家庭的学生与族际婚姻家庭的学生汉语认同差异性不显著（p＝.412>0.05），说明家庭背景对汉语语言认同的主效应不明显。族际婚姻家庭的学生（M＝3.57，SD＝.767）比族内婚姻家庭的学生汉语认同（M＝3.47，SD＝.896）要高，但两者相差不大。族际婚姻家庭的汉语认同没有预想中的高，主要可能受到几个因素的影响：本次调查的学生中来自族际家庭背景的数量远远少于族内家庭背景学生数量，所以差异不够明显；汉人与当地木雅人通婚后，迅速掌握木雅话作为社交语言，使用普通话的机会很少，对语言态度的影响变弱。从访谈了解到，父母有一方非藏族，非藏族的一方一般能听懂木雅话或者能说木雅话，但木雅藏族一方却不能很好地掌握普通话。因此，跨族婚姻家庭的普通话使用频率并没有明显提高。

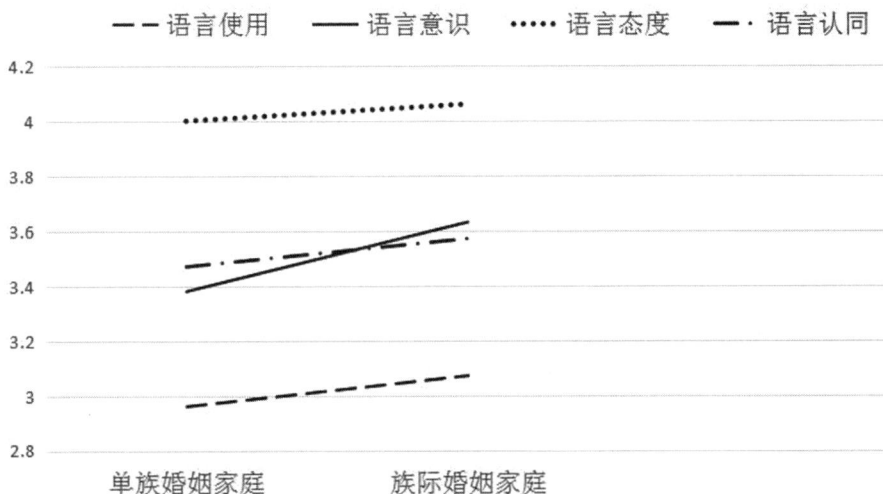

图 5.9　不同家庭背景学生语言认同的变化趋势

　　从整体上来看，拥有族际婚姻家庭背景的学生在汉语语言认同及各因子层面的均值均高于族内婚姻家庭背景的学生。结合图 5.9 的变化趋势图得出以下结论：总体上族内婚姻家庭学生的汉语认同低于族际婚姻家庭的学生，同时他们在汉语认同的三个范畴得分也低于族际婚姻家庭学生；在语言使用、语言态度、语言意识三个维度的得分中，两种家庭背景的学生在语言态度层面得分都是最高的。但语言使用项得分最低，说明语言使用频率受家庭婚姻背景的影响非常小，即使是在族际婚姻家庭的学生普通话使用频次也比较低；图中语言意识上升趋势比较明显，表明来自不同家庭背景的学生在语言意识这一层面相差较大，而来自不同家庭背景的学生在语言使用和语言态度上相差较小。

5.4.2.2　汤古乡学生汉语能力分析

　　国内对于少数民族学生汉语语言能力的测试很少，目前只有中国少数民族汉语水平等级考试（MHK）是针对少数民族汉语水平的评价体系，一般只用于高考、预科、大学毕业考试等考试领域。但操作难度太大，成本高，难以实施。因此本研究采用语言水平自测方法。本研究所讨论的汉语能力仅针对学生的普通话水平，包括以下方面：学生能用普通话进行日常的人际交往，能看懂电视、书本等文字内容，以及运用普通话进行写作等听说读写四个方面。

表 5.14 汤古乡学生汉语能力统计表

		听	说	读	写	总计
样本情况	有效	201	201	201	201	201
	缺失	0	0	0	0	0
	平均数	4.18	3.82	4.00	3.88	4.02
	标准差	1.14	1.17	1.20	1.21	1.24
	极大值	5.00	5.00	5.00	5.00	5.00
	极小值	1.00	1.00	1.00	1.00	1.00

根据表 5.14 可知，汤古乡学生的汉语能力均分为 4.02，得分比较高。这表明当前汤古乡学生的普通话水平已经处于一个比较高的层次。从汉语语言能力的四个维度来看，汤古乡学生的总体平均分从高到低分别是听、读、写和说。其中，普通话听的能力得分最高，学生可以无障碍听懂普通话，阅读汉文书籍，但也表示用汉字熟练撰写文章、用普通话自如表达方面等对他们来说有一定的难度。汤古乡学生即使在学校能接收到大量的普通话输入，在日常生活中语言输出较少，导致说写的能力比较欠缺。

汤古乡学生汉语认同和汉语能力的相关性分析

通过 SPSS22.0 对木雅藏族学生的汉语能力和汉语认同的三个维度进行两两之间的 Pearson 相关性分析。可以利用皮尔逊相关系数的大小判定彼此间的相关强度：当数值越趋近于 1.0 或 -1.0 这两个临界点，两个变量间的相关性就越强；当数值越接近于 0，两个变量间的相关性就越弱。学术界已确定两变量间相关性的标准为：（1）当相关性系数介于 0.8-1.0 之间，则表示相关性非常显著；（2）当相关性系数介于 0.6-0.8 之间，则说明相关性比较显著；

（3）当相关性系数位于 0.4-0.6 中间，则表示相关性为中等程度；（4）当相关性系数在 0.2-0.4 之间，表示相关性比较弱；（5）当相关性系数处于 0.0-0.2 之间，代表有相关性非常弱或者两者间不存在相关性。

另外，相关性不能等同于因果性，并不能代表绝对性的一对一。学习者的汉语语言能力会存在着同时被多种因素共同影响的可能性。本研究只调查汤古乡学生汉语认同是否能对汉语能力产生影响，即学生的汉语认同与汉语能力是否存在着显著的相关性。统计结果如下表所示：

表 5.15 汤古乡学生汉语认同与汉语能力相关系数表

		汉语语言认同	汉语语言能力
汉语语言认同	r	1	.602＊＊
	p-值		.009
	N	201	201
汉语语言能力	r	.602＊＊	1
	p-值	.009	
	N	201	201

＊＊在 0.01 水平（双侧）上显著相关

表 5.15 显示，汤古乡学生的汉语认同和汉语能力两者存在显著的正相关关系（r=0.602，p<0.05），表明汉语认同和汉语能力相互影响，即学习者汉语认同度越高，其汉语能力就越强；反之亦然。本结论与莫耶（Moyer 2004）、陈颖（2014）、Choi（2015）等的研究结论一致，语言认同和二语水平存在正相关关系。可见，研究者可以通过明确语言认同对二语学习的影响，提出有助于木雅藏族学生构建积极二语认同的教学建议。通过探究汉语认同与汉语能力的相关性，可以找出与汉语能力具有显著相关性的汉语认同维度，然后针对当地学生的情况因材施教，通过帮助他们建立积极的汉语认同从而提高其汉语能力。

为进一步了解木雅藏族学生的汉语认同和汉语能力各个范畴之间的关系，

本研究将汉语认同的三个范畴（语言使用、语言意识和语言态度）分别与汉语能力的四个方面（听、说、读、写）的相关性进行了分析，分析结果见下表：

表 5.16 汤古乡学生汉语认同与汉语能力各维度相关系数表

		听	说	读	写
语言使用	r	.238＊＊	.379＊＊	.614＊＊	.373＊＊
	p-值	.001	.000	.000	.000
	N	201	201	201	201
语言意识	r	.520＊＊	.560＊＊	.455＊＊	.415＊＊
	p-值	.000	.000	.000	.000
	N	201	201	201	201
语言态度	r	.522＊＊	.560＊＊	.471＊＊	.436＊＊
	p-值	.000	.000	.000	.000
	N	201	201	201	201

＊＊在 0.01 水平（双侧）上显著相关

表 5.16 显示，汤古乡学生的语言使用与听、说、写的能力相关性比较弱，与读的能力相关性系数为 0.614，二者具有显著正相关性；语言意识与听的能力、说的能力、读的能力和写的能力相关性系数分别为 0.520、0.560、0.455、0.415，说明语言意识与听说读写四个方面能力具有较强的相关性；语言态度与听说读写四方面的相关性系数分别为 0.522、0.560、0.471、0.436，说明语言态度与听说读写也有一定的相关性。

根据汤古乡学生的汉语认同问卷得分，把排名前 20% 的学生编为高分组，得分排名后 20% 的学生编入低分组，选取了四名访谈对象，分别用被试一、被试二、被试三和被试四指代。被试一、被试二属于高分组的学生，被试三、被试四属于低分组的学生，两组学生都在同样的学习环境和社会环境中进行汉语学习，但汉语认同得分差距很大。受访者的基本信息如下表 5.17：

表 5.17 受访学生基本情况

编号	性别	年龄	年级	普通话学习时长	家庭背景
1	男	22	大学	13 年	族内婚姻家庭
2	女	17	高中	10 年	族际婚姻家庭
3	男	19	高中	10 年	族内婚姻家庭
4	男	15	初中	7 年	族内婚姻家庭

被试一认为普通话的使用范围更广，是国家通用语言。相对来说，木雅话使用区域比较小，只局限于木雅地区木雅人民内部交流使用；学习普通话非常重要，每个人都应当学习普通话。普通话是一门必备技能，有助于自己毕业以后更好就业。学习普通话可以与其他人更好地沟通交流，了解国家相关政策，参加农技培训班，促进个人发展；学习普通话后使用得比较多，比如去政府办事、去成都玩、在外地学校读书都会用到。但是在家里还是主要说木雅话，在学校里给父母打电话也是用木雅话。一方面是因为父母不擅长普通话，另一方面可以保障通话隐私；被试二认为普通话和木雅话两种都很重要。木雅话是本民族语言，作为民族身份的标志应当传承下去；而普通话是与外界交流非常重要的工具，两种语言都有自己的不同使用场合；认为普通话是一门很好的语言，作为学生学习普通话非常必要。普通话作为一门非常重要的语言，能够帮助自己更好地生活和学习。首先在学校可以方便与其他民族同学交流，另外也能够帮助自己将来走出去。日常生活中和同学交流，去成都的医院看病等等都不能用木雅话沟通；普通话在学校用得多。因为从小的语言习惯在家里还是使用木雅话居多，除了和父亲交流会使用普通话和四川方言；被试三认为普通话只是汉族人的语言，木雅话才是木雅人本民族的语言，更能代表本民族的身份。特别是木雅话现在用的人越来越少，外面其他一些地方的木雅人都不太会，自己更应该多说木雅话；认为普通话仅限于在学校课堂环境使用，使用次数很少，在其他场合里不太重要；使用普通话可能还会导致本民族语言消失，不利于民族发展；平时使用普通话的次数

很少，除了在学校，平时周遭的人都不用普通话交流；被试四觉得普通话是一种重要的交流工具，很有用处。但是作为木雅人，木雅话才是自己本民族的语言，更应该重视发展和保护它。学习普通话可以帮助交流，但留在家乡的话普通话的作用不大。平时大家沟通只用木雅话，没有人会在村子里说普通话。就算去县城里，也是说四川方言比较多。普通话平时用的很少，因为大家基本都说木雅话或者四川方言。

被试一学习普通话的最初目的是因为学业要求。随着年龄变大，学习普通话的目的变得更为明确，学习普通话主要是为了毕业后的就业发展需求，学好普通话对自身来说可以创造更好的前途。课外参加过普通话水平测试，为了拿到相应的等级证书，所以专门学习过普通话相关课程及培训班。认为大学之前所跟随学习过的大多数老师的普通话水平并不标准，并且小学阶段大多数老师都是采用四川方言教学，不利于从小培养用普通话交流的语言习惯。普通话水平各方面都不错，因为自己作为大学生文化水平相对较高。大学在青海就读时，放假会经常外出实践交流，当地人不懂木雅话，因此必须使用普通话，在和别人交流的过程中，普通话水平随之提高；被试二学习普通话主要最初受到汉族父亲的启蒙，在父亲的影响下从小就接触了四川方言以及普通话（但还是以四川方言居多）。尽管小学就学习了普通话拼音，不过老师上课使用的基本都是四川方言，直到初中才开始真正认识到普通话学习的重要性和必要性。学习普通话，不仅是为了与更多人交流沟通，也是为了满足将来外出求学和工作的需要。平时主要就是通过上课跟着老师学习普通话，课外自己会阅读一些书籍，增加自己的词汇量。觉得普通话不算一门很难的语言。主要是父亲是汉族，所以自己从小就接触了四川方言，也对普通话的理解能力要比别人好一些，好像学习起来也比较轻松。但有时在课本里学习的东西是自己完全没有接触过的，会觉得很陌生，等到后来长大了通过手机才明白。认为自己普通话水平还可以。听、读、写的能力都不错，就是说的方面可能担心自己会有语音不准、词汇不当等方面的问题；被试三是因为学校要求必须学习普通话，如果不学习普通话，考试就无法顺利通过。平时不会花时间学习普通话，一般只有在学校上课才会接触普通话。在学习普通话的过程中，会有时听不懂别人说的话而不好意思再重复，只能用微笑来回答。并且在交流的过程中，由于担心自己的发音不够标准，所以就降低说话的频率。还有就是因为学校要求上藏语课，有时候藏语学习多了，自己在说普通话的时候不自觉也发出了藏语的调子。认为自己的普通话属于中等水平，和周围的同学差不多。听说读写都差不多，没有特别突出的方面；被试四上学后老师开始教授普通话，自己就和大家一样为了学业开始学习普通话。没有什么专门的机会去学习普通话，就偶尔自己看看报纸、杂志。平时用普通话的机会很少，长时间不使用，再用普通话进行交流会有点不习惯。普通话水平还可以。认为自己普通话的听、读的能力都不错。因为平时上课老师用普通话进行教学，阅读的课本也都是汉字课本。相对来说可能说的能力要弱一些，平时比较少和外面的人接触，缺少锻炼的机会。

可以发现两组木雅藏族学生在汉语认同与汉语学习上存在的异同：随着普通话学习时长和年级增长，高分组的木雅藏族学生在普通话学习方面工具性动机变得非常强，他们十分赞同普通话的交际功能，认为普通话的使用范围更广，有利于外出工作交流与升学就业；而低分组的木雅藏族学生学习动机不足，并且在一定程度上受到了母语干扰。他们对母语的感情深厚，部分学生没有充分认识到普通话作为国家通用语的重要工具性作用，认为普通话在当地使用范围有限，并不太认可普通话的功能意义和文化价值；高分组的木雅藏族学生对普通话实用评价比较高，认为普通话是国家通用语言，十分赞同普通话的重要社会地位和政治地位，理性因素比较强；而低分组的木雅藏族学生认为普通话的发展在一定程度上会影响本民族语的延续与发展，感性因素比较强，拥有比较强烈的民族语危机感；高分组和低分组的木雅藏族学生都认为自己学习普通话缺乏良好的社会语言环境，在日常生活中能够使用普通话的时间和场合很少，多局限于在课堂环境。

通过问卷和访谈可以发现，汤古乡学生学习与使用普通话的渠道单一，除了学习域，与学生日常生活密切相关的外在社会环境（家庭域、宗教域、公共域）很少有使用普通话交流的机会。木雅语对于绝大多数木雅藏族学生来说，既是母语又是第一语言。汤古乡学生认为日常交谈使用木雅话不仅会有亲切感，还是保留和继承自己本民族语言文化的方式。普通话目前还没有在内部语域起到很大的作用，也不能替代承载了本民族文化和感情的木雅话。还有少部分学生持有"学习汉语和汉字"等同于"学习和使用汉族的语言文字"的观念，这也影响到他们对汉语的语言认同和学习态度。其次，木雅藏族的文化背景与中华民族主流文化背景也相去甚远。木雅话中仍保留着吐蕃后期乃至在这之前的许多文化痕迹，并且也受到了藏文化的一定影响。木雅藏族学生在学习普通话的过程中常常会遇到"内在木雅文化"和"外来主流文化"两者之间产生的冲突；再加上特殊的宗教因素，木雅藏族学生对本民族的文化依附性更强，在学习的过程中比较难融入中华民族主流文化氛围。木雅藏族学生学习普通话的目的主要是工具性动机，只是出于升学、就业需求以及国家通用语的地位。在这种情况下，木雅藏族学生的汉语认同单一化，对汉语的文化价值认同度很低。

总体来说汤古乡学生对普通话的评价比较积极。在语言认同的三个范畴里，标准差最大的是"语言态度"，说明汤古乡学生在这一项上波动很大，意见比较不统一。在家庭域、学习域、宗教域和公共域四个语域中，普通话使用频率差异悬殊。家庭域、宗教域和较为随意的公共域使用普通话的频率比较低，学校域和正式场合使用普通话的频率比较高。普通话的地位性评价和功能性评价比较积极，但文化价值评价趋向消极。汤古乡学生汉语语言态度比较积极，但功利价值大于情感价值。汤古乡学生的汉语认同在年级层面存在显著性差异。小学生认同水平最低，中学生居中，高中和大学及以上的学生汉语认同度较高。学习者的汉语认同度与普通话学习时长呈正相关关系，随着普通话学习时长的增加，认同度也在不断提高。汤古乡学生普通话自测能力均分比较高，其中，普通话听的能力得分最高，说的能力得分最低，四个方面得分排序依次是听的能力、读的能力、写的能力和说的能力。汤古乡学生的汉语认同与汉语能力存在显著的正相关关系。其中，语言态度、语言意识这两个范畴与听说读写四方面均有一定的相关性。

5.4.2.3　汤古乡学生的语言认同与语言教学

汤古乡学生的语言认同特点

语言作为一个符号系统，其本身就具有多重属性。除去作为社会交流工具的最基本属性，语言也承担着文化载体的角色以及族群、身份象征等多种社会功能。因为语言符号的多重社会功能属性，语言认同也可以分化成不同维度的认同，涵盖语言的交际工具认同、语言的文化载体认同、语言的族群身份认同等[1]。因此，对汤古乡学生汉语认同可以从对普通话的交际工具认同、普通话的文化载体认同以及普通话的族群身份认同等多个维度探讨。诺顿（Norton 2001）认为学习者对于自身身份的定位和期待对其认同和语言学习有着重要影响。对于语言学习者来说，应当区分"想象共同体"与"实践共同体"这一对相互独立的概念。"实践共同体"主张语言学习是情境性的活动，学习者在学习过程中参与建构时会发生身份转变；"想象共同体"更加强调学习者自身的主动性，是指学习者对于目的语的"投资"，基于学习者主观期待中的想象共同体。目前国内也出现了一些基于"想象共同体"对英语学习和对外汉语教学的实证研究，但少数民族汉语教学研究中"想象共同体"的应用还比较少。一些学者（冯建新 2015；刘瑞婉 2017）结合"想象共同体"和"二语动机自我系统"理论（L2MSS 理论），提出少数民族学生的语言认同应当区分为内部语言自我确认和外部语言认同两方面。"二语动机自我系统"（L2MSS 理论）是由匈牙利学者德尔涅伊（Dörnyei 2005）将二语学习动机理论与"想象共同体"思想结合起来所提出的，该理论包括理想二语自我、应该二语自我和二语学习经历三个层面。理想二语自我是学习者对自己希望具有一些品质的理想，是减少现实和理想自我的差距的愿望；应该二语自我是指学习者为避免可能产生的负面结果，认为自己预期或者应该具备的某种特质。研究者对此理论构想进行了一系列的实证研究，从而验证了该理

---

[1]　黄行. 论中国和民族语言认同 [J]. 语言战略研究. 2016（01）：25-32.

论的有效度和可操作性。

汤古乡学生的内部语言自我确认包含了他们对于自己学习本民族语言和国家通用语两方面的期待、理想，是指学生对自己学习本民族语言与国家通用语的看法与认知。汤古乡学生的内部语言自我确认可以从"理想语言自我"和"应该语言自我"两方面讨论。

从"理想语言自我"层面来看，它是指学习者对于未来语言的自我想象和自我期待。指学生期望自身能够具备熟练使用通用语群体或者母语为通用语者所具备的一些特质，在语言学习方面缩小现实二语自我和理想二语自我的差距。包括学习者个体对未来自我的期待，能成为什么样的人，比如想象中的求学与人生规划、求职意向等。"理想语言自我"还包括学习者个体对"想象共同体"的融入意愿，是个人内部的身份确认，比如想要用国家通用语和外界接触交流，想认识更多其他民族的朋友等。根据对 201 名汤古乡学生的普通话认同调查显示，目前当地学生对普通话的使用价值和通用语地位有着较高的理性评价，他们认为普通话"有用"且"有影响力"，是我们国家社会交往中最重要的交际工具和信息传播工具，对普通话的交际工具功能持肯定态度。参与访谈的几名学生也都表现出了较强烈的"理想语言自我"意识，相较于低年级学生，高年级学生的"理想语言自我"意识往往更加具体：他们中有人是出于将来升学深造，有的是为了就业需求，有的是为了去其他地方与其他民族的同胞沟通等等，总之都希望自己能够成为熟练掌握普通话的人。这表明随着年级增长，学生"理想语言自我"意识在不断完善和发展。

"应该语言自我"更多是指义务层面和责任层面，是指为了担负特定的责任和履行特定的义务，或者为了达到某个规范所要求的水平以及具备某种特质而产生的二语学习愿望。通常情况下，"应该语言自我"意识一方面来自他人对于自己语言能力的期待，比如家长、朋友等；另一方面来自学业压力，比如升学、考试等。学习者的主要目的是规避负面结果或影响。汤古乡学生学习国家通用语有利于保证自己和主流群体一样，享有升学教育、寻找就业机会、接受卫生保健等服务的平等权利。政府推行国家通用语的普及政策可以更好地保障少数民族群体的权利，促进社会公平。显然，基于普通话作为社会交际和信息传播工具的重要性以及作为国家通用语的强势地位，当地学生为了履行责任和义务以及规避不利后果也会产生"应该语言自我"意识。

外部语言认同包括外部语言文化认同和外部语言团体认同，一方面是对国家通用语的语言认同，即汉语认同；另一方面是母语认同。语言认同不仅涵盖语言的交际工具认同，还包含了语言的文化载体认同、语言的族群身份认同等多维度认同。因此，学生的国家通用语认同既包含了对通用语本身的认同以及对通用语的文化认同，还包含了对使用通用语群体，即中华民族共同体的认同。

"削减性双语现象"（或"削减性学习"）和"附加性双语现象"（或"附加性学习"）是语言学习理论中一对常见概念，"削减性双语现象"认为学习过程中学习者的母语文化归属受到威胁时，学习者会放弃母语文化而认同目的语文化，"附加性双语现象"则是把两种语言和文化机械放置，各有各的适用场合，互不干扰。与这两者不同，高一虹（2001）提出了"生产性双语现象"理论，认为在语言学习的过程中母语和母语文化起着积极作用，学习者目的语和母语水平的提高是相辅相成的，同时学习者对目的语文化与母语文化的鉴赏能力也是互相促进的。"生产性双语现象"理论强调语言学习活动中不同语言与文化之间的互动结合作用，即当学习者对目的语及其文化的理解与掌握能够和对母语和母语文化的理解与掌握融会贯通时，学习者的语言能力、认同、情感都会得到大幅度地提高。双语教育不仅是为了培养会使用两种或两种以上不同语言的学习者，更是为了培养出与两种语言相关联的双语双文化人。双语人或双文化人既对本民族具有深厚的认同感和归属感，同时也可以具有运用多元眼光看待事物的能力、感受和理解不同文化的能力，这两者间是不排斥的。

问卷调查显示，汤古乡学生在家庭内部场合普通话使用得分都低于 3.00 分，这说明学生在家庭等内部场合中使用普通话的频率非常低。汤古乡学生认为使用木雅话比普通话更有亲切感和群体身份象征性，他们保护和继承本民族语言文化的使命感强烈。木雅语作为少数民族的文化载体功能更为明显，事实上各种传统口传文化均是以某些自然方言或者民族语言为载体的，而不是普通话[1]。跟其他少数民族语言一样,木雅藏族的文学作品、神话传说、传统音乐、宗教习俗等文化都需要靠木雅话为载体传承下去,木雅话才是木雅人追溯或重现本民族文化最直接的方式。与此同时,由于本民族语的社会地位相对国家通用语而言处于弱势,他们对本民族语的文化载体认同和族群身份认同意识会更为突出,保护和继承本民族语言文化的使命感往往更加强烈。总的来说,汤古乡学生对本民族语的文化认同和族群身份认同,因为本民族语交际工具功能处于弱势地位而有所强化,而对国家通用语的文化认同和族群身份认同远不及交际工具认同。

汤古乡学生的汉语认同高低程度影响着学生的汉语学习,同时汉语语言能力也影响着学生的汉语认同。两者之间的相互关系表明形成一个有效的良性循环,建立汉语认同是提高学生汉语综合能力的直接条件,良好的汉语能力也可以帮助学生构建汉语认同。

提升学生语言认同的方法

内部语言自我确认体现了汤古乡学生对自身个体的感知,对人生理想、价值和社会规范趋同的追求过程。汤古乡学生对自身的要求和期待越趋于理想程度,就会激发学习者自身对语言学习的更高要求,从而对国家通用语产生更大的学习动力。相对于为了避免负面影响的学习动机,为实现理想或满足自我期待的学习动机显然效果更好。语言教学更应该从帮助汤古乡学生构建理想语言自我出发,充分了解当地学生的实际情况和发展需求,根据学生的个体差异有针对性地引导,启发学生按照自己的兴趣需求构建学习目标。学生对于理想语言自我的初步轮廓构建是不够的,教师还要鼓励学生在学习过程中不断反思总结,让学生在学习过程中对未来产生更加具体的新想法,越具体的理想语言自我愿景起到的激励和引导作用更强。教师可以采用不同的手段强化这种愿景,保持学生学习国家通用语的动机和投入,强化自我期待。同时,必须保证理想语言自我愿景的可行度,指导学生制定切实可行的

[1] 黄行. 论国家语言认同与民族语言认同[J]. 云南师范大学学报. 2012 (01): 22-29.

理想愿景目标，让学生看到目标的可能性以及可及性，保证学生的个人效能，才能激发学习动力。通过引导学生发现理想自我和现实自我的差距，根据个体的实际情况寻找缩小差距的可行性办法。教师在语言教学的过程中，要充当好"引导者"和"激励者"的角色，强化和维持学生的理想二语自我。马库斯（Markus 1990）认为，为了达到行动的最大效果，应当保持欲望自我和害怕自我的平衡。所以在对汤古乡学生的汉语教学当中，应当基于学生"理想语言自我"的美好愿景，配以一定程度的"应该语言自我"，促进学生的二语学习。

现阶段汤古乡学生外部语言认同的发展是不平衡的，他们十分认同国家通用语的交际工具功能，而对国家通用语的文化载体认同和族群身份认同比较弱；对于母语的文化载体认同和族群身份认同则比较强。木雅话的文化载体认同和族群象征认同与普通话的交际工具认同两者之间相互补充且不可相互取代，尊重少数民族母语认同是实现国家通用语认同的前提。对于汤古乡学生来说，普通话是不可缺少的经济资源，而他们的母语木雅话更是需要保存的文化资源和族群身份象征符号。在今后双语教育的过程中，首先需要重视普通话的工具功能，但同时也不能忽视学生的族群意识、文化危机感等影响因素。语言与文化相结合的教学方式有助于帮助充实和丰富学生的外部语言认同。双语教育模式不仅是为了教授学习者两种语言，也是两种文化在教育中的冲突与融合，语言教学的背后必定会涉及文化输入。汤古乡地理环境偏远，当地学生日常与外界实际接触的机会很少，日常基本只和本民族群众交往，加上语言、交通、传媒等条件，学生可能会形成自我封闭的心理思维模式。在二语学习的过程中，学生因为背景知识和经验匮乏会对所学习的很多汉语词汇、事物或者概念感到陌生，从而产生文化失衡。即由于文化背景和生活习惯与主流群体存在很多不同，学生常常会在"内在文化"和"外来文化"两者之间产生冲突。对当地学生进行汉语教学包括中华传统主流文化输出，也要将语言教学与文化教学结合起来，扩大学生知识面，帮助学生建立新的知识背景，有利于提升教学质量。根据高一虹（2001）"生产性双语现象"（或"生产性学习"）理论。生产性语言学习是一种整体大于部分之和的学习模式，使得母语能力和目的语能力相互促进提升，同时对两种文化的认识和了解在质量上和深度上都达到了新的高度。语言学习带来的收益不仅是对语言本身的认识，还包括文化归属、认知能力、审美能力等。换言之，在二语学习的过程中，当地学生可以通过不断比较不同语言之间的共性与差异，增强自身概括和归纳语言规律的能力，语言学习能力也得到提高。在了解不同文化的过程中，学习主流文化可以帮助当地学生对本民族文化有更深刻的了解，反之只有理解了本民族文化才能更好掌握主流文化。

国家通用语学习的过程也是习得其背后所承载的中华民族主流文化的过程，文化距离是影响少数民族学生汉语认同的主要因素之一，对汤古乡学生的汉语教学应当充分重视文化距离在构建外部语言认同的过程带来的阻碍。因此，如果在教学过程中能够关注到当地学生的文化背景和心理距离差异，将中华民族主流文化和少数民族文化很好地融合起来，把握两种文化之间的差异性和共鸣点，有利于学生接受国家通用语和中华民族主流文化，促进"生产性学习"。尊重少数民族文化，是双语教育能够取得成功的重要基础。教学中在展示中华传统主流文化的时候应当结合当地学生的母语文化背景，选取学生可以接受的方式，将能提高知识的可接受性和转化效果。强行输入中华民族主流文化，有可能会由于两者间的文化距离过大而导致学生产生与原有文化价值观体系和族群身份认同感的冲突，从而影响对汉语的外部语言认同。教学中如果能够转换文化立场，利用好汤古乡学生的母语危机感，用学生本民族文化以及价值观去阐释课文内容，比较不同文化的异同，课堂教学的效果会更好，也能帮助学生构建积极的汉语认同。让学生在学习汉语的过程中既加深了对本民族语的文化载体认同，间接也提高了学生学习汉语的兴趣，学生的外部语言认同在比较两种文化的过程中潜移默化地完成构建。语言文化相结合的教学方法，不但能够帮助少数民族学生了解优秀的中华主流文化，建立另一种思维方式，同时也能增强学生对本民族语的认同和文化载体认同，通过学生母语认同的巩固促进外部语言认同。

在教学环境上，突破课堂教学的限制，营造国家通用语使用环境。汤古乡学生从小在家庭内部和社区内部一直生活在本民族语环境中，大多数学生接触与学习普通话是在学校学习，日常所处的社会语言环境与汉语语言环境距离较远。根据二语习得理论可知，语言学习者的双语能力除了一部分是靠学校教育获得，另外相当一部分还可以通过日常生活交际获得的。然而汤古乡学生日常所处的外部语言环境以本民族语为主，而且木雅地区许多基础年级的教师上课仍采用汉语方言四川话进行讲授，学生在课堂上无法接触到良好的普通话语言环境，很难构建积极的国家通用语认同。语言存在于言语互动当中，语言应用是二语习得的最佳方式。汤古乡学生在家庭环境中接触的是木雅话语言环境，在学生入学初期很多老师会通过翻译法直接将汉语翻译成母语，学生此时所掌握的汉语是孤立的语言基础知识。若是只从应试角度出发教学，将不利于汉语交际功能的发展和汉语认同的构建。同时，调查数据表明汤古乡学生在现有的课堂模式下缺少足量的输出机会，无法满足学生对汉语学习环境的需求，学生在汉语说和写的能力方面都比较欠缺。在教学的过程中，如果教师可以通过一系列教学任务让学生参与进来，营造真实化的汉语语言环境，学生们共同合作完成任务，学生就能在用汉语完成任务的过程中获得运用汉语解决问题的能力，更获得了用汉语进行交际的能力，从而"社会化"为能熟练使用汉语的人。

5.4.3　甲根坝镇学生的语言认同与社区汉语教学

甲根坝镇现有居民约 3000 人，学生约 600 人，适龄儿童入学率为 100%。因甲根坝镇由朋布西乡与甲根坝乡合并而成，本次调查只针对朋布西乡学生。本研究对甲根坝镇进行了两次田野调查。第一次田野调查以发放、回收调查问卷为主，调查甲根坝镇藏族学生的语言认同状况。第二次主要在前一次调查的基础上，针对甲根坝镇藏族学生开展以语言认同为导向的社区汉语教学活动。共发放调查问卷 155 份，回收有效问卷 146 份，有效回收率为 94%。其中，样本数量占当地总人数的 5% 左右，占当地学生人数的 24% 左右，符合统计学的样本构成要求。

5.4.3.1　甲根坝镇学生的语言使用现状

结合甲根坝镇学生的具体情况，本研究主要考察与当地学生日常语言生活关系最密切的三个语域——家庭域、生活域和学习域的语言使用状况。其中，家庭域主要考察受访学生与父母、同辈兄弟姐妹的语言使用状况；生活域主要考察受访学生与本民族熟人、外民族熟人和当地陌生人的语言使用，以及在集贸市场和医院交流时的语言使用状况；学习域主要是考察受访学生在学校内及在当地寺庙学习时的语言使用状况。借助 SPSS 软件对各类别的调查结果进行描述性统计，并对性别、受教育程度与语言使用的相关数据进行显著性分析，明确其是否对语言使用情况有显著性影响。再随机抽取小学、初中和高中及其以上学段的学生各 30 名，分析不同学段学生的语言使用情况，归纳出不同学段学生语言使用的差异和特点。

甲根坝镇学生的有效问卷 146 份，其中男性学生 70 人，占 47.9%，女性学生 76 人，占 52.1%。从受教育程度来看，小学生 83 人，初中生 33 人，高中生及以上（包括中专、技校、职高、大专和大学）30 人。从家庭背景来看，父母均为藏族的族内婚姻家庭背景的学生有 141 人；父母中有一方为藏族，另一方为汉族的族际婚姻家庭背景的学生有 5 人。调查对象的基本情况如下表 5.18 所示：

表 5.18 有效问卷基本情况统计表

项目名称	描述	频率	百分比	有效百分比	累计百分比
性别	男	70	47.9	47.9	47.9
	女	76	52.1	52.1	100.0
受教育程度	小学	83	56.8	56.8	56.8
	初中	33	22.6	22.6	79.5
	高中及以上（包括中专、技校、职高、大专、大学）	30	20.5	20.5	100.0
家庭背景	族际婚姻家庭	5	3.4	3.4	3.4
	族内婚姻家庭	141	96.6	96.6	100.0

从性别来看，女性与男性样本数量差异不大。从年级分布来看，小学生数量最多，占总人数的 56.8%，初中生占 22.6%，高中及以上学生占 20.5%。从家庭背景来看，族际婚姻家庭的仅占样本的 3.4%，说明当地绝大多数家庭都是族内婚姻家庭。

关于甲根坝镇学生语言使用情况见表 5.19，经累计比例，在受访的 146 名学生中，使用木雅语、普通话、康方言和四川话交际的学生比例分别为：96.5%、95.1%、63.6%、53.5%。从整体来看，甲根坝镇学生的语言使用呈现复杂多样的情况，所有受访学生都可以不同程度地使用两种及以上的语言或方言。其中，会使用四种语言或方言进行交际的学生有 48 人，占受访学生总数的 32.9%；会使用三种语言或方言进行交际的学生有 63 人，占受访学生总数的 43.1%；会使用两种语言或方言进行交际的学生有 35 人，占受访学生总数的 22.9%。

表 5.19 甲根坝镇学生语言使用情况 （N = 146）

语言使用	人数	百分比
木-康-普-川	48	32.9
木-康-普	37	25.3
木-康-川	2	1.4
木-普-川	24	16.4
木-普	25	17.1
木-康	3	2
木-川	2	1.4
康-普	3	2
普-川	2	1.4

家庭域中的语言使用。 甲根坝镇学生在家庭域中，生活在族内婚姻家庭的学生与父母、兄弟姐妹等亲属关系最为密切的人群交流时多使用其母语木雅语，且与长辈说木雅语的比例高于与同辈说木雅语的比例。此外，其他语

言及变体也在家庭域中出现，但占比不大。木雅语仍处于绝对地位。

与长辈交流。从表5.20可知，绝大多数学生虽然会多种语言及变体，但在家庭域交流中多数学生仍使用其母语木雅语与父母等长辈交流，因此木雅语单语模式所占比例最大。虽然出现了家庭环境中使用三语交流的个例，但木雅语单语仍是与长辈交流时的主要语言。

表5.20甲根坝镇学生对父母使用哪种语言（N=146）

	父亲		母亲	
	人数	百分比	人数	百分比
木	102	70	114	78
康	3	2.05	5	3.4
川	4	2.7	2	1.4
普	4	2.7	2	1.4
木–康	12	8.2	9	6.2
木–川	3	2.05	2	1.4
木–普	11	7.5	8	5.4
木–康–普	3	2.05	2	1.4
其他	4	2.7	2	1.4

与同辈交流。从表5.21可知，甲根坝镇藏族学生在和同辈交流时使用木雅语单语的比例为64%，虽然仍占绝对优势，但与跟长辈交流时使用木雅语的比例相比有所下降。其中，使用康方言单语、四川话单语和普通话单语模式的比例分别占2.7%、3.4%和4.1%，占比都较少。同辈之间使用两种语言及变体的情况更多、更复杂，这体现了同辈之间的交流比与长辈之间交流的语言使用更为丰富多样。

表 5.21 甲根坝镇学生对兄弟姐妹使用哪种语言（N = 146）

语言使用	人数	百分比
木	93	64
康	4	2.7
川	5	3.4
普	6	4.1
木–康	7	4.7
木–川	1	0.7
木–普	12	8.2
康–普	1	0.7
木–康–普	4	2.7
木–普–川	9	6.1
无此情况	4	2.7

　　总之，木雅语是当地学生在家庭域中使用的最主要的语言，当地学生对木雅语有强烈的认同感和归属感。兼用康方言、四川话或普通话的双语或使用三语的情况在家庭域中也少量出现，可见兼用多种语言及变体是当地言语社区语言发展的新趋势。

　　生活域中的语言使用。甲根坝镇的藏族学生在生活域中会根据不同的交际对象和场合来进行语码转换。若与本民族熟人或邻居交流时，当地学生大多使用木雅语单语，或兼用康方言和普通话；与外民族熟人或邻居交流时，则选择使用大家都听得懂的康方言、四川话或普通话；而对于在当地出现的陌生人，则基本使用普通话交流。另一方面，在不同的交际场合，如在集贸市场买东西时，若对方是藏族人则选用藏语；若对方是汉族人，则选用四川话或普通话。在本地医院看病，若医生是藏族人，则选用藏语对话；若医生是汉族人，则选用四川话或普通话。可以看出，在生活域中，甲根坝镇藏族学生的语言使用呈现出多语多言的状态，会根据不同的交际场合和对象来选择语言。

与本民族邻居或熟人聊天。从表5.22可知，与本民族的邻居或熟人交流时，甲根坝镇藏族学生主要选择木雅语单语模式，占比为56%。同时也出现了部分兼用双语或三语的情况，兼用木雅语和康方言模式的学生占10.3%，兼用木雅语和普通话模式的学生占11%。木雅语仍是维系本民族情感、体现其木雅人身份的重要工具。

表5.22 甲根坝镇学生与本民族邻居或熟人聊天的语言使用（N=146）

语言使用	人数	百分比
木	82	56
康	6	4
川	5	3.4
普	8	5.5
木-康	15	10.3
木-川	4	2.7
木-普	16	11
康-普	3	2.1
普-川	1	0.7
木-康-普	3	2.1
木-康-川	2	1.4
木-普-川	1	0.7

与外民族邻居或熟人聊天。根据表5.23，有49.3%的甲根坝镇藏族学生使用普通话单语模式与外民族邻居或熟人交流，所占比例最高。其中，使用木雅语单语的学生仅占7.5%，可见在与外民族群体的交际中，使用木雅语的比例大幅下降。当地学生与外民族邻居或熟人交际时，语言使用与本民族人交际相比更为多样，且普通话的使用占比首次超过了木雅语，成为最主要的选择。不难看出，普通话在对外民族交往中占据十分重要的地位。

表 5.23 甲根坝镇学生与外民族邻居或熟人聊天的语言使用（N＝146）

语言使用	人数	百分比
木	11	7.5
康	8	5.5
川	11	7.5
普	72	49.3
木–康	2	1.3
木–川	3	2.1
木–普	13	9
康–普	7	4.8
康–川	1	0.7
普–川	9	6.1
木–康–普	4	2.7
木–康–川	1	0.7
木–普–川	1	0.7
康–普–川	2	1.4
无此情况	1	0.7

与当地陌生人聊天。从表 5.24 可知，在与陌生人交流时，使用普通话单语模式的占比为 52.7%，比例最高，相比较其他语言及变体来说，普通话占据十分重要的地位。同时，也有部分学生兼用两种或三种语言及变体，且首次出现了使用四语的情况，表明甲根坝镇的藏族学生语言使用的多样性，会根据不同的交际对象而转用或兼用不同的语言及变体。尤其是在与陌生人交际时，会根据交际对象的外貌特征和着装打扮来推断其民族成分，进而选用不同的语言进行交流。这反映了说话者对听话者的言语顺应。

表 5.24 甲根坝镇学生与当地陌生人交流的语言使用（N＝146）

语言使用	人数	百分比
木	12	8.2
康	8	5.5
川	7	4.8
普	77	52.7
木–康	3	2
木–川	1	0.7
木–普	9	6.1
康–普	10	6.8
普–川	6	4.1
木–康–普	3	2.1
木–康–川	1	0.7
木–普–川	2	1.4
康–普–川	3	2.1
木–康–普–川	1	0.7
无此情况	3	2.1

　　木雅语虽然是甲根坝镇大多数学生的母语，当地学生在与本民族群体交际时使用最多，起着维系家庭和本民族情感的重要作用。但在与外民族群体和陌生人交际时，普通话则具有优势地位。在复杂的语言环境中，当地藏族学生会根据不同的交际场合和对象来转换自己的言语风格，匹配恰当的身份以完成交际。

　　在集贸市场。从表 5.25 可知，有 41% 的甲根坝镇藏族学生在集市购物时使用普通话单语模式，使用四川话单语模式的学生占 9.6%，兼用普通话和四川话双语模式的学生占 9.6%，选用其他双语或多语的学生占比都较低。据当地学生反馈，甲根坝镇本地没有大型集市，只有主干道旁有部分店铺。学生平时购买生活、学习用品主要是到附近的沙德镇、新都桥镇，由于大多数商铺为汉族人所经营，所以当地学生基本会使用普通话或四川话与其沟通。因为大多数商铺经营者来自周边汉人地区，对少数民族语言掌握不够熟练，因此当地学生与其交流时，使用普通话和四川话的情况更多。此外，还有部分经营者以小货车为载体的形式，深入到各村进行售卖，包括食物、日用品等在内的多种商品。这种流动商贩也多为汉族人，与其交流时也只能使用普通话或四川方言。所以这也是普通话和四川话以及兼用两者占比较高的原因。

表 5.25 甲根坝镇学生在集市上的语言使用 （N＝146）

语言使用	人数	百分比
木	12	8.2
康	4	2.7
川	14	9.6
普	60	41
木-川	1	0.7
木-普	10	6.8
康-普	9	6.1
普-川	14	9.6
康-普-川	3	2.1
木-康-普	8	5.5
木-康-川	1	0.7
木-普-川	6	4.1
木-康-普-川	2	1.4
无此情况	1	0.7

在本地医院。从表 5.26 可以看出，46.6% 的甲根坝镇藏族学生在本地医院看病时使用普通话单语模式，使用四川话单语模式的学生占 8.2%，兼用普通话和四川话双语模式的学生占 13.7%。兼用双语或多语的学生人数明显减少。据了解，由于甲根坝镇本地医疗资源较为匮乏，仅有一个小诊所，医疗设施不完善，所以大多数情况下当地学生选择去邻近村镇就医。由于当地医生多是汉族人，因此当地学生常用普通话或四川话与医务人员沟通。所以当地学生通过判断交流对象的民族成分来选择使用的语言，若医生是藏族人，则使用藏语；若医生是汉族人，则使用普通话或四川话。

表 5.26 甲根坝镇学生在本地医院的语言使用（N＝146）

语言使用	人数	百分比
木	1	0.7
康	2	1.4
川	12	8.2
普	68	46.6
木-康	1	0.7
木-川	1	0.7
木-普	7	4.8
康-普	8	5.4
普-川	20	13.7
木-康-普	3	2.1
木-普-川	3	2.1
康-普-川	3	2.1
木-康-普-川	1	0.7
无此情况	16	10.9

从生活域的语言使用情况可以看出，当地藏族学生的语言使用是基于不同的交际对象和交际场合而转变的。除了与本民族群体交流时主要使用母语木雅语之外，在面对其他交际群体和日常生活场合中，当地学生使用普通话的频率都最高。

综合来看，在甲根坝镇的生活域中，木雅语是当地本民族成员之间的最主要的交际语言，但局限在一定的交际范围和群体之内。当地学生对木雅语的情感认同和身份认同更加明显。而普通话作为国家通用语，是甲根坝镇藏族学生与外民族成员交际时以及日常生活领域中的首要语言选择，交际功能更为突出，使用范围更加广泛，甲根坝镇藏族学生对普通话的工具认同也就更为凸显。

学习域中的语言使用现状。 从表 5.27 可以看出，24%的甲根坝镇藏族学生在学校等正式场合中选择使用普通话单语模式，24.7%的学生选择使用木雅语单语模式。由于校园内学生的民族成分较为复杂，所以有41.9%的学生选择兼用不同的双语或多语模式。其中，累计使用和兼用普通话的学生占比为57%，累计使用和兼用木雅语的学生占比为55.7%，累计使用和兼用康方言的学生占比为33.7%，累计使用和兼用四川话的学生占比为13.8%。在校园中当地学生的语言使用情况累计占比为：普通话>木雅语>康方言>四川话。其中，使用或兼用木雅语、普通话的比例相近，差距不大。原因在于，一方面，甲根坝镇地处木雅地区，当地通行"地角话"木雅语，因此来自相同地域的学生之间为了维系木雅人身份和情感联系，则多使用木雅语交流；另一方面，由于学校的教学要求和校园环境的影响，尤其是在学校教学、会议等比较庄重的场合，当地学生的普通话使用频次也就相对较高。虽然甲根坝镇学校从小学阶段便开设了双语教学，但当地学生在学校等正式场合中，仍以使用普通话为主。另外受访对象中有约一半的学生寒暑假在当地寺庙学习藏文和英文，据观察，他们在学习过程中主要使用木雅语和藏语康方言。

表 5.27 甲根坝镇学生在学校等正式场合的语言使用 （N = 146）

语言使用	人数	百分比
木	36	24.7
康	8	5.5
川	6	4
普	35	24
木-康	9	6.1
木-川	3	2.1
木-普	13	8.9
康-普	11	7.5
康-川	1	0.7
普-川	1	0.7
木-康-普	14	9.6
木-普-川	3	2.1
康-普-川	3	2.1
木-康-普-川	3	2.1

总体来说，在甲根坝镇的学习域中，使用或兼用木雅语与使用或兼用普通话的学生人数比例相差不大，但其中使用木雅语的比例远低于在家庭域中的使用比例。体现出当地学生在不同场合的不同语言使用习惯。

不同学段学生语言使用特点

为减少样本数据构成情况的误差，从不同年龄段随机抽取小学、初中和高中及其以上各 30 名学生进行进一步的分析，对比归纳出不同学段的学生语言使用的不同特点，有利于分析影响当地学生语言使用的显著性因素。

小学生的语言使用现状。由表 5.28 可知，在小学生群体中，木雅语在家庭域中的使用占据绝对地位，使用比例为木雅语>普通话。其中，木雅语家庭域的使用占比表现为：对母亲>对父亲>对兄弟姐妹，有部分族际通婚背景家庭的学生在家庭交往中也使用四川话或双语，但没有使用康方言单语的情况；在生活域中，与本民族人群交往时多使用木雅语单语或双语，在与外民族交往中，使用普通话的占比更多。其中使用普通话单语的占比情况具体表现为：对陌生人=集市上>外民族邻居>医院里>本民族邻居；在学习域，使用比例表现为：木雅语>普通话，使用双语及以上的占比也较大。

表 5.28 甲根坝镇小学生语言使用现状（%）

	家庭域			生活域					学习域
	父亲	母亲	兄弟姐妹	本民族邻居	外民族邻居	陌生人	集市上	医院里	学校
木	70	73.3	60	50	6.7	6.7	6.7	0	40
康	0	0	0	0	3.3	0	0	3.3	0
川	3.3	0	3.3	3.3	6.7	3.3	10	16.7	3.3
普	13.3	6.7	10	6.7	60	63.3	63.3	50	20
双语及以上	13.3	16.7	23.3	40	23.3	23.3	20	26.7	36.7
无此情况	0	3.3	3.3	0	0	3.3	0	3.3	0

初中生的语言使用现状。由表 5.29 可知，在初中生群体中，木雅语在家庭域中的语言使用仍占主要地位。有部分学生在家庭交往中也使用四川话或两种以上的语言变体。与小学生不同，在家庭域中无使用普通话单语的情况；在生活域中，与本民族群体交往时多使用木雅语或双语，在与外民族群体交往中使用普通话及双语的比例更高。其中，使用普通话单语时，表现为：医院里>外民族邻居>对陌生人>集市上>本民族邻居。但与小学生相比而言，使用普通话的比例有所下降。而使用双语及以上的比例较小学生有所增加，表现为：集市上>对陌生人>本民族邻居>医院里>外民族邻居；在学习域，使用木雅语单语>普通话单语，使用比例较小学生均有所下降，但使用双语及以上

的比例较小学生的比例有所增加。当地初中学生的木雅语使用占比减少，语言使用模式更为多元。

表 5.29 甲根坝镇初中生语言使用现状（％）

	家庭域			生活域					学习域
	父亲	母亲	兄弟姐妹	本民族邻居	外民族邻居	陌生人	集市上	医院里	学校
木	73.3	86.7	63.3	46.7	3.3	10	13.3	3.3	26.7
康	0	0	0	3.3	6.7	6.7	0	0	3.3
川	0	0	6.7	3.3	6.7	0	3.3	3.3	0
普	0	0	0	3.3	50	36.7	23.3	53.3	6.7
双语及以上	26.7	13.3	30	43.3	30	46.7	60	40	63.3
无此情况	0	0	0	0	3.3	0	0	0	0

高中及以上学生的语言使用现状。由表 5.30 可知，在高中及以上学生群体中，木雅语在家庭域中的语言使用依然占主要地位。部分学生也使用四川话或两种以上的语言变体；在生活域中，与本民族群体交流依然使用木雅语单语较多，使用双语及其以上情况减少。在与外民族交往和生活域大部分场合使用双语及以上的比例更高。其中，使用普通话单语的比例较小学生、初中生进一步降低，表现为：医院里>外民族邻居>对陌生人＝集市上>本民族邻居。使用双语及以上的比例较小学生有所增加，表现为：集市上>医院里＝外民族>对陌生人>本民族邻居；在学习域，与小学生和初中生不同，使用普通话单语>木雅语单语，但使用双语及以上的比例较初中生的比例减少。且使用木雅语单语的比例下降，兼用普通话、康方言和四川话的比例有所增加，体现出高中生在学习域的语言使用比小学、初中学生的语言使用更为多元。原因在于，一方面，当地高中生均在外求学，远离了木雅语的使用范围，融入多元文化的交流中，因而在学习域使用木雅语的比例逐渐下降，其他语言及变体使用比例上升。其次，高中生的认知水平较小学生和初中生趋于稳定，

对于不同场合语言选择的认知更为清晰和明确。

表 5.30 甲根坝镇高中及其以上学生语言使用现状（%）

	家庭域			生活域					学习域
	父亲	母亲	兄弟姐妹	本民族邻居	外民族邻居	陌生人	集市上	医院里	学校
木	70	80	63.3	60	10	10	0	0	20
康	0	0	0	0	6.7	10	6.7	0	10
川	6.7	3.3	3.3	6.7	10	13.3	16.7	13.3	10
普	0	0	0	3.3	26.7	23.3	23.3	40	23.3
双语及以上	23.3	16.7	30	30	46.7	43.3	53.3	46.7	36.7
无此情况	0	0	3.3	0	0	0	0	0	0

由此可知，不同学段的学生在语言使用方面有较大差异。总体来看，在各领域中，小学生使用普通话的比例整体远高于初中和高中及以上学生，且随受教育程度的提高而下降。但木雅语使用比例和双语使用比例不及初中和高中及以上学生。具体来看，在家庭域，不同学段的学生均以木雅语单语交流为主。随着受教育程度的提高，双语及以上的使用占比总体增加且趋于稳定，且小学生在家庭交流中出现了使用普通话单语的情况；在生活域，随着受教育程度的提高，使用普通话单语的比例逐渐降低且趋于稳定，使用双语及以上的比例逐渐增加且趋于稳定；在学习域，随着受教育程度的提高，使用木雅语单语的比例逐渐降低，使用普通话单语和双语占比增加。这与不同学段学生的特点和学生自身的认知发展有关。

语言使用的影响因素分析

语言使用的不同除了受语言本身影响外，同时也与说话者本身的年龄、性别、受教育程度和职业以及外在的社会环境等因素有关。且学生的年龄和受教育程度对其语言使用的影响在一定程度上具有一致性，因此本研究对甲根坝镇学生在不同语域中的语言使用情况，从性别和受教育程度方面进行相关性分析，探讨影响当地学生语言使用的社会性因素。

性别与语言使用的相关性分析。家庭域中的语言使用。如图 5.10 所示，木雅语单语在家庭交际场合中占绝对优势地位，当地藏族学生无论是对父母还是兄弟姐妹，都主要使用木雅语单语。其中男性学生使用木雅语的比例较女性更高。而无论男女，对母亲使用木雅语的频率又比对父亲和同辈更多，部分原因是多数母亲在家操持家务，与外界社会接触少，大都不会说汉语，仅会木雅语或康方言。女性学生使用除木雅语以外的语言及变体或兼用双语及其以上的占比均略多于男性学生，表明女性学生在家庭域中的语言使用更为多样。

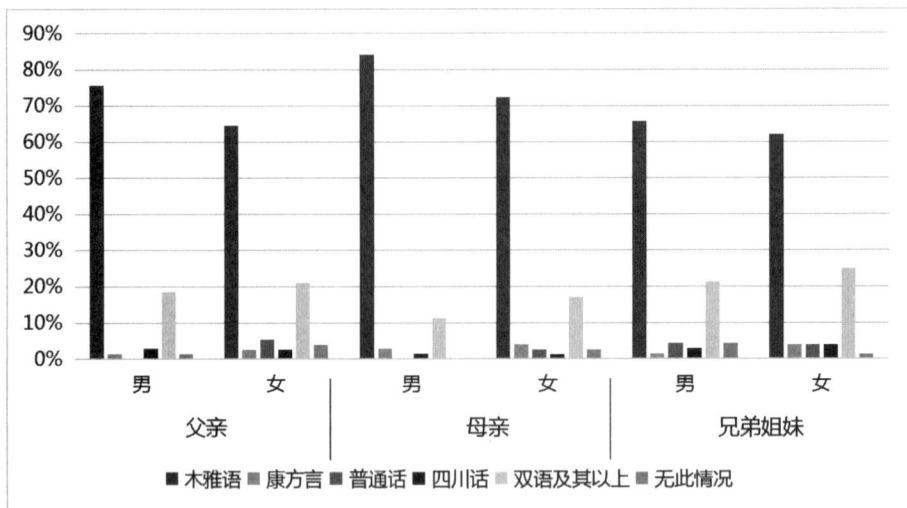

图 5.10 甲根坝镇学生家庭域语言使用性别差异图

由表 5.31 可知，从当地学生对父亲、母亲和同辈使用语言的情况来看，性别与其家庭域中语言使用的 P 值均大于 0.05，这说明性别不是影响其在家庭域语言使用的显著因素。

表 5.31 性别与家庭域语言使用的方差分析

		平方和	自由度	均方	F	显著性
现在您对父亲（或男性抚养人）最常说哪种话（语言）？	组间	4.107	1	4.107	1.339	0.249
	组内	441.736	144	3.068		
	总计	445.842	145	—		
现在您对母亲（或女性抚养人）最常说哪种话（语言）？	组间	6.391	1	6.391	2.795	0.097
	组内	329.232	144	2.286		
	总计	335.623	145	—		
您在家对同辈（兄弟姐妹）最常说哪种话（语言）？	组间	0.075	1	0.075	0.023	0.88
	组内	477.411	144	3.315		
	总计	477.486	145	—		

　　性别与生活域中的语言使用。如图 5.11 所示，在生活域中，面对不同的交际对象，甲根坝镇藏族学生会选择不同的语言及变体来交流。除了与本民族成员交流时，当地学生多数使用木雅语之外，在与外民族群体和陌生人交流时，无论男性还是女性学生，木雅语单语的使用比例都明显下降，而普通话单语的使用比例则明显提升。其中，男性学生在日常生活域中使用木雅语

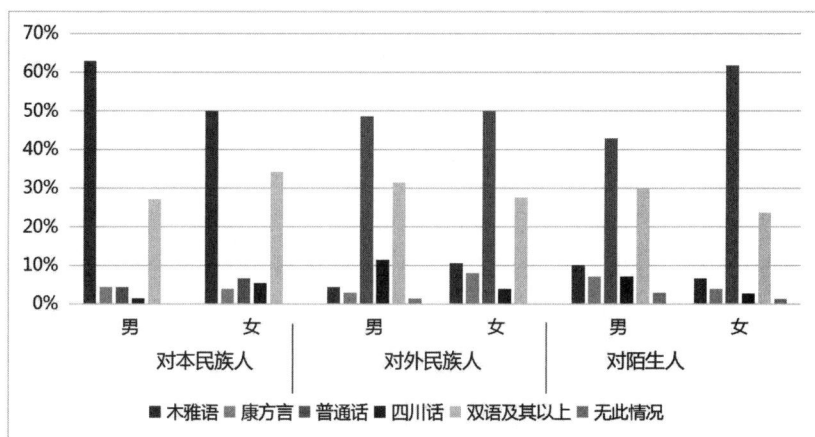

图 5.11　甲根坝镇学生生活域语言使用性别差异图

的比例较女性学生更高，而女性学生使用普通话的比例较男性学生高。可以看出，普通话单语在对外交际过程中占据着十分重要的地位。且在与陌生人交际时，女性学生的普通话使用比例大于男性学生。

具体来看，如图 5.12 所示，在生活域中，甲根坝镇藏族学生会在不同的交际场合中选择不同的语言及变体来交流沟通。在集贸市场买东西时，女性学生使用木雅语和普通话的比例高于男性学生，男性学生使用四川话的比例高于女性学生，其他语言及变体使用差异不明显。在医院看病时，使用四川话的男性学生比例高于女性学生，使用普通话的男女比例相差不大。

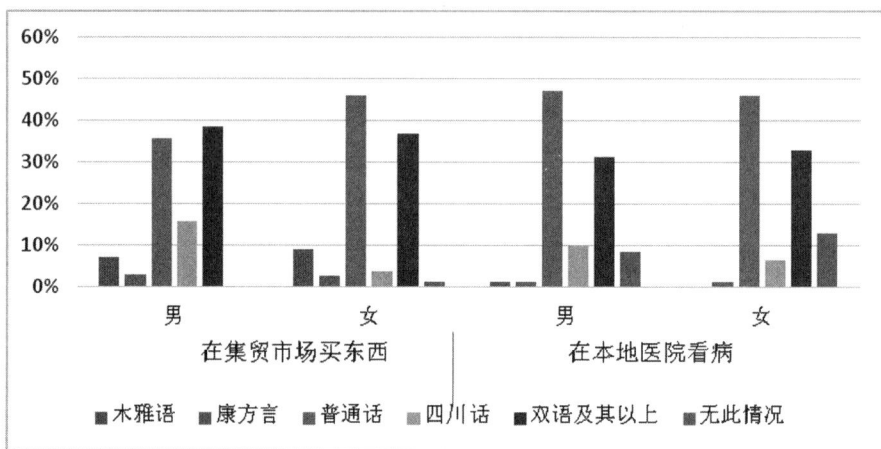

图 5.12 甲根坝镇学生生活域语言使用性别差异表

由上述图 5.11 和图 5.12 可以看出，在生活域中，无论男性学生还是女性学生，除对本民族群体主要使用木雅语之外，在其他场合使用普通话的比例均高于其他语言。且女性学生的普通话使用比例高于男性学生。

从下表 5.32 可知，从当地学生对本族群体、外族群体和陌生人等不同的交际对象以及在不同的交际情境中使用语言的情况来看，性别与其语言使用的 P 值均大于 0.05，因此，说明性别不是影响其生活域语言使用的主要因素。

表 5.32 性别与生活域语言使用的方差分析

		平方和	自由度	均方	F	显著性
您跟本民族邻居或熟人聊天时说什么语言或方	组间	4.667	1	4.667	1.413	0.237
	组内	475.805	144	3.304		
	总计	480.473	145	—		
您跟外民族邻居或熟人聊天时说什么语言或方	组间	4.956	1	4.956	3.473	0.064
	组内	205.482	144	1.427		
	总计	210.438	145	—		
您在当地遇到陌生人的时候最常用什么语言或方	组间	0.501	1	0.501	0.329	0.567
	组内	219.17	144	1.522		
	总计	219.671	145	—		
您在集贸市场买东西时最常说哪种话（语言）？	组间	0.841	1	0.841	0.533	0.466
	组内	227.029	144	1.577		
	总计	227.87	145	—		
您到本地医院看病时最常说哪种话（语言）？	组间	0.961	1	0.961	0.71	0.401
	组内	194.929	144	1.354		
	总计	195.89	145	—		

性别与学习域中的语言使用。如图 5.13 所示，在学习域，甲根坝镇藏族学生男生使用木雅语和普通话单语的比例高于女生，而女生使用双语及其以上语言变体的比例高于男生，康方言和四川话的使用比例差异不大。由于被调查学生的大部分也在甲根坝镇当地的寺庙进行学习，所以在学习域使用木雅语的频次较高。

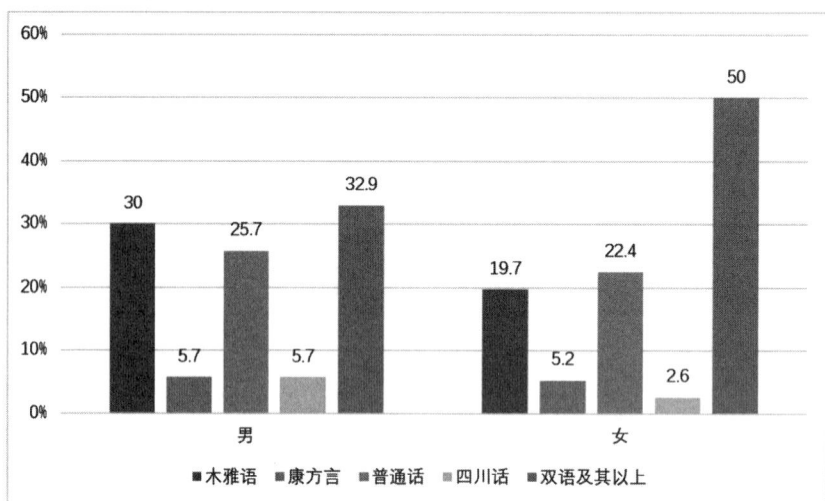

图 5.13 甲根坝镇学生学习域语言使用性别差异

从表 5.33 中可知，从当地学生在学校等庄重的交际场合使用语言的情况来看，性别与其学习域中的语言使用的 P 值仍略高于 0.05，说明性别也不是影响其学习域语言使用的显著性因素。

表 5.33 性别与学习域语言使用的方差分析

		平方和	自由度	均方	F	显著性
在学校、会议、工作地点等比较庄重的场合，您与本民族人通常使用哪种语言？	组间	9.921	1	9.921		
	组内	376.298	144	2.613	3.797	0.053
	总计	386.219	145	—		

由此可见，无论是在家庭域、生活域还是学习域，性别均不是影响甲根坝镇言语社区藏族学生语言使用的显著性因素，说明性别对当地学生语言使用的影响不显著。

受教育程度与语言使用的相关性分析。受教育程度与家庭域中的语言使用。从表 5.34 可知，从当地学生对父亲、母亲和同辈使用语言的情况来看，受教育程度与其家庭域中语言使用的 P 值均大于 0.05，因此，受教育程度和当地学生在家庭域的语言使用之间的显著性关系不明显。这表明木雅语是甲根坝镇藏族家庭内部的主导语言，是维系其家庭情感和身份认同的重要纽带，不因个体受教育程度的情况发生改变。

表 5.34 受教育程度与家庭域语言使用的方差分析

		平方和	自由度	均方	F	显著性
现在您对父亲（或男性抚养人）最常说哪种话（语言）？	组间	0.969	2	0.485	0.156	0.856
	组内	444.873	143	3.111		
	总计	445.842	145	—		
现在您对母亲（或女性抚养人）最常说哪种话（语言）？	组间	3.542	2	6.391	0.763	0.468
	组内	332.081	143	1.771		
	总计	335.623	145	—		
您在家对同辈（兄弟姐妹）最常说哪种话（语言）？	组间	1.304	2	0.652	0.196	0.822
	组内	476.182	143	3.33		
	总计	477.486	145	—		

受教育程度与生活域中的语言使用。从表 5.35 可知，当地学生在生活域中除了在集贸市场买东西时语言使用的 P 值小于 0.05 之外，其余场合 P 值均大于 0.05，因此，说明受教育程度对在集市上交流时的语言使用产生显著性影响。在集贸市场买东西交流时，41.1% 的学生选择使用普通话单语，其中有 54.2% 的小学生，24.2% 的初中生，23.3% 的高中及其以上学生，这说明相比较而言，受教育程度相对较低的学生在集贸市场买东西时会更多地选择使用普通话。反之，受教育程度相对较高的学生，在集市中使用普通话的频率更低。

表 5.35 受教育程度与生活域语言使用的方差分析

		平方和	自由度	均方	F	显著性
您跟本民族邻居或熟人聊天时说什么语言或方言？	组间	2.228	2	1.114	0.333	0.717
	组内	478.245	143	3.344		
	总计	480.473	145	—		
您跟外民族邻居或熟人聊天时说什么语言或方言？	组间	3.857	2	1.929	1.335	0.266
	组内	206.581	143	1.445		
	总计	210.438	145	—		
您在当地遇到陌生人的时候最常用什么语言或方言？	组间	5.514	2	2.757	1.841	0.162
	组内	214.157	143	1.498		
	总计	219.671	145	—		
您在集贸市场买东西时最常说哪种话（语言）？	组间	17.452	2	8.726	5.93	0.003
	组内	210.418	143	1.471		
	总计	227.87	145	—		
您到本地医院看病时最常说哪种话（语言）？	组间	3.882	2	1.941	1.445	0.239
	组内	192.009	143	1.343		
	总计	195.89	145	—		

受教育程度与学习域中的语言使用。据表 5.36 所示，甲根坝镇学生在学校等庄重的交际场合使用语言的情况所对应的 P 值仍大于 0.05，因此受教育程度不是影响其学习域语言使用的主要因素。

表 5.36 受教育程度与学习域语言使用的方差分析

		平方和	自由度	均方	F	显著性
在学校、会议、工作地点等比较庄重的场合，您与本民族人通常使用哪种语言？	组间	6.884	2	3.442		
	组内	379.335	143	2.653	1.298	0.276
	总计	386.219	145	—		

　　综上所述，甲根坝镇藏族学生语言使用情况复杂多样，会根据交际场合和交际对象的变化，选用或兼用不同的语言及变体。其中，当地学生在家庭域多使用木雅语，木雅语起着维系家庭情感和标志木雅人身份的作用，侧重体现情感认同和身份认同。藏语康方言作为族际通用语，在川西康区使用范围广泛，凸显其民族背景，侧重于民族认同。普通话作为国家通用语，使用人数众多、范围广，侧重于工具认同。其次，除了在集贸市场买东西时的语言使用与受教育程度影响较大，有显著性关系之外，在其他场合和面对不同的交际对象时，其使用的语言均与受教育程度关系不密切。

　　从外部因素来看，当地学生语言使用的差异还主要受当地的经济发展、地理位置等因素的影响。由于甲根坝镇地理位置较为偏远，全镇位于河谷地带，受交通条件等因素的制约，经济和旅游业均不发达，因此受当地生态环境和经济条件的制约，与外界社会联系不紧密致使当地受外部社会发展的冲击和影响较小，因此木雅语得以保存较好，在言语社区内部使用频繁。此外，由于当地学生家中长辈多数只掌握木雅语单语或可兼用康方言、四川话，因此木雅语仍是家庭域中最主要使用的语言。甲根坝镇虽是藏族聚居区，但也有部分外来的商人、店铺经营者，他们通常是汉族人，因此在与不同的对象、在不同的场合进行交际时，当地学生会根据具体的交际对象来选择不同的语言或者进行语码转换，语言使用情况较为多元。

5.4.3.2　甲根坝镇学生的语言态度

　　对语言态度的考察同样从情感和认知评价，以及行为倾向三方面进行。

情感因素的考察侧重于受访学生对语言及变体的语感评价，即是否好听、亲切等。对认知因素的考察侧重于受访学生对不同语言及变体的实用价值和社会地位的评价，即是否有社会影响和有用，以及使用该语言时是否有身份等。而行为倾向部分侧重于学生今后有掌握哪些语言的打算和计划。运用李克特五度量表法对语言态度进行测量，设置了"非常不""比较不""一般""比较是""非常是"五种不同程度的评价等级，在量表中分别对应分值1、2、3、4、5分。通过计算均值从而展示语言态度的结果，若语言态度均值越高，则表明学生对该语言及变体的态度越积极。反之，均值越低，则说明学生对该语言及变体的态度越消极。

表 5.37 甲根坝镇学生语言态度均值

	好听	亲切	社会影响	有用	有身份	均值
木雅语	4.15	4.05	3.25	3.89	3.76	3.82
康方言	3.89	3.78	2.56	3.67	3.89	3.56
普通话	4.39	4.1	4.12	4.33	4.25	4.24

从表 5.37 可知，甲根坝镇学生对普通话的语言态度评分最高，各项评价均在 4 分以上，且均值也最高，说明当地学生对普通话的语言态度评价积极正面，认同普遍较高。木雅语作为大多数学生的母语，在"好听"和"亲切"层面分数较高，但仍稍逊于普通话。康方言在"好听"和"有身份"层面评分较高，其中"有身份"层面高于木雅语，认为康方言比木雅语更能体现自己的藏族人身份。

情感因素和认知因素分析。语言态度中的情感因素指的是说话者在听到该语言及变体时情感层面的感受。根据情感因素的分析，可知甲根坝镇藏族学生对木雅语、康方言和普通话的情感认同差异。

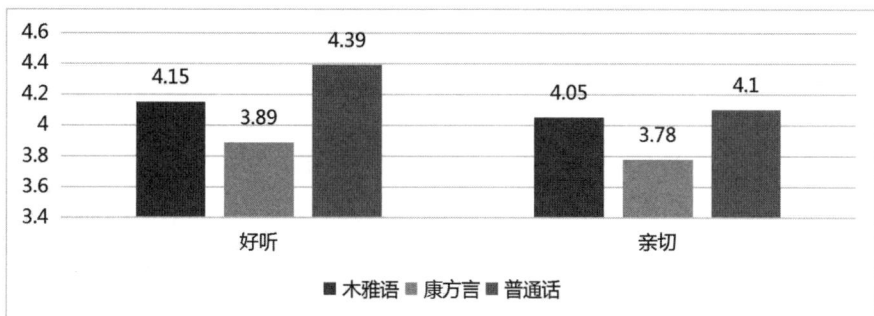

图 5.14　甲根坝镇学生情感态度均值

　　由图 5.14 可知，当地藏族学生对木雅语和普通话的情感态度均值均大于
4 分，且普通话分值高于木雅语分值，说明当地学生对普通话在情感方面的认
同比木雅语和康方言都要高，分值从高到低排序，"好听"层面的评价依次
为：普通话>木雅语>康方言。"亲切"层面的评价依次为：普通话>木雅语>
康方言。在"亲切"这一情感态度均值中，木雅语和普通话差别不大，但大
多数当地学生认为普通话更为亲切。

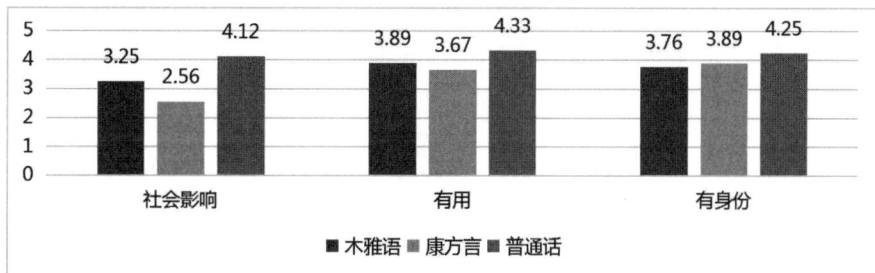

图 5.15　甲根坝镇学生认知态度均值

　　由图 5.15 可知，甲根坝镇藏族学生对普通话的认知态度均值都大于 4
分，说明当地学生对普通话在交际功能方面的认同度较高。其中，"有用"层
面的均值最高，说明当地学生认可普通话有强大的交际功能。分值从高到低
表现在："社会影响"层面的评价依次为：普通话>木雅语>康方言。"有用"
层面的评价依次为：普通话>木雅语>康方言。"有身份"层面的评价依次为：
普通话>康方言>木雅语。

可见，甲根坝镇学生普遍对普通话的社会地位和经济价值有积极的认知，且认同度较高，对普通话的认同侧重于工具性认同。就大多数学生的母语木雅语来说，起着维系其家庭情感和体现其木雅人身份的重要作用，侧重于情感和身份认同。而就族际通用语康方言来说，是族群交往和民族成分的重要体现，侧重于民族认同。因此，当地学生会对不同语言及变体产生不同的认同分层。

行为倾向分析。由图 5.16 可知，甲根坝镇学生对自己今后的语言掌握期望呈多样化趋势。从语言掌握的类型来看，包括木雅语、康方言、普通话和四川话，以及"其他"，这里"其他"指英语。其中，91.1%的学生期望今后掌握普通话，可见随着我国推普工作的深入开展和双语教育的不断完善，我国少数民族地区的学生对普通话的认同也逐渐增强，普通话在未来将持续发挥其不可替代的作用。其次分别是康方言、木雅语、四川话和英语。康方言作为族际交际用语，在族际交往和民族身份方面也起着重要的作用，因此50%以上的受访学生也希望掌握康方言。作为大多数学生的母语木雅语，有34.9%的学生期望今后掌握木雅语。此外，四川话作为区域性交际用语，在一定的区域范围内也发挥着重要作用，但总体占比较少。

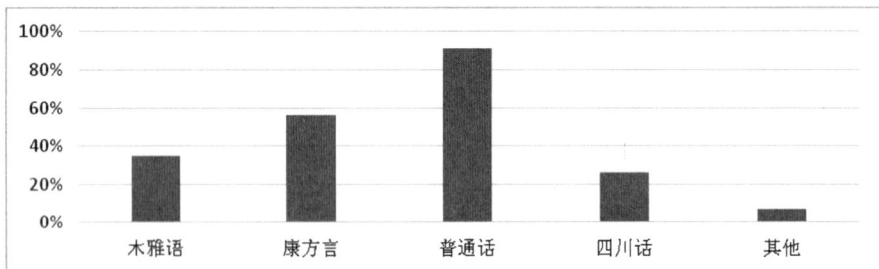

图 5.16 甲根坝镇藏族学生对自身语言掌握的期望

可见，甲根坝镇学生对普通话的掌握意愿最高，这也与语言态度中当地学生对普通话的情感和认知评价都最高相互印证，反映了对普通话的认同度高。其次，当地学生对康方言的掌握期望高于木雅语，但对木雅语的语言态度均值高于康方言，也体现出当地学生语言态度的复杂性。

不同学段学生语言态度的特点

通过对小学、初中和高中及其以上各 30 名学生进行进一步的比较分析，着重比较其对母语木雅语和二语普通话在情感和认知态度方面的差异，归纳出不同学段的学生语言态度的特点，有利于分析影响当地学生语言态度的显著性因素，为之后的语言教学提供数据支撑。

表 5.38 甲根坝镇不同学段学生语言态度均值

问题	木雅语			普通话		
	小学	初中	高中及以上	小学	初中	高中及以上
好听	4.27	4.47	3.87	4.40	4.63	4.43
亲切	4.23	4.57	4.10	4.47	4.17	3.90
有社会影响	3.57	3.47	3.17	4.03	4.33	4.47
有用	4.03	3.87	3.90	4.57	4.57	4.67
有身份	3.97	3.97	3.60	4.37	4.50	4.30

从表 5.38 可知，总的来说，甲根坝镇的小学、初中和高中及其以上学生对普通话的语言态度整体评价高于木雅语的语言态度评价。具体来看，关于木雅语的社会影响力评价随受访者教育程度的提高而逐渐减弱，表现为：小学生＞初中生＞高中及其以上学生；与此相反，关于普通话的社会影响力评价却随受访者教育程度的提高而逐渐提高，表现为：高中及其以上学生＞初中生＞小学生。在木雅语是否有用方面，小学生＞高中及其以上学生＞初中生，总体上随受教育程度的提高而减弱；在评价普通话是否有用方面，高中及其以上学生＞初中生＝小学生。这说明随着年龄的增长和受教育水平的提升，学生逐渐意识到了国家通用语的重要性，认知态度进而转变。普通话在有社会影响、有用和有身份方面的均分均高于木雅语。其次，木雅语的身份象征随受教育程度的提高而逐渐减弱；普通话的亲切感也随受教育程度的提高而逐渐减弱。在"好听、亲切和有身份"方面，当地学生对木雅语和普通话表现出起伏变

动的趋势。

语言态度的影响因素分析

性别与木雅语语言态度。从表 5.39 可知，性别与木雅语语言态度 P 值均大于 0.05，所以性别不是影响当地藏族学生木雅语语言态度的主要因素。

表 5.39 性别与木雅语语言态度的方差分析

		平方和	自由度	均方	F	显著性
您对小时候（上小学前）最先会说的话印象怎么样？–好听	组间	0.099	1	0.099	0.075	0.784
	组内	172.954	132	1.31		
	总计	173.052	133	—		
您对小时候（上小学前）最先会说的话印象怎么样？–亲切	组间	1.57	1	1.57	1.079	0.301
	组内	191.953	132	1.454		
	总计	193.522	133	—		
您对小时候（上小学前）最先会说的话印象怎么样？–有社会影响	组间	1.705	1	1.705	0.937	0.335
	组内	240.153	132	1.819		
	总计	241.858	133	—		
您对小时候（上小学前）最先会说的话印象怎么样？–有用	组间	0.2	1	0.2	0.143	0.706
	组内	184.338	132	1.396		
	总计	184.537	133	—		
您对小时候（上小学前）最先会说的话印象怎么样？–有身份	组间	0.208	1	0.208	0.128	0.721
	组内	214.516	132	1.625		
	总计	214.724	133	—		

性别与普通话语言态度。由表 5.40 可知，性别与普通话语言态度方差 P 值均大于 0.05，所以性别也不是影响甲根坝镇藏族学生普通话语言态度的主要因素，当地学生对普通话的语言态度差异与其性别并无显著关系。

表 5.40 性别与普通话语言态度的方差分析

		平方和	自由度	均方	F	显著性
您对普通话印象怎么样？-好听	组间	0.779	1	0.779	0.863	0.354
	组内	129.967	144	0.903		
	总计	130.747	145	—		
您对普通话印象怎么样？-亲切	组间	1.052	1	1.052	1.007	0.317
	组内	150.407	144	1.044		
	总计	151.459	145	—		
您对普通话印象怎么样？-有社会影响	组间	0.272	1	0.272	0.23	0.632
	组内	170.748	144	1.186		
	总计	171.021	145	—		
您对普通话印象怎么样？-有用	组间	0	1	0	0	0.998
	组内	168.219	144	1.168		
	总计	168.219	145	—		
您对普通话印象怎么样？-有身份	组间	1.247	1	1.247	1.248	0.266
	组内	143.877	144	0.999		
	总计	145.123	145	—		

受教育程度与木雅语语言态度。从表 5.41 可知，当地藏族学生的受教育程度只对木雅语语言态度中"亲切"一项有显著的影响，P 值小于 0.05。说明甲根坝镇藏族学生对木雅语"亲切"评分与受教育的程度有密切关系。据统计，小学生对木雅语"亲切"的评分均值为 3.8，初中生为 4.55，高中及其以上学生为 4.1。可见，随着受教育程度的提高，对木雅语"亲切"一项的语言态度会随之增高，但到了一定年龄，认知发展趋于成熟时，学生的情感态度也趋于相对稳定。

表 5.41 受教育程度与木雅语语言态度的方差分析

		平方和	自由度	均方	F	显著性
您对小时候（上小学前）最先会说的话印象怎么样？－好听	组间	3.504	2	1.752	1.354	0.262
	组内	169.548	131	1.294		
	总计	173.052	133	—		
您对小时候（上小学前）最先会说的话印象怎么样？－亲切	组间	11.94	2	5.97	4.307	0.015
	组内	181.582	131	1.386		
	总计	193.522	133	—		
您对小时候（上小学前）最先会说的话印象怎么样？－有社会影响	组间	0.794	2	0.397	0.216	0.806
	组内	241.064	131	1.84		
	总计	241.858	133	—		
您对小时候（上小学前）最先会说的话印象怎么样？－有用	组间	0.244	2	0.122	0.087	0.917
	组内	184.294	131	1.407		
	总计	184.537	133	—		
您对小时候（上小学前）最先会说的话印象怎么样？－有身份	组间	1.769	2	0.885	0.544	0.582
	组内	212.955	131	1.626		
	总计	214.724	133	—		

受教育程度与普通话语言态度。从表 5.42 可知，甲根坝镇藏族学生的受教育程度只对普通话语言态度中"有社会影响"和"有用"两项有显著的影响，P 值均小于 0.05。说明当地学生对普通话"有社会影响"和"有用"两项评分与受教育程度的高低有密切关系。其中，小学生对普通话"有社会影响"的评分均值为 3.9，初中生为 4.33，高中及其以上学生为 4.47。小学生对普通话"有用"的评分均值为 4.1，初中生为 4.61，高中及其以上学生为 4.67。由此可见，随着文化水平的提升，"有社会影响"和"有用"两项的语言态度会随之增高，学生的认知水平不断发展成熟，对普通话的社会地位和经济价值有了更为直观的感受和认识，因此，对普通话的工具性认同也不断增强。

表 5.42 受教育程度与普通话语言态度的方差分析

		平方和	自由度	均方	F	显著性
您对普通话印象怎么样？-好听	组间	3.518	2	1.759	1.977	0.142
	组内	127.229	143	0.89		
	总计	130.747	145	—		
您对普通话印象怎么样？-亲切	组间	1.555	2	0.778	0.742	0.478
	组内	149.904	143	1.048		
	总计	151.459	145	—		
您对普通话印象怎么样？-有社会影响	组间	8.893	2	4.447	3.922	0.022
	组内	162.127	143	1.134		
	总计	171.021	145	—		
您对普通话印象怎么样？-有用	组间	10.098	2	5.049	4.566	0.012
	组内	158.121	143	1.106		
	总计	168.219	145	—		
您对普通话印象怎么样？-有身份	组间	0.802	2	0.401	0.398	0.673
	组内	144.321	143	1.009		
	总计	145.123	145	—		

综上所述，甲根坝镇学生对国家通用语普通话的认同侧重于工具性认同，对母语木雅语侧重于情感和身份认同，对族际通用语康方言更侧重于民族认同。此外，由于汉文化的冲击和影响，部分学生不但在语言上表现出对普通话的较高认同，在饮食、服饰和民族习惯等方面都呈现出同化的趋向，这也对其语言态度产生了影响。

5.4.3.3　甲根坝镇学生的语言能力现状

在双语多语或多语环境下，刘丹青（2015）把我国的国民语言能力分成9类，指出："有些语言能力主要是在家庭和社群的交际中代际传承和自然获得的，有些语言能力主要靠专门的教育，包括（但不限于）学校教育。"[1]总体来说，语言能力一方面指产出的句子是否符合规则的语法能力；另一方面指生活中为完成交际而合理使用语言的能力。本研究侧重考察研究对象听说读写的语言使用能力。调查问卷的语言文字掌握部分，从 7 种程度考察学生的听、说语言能力，分别为："能流利准确地使用、能熟练使用但有些音不准、能熟练使用但口音较重、基本能交谈但不太熟练、能听懂但不太会说、能听懂一些但不会说和听不懂也不会说。" 文字掌握方面从 2 个层面考察学生的读、写文字能力，分别为："能读书看报和能写文章或其他作品、看不懂和不会写。" 受访学生依次对自己的语言和文字能力水平进行自我评价。

语言文字掌握情况及程度。被调查学生不同程度地掌握二语甚至多语。木雅语是甲根坝镇大多数学生的第一语言，少数学生的第一语言为康方言或者四川话。由图 5.17 可以看出，当地受访学生全部都是二语掌握者，且有43.1%的学生掌握三种语言及变体，32.9%的学生掌握四种语言及变体。根据统计数据，累计计算出掌握各类语言变体的人数百分比为，木雅语（96.5%）>普通话（95.1%）>康方言（63.6%）>四川话（53.5%），掌握木雅语的学生比例最多，其次是普通话，康方言和四川话的水平较低。

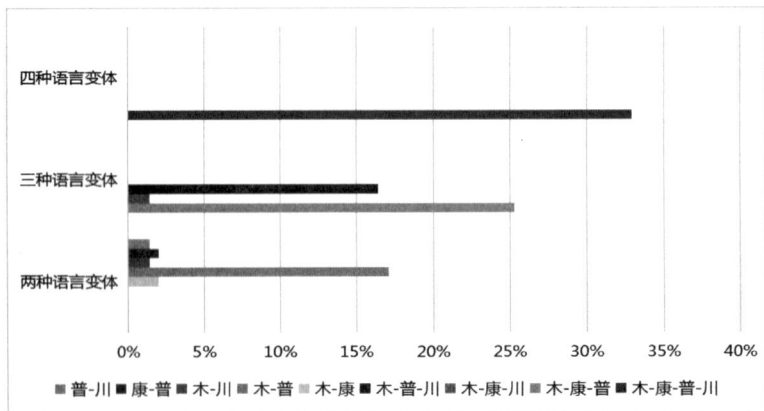

图 5.17 甲根坝镇学生语言掌握情况

---

[1] 刘丹青.语言能力的多样性和语言教育的多样化 [J].世界汉语教学，2015（01）：3-11.

　　从语言掌握程度来看，根据表 5.43 所示，90.4%的受访学生都能流利准确地使用木雅语，既听不懂也不会说的仅占 2.7%。通过访谈可知，既听不懂也不会说木雅语的这部分学生都生活在族际婚姻家庭中，其习得的第一语言非木雅语，也没有学习木雅语。在普通话掌握程度方面，54.8%的学生能流利准确地使用普通话，还有 32.8%的学生能熟练使用普通话但不是十分标准，不存在没有掌握普通话的情况。

表 5.43 甲根坝镇学生语言掌握程度的人数比例（%）

掌握程度＼语言种类	木雅语	康方言	普通话	四川话
1　能流利准确的使用	90.4	35.6	54.8	28.1
2　能熟练使用但有些音不准	2.7	10.3	25.3	11.6
3　能熟练使用但口音较重	1.4	8.2	7.5	7.5
4　基本能交谈但不太熟练	0	8.9	9.6	18.5
5　能听懂但不太会说	1.4	8.2	0.7	8.9
6　能听懂一些但不会说	1.4	8.2	2.1	12.3
7　听不懂也不会说	2.7	20.5	0	13

　　可见当地学生的木雅语掌握程度最好，且均不同程度地掌握了二语甚至多语。大多数学生能熟练地使用普通话。康方言和四川话的整体水平不高。

　　关于甲根坝镇学生文字掌握程度，从表 5.44 中可知，甲根坝镇藏族学生的读、写能力基本一致，但读的能力比写的能力更强，90%以上的被调查者都能读书看报，80%-90%的被调查者能写文章或其他作品。其中，被调查的藏族学生读汉文的能力比读藏文的能力更好，写汉文的能力也比写藏文的能力更好。不过也有个别学生出现了"看不懂"和"不会写"的情况。

表 5.44 甲根坝镇学生文字掌握程度的人数比例（%）

文字＼程度	读		写	
	能读书看报	看不懂	能写文章或其他作品	不会写
藏文	91.1%	8.9%	80.1%	19.9%
汉文	94.5%	5.5%	89%	11%

语言文字习得途径。第一语言习得情况。由图 5.18 可知，受访的甲根坝镇学生中，有 94.5% 的学生第一语言为木雅语，此外，2.7% 的学生第一语言为康方言，2.1% 的学生第一语言为普通话，另有 0.7% 的学生第一语言为四川话。其中，第一语言为普通话和四川话的学生均来自族际婚姻家庭。可以看出，族际婚姻家庭背景是影响语言转用的重要因素。

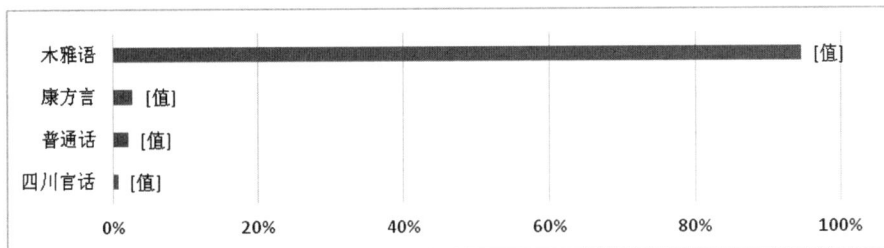

图 5.18　甲根坝镇学生最先学会的语言分布图

根据表 5.45，甲根坝镇学生的普通话和康方言大多是在学校通过双语教育而习得的。而木雅语主要是通过家庭环境影响而自然习得的。此外，四川话作为区域性的交际用语，是当地藏族同其他民族交往的主要语言，所以主要通过社会交往来习得。

表 5.45 甲根坝镇学生语言学习途径

途径	木雅语		康方言		普通话		四川话	
	人数	百分比	人数	百分比	人数	百分比	人数	百分比
学校学习	1	0.7	78	53.4	108	74	52	35.6
培训班学习	0	0	1	0.7	1	0.7	0	0
看电视、听广播或上网	1	0.7	18	12.3	20	13.7	22	15.1
家里人影响自然学会	140	95.9	17	11.6	10	6.8	14	9.6
社会交往	0	0	6	4.1	6	4.1	34	23.3
寺庙学习	0	0	2	1.4	1	0.7	0	0
其他	4	2.7	24	16.4	0	0	24	16.4
总计	146	100	146	100	146	100	146	100

从表 5.46 可以看出，甲根坝镇藏族学生的藏文和汉文习得途径都主要是学校学习，学校系统的课堂教学是当地藏族学生习得各类文字的主要渠道，且通过学校学习藏文和汉文的人数比例相差不大。此外，还有个别学生通过看电视、听广播和上网习得藏文和汉文，反映出学生学习文字的渠道丰富多样。

表 5.46 甲根坝镇学生文字学习途径

语言 途径	藏文		汉文	
	人数	百分比	人数	百分比
学校学习	131	89.7	135	92.5
培训班学习	0	0	0	0
看电视、听广播或上网	3	2.1	10	6.8

续表

语言 途径	藏文		汉文	
	人数	百分比	人数	百分比
家里人影响自然学会	8	5.5	1	0.7
社会交往	2	1.4	0	0
寺庙学习	0	0	0	0
其他	2	1.4	0	0
总计	146	100	146	100

不同学段学生语言能力的特点

通过对小学、初中和高中及以上各 30 名学生进行进一步的比较分析，比较不同学段学生对不同语言及变体的掌握程度和能力水平，归纳出不同学段学生的语言能力差异和特点，有利于分析影响当地学生语言能力水平的显著性因素，为后文的社区汉语教学设计提供数据支撑。

表 5.47 甲根坝镇不同学段学生语言能力现状（%）

语言种类	掌握程度	能流利准确的使用	能熟练使用但有些音不准	能熟练使用但口音较重	基本能交谈但不太熟练	能听懂但不太会说	能听懂一些但不会说	听不懂也不会说
木雅语	小学	93.3	0	3.3	0	0	3.3	0
	初中	96.7	3.3	0	0	0	0	0
	高中及以上	96.7	0	0	0	0	0	3.3
康方言	小学	36.7	3.3	6.7	6.7	3.3	6.7	36.7
	初中	16.7	13.3	13.3	3.3	16.7	23.3	13.3
	高中及以上	43.3	23.3	6.7	13.3	3.3	0	10

续表

语言种类 ＼ 掌握程度		能流利准确的使用	能熟练使用但有些音不准	能熟练使用但口音较重	基本能交谈但不太熟练	能听懂但不太会说	能听懂一些但不会说	听不懂也不会说
普通话	小学	63.3	20	6.7	10	0	0	0
	初中	36.7	43.3	6.7	13.3	0	0	0
	高中及以上	53.3	33.3	10	0	0	3.3	0
四川话	小学	33.3	0	10	33.3	10	3.3	10
	初中	20	16.7	10	13.3	16.7	23.3	0
	高中及以上	40	23.3	6.7	6.7	0	10	13.3

由表 5.47 可知，甲根坝镇藏族学生整体语言能力的流利准确水平高低表现为：木雅语>普通话>四川话>康方言，其中木雅语作为绝大多数学生的母语，语言能力最高，极个别族际家庭背景的学生不会木雅语或水平较低。具体来说，木雅语的语言能力高低随受教育程度的提高而提高，表现为：高中及以上＝初中>小学；康方言语言能力高低表现为：高中及以上>小学>初中；普通话语言能力高低表现为：小学>高中及以上>初中；四川话语言能力高低表现为：高中及以上>小学>初中。

语言能力的影响因素分析

以下主要从性别、受教育程度以及母语习得方面来考察其与语言能力的相关性，以此来确定影响语言能力的显著性因素。

性别与语言能力。从表 5.48 中可知，性别与普通话语言能力一项的 P 值小于 0.05，说明性别是影响甲根坝镇学生普通话语言能力的重要因素。通过统计，在"能流利准确地使用"程度中，女性学生占 62.5%，男性学生占 37.5%。女性学生掌握普通话的能力水平比男性学生更高，说明女性学生的普通话能力要高于男性学生的普通话能力。

表 5.48 性别与语言能力的方差分析

		平方和	自由度	均方	F	显著性
您的语言程度怎么样？－木雅语	组间	0.243	1	0.243	0.158	0.691
	组内	220.634	144	1.532		
	总计	220.877	145	—		
您的语言程度怎么样？－康方言	组间	4.302	1	4.302	0.746	0.389
	组内	830.191	144	5.765		
	总计	834.493	145	—		
您的语言程度怎么样？－普通话	组间	8.372	1	8.372	6.312	0.013
	组内	190.998	144	1.326		
	总计	199.37	145	—		
您的语言程度怎么样？－四川话	组间	0.501	1	0.501	0.107	0.745
	组内	677.17	144	4.703		
	总计	677.671	145	—		

受教育程度与语言能力。从表 5.49 可以看出，只有康方言语言能力与甲根坝镇学生的受教育程度有显著性关系，P 值小于 0.05。据统计，小学阶段的学生未掌握康方言的人数比例最高，占小学阶段人数比例的 27.7%，初中生占 12.1%，高中及以上学生占 10%。可见，随着学历的提升，康方言的能力水平有所提高。因为在当地双语教学中有藏语课，所以受教育程度越高，康方言的水平就越好。

表 5.49 受教育程度与语言能力的方差分析

		平方和	自由度	均方	F	显著性
您的语言程度怎么样？－木雅语	组间	6.384	2	3.192	2.128	0.123
	组内	214.493	143	1.5		

续表

		平方和	自由度	均方	F	显著性
您的语言程度怎么样？-木雅语	总计	220.877	145	—	2.128	0.123
您的语言程度怎么样？-康方言	组间	38.582	2	19.291	3.466	0.034
	组内	795.911	143	5.566		
	总计	834.493	145	—		
您的语言程度怎么样？-普通话	组间	0.591	2	0.295	0.213	0.809
	组内	198.779	143	1.39		
	总计	199.37	145	—		
您的语言程度怎么样？-四川话	组间	23.228	2	11.614	2.538	0.083
	组内	654.444	143	4.577		
	总计	677.671	145	—		

母语习得与语言能力。从表 5.50 可以看出，甲根坝镇学生的第一语言习得对其木雅语能力水平和四川话能力水平有显著影响，P 值均小于 0.05。据统计，被调查者中有 94.5% 的学生第一语言为木雅语，这当中有 99.2% 的学生"能流利准确地使用"木雅语，说明第一语言的习得会影响其语言能力。

表 5.50 第一语言习得与语言能力的方差分析

		平方和	自由度	均方	F	显著性
您的语言程度怎么样？-木雅语	组间	150.88	3	50.293	102.029	0
	组内	69.996	142	0.493		
	总计	220.877	145	—		
您的语言程度怎么样？-康方言	组间	40.109	3	13.37	2.39	0.071
	组内	794.384	142	5.594		
	总计	834.493	145	—		

续表

		平方和	自由度	均方	F	显著性
您的语言程度怎么样？－普通话	组间	3.544	3	1.181	0.857	0.465
	组内	195.826	142	1.379		
	总计	199.37	145	—		
您的语言程度怎么样？－四川话	组间	50.048	3	16.683	3.774	0.012
	组内	627.623	142	4.42		
	总计	677.671	145	—		

综上，木雅语作为甲根坝镇大多数学生的母语，在木雅地区的交际中起着重要的维系家庭情感和本民族情感的作用，当地学生的木雅语能力水平整体高于其他语言及变体的能力水平。作为国家通用语，普通话在对外民族交流中发挥了主要的交际功能，当地学生的读、写汉文的能力高于读、写藏文的能力。且掌握木雅语和普通话两种语言的学生比例明显高于掌握康方言和四川话的学生比例。此外，甲根坝镇学生的普通话能力水平与性别因素有显著性关系，康方言能力水平与受教育程度有显著性关系。

5.4.3.4 甲根坝镇言语社区的特点

按照徐大明（2004）对言语社区要素的划分，主要包括人口、地域、互动、认同和设施五个要素。这些要素使得言语社区区别于普通意义的社区。首先，言语社区有在一定区域范围内进行言语互动的适量人口。其次，社区成员对使用的语言有一致的认同和归属感。语言作为符号系统，与其使用规范和相似的语言生活构成了言语社区的设施。

人口是言语社区的主体，相对稳定且适量的人口是社区形成的必要条件。甲根坝镇历史沿革悠久，当地藏族群众世代聚居于此，多数社区成员在当地务农或做生意，少部分学生或商人在外求学或经商，但也会定期返回。且许多住户之间都有亲缘关系，甲根坝镇除了联姻嫁入的居民以外，其余人口都为自然增长，人口相对稳定。互动是言语社区中必不可少的特点。同一社区的成员通过共同的语言符号进行日常交往，且交往频繁，这便是言语社区的特点之一。"以任何形式存在的语言资源都有其存在价值，否则就不会在语言演化的进程中出现。然而，一些语言形式存在了上千年仍然活跃在现行的语言资源体系中，有些却早已消失。这些都取决于该语言形式参与互动的程度。"[1] 甲根坝镇当地居民在不同的场域会使用不同的语言及变体进行互动交流，其中木雅语是重要的内部交际语言。语言认同是社区的核心，语言归属感是言语社区的重要特性，语言也是言语社区沟通和认同的工具。因此，语言认同在言语社区中占据着十分重要的地位。甲根坝镇言语社区是多层嵌套的，当地居民对不同的语言及变体有不同层面的认同，且对不同的语言及变体的语言认同表现出了一致性，即木雅语侧重于情感认同和身份认同，康方言侧重于民族认同，普通话侧重于工具认同。设施也是言语社区中不可缺少的一部分。徐大明认为，设施包括自然语言资源和经济语言资源。前者指言语符号体系，是客观的语言资源，不以人的意志为转移；后者是社区成员共同认同且遵循的语言规范，是主客观的结合。除此之外，设施还包括语言权威机构、语言典籍和成文标准等。

总体来看，在家庭域，与父母交流时，甲根坝镇绝大多数学生都使用其母语木雅语，少数族际背景家庭的学生使用其他语言及变体，普通话使用情况较少；与兄弟姐妹交流时，呈现出语言使用的多样化态势，在同辈交流中使用的语言更为复杂多样，出现兼用两种及以上语言的情况，但仍以木雅语为主，使用普通话的情况有所增加。可见，木雅语在家庭域交际中占据了绝对位置，凸显了对木雅语的身份认同。在生活域，大量出现使用双语或多语的模式，主要表现为"木–普""木–康""木–康–普""木–普–川""木–康–川–普"等几种组合，当地学生会根据交际场合和对象进行语码转换。在与本民族邻居和熟人交际时，由于地域和身份因素的限制，很少使用普通话，但在本地与外民族邻居或熟人以及陌生人交际时，则主要选用普通话作为交际语言，凸显了普通话强大的对外交际功能，体现出了当地学生对普通话的工

---

[1] 尹小荣，李学民，靳焱. 言语社区理论下的语言资源价值评估 [J]. 江汉学术，2013 (05)：67–71.

具性认同。在当地集贸市场买东西以及医院看病等常见的生活场景中,当地学生仍主要使用普通话,但也会通过观察不同交际对象的民族成分,进而选用适合进行交际的语言及变体,从而在生活域中兼用多种语言及变体。生活域中普通话的使用频次大大提升,成为日常交际中最主要使用的语言。在学习域,由于学校课程安排的需要以及校园环境的氛围影响,主要是以康方言和普通话为主的双语模式或兼用其他语言变体。

语言态度方面,甲根坝镇学生对普通话的情感评价和功能评价都最高,均高于木雅语和康方言,表现为积极正面的语言态度。普通话语言态度均值表现为:好听>有用>有身份>社会影响>亲切。总体来看,当地学生对普通话情感因素的均值评价略高于认知因素的评价,这与以往研究中普通话认知因素的评价高于情感因素的评价结果有一定的差异,说明现今的儿童及青年群体对普通话的情感认同有了一定的转变和提升。加上积极的使用倾向,表明儿童及青少年群体对普通话的语言认同程度更高。木雅语作为大多数学生的母语,在"好听"和"亲切"方面分数较高,仍是情感认同的重要体现。康方言在"好听"和"有身份"方面评分较高,其中"有身份"这一项高于木雅语,说明康方言更能体现自己的藏族人身份,而木雅语仅体现木雅人身份。

语言能力方面,甲根坝镇学生均掌握两种及以上语言及变体,具备多语多言能力。由于木雅语不能与藏汉双语沟通,而为了适应多语言语社区环境和完成不同情形的交际,当地学生均能掌握多种语言及变体。其中,木雅语作为当地大多数学生的母语,从小自然受家人的影响而习得,因此木雅语能力水平较高。普通话和康方言作为学校教育的重要课程,主要通过学校课堂教育习得,但当地学生自评的普通话掌握程度远不及木雅语的掌握程度。此外,能同时运用藏文和汉文读书看报和写文章的学生占多数,但在流利程度和熟练程度方面有一定的差异。

综合上述语言认同的三个层面的考察结果,甲根坝镇学生对不同的语言及变体有不同层面的认同,其语言认同侧重表现出了一致性,即对木雅语侧重于情感认同和身份认同,对康方言侧重于民族认同,对普通话侧重于工具认同。

"认同作为社区的重要因素之一，是不能和社区剥离开讨论的……认同和归属感是言语社区的心理基础，语言和语言使用的规范是互动和认同的工具。"[1] 在甲根坝镇言语社区中，学生的语言认同和语言使用状况会受到众多因素的综合影响。

一是交际场域。在多语言语社区中，甲根坝镇学生会根据不同的场域从自己的语言库中选取适合该场域的语言及变体，进而与当前交际场合的身份所匹配。如在家庭域，甲根坝镇学生则选用木雅语与家人交流，木雅语作为当地绝大多数学生的母语，是家庭交流和与同族人交流最主要的工具，使用木雅语是同属木雅人的身份象征。在生活域，大多数学生会根据不同的交际场合和交际对象，选用不同的语言，进行语码转换。可以看出交际场域的变化是影响甲根坝镇言语社区学生语言使用的重要因素之一。

二是受教育程度。在甲根坝镇言语社区，低年级的学生对普通话的认同高于高年级学生，而高年级学生对康方言的认同高于低年级学生。相关研究证明，"现在大部分小学生的普通话都非常标准，有人因此担心方言会随着普通话的推广而消失。然而在现实生活中，很多青少年的方言传承在初中和高中阶段反而好转，呈现方言回归现象。"[2] 可见，随着学生年龄的增长和受教育程度的提高，学生的语言使用会逐渐过渡到使用本地语言，并接近于上一辈的语言使用情况。儿童成长为青年的过程也是自我意识和认同不断强化的过程。因此，语言认同发展到一定阶段就会趋于稳定，并保持下去。

三是母语背景。在甲根坝镇言语社区，木雅语是当地通行的语言，也是大多数当地学生的母语，因此当地学生对木雅语有强烈的情感认同和身份认同。母语背景为木雅语的学生其木雅语能力比其他语言能力更好，对木雅语的认同度更高，说明母语背景能在一定范围内影响其语言认同。

四是学习动机。甲根坝镇学生对普通话的语言认同侧重于工具认同，对康方言的认同侧重于民族认同。由于"目的语社会环境对语言态度具有显著

[1]　裴洁 . 全球化语境下语言认同与外语教育规划研究 [M] . 南京：南京大学出版社，2017：61.

[2]　方小兵 . 当前语言认同研究的四大转变 [J] . 语言战略研究，2018（03）：22-32.

影响。当目的语群体奉行单语主义，倾向于将目的语作为主流语言时，可能会促进目的语认同。相反的情况则不利于构建目的语认同。"[1] 为了提高学生的语言能力，促进语言认同的增强，更应该端正语言学习动机，让其意识到语言不只是交际的工具，更蕴涵着深层次的文化认同和国家意识。

5.4.3.5 基于语言认同的甲根坝镇社区语言教学实践

社区语言教育的意义

社区教育指的是"为满足社区成员的各种需求而进行的各类教育活动。或是正规的或是非正规的，或是职业性的或是文化娱乐性的，或是行政领导的或是民众组织的，都是社区教育。"[2] 赵守辉（2008）指出，社区教育作为一种非主流语言教学，是独立于学校课程的语言推广或培训项目，是在国家公共教育系统外的语言教育和习得活动，有自发性和不定期性的特点。目前，"社区教育成为构建终身教育体系、建设学习型社会和促进社会和谐的重要动力，作为新兴的教育形式，促进了教育和社会的结合，显示出了重要而深远的意义。"[3] 社区语言教育指"具有基本语言能力的母语习得者在社区母语的环境下获得、强化与提升语言能力的过程，也就是语言观念萌生、形成和定型的过程。"[4] 我国大多数儿童都是从小在家庭内部自然习得母语，并在村寨、社区、校园及其他场合使用，语言能力得以提升，并逐渐形成特定的语言意识和观念。社区语言教育有利于促进学生语言表达能力和交际能力的提升，对语言的保护和发展具有重要作用。同时，社区语言教育能在一定程度上辅助学校语言教育，弥补课堂语言教学的不足，从而促进语言教学的良好发展。社区语言教育的特点之一是"沉浸式"，以浸没式的方式渗透到

---

[1] 陈默. 第二语言学习中的认同研究进展述评 [J]. 语言教学与研究，2018（01）：42-48.

[2] 厉以贤. 社区教育的理念 [J]. 教育研究，1999（03）：20-24.

[3] 沈光辉. 我国社区教育的发展现状与推进措施研究 [J]. 继续教育，2008（01）：13-15.

[4] 赵凤珠. 对傣族语言产生影响的诸因素——以嘎洒镇部分村寨为例 [J]. 云南师范大学学报，2010（01）：148-152.

学生的生活当中，并对其语言态度、行为倾向产生影响。在日常的生活、生产中，进行潜移默化的语言教育。二是"生活化"，生活既是语言学习的教材，又是语言学习的内容，生活环境是传授语言最好的学校。在社区语言教育中，儿童的语言学习是从小与家人一同劳动、互动中习得的。三是"灵活性"，在社区语言教学中，教学形式、时间和场所是灵活多样的。可在社区的活动室、图书室等场所，通过多媒体演示来定点讲解语言内容，也可在田间地头，结合当地风土人情和本土特色随时开展社区教育活动。社区语言教育的形式可根据教学内容的变化而不断变化。

总的来说，社区为学习者的语言发展提供了多样的语言环境，为语言传承提供了有效的载体，在语言规划中具有不可取代的作用。一方面，多语多言的社区环境为语言学习者创造了不同的交际情境。由于每个家庭不同的语言使用习惯会使学习者的语言有所差异，那么在社区中，学习者便可在不同的场景中锻炼自己的语言组织能力和语言表达能力，通过不同的语言使用，从而提升语言能力。另一方面，语言始终处于社区互动中，并在社区中不断变化发展。为了维护语言的传承与发展，社区语言规划必将发挥重要作用，社区语言规划的意义就更加突出。此外，社区语言规划还在一定程度上反映了国家整体语言规划和语言政策，是国家语言战略的具体体现。语言规划除了国家层面宏观的规划以外，还有以家庭和社区为主的微观语言规划。目前，随着家庭语言规划逐渐受到重视，一些学者意识到了社区层面在微观语言规划中的缺位，因此开始倡导基于社区的语言规划。"实际上，相较于政府有目的并受意识形态驱动而制定的语言政策，社区语言规划的力量有时更为强大和持久。"[1] 因此，应该倡导基于社区的微观语言规划和语言政策的制定和实施。

语言认同与社区语言教育

"认同可通过语言来建构，它可以体现在日常生活中，也可以体现在语言教育里。"[2] 语言作为认同的内容和工具，对学习者认同的构建会产生重要

---

[1] 方小兵.从家庭语言规划到社区语言规划［J］.云南师范大学学报，2018（06）：17-24.

[2] 郭熙.专题研究：语言认同［J］.语言战略研究，2018（03）：9.

影响。因此，把握语言认同既要厘清对不同语言及变体的不同层次的认同，还要与语言教育相结合，根据认同情况指导教育，在教育中促进认同发展。上述研究表明，甲根坝镇学生对不同语言及变体的认同侧重各不相同。就母语木雅语来说，当地学生为了维系其家庭情感和木雅人的身份，侧重于情感认同和身份认同；就族际通用语康方言来说，为了凸显其民族背景，侧重于民族认同；就国家通用语普通话来说，当地学生认识到了普通话经济价值高、使用范围广等优势，则侧重于工具认同。

在少数民族地区，学校和社区是学生语言发展和学习的主要场所，当学校和社区的语言教育目标一致时，就能使学生在校园里建构的知识与社会生活中的"共识"相适应[1]。双语教育的质量和教学效果才能得到提升。徐大明（2014）认为有效的第二语言习得仅限于"社区语言"。因此，在利用现有的学校教育资源的前提下，充分发掘社区教育资源，形成学校、社区的教育合力，才能更好地培养"民汉兼通"的人才，促进汉语教育的发展。

少数民族地区的汉语教学实质上是一种母语和目的语的语言对比教学，集中体现在教学内容的设计、教学方法的运用和课堂的组织管理等方面。由于历史、宗教和文化环境等多重因素的影响，甲根坝镇学生的文化背景较为复杂，当地学生很难融入并理解汉民族的文化传统，且对本民族的文化依附性较强。因此，在学习汉语普通话时，大多数学生出于工具性动机，多是为了升学、就业等需求。此外，当地学生对普通话所承载的文化内涵方面的认同较低。语言作为文化认同的外在表征，是表达文化认同的重要工具，同时也是衡量文化认同程度的重要参考。所以，除了学校课堂教学外，还应在社区教育中增强其对普通话的文化认同。"对外汉语教学在教授本体知识的前提下，往往还需要传播汉语所承载的中国文化资源、中国社会结构等信息。通过对汉语的了解来提高外国学习者对中国的认同度，是我国语言发展的重要

---

[1] 白杨，巴登尼玛. 学校与社区互动要素探究——基于四川藏区学校与社区互动的考察分析[J]. 民族教育研究，2012（06）：58-62.

策略。"[1] 开展社区汉语教学时，不应只是把教授本体知识、取得好成绩当作教学目标，更应以语言为载体，传播除民族地区以外其他民族和地区的文化习俗、社会发展状况以及汉语背后承载的文化价值等，通过语言教学实现文化认同功能，提高学习者的文化认同和国家认同感。随着学习的不断深入和学生认知水平的提升，学生的个人因素和社会环境因素会影响其认同的发展。因此，在社区语言教育中，教学者应该把握学生语言学习的自我认同状态，并根据学生认同程度的变化对教学设计进行及时的调整。

甲根坝镇社区汉语教学试点

国内学校少数民族双语教育具有程式化和应试性的特点，以提升学生的民族语言能力，同时使二语汉语能准确并熟练使用为目的，注重培养使用语言的技巧，重在语文教学。对外国人的汉语教学，主要为了传播中国语言文字和文化，重在文化的宣传和推广。对少数民族学生的社区汉语教育则应将两者结合起来，既注重学生汉语水平的提高，同时也要阐述汉文化的内核和价值，培养学生对多元文化的理解和认同，以文化认同促进语言发展。提高少数民族地区学生对汉文化的认同，既可以激发其学习汉语的兴趣，又可以促进学生对汉语知识中文化内涵的理解。在社区语言教学中，教学者要把握好语言与文化的内在联系，若讲述的文化内容过于简单、方法过于直白，那么少数民族学生的文化带入感就不强，便难以融入汉文化，对汉文化的认同度也就相对较低，对汉文化认同的缺乏反过来也会影响其对某些语言知识的掌握和理解。为了提高汉文化认同度，少数民族地区的社区汉语教学应结合当地特色，从文化比较出发，注重学生的文化体验。同时，教学者应利用丰富多样的教学方法，引起学生的兴趣，创造出实践多重身份认同的语境，使其主动参与到语言实践中。而且在少数民族地区开展社区汉语教学时，为了使教学目标、课程安排和教学内容等更具合理性和可操作性，教学者应该对

---

[1]　张瑛. 基于建构主义语言认同观的对外汉语教学策略 [J]. 沈阳大学学报, 2014 (03): 407-409.

不同的学习群体采取不同的教学策略和方法。由于学生群体正处于认知发展阶段，求知欲高，接受新事物的能力强，因此需从教学目标、内容、方法等方面增加教学的灵活性，设计出符合当地实际情况以及学生情感态度和认知发展的教学设计，并进行教学实践与反思，总结经验和不足。

甲根坝镇学生对不同语言及变体有不同层面的认同，且不同学段的学生对同一语言变体的认同也有所差异。在语言使用方面，小学生使用普通话的比例整体远高于初中和高中及以上学生，其母语木雅语使用比例不及初中和高中及以上学生。在家庭域中，小学生出现了使用普通话单语的特殊情况。在语言态度方面，小学生认为普通话更亲切但社会影响力较弱，认为普通话不及木雅语有社会影响、有用和有身份。但对木雅语其他各方面的评价均不及普通话。在语言能力方面，三个学段的学生除了木雅语能力水平相当以外，小学生自我评价的普通话水平最好，高中及以上学生康方言和四川话能力水平最好，而初中生语言能力水平则相对较弱。调查发现，小学生群体使用普通话的频率最高，普通话能力水平最好，但对普通话的认知不够准确。因此，本研究以小学阶段的学生为社区汉语教学的对象，基于其语言认同的特点和认知程度，设计出符合小学生认知层面的社区汉语教学设计。

国内双语教育的教学对象是针对在学校进行系统学习的少数民族学生，教学对象不限于藏族、彝族或其他少数民族的学生，由于人数众多，个体之间的文化背景和语言能力差异较大；对外国人的对外汉语教学中，教学对象主要是需要学习中文的外籍人士或者华人华侨，不同国家的汉语学习者文化背景和语言距离差异较大；而对少数民族学生的社区汉语教育，教学对象是同一个言语社区中的少数民族学生群体，学生个体差异相对较小，且共处一个言语社区之中，个体之间文化和语言距离差异较小，便于社区语言教学的开展。小学生作为受访学生中使用普通话频率最高，普通话语言能力最好的群体，但对普通话的认知尚有欠缺。因此需要通过社区语言教学，促使小学生树立正确的普通话认知态度和观念。由于无法开展大规模的社区汉语教学，本研究的教学实践仅进行小范围、短周期的社区汉语教学，教学地点选择在甲根坝镇江德村一户木雅藏族居民家中，教学对象为居民住家的小学生及周围小学生邻居共 5 人，其中男生 3 人，女生 2 人，年龄从 5 到 11 岁不等。教学对象民族成分均为木雅藏族，家庭背景均为族内婚姻家庭。

国内学校双语教育中的汉语文教学内容一般是以固定教材、教辅资料为基础的语文教育，主要是汉语本体知识的学习。对少数民族学生的社区汉语教育主要以生活化的内容作为社区教学的重点。研究表明，若学生认为学习的内容跟自己熟知的文化生活没有相似性，就无法构建认同。因此，教学内容的设计安排需要注意以下方面：一是趣味性和实用性相结合。周明朗（2014）强调，教学内容要避免假、大、空，尽量具体化、人物化和人性化。因此，需要把学生关注的、感兴趣的内容和与他们生活实际联系紧密的内容结合起来；二是相似性与多元化相结合。在社区汉语教学中，应采用学生能接受的方式来阐释不同的价值观。若教学中体现的价值观与学生的价值观相对立时，学生就易产生疏远的情绪，甚至拒绝继续学习汉语和认同汉语社团。所以面对这种情况，教学者应提前了解掌握当地的风俗传统和价值取向，尽量避免教学中发生冲突，并且通过寻找相似性进而缓解其中的矛盾。就当地小学生而言，需要结合其兴趣爱好和认知水平进行教学内容的设计，在教学内容中可以涉及多元的文化内容，让学生充分对比讨论，产生自己的理解和认识，从而积极融入二语社团，促进语言学习；此外，国内学校双语教育的教学方法多是以教师讲解为主，缺乏师生和生生之间的互动实践，学生的主体地位较弱。在对少数民族学生的社区语言教育中，应根据教学内容灵活调整教学方法和手段。对于甲根坝镇小学生的社区汉语教学，教学者可运用丰富多样的教学方法，让学生主动参与到多元的语言实践中，促进其语言学习，进行语言认同构建。

课题组于 2020 年国庆期间前往康定市甲根坝镇江德村开展了为期 7 天的社区汉语教学活动，由于正值中国传统节日中秋节，加上当地小学生已经在语文课本上接触过相关的传统节日内容，因此便开展了以中国传统节日为主要内容的社区语言教学实践。目的在于加强当地小学生对中国传统文化中传统节日的认识和了解，促进当地小学生对中国传统文化的认同，从而带动汉语学习，提升对国家通用语的认同，进而推动国家通用语的普及和推广。

本次教学设计在综合国内双语教学和对外汉语教学的相关做法和有效经验的基础上，结合当地藏族小学生的语言认同特点及其使用的语文教材中关于中国传统节日的内容，从语言与文化融合方面着手促进语言学习。据了解，康定甲根坝镇现行的小学语文教材为人教版教材。通过翻阅相关课文，发现介绍中国传统节日的内容有：一年级下册的《端午粽》，简单介绍了端午节吃粽子是为了纪念屈原。二年级下册的童谣《传统节日》，以顺口溜的形式大致罗列了我国的传统节日有春节、元宵节、清明节、端午节、七夕节、中秋节、重阳节等，并简单概括了每个节日的风俗习惯。其次，介绍中国传统节日的课文主要以古诗词的形式集中出现在三年级下册，包括《元日》《清明》和《九月九日忆山东兄弟》，分别对春节、清明节和重阳节进行了更加深入的学习。并在"综合性学习"部分，要求学生选择某个传统节日写一篇作文，可以写自己家过节的情景或者是节日中让你印象最深的故事。到六年级下册，课文《北京的春节》《腊八粥》，古诗《寒食》《迢迢牵牛星》和《十五夜望月》也都分别进一步阐释了春节、寒食节、七夕节和中秋节的相关内容。随着受教育程度的提高，学校教育中关于中国传统节日的课文难度也在增加。据当地学生反映，课堂教学对相关文化的延伸和传统节日蕴含的意义涉及较少。一般来说，学校教育中的传统节日文化通常是以课文或诗歌为载体，进行课文梳理和诗歌赏析是课堂教学的重点，对节日本身的文化内涵讲解不够深入，对节日相关内容的拓展和延伸不够。因此，开展社区语言教学能在一定程度上弥补学校课堂教学的不足，拓展学生的语言文化知识，从而促进语言学习。因此，本次社区汉语教学实践以中国传统节日为教学内容，旨在让当地藏族小学生进一步认识中国传统节日文化，了解传统节日的源起、习俗、意义和相关故事等，对课堂教学内容进行拓展，达到让当地学生体味中国传统节日文化内涵，辅助于课堂教学，以文化认同促进语言学习的目的。由于教学内容较多，仅选取其中一篇有代表性的教学设计予以展示。

教学设计

传统节日之中秋节

教学内容和教学计划

教学内容：

（1）公历与农历的区别；中秋节的习俗、关于中秋节的神话故事、中秋节的意义；

（2）对比分析传统节日中秋节与当地传统节日转山节的相似之处；

（3）学生自主运用网络社交平台推介本民族的传统节日。

教学目标：

（1）知识与技能：了解公历与农历的区别；了解中秋节的相关习俗和文化内涵；能用简短的语言表达与中秋节相关的神话故事；能对比分析传统节日中秋节和当地节日转山节的相似之处。

（2）过程与方法：掌握运用网络社交平台推介本民族传统节日的方法和手段。

（3）情感与态度：增强学生对中秋节的情感，增强对中国传统节日的认识，提升文化认同和国家认同。

教具：实物类：日历、电脑、手机、贴纸"赞"、月饼。

媒体类：音频、视频、PPT。

课时：2课时，每课时45分钟，共90分钟。

具体教学步骤：

第一课时（45分钟）

（一）组织教学：（2分钟）

播放歌曲《水调歌头》，引起学生的好奇心。

（二）导入：（5分钟）

师："同学们，你们知道今天是什么节日吗？"

生1："国庆节。"

生2："中秋节。"

师："大家都比较了解国庆节，这是庆祝我们国家成立的日子，是我们祖国母亲的生日，那有没有同学能介绍一下中秋节的相关内容呢？"

生1："中秋节要吃月饼。"

生3："中秋节要赏月。"

师："同学们回答得都不错。现在大家回想一下，在以前学过的课文中，有哪些内容是关于中秋节的？"

生2："在二年级的《传统节日》中学过。"并完整背出顺口溜《传统节日》。

师："该同学很棒。既然同学们在这之前对中秋节有一定的了解，那么今天我们来学习一些不一样的知识。"

（三）复习（8分钟）

师："那么，同学们回想一下中秋节是哪一天呢？"

生2："八月十五。"

师："是公历还是农历呢？"由此引出公历和农历的区别，并加以讲解。老师拿出日历让学生分别找到公历和农历"八月十五"这一天。同时指导学生如何在日历上区分公历和农历，以及明确传统节日的公历日期对应到农历中是几月几日的问题。

师："同学们还知道有哪些传统节日？"

生1："春节、端午节。"

生3："七夕节、重阳节。"

师："同学们答得都很对，那请同学们在日历上也找一找这些节日对应的农历是哪一天，并写在笔记本上。"

（四）内容讲解：（22分钟）

师："在明确中秋节是哪一天后，我们还需要了解中秋节的来历，请同学们先观看一个视频，并思考几个问题。1. 中秋节有哪些习俗？2. 关于中秋节有哪些神话故事？3. 除了中国，还有哪些国家有中秋节？4. 中秋节有什么意义？"

教师播放视频《中秋节的来历和习俗》。

师："现在，请同学们回想刚刚视频中的内容，回答老师之前给出的四个问题，答对的同学有奖励。"

师："中秋节有哪些习俗？"

生1："赏月和吃月饼。"

生2："中秋节的习俗还有赏桂花和归乡。"

师："关于中秋节有哪些神话故事？"

生3："有嫦娥奔月和吴刚伐桂。"

师："除了中国，还有哪些国家有中秋节？"

生2："日本、越南和朝鲜。"

师："还有吗？同学们仔细回想一下。"

生1："还有菲律宾、新加坡和马来西亚。"

师："对，就是这几个国家，同学们的记性非常好。那中秋节有什么意义呢？"

生3："中秋节代表了一家人团圆和欢快的假期。"

教师根据学生的回答予以适当的奖励，为回答问题的同学奖励一个贴纸——"赞"。并通过 PPT 拓展讲解中秋节的起源与发展。

师："刚刚同学们说到了两个神话故事，一个是嫦娥奔月，一个是吴刚伐桂。那我们先来看看嫦娥奔月与中秋节到底有什么联系。"播放视频《嫦娥奔月》，让学生具体了解关于中秋节的神话故事，拓展学生的文化知识。看完后请学生简短的复述故事大意，让每个学生都开口表达，锻炼学生的语言组织能力和表达能力。

学生简短的组织语言，相互补充复述完故事后，请学生在笔记本上写下中秋节的关键信息：农历八月十五；赏月（拜月、祭月）、吃月饼、赏桂花、归乡；嫦娥奔月、吴刚折桂。教师给写得又好又工整的学生点"赞"。

之后播放视频《吴刚折桂》，让学生进一步了解中秋节，掌握第二个关于中秋节的神话故事，并采取同样的方式，依次简短的复述故事大意，给学生点"赞"鼓励。

（五）活动环节：（8分钟）

做"假"月饼，得真月饼：老师在 PPT 上以动画的形式模拟了月饼的制作过程，学生需要根据PPT的文字提示，用鼠标点击相应步骤的材料和工具，按照步骤一步步完成电脑上月饼的制作，且每一步的文字提示学生都需大声朗读出来，最后完成电脑上的月饼制作流程，并由老师提供真正的月饼作为奖品。

第二课时（45分钟）

（一）组织教学（2分钟）：和学生打招呼，开始上课。

（二）复习（5分钟）：复习上一课时，回顾中秋节的相关内容和习俗。

（三）内容讲解（24分钟）：

1. 补充内容。中秋节源自天象崇拜，"祭月"是中秋节古老的习俗，"月神"是先民崇拜的对象。唐朝以后逐渐形成中秋赏月的习俗，并与嫦娥奔月、吴刚伐桂等神话故事结合起来。后来形成了祭月、赏月、观潮、燃灯、猜灯谜、吃月饼、饮桂花酒的习俗。如今，每到中秋节便会举行中秋晚会等相关活动，中秋节成为现代人寄托美好生活愿景，渴望团圆的表达，也是愉快假期的象征。

2. 让学生模仿老师讲述中秋节的教学过程，从源起、习俗、相关故事和意义等方面为其他同学讲述本民族的一个传统节日，包括但不限于藏历新年、沐浴节、望果节、转山节、赛马节等。学生可互相补充说明。老师为讲得好的同学点"赞"。

3. 学生介绍完本民族的传统节日后，老师进行藏汉民族节日的对比。以转山节为例，指出转山节又称沐佛节、敬山神，藏族人民于农历四月初八这一天，身着民族服饰到跑马山和折多河畔带着美酒佳肴，燃香祈福、转山祭神，通过演藏戏、唱藏歌、跳锅庄、赛马等形式以祈求神灵的保佑、预祝来年丰收。如今，"四月八"作为康定的传统节日，也形成了放三天假的传统，与此同时，当地群众会在跑马山上开展丰富多样的民族活动，"转山节"也被赋予了新的时代意义。

4. 让学生自主归纳中秋节和转山节的相似之处。

师："那么同学们思考一下，中秋节和转山节有哪些相似的地方呢？"

生1："都是祭祀神灵，祈求保佑的节日。"

生 2："两个节日都有自己的传统习俗。"

师："具体分别是哪些习俗呢？"

生 2："中秋节是赏月、吃月饼、赏桂花和归乡。转山节是演藏戏、唱藏歌、跳锅庄和赛马。"

生 3："两个节日都被赋予了新的象征意义，而且都会放假。"

老师对学生的归纳予以点评，并进行总结。

（四）活动环节（14 分钟）：

给学生播放展示少数民族节日的庆祝视频，让学生通过互联网平台感受文化传播的魅力，并教学生自主运用网络社交平台推介本民族的传统节日或习俗。首先打开某社交平台 APP，点击底部的"＋"，可以实时拍摄照片、视频或选择已有的照片、视频，然后可以将已选内容进行字幕、音乐、贴纸、特效、滤镜的添加，编辑好后点击"下一步"进而可以自主添加"话题"，如"我们的节日""藏族特色节日"等，还可以邀请好友观看。同时也可以加上定位，让更多的人了解藏族的传统节日以及某个区域的习俗，点击发布就能让本民族的民俗传统活跃于社交平台上，让其他地区的人能近距离感受当地的文化特色，从而促进彼此的了解，加深藏汉民族的交往。

基于语言认同的社区语言教学策略

社区语言教学理念。 认同的后结构主义理论和布迪厄（Bourdieu）的话语权力理论指出二语学习不是通过辛苦努力和投入就可以获得的简单技能，而是一种掺杂学习者认同的复杂社会实践。莱夫（Lave）和温格（Wenger）的情境学习理论指出"学习的本质就是认同建构发展的过程"。在学习语言的过程中，学习者首先会获得最基础的言语社团认同。然而，随着学习的深入或者所学语言的转变，学习者对该语言的认同会因个人的差异而呈现出多元化和多样性的发展，有些加深了对该语言的认同，有些则减弱了对该语言的认同，甚至转向其他言语社团。诺顿（Norton）扩展了莱夫（Lave）和温格（Wenger）的"情境学习"概念，强调应该把语言学习的概念扩展至一种社会实践。认为学习者使用语言是为了获得物质资源和象征资源，发展理想的社会身份。想象与现实的一致或错位会影响学习者对学习投资的意愿和行为。当学习环境阻止学习者归属想象共同体时，投资减少；反之，投资增加。学习者不但在想象共同体中形成认同，还要在实践共同体中协商认同。甘柏兹（Gumperz）通过对言语社区居民语言使用的调查后发现，言语社团的成员往往拥有相同的语言使用规范和语言态度，以话语或是文字等语言形式共享社团信息，并以此为基准建构社团的内部结构。言语社团拥有趋同的社会心理，当个人期望融入某一言语社团时，往往会向社团标准语言靠近来建构自己的语言模式。同时，言语社团中成员之间的身份认同度也决定着语言的表现形式。提升言语社团身份认同度，会增加社团语言的形似度和地域集中程度。社团成员通过对社团语言的不断深入认识，了解语言背后的文化信息，形成相应的文化认同。随着语言认同感的加强，文化认同度也随之提高。对语言学习者身份认同的研究结果表明，种族、语言意识形态、社会阶层等因素在语言学习者身份认同的形成过程中发挥着重要作用。权势关系也是影响语言学习者身份认同的重要因素，平等、合作的权势关系对建构语言学习者理想身份认同具有促进作用。对此，促进师生沟通，营造平等、和谐的教学氛围，为语言学习者构建理想的身份认同创造条件就非常必要[1]。因此，在社区语言教学过程中，有意识建构学习者的言语社团身份，也就是对说话人来说具有归属感和愿意主动参与的群体成员身份，积极构建"实践共同体"或者"学习共同体"，对提升学习者语言认同很有必要。莱夫（Lave）和温格（Wenger）首次提出了"实践共同体"的概念。"多种层次的参与是实践共同体的成员关系所必需的。'共同体'这一术语既不意味着一定要是共同在场、定义明确、相互认同的团体，也不意味着一定具有看得见的社会性界线。它实际意味着在一个活动系统中的参与，参与者共享他们对于该活动系统的理解，这种理解与他们所进行的行动、该行动在他们生活中的意义以及所在共同体的意义有关。"[2] 学习不是个人的独立认知，而是情景性的活动，是实

---

[1] 张浩.海外语言与身份认同实证研究新发展 [J].外语研究，2015 (3)：42-46.

[2] [美] J. 莱夫，E. 温格著.王文静，译.情景学习：合法的边缘性参与 [M].上海：华东师范大学出版社，2004：45.

践共同体中"合法的边缘性参与"。学习的过程，也是学习者不断改变身份或认同归属，由实践共同体的边缘性参与者变为充分参与者，参与意义建构的过程。在《实践共同体：学习、意义与认同》一书中，莱夫（Lave）和温格（Wenger）指出实践共同体的3个条件：密切的相互交往、共同的事业、共享的话语资源。此后，戴维·乔纳森和苏珊·兰德（David &Susan 2015）进一步提出了"学习共同体"的概念，指出"当代学习的情境观、社会文化观和建构主义观的本体论和认识论基础与传播理论、行为主义和认知主义不同。我们已经进入一个学习理论的新时代"。强调学习活动的主体不是单个的个体，而是"学习共同体"或者"学习社区"。学习共同体是指一个由学习者及其助学者（包括教师、辅导者等）共同构成的团体，他们围绕共同的知识构建目标进行沟通、交流和分享，在合作、争论、评价的过程中，相互影响、相互促进[1]。学习者通过学习共同体实现新知识的建构和学习者身份的重构，使学习者在真实社会情境中完成知识的意义建构，让学习者的学习活动支持其成长为社会实践参与者。

　　基于"学习共同体"的社区语言教学策略。目前通用语视角下的语言教学研究，不再是学习语言的某些共有的知识特征，而是获得使用各种语言和非语言符号资源进行交际的能力；教学目标也不再以本族语者为标准，或以语言的准确性为目标，而以言语交际为导向，语码转换或者"超语言"的表达、图示与文字混杂使用等，都是通用语交流中常用的、可接受的交流方式。传统的第二语言教学研究以目的语语言文化为模式，学习者需向目的语语言文化看齐。通用语教学则根据需要将文化模式指向具体学习者自身，即关注学习者的"本土文化"或母语文化。并以促进各民族之间平等、民主基础上的相互理解为目的。通用语学习的倡导者认为，语言仅仅是"工具"或"载体"，同一语言可以承载不同文化。强调学习者自己的文化或根据具体交际情境所决定的文化。将通用语与其他文化相结合，变为其他文化的载体。学习通用语言的目的是在多语交流场合表达自己和自己的文化。

---

　　[1]　赵健.学习共同体的建构[M].上海：上海教育出版社，2008.

在教学资源上，传统的语言教学拘泥于课堂传授，以语言的规律为核心，是典型的知识学习。理想的学习情境应沟通教室内外，变课堂内外资源的竞争为交叉互补。在社区语言教学中，教师需关注和了解教室外的学习资源，重视社区教学的功能，鼓励学生根据学习目标选择适合的学习情境，将民族地区的国家通用语教学从学校课堂的狭窄空间拓展到社区和田野。在教学实践中，可以把汉语课程与地方性知识联系起来，引导学生积极参与语言调查与语言实践。在语言实践过程中，形成学习共同体，共同探究对当地社区至关重要的语言生活议题，解决当地社区急需解决的语言生活问题。如语言文字使用问题、语言景观、家族迁移史、语言生态环境问题等等。

在语言教学和实践过程中，教师应注意扩展学生的多元文化知识，让学生在目的语文化与母语文化交流对话的过程中学习，帮助学生形成不同文化的比较视角，这比单纯地学习中国文化和国情知识更能引起学生的兴趣。使学生最终能够用目的语或多种语言表达他们对不同文化的理解，这种比较意识和思维方式也将在他们以后的学习过程中发挥重要的作用，并推广到工作、生活等更广泛的领域中。相应的在教学策略上，教师可以结合目前兴起的"超语教学法"和多模态教学法等进行教学。"超语教学法"是运用语言的多样性，尊重当地语言生态中的多种语言文化，这不仅优化了学习者的学习体验，创造了一个包容的学习环境，也可以帮助学生构建多元化的学习者身份认同；多模态教学法是指运用书写、口述、视频、照片等多模态表现形式进行教学。教师通过引进学生熟悉、感兴趣的语言学习资源或语料，进而引导学生使用超语来开展学习，目的是增强学生的跨语言意识和对语言社会属性的敏感度。可以鼓励学生通过"讲故事"的方式，用目的语或者多种语言分享自己的亲身经历，介绍本民族的风俗文化，本民族的迁徙历史，语言生态环境等，并进行跨文化比较。通过语言的学习不仅帮助学习者深入了解多元文化，也让他们能用所学语言将本民族文化向外界进行阐释和传播，从而成为民汉兼通的民族文化传承者和传播者。

在社会建构主义视角下，语言不再是客观符号，而是个人建构"认同"和认知世界的手段。现在学术界普遍认为，最好的语言教育项目必须在了解学生现有语言和文化知识的同时，认可并重视学生的家庭身份和族裔认同。语言和身份之间的密切关系是支持少数民族双语教学，以及民族地区推广国家通用语的依据。国家通用语言对中华民族共同体来说，不仅是信息交流的基础，而且还承担着构建中华民族共同体的重要作用。因此，语言教育除了表层的语言文化传播，还有深层的身份认同建构问题。除了强调语言的工具属性和交际功能，还要关注其象征功能和认同功能。对少数民族汉语教学不能仅将语言知识当作接受性技能进行传授，而应将它看作是双方通过互动建立认同的过程。因此，标准和地道的普通话习得和使用不再是唯一正确的目标；课堂也不再是学生获取语言输入的首要渠道，学习渠道变得多元。学习者如何选择适合自己的通用语学习目标、定位自己的通用语"想象共同体"和认同，以及如何实现学习目标。通用语学习对学习者母语和民族认同影响的复杂性、双语者认同变化的"削减性""附加性""生产性"模式及其关系等，还有待深入探索[1]。

5.5　以语言认同为导向的民族地区国家通用语教育与推广

国家通用语言文字教育隶属于民族教育范畴之下，是我国国民教育的重要组成部分。按照国际上通行的定义，"国家通用语言文字教育这个术语指的是以两种语言作为教学媒介的教育系统，其中一种语言常常是但并不一定是学生的第一语言。"[2] 但是，"不同文化背景下的国家通用语言文字教育概念及目标是相异的，它并非单一的教育概念，而是一个同时兼具政治、经济、文化和社会要素的复合概念。"[3] 究其本质而言，"国家通用语言文字教育则

[1]　Gao，Y. H. Models of L2 identity development revisited in the context of globalization [A]．In Dai Xiaodong & Steve J. Kulich（eds）．Identity and Intercultural Communication（I）[C]．Shanghai：Shanghai Foreign Language Education Press，2010：239-260.

[2]　[西班牙] M. F. 麦凯，西格恩．双语教育概论 [M]．严正．柳秀峰，译．北京：光明日报出版社，1989：46.

[3]　阿呷热哈莫．如何准确理解双语教育概念 [J]．中国民族教育，2012（03）：37-38.

是指文化教育与语言教育的结合。"[1] 国家通用语言文字教育政策的制定与实施，与中国历史上形成的多民族聚居环境密切相关。在中国的少数民族地区，同时使用少数民族语言和汉语的双语现象，是长期历史发展的自然结果。我国作为一个统一的多民族国家，全国 55 个少数民族中，除回族和满族通用汉语外，其他 53 个民族共使用着 80 余种语言（其中 22 个民族共使用着 28 种文字），这些语言分属于 5 种不同的语系。多语言、多文字、多文种构成了中国语言状况的鲜明特征，双语现象和多语现象也因此成为中国民族地区以及民族混居地区的普遍现象。因此，中国的国家通用语言文字教育自开始实施，就肩负着两大任务：第一是要为少数民族和民族地区经济社会发展培养人才；第二是以学校课堂为主阵地，以教学为主要手段，积极有效开展民族团结进步教育，以进步促民族团结。在这两个任务之下，国家通用语言文字教育也相应地具备两方面的关怀。一方面，国家通用语言文字教育注重保护和传承少数民族语言，少数民族语言不仅是少数民族在日常生活中的主要交流工具，也是其民族记忆与民族文化传统的重要载体。另一方面，国家通用语言文字教育着眼于引导学习者系统学习和掌握国家通用语言与文字。国家通用语言是现代性社会的交际与信息传播工具，与民族语言的文化和人权功能为互补关系[2]。也就是说，在少数民族地区推广国家通用语言文字教育，并不是妨碍少数民族使用自己的语言文字，更不是要用国家通用语言取代少数民族语言，而是要使少数民族在熟练掌握本民族语言文字的同时，还能多掌握一种全国通用的中华民族共同体交流语言，从而获得更顺畅的对外交往能力与更广阔的个人发展空间。这不仅有利于各民族之间相互学习，也有益于营造团结、融洽的社会心态，因而符合各民族的共同利益。在人才培养方面，国家结合整体人才培养发展规划，以及民族地区经济社会发展对人才的切实需要，协调开展针对性、专门性的国家通用语言文字教育工作。改革开放后，通过内地西藏班、内地新疆高中班、少数民族预科班以及少数民族高层次骨干人

---

［1］ 潘章仙. 对我国双语教育的几点思考［J］. 教育研究，2003（02）：77-82.

［2］ 黄行. 论中国民族语言认同［J］. 语言战略研究，2016（01）：25-32.

才计划等多种形式，为少数民族地区培养了大批双语人才，从而为少数民族地区经济社会发展与文化建设提供了切实保障。

"十三五"期间，在《国家通用语言文字普及攻坚工程实施方案》《推普脱贫攻坚行动计划（2018—2020 年）》等系列政策文件的推动下，我国推普工作取得了突破性进展。截至 2020 年，全国普通话普及率已达 80.72%，实现了"普通话在全国范围内基本普及，语言交际障碍基本消除"的目标。国家通用语言已经在脱贫攻坚、乡村振兴、全面建成小康社会中发挥了重要作用。同时，国家已全面完成脱贫攻坚任务，消除绝对贫困，进入以次生贫困和相对贫困治理为主的新阶段。要使脱贫成果持续、稳固，就要不断创新教育扶贫方式，与此关联的推普脱贫政策和措施也需要调整，以建立标本兼治的长效机制。目前推普工作的薄弱环节主要表现在：东西部地区的普及差距较大，城乡区域的推广力度还不够均衡，农村和民族地区普及程度还不高，普及质量在不同地区、不同人群中还不够理想，社会语言文字服务供给还不能完全满足需求等。特别是在疆域辽阔、经济欠发达、少数民族聚居的西部地区，由于交通、信息较为闭塞，不少青壮年农牧民无法进行基本的外部语言交流，普通话水平低下已成为阻碍他们生产生活技能和个人脱贫致富能力提升的制约性因素。据教育部语言文字应用管理司语用所的调查，有的民族省份普通话普及率还不到 50%，"三区三州"才 61.56% 左右，普通话普及的不平衡、不充分问题仍然较为突出。因此，民族地区的推普工作仍是后脱贫时代工作中的重中之重。后脱贫攻坚时期的推普工作应"着力解决国家通用语言文字推广普及中存在的发展不平衡、不充分等问题"。推普脱贫政策应关注民族地区低收入人口和欠发达地区；另一方面，要提升国家通用语言文字普及质量，满足各族群众对优质语言教育和语言服务的需求，提升整体语言能力和素养。目前的国家推普工作，主要是阶段性专项语言治理，即各级政府采取一系列措施，比如媒体宣传、专项培训、政企合作、搭建信息化平台以及开展专项活动等。可以短期内集中大量资源和社会力量，使推普脱贫取得了巨大的成绩。但这种语言治理模式，依靠的是治理主体的权威性和超强的动员能力，获得短期高效的回报，很难可持续发展。此外，目前民族地区国家通用语推广非常缺乏与学习者动态和复杂身份相符合的语言教学资源，以及推广策略和方法。相对于国际汉语推广教师，民族地区通用语推广人员更需要与语言身份相关的社会语言学知识的培训，以及对影响语言教学和学习的语言和文化问题的探索和思考。

国家通用语视角下的普通话教学与推广

国家通用语推广在我国少数民族现代化进程中具有多重作用。一方面，它是实现现代化的工具；另一方面，它也参与建构新的文化价值观、生活态度和方式，对少数民族，特别是年轻一代的认同产生着重要影响，并通过他们建构和发展本土文化。少数民族群体如何选择和利用通用语语言资源的便利性，同时又积极地建构自身的本土文化，是需要思考的问题。首先，国家通用语言文字教育作为我国国民教育的重要组成部分，对我国统一多民族国家的国家认同建构具有重要意义。国家认同是多民族国家社会成员对于国家的情感判断与价值认知的客观呈现，而国家认同建构则是在此基础上意图达成的一系列导向与生成机制。因此，从这个角度来看，教育活动及其背后隐藏的文化习得过程，在国家认同的建构过程中占据着关键地位。教育场域的构建是推进社会个体的国家认同由自在走向自觉的重要途径[1]。长期以来，国内学者对于国家通用语言文字教育的研究大多关注其在语言与文化层面的功能，而对其在国家认同建构方面所发挥的作用认识不足。汉语教学侧重点多在于汉语语言知识本身，即汉语的语音、词汇和语法等的教学。然而，语言作为一种社会现象，除了基础的交际功能之外，"语言作为文化资源和民族权利都集中表现在民族语言群体的认同功能方面"[2]。汉语本体性研究固然促进了汉语教学的发展，但汉语所承载的认同功能对调整汉语教学策略也有着重要的指导性作用。依据建构主义的语言认同观，汉语在建构汉语学习者

[1] 孙杰远. 少数民族学生国家认同的文化基因与教育场域 [J]. 教育研究，2013（12）：91-96.

[2] 黄行. 论国家语言认同与民族语言认同 [J]. 云南师范大学学报（哲学社会科学版），2012（03）：36-40.

的文化认同、社会认同等方面都有着积极的推进作用。合理地利用汉语与认同之间的相互建构作用，并以此为导向调整汉语的教学与推广策略，将有利于汉语的传播。

但是，由于目前缺乏统合性的分析框架，国家认同建构与国家通用语言文字教育之间关系的内在逻辑还不够清晰。如何挖掘我国国家通用语言文字教育在国家认同建构层面的独特价值，并在不断拓展国家认同建构路径的具体实践中，准确把握国家通用语言文字教育的时代内涵与中国特性[1]，还有待探索。语言是文化的载体，承载了大量的文化信息。从文化认同的角度讲，语言是不同文化的划界标志。同时，语言又充当着国际间政治、经济等方面交流和沟通工具的功能，这使语言又被附加了政治、经济方面的价值。从政治层面来看，国家通用语言文字教育推进了各民族成员平等有序的政治参与；就经济层面而言，国家通用语言文字教育有助于实现各民族的经济整合与共同性发展；从文化层面上看，国家通用语言文字教育为各民族文化的互通提供了开放性平台与媒介。学习者对这些语言价值的认同度越高，语言的传播力就越强。然而，目前我国大多数学者仍然将汉语本体知识作为汉语教学的研究对象，往往忽略了汉语背后所具有的多重价值和功能。以上维度的分析，可以为探索国家通用语言文字教育在国家认同建构中的价值地位，以及如何通过国家通用语言文字教育普及提升中华民族共同体认同，进而实现国家认同，提供一个新的认知框架。

国家通用语言文字教育的作用体现在，它一方面通过国家通用语言和文字的认同功能来塑造学习者的国家认同，另一方面又可以借助语言的信息和交际功能，来传承、保护民族文化和地方性知识。由于川西康区地势险要，当地少数民族多居住在交通欠发达的地方，使得当地居民缺乏与外界沟通的渠道，这种封闭状况又进一步加剧了不同民族和族群文化之间的隔膜。在国家通用语言文字教育过程中，各民族可以共享一个开放性的语言交流平台，这不仅使不同文化之间的交流和沟通更加顺畅，而且也有利于各文化取长补

---

[1] 青觉，吴鹏. 国家通用语言文字教育：多民族国家认同建构的基础性工程 [J]. 贵州民族研究，2020（09）：173-181.

短，从而使各民族的多元文化有机融合，并为实现中华民族文化的广泛认同奠定基础。国家通用语言文字教育最为重要的价值，就在于培育各民族的国家意识和相应的文化能力。这种文化能力，一般包括跨民族的文化接触能力、沟通理解能力以及共同生活能力等内容，它们最终指向的是中华民族凝聚力的生成，使得原来渊源不同、性质不同以及目标取向、价值取向不同的文化，经过相互接近、彼此协调，不断相互融合吸纳，孕育出新的文化内容[1]，从而达成各民族文化的"兼收并蓄"与"求同存异"。促进各文化彼此之间的文化承认、文化理解与文化尊重，最终实现各民族成员对于中华民族统一多民族国家基础性价值与共有性文化的认同，从而为国家认同打下坚实的基础。国家通用语言文字教育，强调在教学的同时推进各民族文化的交流互鉴，并引导学生在潜移默化的文化习得中，基于自主选择而生成深远持久的对于统一多民族国家的认同[2]。国家通用语言文字教育的最终目的，是培养既沟通中华民族文化共性、又尊重各民族文化个性的双语双文化人，这对于多民族国家的国家认同建构具有基础性价值。

区域性语言教育规划

随着少数民族地区社会经济的快速发展变化，以及语言资源空前开放，不同地域和实践共同体的差异加大，政策规约的效力随之减弱。一些大规模的政策规约显得主观而脱离实际，应付不了变化、多元化的实际需求。但在一些领域，缺乏政策控制的强大市场又使一些宝贵、稀有的语言资源濒于丧失。如何保护弱势语言资源，平衡语言文化资源的保持发展与受教育者个体和群体的经济和职业发展需要；如何有针对性地开展区域性语言教育规划也是亟待讨论的课题（高一虹 2013）。由于中华各民族之间的经济社会发展水平参差不齐、语言与文化类别丰富多样，因此针对不同地区、不同群体的国家通用语言文字教育也不可一概而论。在国家通用语言文字教育的具体实践

---

[1] 司马云杰.文化社会学 [M].北京：中国社会科学出版社，2001：305.

[2] 青觉，吴鹏.国家通用语言文字教育：多民族国家认同建构的基础性工程 [J].贵州民族研究，2020（09）：173-181.

中，要深刻认识到其内涵外延的丰富性、教学目的的特殊性、教学模式的多元性、教学过程的长期性以及内外影响要素的复杂性，将宏观、中观与微观因素相结合，统筹各方面资源，综合施策、稳步推进，做到因地制宜、因时制宜、因人制宜。需要真正考虑到区域内部的民族结构，以及同一区域地理范围内不同民族和族群的语言、文化和历史记忆的差异，尤其是同一空间范围内的多个民族和族群的文化差异，考虑到当地双语师资水平的参差不齐，考虑到不同自治州、旗县乃至民族乡镇的特殊民族政策[1]。国家通用语言文字教育事业的顺利开展不仅需要国家层面加强顶层设计，出台宏观的政策规划加以引导、规范，而且需要有关省区出台适宜本地区的政策文件及实施方案给予保障，更需要州县、学校做好基层管理工作，从而建立起相应的管理体系和健全的实施机制[2]。

少数民族双语教育是中国民族政策和民族语言政策的重要组成部分，具有跨语言、跨文化教育的双语、双文化特点。在对少数民族开展双语教育的实践过程中，必须处理好一些具体的民族问题，包括民族感情、民族文化、民族心理等等。只有处理好这些问题，才能推动双语教育更好发展，促进民族团结和国家稳定。尽管双语教学模式是我国民族地区的现行主流模式，但各少数民族地区的语言环境和语言现象各异，因此所选取的双语教学模式也应当具有本民族的特殊性。比如金纳（Kanno 2003）对日本四所双语学校不同教育政策和实践进行了比较性研究，从学校视野为不同的学生主体构建了对应的想象共同体，进而有针对性地采用不同的语言教育政策和实践互动活动。在以日本"主流"学生为主体的学校，学校视野为学生所构建的想象共同体为掌握英语交际技能与具有国际化视野的 21 世纪日本国内职业群体，此时所采用的是部分沉浸式英语教育模式；在以第四代、第五代日本华裔学生群体为主体的学校，为学生构建的想象共同体是具有中华文化认同，能够同

［1］　苏德，刘子云．双语教育研究回眸与前瞻［J］．西南民族大学学报，2018（06）：220-225.

［2］　陈立鹏，李海峰．民汉双语教育：从顶层设计至基层管理［J］．民族教育研究，2016（04）：5-10.

时在中日两国工作生活的人，因此学校教育更加注重中国文化氛围，初期为全汉语，后期逐步增加日语比例；除此之外，还有日本上流人士子女、中国及南亚移民难民学生群体，学校视野为学生构建的想象共同体也相应发生变化，双语教育政策也发生着改变，也影响学生的认同发生改变。总之，在构建了不同想象共同体的学校，也应当实施完全具有差异性的双语教育模式，包括母语和母文化的维护、教学用语的比例等，才能推动双语教育模式取得更好的效果。

目前川西康区的学校所采用的双语教学模式基本上都是实行双语教育二类模式，即各科目以汉语文为主，额外增设一门藏语课。这一政策只针对了强势民族群体，并未考虑到如木雅藏族这种藏族支系民族。而在川西康区存在大量的支系民族和支系民族语言，在这些地区开展双语教育，可以尝试进行分类指导，依据川西康区不同地域的实际情况灵活变动，尊重支系民族学习者在想象共同体构建中的主体地位，考虑当地民族和族群的语言文化、民族和族群身份以及实际发展需求，合理设置多元化的语言课程和兴趣文化课程，科学制定课堂教学用语比例。尊重各支系民族学生在汉语作为二语学习活动中认同构建的主体地位，保证学生继承和发展本民族、本族群语言文化及身份的愿望和掌握国家通用语交际功能的实际需求。

川西康区大多属于农业和牧业混合区，当地有着大量农牧民，原始的农耕方式，生产力水平低下。根据当地居民的学习需求，针对当地学龄前儿童、学生、青壮年三大群体，课题组开展了针对不同言语社区和不同群体的国家通用语教学与推广活动。比如针对青壮年农牧民，前往他们集中放牧的牧场，借助"普通话1000句""语言扶贫"APP等多种宣传工具，教授当地青壮年牧民简单的普通话对话用语；针对学龄前儿童，准备经典的中国传统文化小故事，带领小朋友朗读，并向小朋友们解读故事情节和其中所蕴含的优秀中国传统价值观。

随着文化生态日益走向多元，各种不同文化之间的理解和沟通不断加深，单向的语言传播模式已经不再适应社会需要，不可能以一种语言文化代替任何一种别的语言文化。语言的强势推广、强加于人的传播方式已经不再为人们所接受，理性、友好、宽容、互动的传播方式成为主流。国家通用语的推广传播是为了增进不同文化、不同语言之间的沟通和理解，而非取代或压制任何一种其他语言，追求的是"互利相生，和谐共存"的语言传播模式。因此，针对不同地域，不同人群，有针对性地开展区域性语言规划，以及实施不同的推普策略，可以取得更好的传播效果。

民族地区言语社区营造

语言认同与言语社区。语言存在于社区之中，语言上的认同感和归属感是"言语社区"的重要特性。索绪尔（Saussure 1966）指出，虽然言语是一种个人现象，但是语言是属于社区的。因此要在社区中发现和讨论语言。布龙菲尔德（Bloomfield 1980）认为说话者间频繁的互动是言语社区的基础，言语社区的界限随着交际密度的减弱而形成。拉波夫（Labov 1972）指出言语社区的同一性表现在社区成员对语言变体有一致的评价。甘柏兹（Gumperz 1982）提出言语社区也可以是双语甚至多语的论断，他认为言语社区中的"语库"可以包含多种有自身交际规范的语言。勒帕热和凯勒（Le Page & Tabouret Keler 1985）指出言语社区与语言认同有一定的联系。个体是言语社区存在的先决条件，个体构建自身的语言系统时，其语言行为与社区内群体的语言行为有一致性，并通过相似的语言使用体现其身份。布鲁尔和伯克（Brewer&Burke 2009）认为每个个体都拥有多重身份，且对应着不同的地位和角色。在不同的交际场合，面对不同的交际对象，个体会根据自己的地位、角色、民族和宗教等背景，选择与之匹配的身份与他人交流，整个过程是能动多变的，因此身份库常处于动态的建构之中。

国内关于语言认同和言语社区的研究，比较有代表性的如徐大明指出，言语社区包括地域、人口、认同、互动和设施等五种要素，强调语言存在于社区之中。在少数民族地区，当言语社区与民族社区重合时，语言就成了民族认同的工具。且语言认同存在于言语社区发展的高级阶段，社区成员不仅对言语社区有一定的认同，更有了明确的运用和维护语言变体的意识，将特定语言变体认定为社区的符号性标志[1]。杨晓黎（2006）在《关于言语社区构成基本要素的思考》中将言语社区定义为：在大体区域范围内，相对稳定且适量的成员共同认同并使用区别于其他群体的符号系统。主要强调了"互动"和"认同"在言语社区中的基础作用；周明强（2007）在《言语社区构成要素的特点与辩证关系》中指出，认同是言语社区不可或缺的因素，没有认同就没有语言和言语社区。且在言语社区中，语言态度是表现语言认同的有效手段；徐晓军（2001）在《我国城市社区的阶层化趋势研究》中指出，社区是在一定的地理范围内，社区群体长期保持交流互动且有共同的心理层面的认同；夏历（2009）在《"言语社区"理论的新思考——以在京农民工言语社区共同体为例》中，指出言语社区的范围不应只局限于地域层面，提出了把精神层面的言语社区纳入研究范畴的新观点，拓展了研究范围；王玲在（2009）在《言语社区内的语言认同与语言使用——厦门、南京、阜阳三个言语社区为例》中通过对比厦门、南京、阜阳三地大学生的语言使用情况，认为言语社区的形成过程也是语言认同形成的过程，且在互动交往中，二者的变化趋势是大致同步的，体现了认同是言语社区形成的重要标志；李现乐（2010）在《试论言语社区的层次性》中强调认同和言语社区都有一定的层次性，且不同层面的认同对言语社区的形成具有显著作用；孙德平（2011）在《语言认同与语言变化：汉江油田语言调查》中，发现江汉油田人高度认同普通话，而不认同潜江话。且在交往中出现语言变异现象，逐渐形成了当地特有的油田普通话。可以看出，当地人的语言变异与其身份认同有着密切的联系；奚洁（2017）在《全球化语境下的语言认同与外语教育规划研究》中指出，认同是社区的重要因素之一，是不能与社区剥离开来讨论的。进一步明确了不能"以语定区"，同时赞同了徐大明提出的言语社区构成的五要素；方小兵（2018）在《从家庭语言规划到社区语言规划》中认为认同是形成言语社区的标志。大多数学者都强调了认同在言语社区中的关键作用，是形成言语社区的标志，指出应重视认同发挥的作用。

---

[1] 徐大明. 语言是言语社区的设施——关于"语言识别"和"语言认同"的讨论 [J]. 外国语言文学, 2018（02）：115-128.

社区语言规划与语言教育。不同于国家层面的宏观语言规划，微观语言规划包括家庭语言规划和社区语言规划两部分。格林（Grin 2003）认为语言规划应考虑更大层面的社会活动，即影响整个社区语言环境的活动，不应仅仅局限于家庭范围之内；兰扎（Lanza 2007）发现了儿童在家庭内部和社区环境中的双语使用情况有所差异，他认为外部环境对儿童语言发展的影响更为突出。在社区中，儿童可以积极展现言语互动，从而促进语言发展。突出了社区语言资源和规划对儿童社会化发展的重要性；勒维斯和西蒙斯（Lewis & Simons2016）强调语言规划应在社区中实现，不能忽视对社区语言生态和语言生活的研究；麦卡蒂（McCarty 2018）指出，语言规划实质上是社区规划的一部分，以解决社区语言生活在语言生态、语言传承和语言权利等方面的问题为目的。以上学者都强调了社区在语言规划和语言政策中的重要作用，以及如何通过社区语言规划更好地推动、助力整体语言规划的发展。

徐大明（2014）指出语言规划的范围、目标、对象都位于特定的言语社区中，语言规划实质上就是"言语社区规划"。因此，在制定规划时要充分考虑当地人口、领域、认同和功能分布等方面的情况。徐大明还把社区语言教育的语言规划排在仅次于母语之后，突出了社区语言规划的重要性；尹小荣等（2013）在《言语社区理论下的语言资源价值评估》中继承并发展了甘柏兹的观点，认为言语社区的基本存在形态是多语的，且对语言资源的价值从言语社区角度进行了评估，提出了相应的言语社区规划，为地区范围的语言规划研究奠定了基础；葛燕红（2020）在《羌语活力的社区评估及规划策略》中，对不同层面的羌语言语社区进行了羌语活力评估，分析了语言活力现状及影响原因，并提出了对应的社区语言规划策略，为语言规划的实施提供了新视角；俞玮奇等（2018）在《上海浦东国际社区的语言生活调查研究——兼论社区语言规划》中，指出了浦东国际社区中社区语言规划的缺位，提出社区语言规划应积极利用社区资源，重视汉语习得的规划，进而保持国际社区语言生态的平衡，推动汉语在社区的传播；方小兵（2018）把言语社区规划定义为言语社区建设，其中包括"国家语言规划、地区语言规划、机构语言规划、家庭语言规划或'社区语言规划'。"指出当前的语言规划研究忽视了社区小环境和社会大环境等外因的影响与互动，需要考虑多层嵌套的言语社区问题。

通过言语社区成员的语言认同变化，反思语言教育的现实问题，能为新时期的语言教育政策制定和调整提供新的视角。周明朗（2017）通过考察全球语言发展史，运用社区第二语言习得模式（控制社区语言习得最重要的社会因素有语言认同和语言市场）和语言认同过程模式（语码的学习、储存、和使用需要与语言学习者的身份认同相匹配），分析导致华语标准语变异（非简化字、普通话、汉语拼音的华语教育标准）的深层原因，并指出这个深层原因就是语言认同的差异；王晓梅、朱菀莹（2019）通过实证研究认为马来西亚华语社区是一个实体，马来西亚通俗华语和标准华语都是社区内重要的设施，前者的区内认同作用较强，而后者对于连接不同的华语社区具有重要的作用，尤其是对于建构全球华语社区（跨国语言规划）具有重要的参考价值。

"语言规划与言语社区的文化类型、文化心理息息相关，好的语言规划可以促进语言教育的发展，提高国民的语言能力与文化素质，利用语言文字在现代科学信息技术中的重要作用，促进国家的新文化建设。"[1] 推普社区化，可以满足社区成员终身学习需求。第七届国际社区教育大会宣言明确指出，"没有社区的建设，就没有社会的持续发展，一个强大的社区是医治各种社会疾病的基础；良好的社区教育能够加强社区建设，通过社区教育，才能使社会持续发展。"社区学习是伴随现代社区教育的世界性发展而兴起的一种新的学习理念，"社区学习本质是一个终身过程，这个过程同时也是社区成员与社区能力共同发展的过程。"在少数民族地区，学校和社区是学生语言发展和学习的主要场所，当学校和社区的语言教育目标一致时，就能使学生在校园里建构的知识与社会生活中的"共识"相适应。语言教育的质量和教学效果才能得到提升。因此，在利用现有的学校教育资源的前提下，充分发掘民族地区社区语言教育资源，形成学校、社区的教育合力，才能更好地实现国家通

---

[1] 苏金智. 语言规划与文化建设 [J]. 文化学刊, 2014（04）：33-40.

用语言的推广普及。

构建多语能力模式

　　库克（Cook 1992）提出了多语能力理论，倡导多语者思维。并主张语言身份认同是一种人权，应该依从个体自身的决定。这种多语意识形态使应用语言学领域摆脱了理想化的"母语"单语使用者的模式。在过去三十年，随着多语意识形态的逐渐兴起，特别是应用语言学界出现了多语转向。对学术界的单语偏见提出了批评，指出这种偏见源于一种不平等的假设，即认为单一语言是人类交流的默认方式，而母语是语言能力的优越形式，是语言与使用者之间最合理的关系。但伴随着多语多文化理论的发展，多语甚至超语模式得到越来越多的认可。根据川西康区的语言能力调查数据显示，有90%以上的被调查者会说母语以外的语言，绝大多数具备双语或多语能力。对少数民族而言，一方面，少数民族掌握普通话和规范汉字，才能享有良好的就业机会、经济收益、教育医疗及公共文化服务等语言权利；另一方面，亦需重视和发挥当地各少数民族语言的作用和功能，积极探索形成主体多元的语言助力体系，培养本民族语言和国家通用语言的双语甚至多语能力。

　　实证研究成果表明，语言能力是影响个人收入的重要因素之一，但语言技能需要达到一定的水平才能对劳动收入产生影响；一个区域的普通话普及率需要达到一定的规模才能促进经济发展。因而推普经济效应的实现，不仅要求一个区域普通话普及率达到一定的规模，而且个体普通话能力也必须达到一定的水平，即在提高普通话普及率的同时，应注重提升个体的普通话能力。在国家通用语推广中，关注学习者的实际需求，实现通用汉语到"汉语+X"以致"X+汉语"的转向。比如在乡村振兴背景下，"普通话+职业技能"的国家通用语推广模式可以成为少数民族拓展工作范围、提高生活质量的助推器，在"万企兴万村"新行动等方面发挥普通话的作用，积极探索"普通话+旅游、文化、职业技能"的融合范式。将普通话与少数民族语言相结合，促进民族地区特色文化产业发展，扩大农产品流通覆盖范围、优化民族地区旅游业、培育更多新型服务业，发展数字农业、智慧农业。

目前农村少数民族地区互联网普及率为 59.2%，因此，推广国家通用语还要特别关注未进入网络信息空间的这些群体的语言素养。文字能力已成为现代信息社会个体维持生活和发展的一种必备技能，推广国家通用语要坚持"语言"和"文字"能力并重，让民族地区群众也有能力参与和融入信息社会。

强化文化认同

国家通用语言文字的能力在民族交往交流交融中发挥着沟通民心、增强民族凝聚力、助推中华民族共同体构建的重要作用。国家通用语言文字无论从民族交流层面还是国家安全层面，都是铸牢中华民族共同体意识的重要纽带。无论是构建国家认同还是铸牢中华民族共同体意识，文化认同都成为其中的关键一环。由于文化认同源于后天的形成，且具有可变性和可选性，教育也就自然成为培育文化认同的重要平台。所以国家通用语教学和推广必然要承担培育文化认同的使命和任务[1]。文化认同既是国家认同的重要内容，又是国家认同的重要基础。文化的整合、导向、激励、规范作用，使它越来越成为一个国家和民族凝聚力的重要源泉，成为国家安全统一和民族团结和谐的重要维系力量。我国既是一个多民族国家，又是一个在长期的历史发展中形成了中华民族共同体和一体多元中华文化的国家。各民族的文化认同既有同质性的内核与纽带，又有异质性的因素。这种复杂的情况要求我们在文化认同构建过程中，必须准确妥善地处理好一些重要关系。

少数民族国家通用语学习者既是二语学习者也是双语使用者。在双语使用中各种语言间的难以还原性反映了文化的民族性、独一无二性。因此从双语教育来说，如何使双语学习者能够在充分习得第一语言文化的基础上，习得第二语言及其文化，在两种语言文化之间实现无障碍整合，成为理想意义上的双语双文化人，提升双语学习者对两种文化的认同是一个重要方面。文化认同，主要是指中国少数民族双语者对母语文化和中华民族主体文化的个

---

[1] 王兆璟，姚玲．国家统编教材铸牢中华民族共同体意识．中国社会科学网，2021-06-16.

性及共同性的双向理解和接受。各民族的语言使用和发展问题不但是语言文字的使用问题，同时也是其保存和发扬优秀民族文化的社会文化问题。在一个多民族国家如何在保存和弘扬各民族文化的同时，又保持国家的统一和主体文化的发展，这是双语教育理论与实践中面临的重要课题。"文化距离"，指不同文化背景的群体在历史、地理、风土人情、传统习俗、生活方式、文学艺术、行为规范、思维方式、价值观念等文化现象中所表现出的语言差异程度及文化接触程度。在民族地区，双语教育使用国家通用的教材，学校传递的主流文化价值与其日常生活分属不同的话语体系。在教授语言本体知识的前提下，往往还需要传授汉语所承载的中国文化资源、中国社会结构等信息。通过对汉语的了解来提高学习者对中国文化的认同度。学习者在学习第二语言的时候，如果"出现了归附的倾向，它会使人明显地保持一种主动的参与动机和持久的学习热情，其学习成绩往往比那些只有实用动机的学生要好"。这种归附的倾向正是一种文化认同，即"对另一语言文化集团产生好感，希望成为其中一员"[1]。因此，在民族地区推广国家通用语，需要在关注语言工具功能的同时，更多地关注语言的文化功能。文化认同是民族凝聚力和国家向心力的动力之源，是国家认同最深厚的基础。以文化认同为契合点来固基国家认同，强化了国家认同的心理依据和思想基础，有利于多民族国家增强和拓展国家认同的空间[2]。

我国的双语教育模式意在培养"民汉皆通"的人才，通过双语教育，不仅要让少数民族学生掌握两种语言的基础知识和交际技能，而且还要增强学生对自身文化和他文化的认同度和理解度。少数民族双语教育的最终目的，不单是要求少数民族学生掌握第二语言的交际功能，还要培养出适应社会生产生活，同时又能有效发扬和继承本民族文化的学习者和传承者。但双语教育主要针对的是在校少数民族学生，在民族地区还有大量未接受正规学校教育，自然语境下的汉语学习者。因此，不能简单将少数民族双语教学的经验

---

[1]　高一虹，李玉霞，边永卫. 从结构观到建构观：语言与认同研究综观 [J]. 语言教学与研究，2008（01）：19-26.

[2]　刘社欣，王仕民. 文化认同视域下的国家认同 [J]. 学术研究，2015（02）：23-28+159.

直接应用于对少数民族的国家通用语推广。普通话作为中华民族共同体的国家通用语已使语言学习者和语言使用者的界限变得模糊起来，这种变化打破了语言学习者与语言共同体之间的界限，也就是说学习或使用一种语言本身就是一种认同过程。少数民族地区的国家通用语推广，如何采取有效策略促进少数民族的文化认同，建构中华民族共同体认同，并最终实现国家认同，这方面还有很多有待进一步研究的议题。

参考文献

一、专著

[1]［德］威廉·冯·洪堡特．洪堡特语言哲学文集［M］．姚小平，译．长沙：湖南教育出版社 2001.

[2]［加］博尼·诺顿．认同和语言学习：对话的延伸［M］．边永卫、许宏晨，译．北京：外语教学与研究出版社，2018.

[3]［美］爱德华·萨丕尔．萨比尔论语言、文化与人格［M］．高一虹等译．北京：商务印书馆，2011.

[4]［美］戴维·H·乔纳森，苏珊·M·兰德．学习环境的理论基础［M］．徐世猛，李洁，周小勇，译．上海：华东师范大学出版社，2015.

[5]［英］丹尼斯·埃杰，吴志杰，译．语言规划与语言政策的驱动过程［M］．北京：外语教学与研究出版社，2012.

[6]［英］德尔涅伊，［日］龙谷田口．第二语言研究中的问卷调查方法［M］．北京：外语教学与研究出版社，2011.

[7] 蔡晨．新型城镇化进程中的城乡语言生态比较研究［M］．杭州：浙江大学出版社，2018.

[8] 朝克，李云兵．中国民族语言文字研究史论（南方卷）［M］．北京：中国社会科学出版社，2013.

[9] 陈新仁、方小兵等．全球化语境下的语言规划与安全研究［M］．南京：南京大学出版社，2015.

［10］陈新仁．全球化语境下的外语教育与民族认同［M］．北京：高等教育出版社，2008.

［11］陈新仁．语用身份论［M］．北京：北京师范大学出版社，2018.

［12］戴庆厦主编．中国濒危语言个案研究［M］．北京：民族出版社，2004.

［13］戴庆夏主编．云南德宏州景颇族语言使用现状及其演变［M］．北京：商务印书馆，2011.

［14］戴庆夏主编．中国少数民族语言使用现状及其演变研究［M］．北京：民族出版社，2010.

［15］戴庆夏主编．元江县羊街乡语言使用现状及其演变［M］．北京：商务印书馆，2009.

［16］丁石庆．莫旗达斡尔族语言使用现状与发展趋势［M］．北京：商务印书馆，2009.

［17］董平荣．机构话语中的身份维持与建构［M］．北京：高等教育出版社，2012.

［18］冯广艺．语言生态研究［M］．北京：光明日报出版社，2020.

［19］付义荣．言语社区和语言变化研究［M］．北京：北京大学出版社，2011.

［20］甘孜藏族自治州概况编写组．甘孜藏族自治州概况［M］．成都：四川民族出版社，1986.

［21］甘孜州志编委会．甘孜州志［M］．成都：四川人民出版社，1997.

［22］高一虹．大学生英语学习动机与自我认同发展——四年五校跟踪研究［M］．北京：高等教育出版社，2013.

［23］何俊芳．语言人类学教程［M］．北京：中央民族大学出版社，2005.

［24］胡百精．说服与认同［M］．北京：中国传媒大学出版社，2014.

［25］黄行．中国少数民族语言活力研究［M］．北京：中央民族大学出版社，2000.

［26］康定民族师专编写组．甘孜藏族自治州民族志［M］．北京：当代中国出版社，1994．

［27］康定市地方志编纂委员会．康定年鉴（2017）［M］．北京：线装书局，2017．

［28］康定县县志编纂委员会．康定县志［M］．成都：四川辞书出版社，1995．

［29］康定县县志编纂委员会．康定县志（续编）［M］．成都：巴蜀书社，2000．

［30］雷蕾．应用语言学研究设计与统计［M］．武汉：华中科技大学出版社，2016．

［31］雷莉，倪亮，赵盈仪，张亚朋．对外汉语教学与四川藏区少数民族汉语教学的比较研究［M］．成都：四川大学出版社，2018．

［32］李跃龙，王梦西．九龙县民族志［M］．四川：九龙县档案县志局，2006．

［33］罗常培．语言与文化［M］．长春：吉林出版集团股份有限公司，2017．

［34］马戎．民族社会学——社会学的族群关系研究［M］．北京：北京大学出版社，2004．

［35］欧洲理事会文化合作教育委员会编，刘骏、傅荣等译．欧洲语言教学与评估共同参考框架：学习、教学与评估［M］．北京：外语教学与研究出版社，2008．

［36］邱皓政．量化研究与统计分析——SPSS（PASW）数据分析范例解析［M］．重庆：重庆大学出版社，2013．

［37］冉光荣．羌族史［M］．成都：四川人民出版社，1984．

［38］任乃强．藏学文集［M］．北京：中国藏学出版社，2009．

［39］邵宜．语言与语言生态研究［M］．广州：暨南大学出版社，2016．

［40］四川省九龙县志编纂委员会．九龙县志（续编）［M］．成都：四川人民出版社，2000．

[41] 四川省九龙县志编纂委员会.九龙县志 [M].成都：四川人民出版社，1997.

[42] 孙宏开，胡增益，黄行.中国的语言 [M].北京：商务印书馆，2007.

[43] 孙宏开.藏缅语族羌语支研究 [M].北京：中国社会科学出版社，2016.

[44] 田海龙，赵芃.社会语言学新发展研究 [M].北京：清华大学出版社，2021.

[45] 汪民安.文化研究关键词 [M].南京：江苏人民出版社，2007.

[46] 王建勤，魏岩军.全国文化竞争背景下的汉语国际传播教育 [M].北京：商务印书馆，2015.

[47] 王培光.语言能力与中文教学 [M].北京：北京师范大学出版社，1995.

[48] 王远新.中国民族语言学：理论与实践 [M].北京：民族出版社，2006.

[49] 吴明隆.问卷统计分析实务——SPSS 操作与应用 [M].重庆：重庆大学出版社，2010.

[50] 奚洁.全球化语境下的语言认同与外语教育规划研究 [M].南京：南京大学出版社，2017.

[51] 徐大明.社会语言学实践教程 [M].北京：北京大学出版社，2010.

[52] 徐大明.语言变异与变化 [M].上海：上海教育出版社，2006.

[53] 杨德明.少数民族汉语教学论 [M].北京：民族出版社，2017.

[54] 杨延宁.应用语言学研究的质性研究方法 [M].北京：商务印书馆，2014.

[55] 叶忠海.社区教育基础 [M].上海：上海大学出版社，2000.

[56] 张先亮等.城镇语言生态现状研究 [M].北京：中国社会科学出版社，2017.

［57］赵心愚，秦和平．康区藏族社会历史调查资料辑要［M］．成都：四川人民出版社，2004.

［58］中国社会科学院民族研究所．中国少数民族语言使用情况［M］．北京：中国藏学出版社，1994.

［59］周国炎．布依族语言使用现状及其演变［M］．北京：商务印书馆，2009.

［60］周俊．问卷数据分析：破解 SPSS 的六类分析思路［M］．北京：电子工业出版社，2017.

［61］周庆生．语言生活与语言政策：中国少数民族研究［M］．北京：社会科学文献出版社，2015.

［62］祝畹瑾．社会语言学译文集［M］．北京：北京大学出版社，1985.

［63］Appel R，PMuysken. Language Contact and Bilingualism［M］．London：Arnold，1987.

［64］Bucholtz，M. White Kids：Language and White Youth Identities［M］．Cambridge：Cambridge University Press，2010.

［65］Burke，P. J. Identity Theory［M］．Oxford：Oxford University Press，2009.

［66］Cooper，R. L. Language Planning and Social Change［M］．Cambridge：Cambridge University Press，1989.

［67］Coupland，Nikolas. Style：Language Variation and Identity［M］．Cambridge：Cambridge University Press，2007.

［68］Eckert，P. Jocks and Burnouts：Social Categories and Identity in the High School［M］．New York：Teacher College Press，1989.

［69］Eckert，P. Meaning and Linguistic Variation：The Third Wave in Sociolinguistics［M］．Cambridge：Cambridge University Press，2018.

［70］Eckert P. Language variation as social practice：The linguistic construction of identity in Belten High［M］．Oxford：Blackwell，2000.

［71］Edwards，J. Language and Identities：An Introduction［M］

. Cambridge：Cambridge University Press，2009.

[72] Fishman，J. A. Reversing Language Shift：Theoretical and Empirical Foundations of Assistance to Threatened Languages [M] . Clevedon：Multilingual Matters，1991.

[73] Giles，Howard，J Coupland. The Contexts of Accommodation Theory：Dimensions of Applied Sociolinguistics [M] . UK：Cambridge University Press，1991.

[74] Gumperz，J. Language and Social Identity [M] . Cambridge：Cambridge University Press，1982.

[75] Gumperz，J. Discourse Strategies [M] . Cambridge：Cambridge University Press，1982.

[76] Joseph，J . E，Language and Identity：National ，Ethnic and Religious [M] . London：Palgrave，2004.

[77] Labov，W. Principles of Language Change Vol. 1：Internal Factors [M] . Oxford and Cambridge：Blackwell，1994.

[78] Labov，W. Sociolinguistic Patterns [M] . Philadelphia：University of Pennsylvania Press，1972.

[79] Labov，W. The Social Stratification English in New York City [M] . Arlington：Center for Applied Linguistics，1966.

[80] Lave，J. E. Wenger. Situated Learning：Legitimate Peripheral Participation [M] . Cambridge：University of Cambridge Press，1991.

[81] Le Page，R. B. &A. Tabouret Keller. Acts of Identity：Creole – based Approaches to Language and Ethnicity [M] . Cambridge：Cambridge University Press，1985.

[82] Legutke，M. ，Thomas，H. Process and Experience in the Language Classroom [M] . London：Longman，1991.

[83] Lewis，M. Paul and Gary Simons. Sustaining language use：Perspectives on community–based language development [M] . Dalas：SIL International，2016.

［84］Moyer, Alene. Age, Accent, and Experience in Second Language Acquisition: An Integrated Approach to Critical Period Inquiry ［M］. Buffalo, NY: Multilingual Matters Ltd. 2004.

［85］Myers Scotton, C. Social Motivations for Codeswitching ［M］. Oxford: Clarendon, 1993.

［86］Norton, B. Identity and Learning: Gender, Ethnicity and Education Change ［M］. Essex: Pearson Education Limited, 2000.

［87］Norton, B. Identity and Language Learning: Extending the Conversation (2nd edition) ［M］. Bristol: Multilingual Matters, 2013.

［88］Rajagopalan K. John E. Joseph. Language and identity: national, ethnic, religious ［M］. Hampshire and New York: Palgrave Macmillan, 2004.

［89］Tajfel, Henri. Differentiation between Social Groups: Studies in the Social Psychology of Intergroup Relations ［M］. New York: Academic Press, 1978.

［90］Wenger, E. Communities of Practice: Learning, Meaning, and Identity ［M］. Cambridge: Cambridge University Press, 1998.

二、期刊论文

［1］艾尔文·菲尔，范俊军，宫齐. 当代生态语言学的研究现状 ［J］. 国外社会科学，2004（06）：5-10.

［2］白杨，巴登尼玛. 学校与社区互动要素探究——基于四川藏区学校与社区互动的考察分析 ［J］. 民族教育研究，2012（06）：58-62.

［3］宝玉柱. 喀喇沁左翼蒙古族自治县蒙古族语言使用情况 ［J］. 中央民族大学学报，2009（06）：122-130.

［4］边永卫，王雪鸽. 走近学习者——《语言认同和语言学习：对话的延伸》书评 ［J］. 外语教育研究前沿，2020（02）：82-85.

［5］蔡永良. 关于我国语言战略问题的几点思考 ［J］. 外语界，2011（01）：8-15+18.

［6］曹德和，王萍. "言语社区"与"言语共同体"——从历史流变谈

社会语言学两个常用词［J］.学术界，2014（02）：118-127.

［7］曹迪.语言教育政策与文化软实力［J］.语文学刊，2012（04）：7-8.

［8］陈晨.新生代农民工主体性建构：语言认同的视角［J］.中国农业大学学报，2012（03）：101-108.

［9］陈慧，吴先泽.广西边境大学生语言生活现状调查及语言教育对策［J］.内蒙古师范大学学报（教育科学版），2016（04）：99-102.

［10］陈建伟.民族杂居区维吾尔族居民语言认同现状研究——以上海为个案［J］.喀什师范学院学报，2012（01）：53-56.

［11］陈娟.中越边境少数民族语言认同调查研究［J］.玉林师范学院学报，2017（01）：38-45.

［12］陈默.影响瑞士德语母语者汉语声调产出的个体因素和社会语言因素［J］.华文教学与研究，2017（01）：16-25+51.

［13］陈默.第二语言学习中的认同研究进展述评［J］.语言教学与研究，2018（01）：42-48.

［14］陈默.汉语二语学习者的认同构建、言语适应和口语发展的关系研究［J］.语言教学与研究，2022（01）：26-37.

［15］陈默.认同对汉语二语学习者口语复杂度、准确度和流利度的影响［J］.语言教学与研究，2020（01）：23-35.

［16］陈松岑.新加坡华人的语言态度及其对语言能力和语言使用的影响［J］.语言教学与研究，1999（01）：81-95.

［17］陈淑娇.全球化时代台湾的语言使用模式［J］.现代语言学，2018（01）：93-105.

［18］陈亚轩.多语主义与人口较少民族文化传承中的语言教育［J］.贵州民族研究，2015（04）：214-218.

［19］崔新建.文化认同及其根源［J］.北京师范大学学报，2004（04）：102-104.

［20］达瓦卓玛.甘孜州木雅人的语言使用现状及发展趋势［J］.四川

民族学院学报，2015（05）：11-14.

[21] 达瓦卓玛.甘孜州木雅语濒危现象分析 [J].中国藏学，2015（04）：176-179.

[22] 代刚.康定"木雅"藏族部落历史初探 [J].康定民族师专学报，1993（01）：21-24+20.

[23] 戴庆厦，邓佑玲.城市化：中国少数民族语言使用功能的变化 [J].陕西师范大学学报，2001（01）：71-75.

[24] 戴庆厦.开展我国语言和谐研究的构想 [J].黔南民族师范学院学报，2013（03）：1-5.

[25] 戴庆厦.两全其美，和谐发展——解决少数民族双语问题的最佳模式 [J].中央民族大学学报，2011（05）：89-93.

[26] 戴庆厦.我国少数民族实现双语的两大指标 [J].贵州民族研究，2017（12）：214-216.

[27] 戴庆厦.语言保护与中国的少数民族语言 [J].民俗典籍文字研究，2016（02）：1-7+231.

[28] 戴庆厦.中国少数民族双语面临的问题及对策 [J].今日民族，2013（01）：53-54.

[29] 戴庆夏.语言保护的再认识 [J].黔南民族师范学院学报，2016（03）：1-3+18.

[30] 戴庆夏.正确处理民族语言研究中的四个关系 [J].河北师范大学学报，2006（02）：91-95.

[31] 代凤菊，刘承宇.近十年国际语言政策与规划研究热点与趋势——基于 Scopus 数据库的可视化分析 [J].北京科技大学学报，2020（05）：33-42.

[32] 道布.语言活力、语言态度与语文政策——少数民族语文问题研究 [J].学术探索，2005（06）：95-101.

[33] 丁洁.文化认同视角下的青少年家庭语言政策研究 [J].吉林省教育学院学报，2019（07）：152-156.

[34] 董洁.民族志研究视角下的语言身份认同：两例北京农民工子女个案 [J].语言学研究，2014（01）：155-164.

[35] 樊中元.农民工语言认同的实证研究 [J].社会科学家.2011（10）：18-23.

[36] 范俊军，官齐，胡鸿雁.语言活力与语言濒危 [J].民族语文，2006（03）：51-61.

[37] 范俊军，马海布吉.生态语言学的概念系统及本土化研究方向 [J].广西民族大学学报，2018（06）：100-109.

[38] 范俊军.少数民族语言危机与语言人权问题 [J].贵州民族研究，2006（02）：51-55.

[39] 范俊军.关于濒危语言研究的几点思考 [J].南京社会科学，2006（04）：140-143.

[40] 范俊军.生态语言学研究述评 [J].外语教学与研究，2005（02）：110-115.

[41] 范俊军.我国语言生态危机的若干问题 [J].兰州大学学报，2005（06）：42-47.

[42] 范俊军.语言活力与语言濒危的评估——联合国教科文组织文件《语言活力与语言濒危》述评 [J].现代外语，2006（02）：210-213.

[43] 范俊军.中国的濒危语言保存和保护 [J].暨南学报，2018（10）：1-18.

[44] 方小兵.从家庭语言规划到社区语言规划 [J].云南师范大学学报，2018（06）：17-24.

[45] 方小兵.当前语言认同研究的四大转变 [J].语言战略研究，2018（03）：22-32.

[46] 方小兵.进城务工人员子女小学阶段的语言适应与语言认同 [J].陕西师范大学学报，2018（06）：139-144.

[47] 方晓华.少数民族学习和使用国家通用语言文字的必要性与紧迫性 [J].双语教育研究，2017（04）：1-10.

［48］冯广艺.生态文明建设中的语言生态问题［J］.贵州社会科学，2008（04）：4-8.

［49］冯广艺.论语言接触对语言生态的影响［J］.中南民族大学学报，2012（05）：138-142.

［50］冯广艺.关于语言生态学的研究［J］.湖北师范学院学报，2010（04）：1-6+15.

［51］冯红梅，张晓传.我国少数民族语言转用及对策研究［J］.贵州民族研究，2018（02）：211-214.

［52］冯建新.动机自我系统理论下的二语学习动机［J］.当代教育实践与教学研究，2015（12）：74-86.

［53］冯智文.我国跨境民族语言认同研究的现状与展望［J］.贵州民族研究，2020（01）：150-154.

［54］付义荣.新生代农民工的语言使用与社会认同——兼与老一代农民工的比较研究［J］.语言文字应用，2015（02）：29-39.

［55］高梅.语言与民族认同［J］.满族研究，2006（04）：47-51.

［56］高扬，李春梅.木雅语研究综述及展望［J］.文学教育（下），2019（01）：24-25.

［57］高扬，饶敏.木雅语的趋向前缀［J］.中央民族大学学报，2017（06）：158-167.

［58］高一虹，李玉霞，边永卫.从结构观到建构观：语言与认同研究综述［J］.语言教学与研究，2008（01）：19-26.

［59］高一虹."想象共同体"与语言学习［J］.中国外语，2007（05）：47-52.

［60］高一虹.生产性双语现象考察［J］.外语教学与研究，1994（01）：59-64.

［61］高一虹.外语学习与认同研究在我国情景中的必要性——回应曲卫国教授［J］.外语教学理论与实践，2008（02）：72-77.

［62］高一虹."文化定型"与"跨文化交际悖论"［J］.外语教学与研

究，1995（02）：35-42.

[63] 高一虹．全球化背景下的英语学习和教育：挑战和机遇 [J]．中国外语教育，2013（03）：4-10.

[64] 格勒．木雅藏族的形成及其族属考辨 [J]．康定民族师范高等专科学校学报，1998（03）：14-21.

[65] 葛燕红．羌语活力的社区评估及规划策略 [J]．云南师范大学学报，2020（01）：40-48.

[66] 桂诗春．我国应用语言学的现状和展望 [J]．现代外语，1980（04）：3-13.

[67] 郭熙．论汉语教学的三大分野 [J]．中国语文，2015（05）：475-478.

[68] 郭熙．专题研究：语言认同 [J]．语言战略研究，2018（03）：9.

[69] 哈正利，杨佳琦．国外少数民族语言保护经验及其启示 [J]．广西民族研究，2012（02）：189-193.

[70] 哈正利．我国少数民族语言文字政策的完善与创新 [J]．中央民族大学学报，2009（09）：33-39.

[71] 海路．中国少数民族新创文字的语言规划及其实践 [J]．中央民族大学学报，2012（01）：141-146.

[72] 郝时远．Ethnos（民族）和 Ethnic group（族群）的早期含义与应用 [J]．民族研究，2002（04）：1-10.

[73] 郝文荣．大数据下语言生态研究文献综述 [J]．外语与翻译，2016（03）：46-52.

[74] 何丽．言语社区与农民工子女社会身份的建构 [J]．广西民族大学学报，2015（04）：160-164.

[75] 胡明扬．语言知识和语言能力 [J]．语言文字应用，2007（03）：5-9.

[76] 胡书津．试论我国民族教育与民族语言的关系 [J]．西南民族大学学报，1996（03）：112-115.

[77] 黄布凡．川西藏区的语言关系 [J]．中国藏学，1988（03）：142

−150.

[78] 黄布凡. 木雅语概况 [J]. 民族语文, 1985 (03): 62−77.

[79] 黄国文. 生态语言学的兴起与发展 [J]. 中国外语, 2016 (01): 1+9−12.

[80] 黄行. 论国家语言认同与民族语言认同 [J]. 云南师范大学学报, 2012 (03): 36−40.

[81] 黄行. 论中国民族语言认同 [J]. 语言战略研究, 2016 (01): 25−32.

[82] 黄行. 我国的语言和语言群体 [J]. 民族研究, 2002 (01): 59−64+109.

[83] 黄行. 我国民族语言的沟通度与语言群体认同 [J]. 云南师范大学学报, 2011 (02): 8−14.

[84] 黄行. 语言识别与语言群体认同 [J]. 民族翻译, 2009 (02): 3−11.

[85] 黄行. 国家通用语言与少数民族语言法律法规的比较述评 [J]. 语言文字应用, 2010 (03): 19−22.

[86] 黄亚平, 刘晓宁. 语言的认同性与文化心理 [J]. 中国海洋大学学报, 2008 (6): 78−81.

[87] 纪学玲. 语言态度、语言能力及其相关性个案研究 [J]. 文学教育, 2019 (04): 19−24.

[88] 金志远, 陈婷. 内蒙古蒙古族教育中民族语言认同的调查与思考 [J]. 西北师大学报, 2010 (06): 70−75.

[89] 康亮芳. 应加强甘孜藏区双语教学背景下的汉语教学 [J]. 四川教育学院学报, 2007 (10): 87−88.

[90] 雷莉, 倪亮. 边远藏区少数民族学生汉语学习动机模型及其启示——四川省甘孜州 Y 藏文中学调查分析 [J]. 民族教育研究, 2014 (03): 129−134.

[91] 李春梅. 也谈康藏木雅语与其他语间的关系 [J]. 四川民族学院

学报，2016（03）：17-19.

[92] 李德嘉．民族语言教育权的提出与保护 [J]．贵州民族研究，2019（05）：20-23.

[93] 李国太，李锦萍．木雅藏族研究百年的回顾与前瞻 [J]．四川民族学院学报，2015（01）：6-11.

[94] 李浩泉．民国川西藏族教育"雇读制"现象述论 [J]．西藏大学学报，2011（02）：86-91.

[95] 李健．广告语言与文化认同 [J]．社会科学战线，2008（01）：142-144.

[96] 李锦芳．中国濒危语言研究及保护策略 [J]．中央民族大学学报，2005（03）：113-119.

[97] 李芳．语言与身份认同研究的主要流派和方法 [J]．中国社会语言学，2016（02）：72-83.

[98] 李现乐．试论言语社区的层次性 [J]．东北大学学报，2010（03）：262-266+272.

[99] 李秀锦，刘媛媛．家庭语言政策与儿童文化认同建构——两例民族志研究个案报告 [J]．语言政策与语言教育，2016（02）：13-22.

[100] 李秀华．语言·文化·民族：民族语言认同与民族共同体的建构 [J]．西北民族大学学报，2018（01）：7-12.

[101] 李宇明，戴红亮．关注本土语言调查关心现代语言生活——读《基诺族语言使用情况现状及其演变》[J]．中央民族大学学报，2008（02）：113-116.

[102] 李宇明，王春辉．论语言的功能分类 [J]．当代语言学，2019（01）：1-22.

[103] 李宇明，姚喜双，张世平，洒强．"新时代语言文字事业"多人谈 [J]．语言战略研究，2020（06）：37-40.

[104] 李宇明．语言功能规划刍议 [J]．语言文字应用，2008（01）：2-8.

［105］厉以贤．社区教育的理念［J］．教育研究，1999（03）：20-24.

［106］刘丹青．语言能力的多样性和语言教育的多样化［J］．世界汉语教学，2015（01）：3-11.

［107］刘虹．语言态度对语言使用和语言变化的影响［J］．语言文字应用，1993（03）：33-38.

［108］刘辉强．"藏彝走廊"的民族语言［J］．藏学学刊，2005（01）：179-184.

［109］刘梦真．甘孜藏族自治州双语教学的问题与对策思考［J］．教育教学论坛，2015（05）：259-260.

［110］刘绍禹．西康教育史之略述［J］．康藏前锋，1938：4卷1、2期．

［111］刘铁芳．语言与教育［J］．河北师范大学学报（教育科学版），2001（02）：11-13.

［112］刘永文，李小娟，韩殿栋，大达娃次仁．藏族大学生语言认同调查研究［J］．经济研究导刊，2018（18）：316-320.

［113］刘志扬．藏区民族基础教育现状与思考——来自四川康定藏区的田野调查［J］．社会学评论，2014（05）：24-34.

［114］龙玉红，段涛涛．新疆维吾尔族大学生文化认同现状调查研究——以新疆师范大学民考民维吾尔族大学生为例［J］．新疆社会科学，2012（06）：120-123.

［115］龙玉红，麦丽哈巴·奥兰，张斌科．维吾尔族大学生的语言态度调查与分析——以新疆师范大学民考民维吾尔族大学生为例［J］．新疆师范大学学报，2011（06）：102-108.

［116］马学良，戴庆厦．语言和民族［J］．民族研究，1983（01）：6-14.

［117］马智群，罗小男．新疆少数民族大学生民族认同与语言态度的关系研究［J］．民族教育研究，2017（06）：65-69.

［118］秦晨．从identity到"认同"：巴别塔的困境——以中国英语学习者为对象的研究［J］．社会科学家，2012（02）：100-104.

［119］覃业位，徐杰．澳门的语言运用与澳门青年对不同语言的认同差

异［J］. 语言战略研究，2016（01）：33-41.

[120] 屈哨兵. 城市化进程中的方言习用与国家认同［J］. 语言战略研究，2016（02）：83-88.

[121] 瞿继勇. 湘西地区苗族的语言使用与语言认同［J］. 陕西师范大学学报，2013（05）：73-78.

[122] 曲卫国. 英语与中国人自我认同变化研究中的若干问题［J］. 中国社会语言学，2005（02）：99-122.

[123] 芮晓松，高一虹. 二语"投资"概念述评［J］. 现代外语，2008（02）：90-99.

[124] 上官剑璧. 四川的木雅人与西夏［J］. 宁夏社会科学，1994（03）：22-29.

[125] 尚国文，赵守辉. 语言景观的分析维度与理论构建［J］. 外国语，2014（06）：81-89.

[126] 沈成军. 四川双语教学工作的回顾与展望［J］. 中国民族教育，2000（05）：15-17.

[127] 沈光辉. 我国社区教育的发展现状与推进措施研究［J］. 继续教育，2008（01）：13-15.

[128] 沈海英. 中国语言政策研究综述［J］. 昆明理工大学学报，2014（03）：93-101.

[129] 沈玲. 印尼华人家庭语言使用与文化认同分析——印尼雅加达500余名新生代华裔的调查研究［J］. 世界民族，2015（05）：73-85.

[130] 沈玲. 认同转向之下菲律宾华人家庭民族语言文字使用研究——基于500多名新生代华裔的调查分析［J］. 华侨华人历史研究，2016（04）：38-48.

[131] 石硕. 关于藏彝走廊的民族与文化格局［J］. 西南民族大学学报，2010（12）：1-6.

[132] 苏金智. 国内外语言文字使用情况调查概述［J］. 语言文字应用，1994（04）：66-72.

［133］苏金智．语言规划与文化建设［J］．文化学刊，2014（04）：33-40.

［134］孙德平．语言认同与语言变化：汉江油田语言调查［J］．语言文字应用，2011（01）：16-24.

［135］孙宏开．再论西南民族走廊地区的语言及其相关问题［J］．民族问题研究，2013（08）：29-39.

［136］孙宏开．少数民族语言规划的新情况和新问题［J］．语言文字应用，2005（01）：13-17.

［137］孙宏开．中国濒危少数民族语言的抢救与保护［J］．暨南学报，2006（05）：126-129.

［138］太扎姆．试论四川方言区藏族学生学习普通话的学习策略［J］．阿坝师范高等专科学校学报，2008（06）：23-28.

［139］谭晓健，陈君玉，李珍珍．缅甸北部地区华人的语言生活与语言教育对策［J］．民族教育研究，2017（05）：122-127.

［140］腾星．中国少数民族双语教育研究的对象、特点、内容与方法［J］．民族教育研究，1996：44-50.

［141］佟秋妹，李伟．江苏三峡移民语言选择模式研究［J］．语言文字应用，2011（01）：38-47.

［142］万明钢，王亚鹏，李继利．藏族大学生民族与文化认同调查研究［J］．西北师范大学学报，2002（06）：18-25.

［143］王爱平．汉语言使用与华人身份认同——对400余名印尼华裔学生的调查研究［J］．福州大学学报，2006（04）：86-90.

［144］王锋．论语言在族群认同中的地位和表现形式［J］．云南师范大学学报，2010（04）：72-78.

［145］王福美．我国语言政策与语言规划研究概述［J］．民族翻译，2014（04）：25-30.

［146］王佶旻．制定汉语作为第二语言的能力标准的初步构想［J］．语言文字应用，2012（01）：50-61.

［147］王景云．《认同与语言学习：对话的延伸》评介［J］．外语教学理论与实践，2015（03）：85—88+97.

［148］王娟．新疆维吾尔族大学生语言生活现状调查［J］．新疆师范大学学报，2017（01）：153—160.

［149］王丽梅，周国炎．城市化背景下少数民族语言认同与母语保持［J］．百色学院学报，2017（06）：27—32.

［150］王莉，崔凤霞．我国少数民族聚居区内的汉语言认同问题研究——以新疆维吾尔族聚居区为例［J］．甘肃社会科学，2009（05）：266—270.

［151］王玲．农民工语言认同与语言使用的关系及机制分析［J］．北华大学学报，2010（03）：30—38.

［152］王玲．言语社区内的语言认同与语言使用——以厦门、南京、阜阳三个"言语社区"为例［J］．南京社会科学，2009（02）：124—130.

［153］王晓梅．语言景观视角下的海外华语研究［J］．云南师范大学学报，2020（02）：65—72.

［154］王晓为，钟学彦．语言涵化与民族认同的相关关系研究——以黑龙江省杜尔伯特蒙古族自治县蒙古族为例［J］．黑龙江民族丛刊，2018（01）：59—66.

［155］王亚鹏．少数民族认同研究的现状［J］．心理科学进展，2002（10）：102—107.

［156］王远新．论我国民族杂居区的语言使用特点［J］．民族语文，2000（02）：1—7.

［157］王远新．多语言、多方言社区和谐的语言生活——湖南省城步县长安营乡大寨村语言使用、语言态度调查［J］．绍兴文理学院学报，2008（04）：46—54.

［158］王远新．论我国少数民族语言态度的几个问题［J］．满语研究，1999（01）：87—99+143.

［159］王远新．青海同仁土族的语言认同和民族认同［J］．中央民族大

学学报，2009（05）：106-112.

[160] 魏岩军，王建勤，朱雯静等．影响汉语学习者跨文化认同的个体及社会心理因素 [J]．语言文字应用，2015（02）：107-115.

[161] 吴海英，左雁．从族群认同角度看近年国外少数民族语言研究 [J]．绥化学院学报，2008（05）：126-128.

[162] 吴先泽，陈慧．"一带一路"背景下广西边境民族语言生活调查 [J]．贵州民族研究，2016（10）：194-197.

[163] 吴玉军．论国家认同的基本内涵 [J]．中国特色社会主义研究，2015（01）：48-53.

[164] 武小军．流动人口的语言接触与语言认同 [J]．语言教学与研究，2013（06）：104-109.

[165] 夏历．"言语社区"理论的新思考——以在京农民工言语共同体为例 [J]．语言教学与研究，2009（05）：86-90.

[166] 徐大明，王晓梅．全球华语社区说略 [J]．吉林大学社会科学学报，2009（02）：132-137.

[167] 徐大明，阎喜．言语社区理论 [J]．中国语言战略，2015（02）：23-38.

[168] 徐大明．开展社区语言教育，放弃外语教育 [J]．琼州学院学报，2014（04）：3-7.

[169] 徐大明．语言是言语社区的设施——关于"语言识别"和"语言认同"的讨论 [J]．外国语言文学，2018（02）：115-128.

[170] 徐晖明，周喆．广州青少年语言使用与语言态度调查与分析 [J]．语言文字应用，2016（03）：33-38.

[171] 闫丽萍．新疆少数民族预科学生双语态度的调查与分析 [J]．民族教育研究，2002（02）：18-27.

[172] 杨嘉铭．四川藏区藏、汉双语教育教学概述 [J]．四川大学学报，1997（01）：64-72.

[173] 杨荣华．语言认同与方言濒危：以辰州话方言岛为例 [J]．语言

科学，2010（04）：394-401.

[174] 杨晓黎．关于"言语社区"构成基本要素的思考［J］．学术界，2006（05）：82-86.

[175] 姚便芳．双语教育：清末川边藏区兴学之关键——兼谈清末川边藏区双语教育的基本模式［J］．西藏研究，2011（01）：96-102.

[176] 易经．少数民族双语教育中的文化适配策略探究［J］．贵州民族研究，2019（03）：224-227.

[177] 尹蔚彬．木雅语的空间拓扑关系——以石棉木雅语为例［J］．贵州工程应用技术学院学报，2017（04）：109-115.

[178] 尹蔚彬．四川省藏区语言生态研究及价值［J］．中国藏学，2016（01）：191-194.

[179] 尹小荣，李学民，靳焱．言语社区理论下的语言资源价值评估［J］．江汉学术，2013（05）：67-71.

[180] 余玮奇．城市青少年语言使用与语言认同的年龄变化——南京市中小学生语言生活状况调查［J］．语言文字应用，2012（03）：29-37.

[181] 俞玮奇，马蔡宇．上海浦东国际社区的语言生活调查研究——兼论社区语言规划［J］．云南师范大学学报，2018（06）：25-31.

[182] 袁周敏．社会语言学视角下的身份研究［J］．外语学刊，2016（05）：54-58.

[183] 翟继勇．湘西地区苗语的语言使用与语言认同［J］．陕西师范大学学报.2013（05）：73-78.

[184] 詹先友．清末川边兴学及其对当代藏区教育的启示［J］．西南民族大学学报，2011（11）：205-209.

[185] 张斌华．珠三角新生代农民工语言使用、态度及认同研究［J］．语言文字应用，2021（03）：30-39.

[186] 张浩．海外语言与身份认同实证研究新发展［J］．外语研究，2015（03）：42-46.

[187] 张荷．广州市外省务工人员语言态度、语言使用与身份认同研究

［J］．西北民族大学学报，2018（06）：156-163.

［188］张炼．清末川边藏区教育的开发述评［J］．西南民族大学学报，1992（02）：71-76+87.

［189］张谡．"认同转向"：斯图亚特·霍尔的文化政治策略及其评价［J］．外语教学，2018（04）：108-112.

［190］张伟．论双语人的语言态度及其影响［J］．民族语文，1988（01）：56-61+67.

［191］张晓传，唐子恒．我国少数民族现代语言规划历程及当代发展策略［J］．中央民族大学学报，2013（05）：68-72.

［192］张瑛．基于建构主义语言认同观的对外汉语教学策略［J］．沈阳大学学报，2014（03）：407-409.

［193］张永斌．黔西北民族杂居地区的语言生态及其类型分析［J］．凯里学院学报，2011（01）：98-102.

［194］赵凤珠．对傣族语言产生影响的诸因素——以嘎洒镇部分村寨为例［J］．云南师范大学学报，2010（01）：148-152.

［195］赵靳秋，郝晓鸣．新加坡语言教育政策影响下的《联合早报》与华人身份认同的变迁［J］．国际新闻界，2009（12）：27-32.

［196］赵守辉．语言规划国际研究新进展——以非主流语言教学为例［J］．当代语言学，2008（02）：122-136+189-190.

［197］赵燕．近二十年来国内语言态度研究考证［J］．云南师范大学学报（对外汉语教学与研究版），2009（05）：24-29.

［198］周明朗．国家建设模式与乡土知识传承［J］．湖南师范大学教育科学学报，2012（06）：15-20.

［199］周明朗．语言认同与华语传承语教育［J］．华文教学与研究，2014（01）：15-20.

［200］周明强．言语社区构成要素的特点与辩证关系［J］．浙江教育学院学报，2007（05）：59-64.

［201］周庆生．语言与认同国内研究综述［J］．语言战略研究．2016

（01）：30-36.

[202] 周庆生. 语言、民族与认同在中国：民族识别研究 [J]. 中国社会语言学，2005（02）：84-92.

[203] 周庆生. 语言保护论纲 [J]. 新疆师范大学学报，2016（02）：126-131.

[204] 周薇. 语言态度和语言使用的相关性分析——以 2007 年南京城市语言调查为例 [J]. 语言教学与研究，2011（01）：89-96.

[205] 周晓梅. 语言政策与少数民族语言濒危及语言多样性研究 [J]. 贵州民族研究，2017（06）：217-221.

[206] 周永军. 试析言语社区的类型——基于言语社区理论"认同"要素再认识 [J]. 宁夏大学学报，2015（05）：64-68.

[207] 朱辉. 民族杂居区民族语言的文化保护与功能传承 [J]. 中国民族博览，2019（10）：121-122.

[208] 朱雯静，王建勤. 跨文化族群的认同比较研究与汉语传播策略 [J]. 云南师范大学学报（对外汉语教学与研究版），2012（03）：65-71.

[209] Agha, A. Voice, Footing, Enregisterment [J]. Journal of Linguistic Anthropology, 2005. 15（01）：38-59.

[210] Ardeo, J. M. G. Trilingual identity of engineering students in the Basque Country [J]. International Journal of Multilingualism, 2014. 11：23-40.

[211] Block, D. Destabilized Identities across Language and Cultural Borders：Japanese and Taiwanese Experiences [J]. Hong Kong Journal of Applied Linguistics, 2002（07）：1-19.

[212] Brewer, M. B. The many faces of social identity：Implications for political psychology [J]. Political Psychology, 2001. 22（01）：115-125.

[213] Bucholtz, M. & K. Hall. Identity and interaction：A sociocultural linguistic approach [J]. Discourse Studies, 2005, 7（05）：585-614.

[214] Ceginskas, V. Being the strange one or like everybody else：School education and the negotiation of multilingual identity [J]. International Journal of

Multilingualism, 2010 (07): 211-224.

[215] Choi, Jinny K. Identity and Language: Korean speaking korean, Korean-American speaking Korean and English? [J]. Language and Intercultural Communication 2015 (02): 240-266.

[216] Crookall D. Social psychology and second language learning: The role of attitudes and motivation [J]. System, 1987, 15 (02): 236-240.

[217] Eckert, P. Three waves of variation study: The emergence of meaning in the study of sociolinguistic variation [J]. The Annual Review of Anthropology, 2012, 41: 87-100.

[218] Eckert, P. Variation and the indexical field [J]. Journal of Sociolinguistics, 2008, 12 (04): 453-476.

[219] Fishman J A. Language and Ethnicity in Minority Sociolinguistic Perspective [J]. Journal of Pragmatics, 1992, 18 (06): 597-601.

[220] Gardner R C. On the Development of the Attitude/Motivation Test Battery [J]. Canadian Modern Language Review, 1981, 37 (03): 510-25.

[221] Gentil, G. & J. Séror. Canada has two official languages – Or does it? Case studies of Canadian scholars language choices and practices in disseminating knowledge [J]. Journal of English for Academic Purposes, 2014, 13: 17-30.

[222] Giles, H. P Johnson. Ethnolinguistic Identity Theory: A Social Psychological Approach to Language Maintenance [J]. International Journal of the Sociology of Language, 1987, 68 (03): 122-143.

[223] Henning Lindbiom, Anna&Karmela Liebkind. Objective ethnolinguistic vitality and identity among Swedish-speaking youth [J]. International Journal of the Sociology of Language, 2007 (187/188): 161-183.

[224] Jean S. Phinney, Irma Romero, MonicaNava, and Dan Huang. The Role of Language, Parents, and Peers in Ethnic Identity Among Adolescents in Immigrant Families [J]. Journal of Youth and Adolescence, 2001 (02): 126-132.

[225] Johnstone, Barbara, Andrus, Jenifer and Danielson, Andrew E. Mobility,

Indexicality, and the Enregisterment of "Pittsburghese" [J]. Journal of English Linguistics, 2006, 34 (07): 77-104.

[226] Kanno, Y. Imagined communities, school visions, and the education of bilingual students in Japan [J]. Journal of Language, Identity, and Education, 2003 (02): 269-283.

[227] Kiesling, S. Men's identities and sociolinguistic variation: The case of fraternity men [J]. Journal of Sociolinguistics, 1998, 2 (01): 69-100.

[228] Kiesling, S. Stances of whiteness and hegemony in fraternity men's discourse [J]. Journal of Linguistic Anthropology, 2001, 11 (01): 101-115.

[229] Lynch, Andrew. The relationship between second and heritage language acquisition: Notes on research and theory building [J]. Heritage Language Journal, 2003: 87-91.

[230] Michel, Andrea, Peter P. Titzmann&Rainer K. Silbereisen. Language shift among adolescent ethnic German ommigrants: Predictors of increasing use of German overtime [J]. International Journal of Intercultural Relations, 2012 (02): 248-259.

[231] Moore, E. Sociolinguistic style: A multidimensional resource for shared identity creation [J]. Canadian Journal of Linguistics, 2004, 49 (3-4): 375-396.

[232] Moore, E. & R. Podesva. Style, indexicality and the social meaning of tag questions [J]. Language in Society, 2009, 38 (04): 447-485.

[233] Norton, B. & K. Toohey. Identity, language learning, and social change [J]. Language Teaching, 2011 (044): 412-446.

[234] Silverstein, M. Indexical order and the dialectics of sociolinguistic life [J]. Language and Communication, 2003, 23 (3-4): 193-229.

[235] Stratilaki, S. Plurilingualism, linguistic representations and multiple identities: Crossing the frontiers [J]. International Journal of Multilingualism, 2012 (09): 189-201.

三、硕博士论文

［1］阿斯罕．布迪厄实践理论视角下的语言认同：四位蒙古族三语人案例研究［D］．北京外国语大学，2015.

［2］曹佳．南斯拉夫地区的语言与民族认同研究［D］．北京外国语大学，2018.

［3］陈颖．美国华人社区的语言使用与语言认同——以大华府和纽约都会区为例［D］．南京大学，2012.

［4］侯燕妮．独立后马来西亚语言政策与国家认同研究［D］．广东外语外贸大学，2018.

［5］靖东阁．"教育与宗教相分离"原则下藏区学校教育与寺院教育互补研究［D］．西南大学，2016.

［6］李秀锦．家庭语言政策与儿童文化认同建构［D］．鲁东大学，2018.

［7］刘凯．四川省民族杂居区普通话培训测试现状与研究［D］．四川师范大学，2013.

［8］刘瑞婉．少数民族预科生的语言认同、语言学习体验和情境与通用语学习动机研究［D］．陕西师范大学，2017.

［9］罗绒曲批．四川藏区一类模式教学的困境与对策研究［D］．四川师范大学，2014.

［10］尚巾斌．湘西地区土家语濒危的生态语言学研究［D］．上海外国语大学，2018.

［11］邬美丽．在京少数民族大学生语言使用及语言态度调查［D］．中央民族大学，2007.

［12］吴兰．成人学生英美文化认同与英语学习动机相关性研究——以上海外国语大学继续教育学院英语专业学生为例［D］．上海外国语大学，2018.

［13］徐扬．少数民族大学生语言使用情况调查——以中央民族大学为例［D］．中央民族大学，2007.

［14］阎莉．语言生态学视角下"一带一路"核心区跨境语言规划研究［D］．西南大学，2018.

［15］张永斌．黔西北民族杂居区语言生态与语言保护研究［D］．中央民族大学，2011.

四、论文集

［1］刘瑞婉，冯建新．语言认同概念及相关研究探析［A］．钟海青．文化多样性与教育研究［C］．北京：中央民族大学出版社，2016.

［2］瞿霭堂，劲松．论语言与认同［A］．王远新．语言调查实录（12）［C］．北京：中央民族大学出版社，2017.

［3］王松涛．语言保护理论初探［A］．从有序到浑沌：庆贺张公谨教授八十华诞文集［C］．北京：中央民族大学出版社，2015.

［4］Edwards, J. Sociolinguistical aspects of language maintence and loss: Towards a typology of minority language situations［A］. In W. Fase, K. Jaspaert & S. Kroon（eds.）. Maintenance and loss of minority languages［C］. Amsterdan: John Benjamins Publishing Company, 1992.

［5］Edwards, J. Minority languages and group identity: Scottish Gaelic in the Old World and the New［A］. In Sian Preece（eds.）. The Routledge Handbook of Language and Identity［C］. London: Routledge, 2016.

［6］Fishman JA. The Relationship Between Micro and Macro sociolinguistics［A］. In J. P. Pride, J. Holmes（eds.）. The Study of who Speakes What Language to Whom and When［C］. Harmondsworth: Penguin Books, 1972.

［7］Giles, H. &P. Johnson. The role of language in ethnic group relation［A］. In J. Turner&H. Giles（eds.）. Intergroup Behaviour［C］. Oxford: Blackwell, 1981.

［8］Giles, H. Richard Y. Bourhis, D. M. Taylor. Towards a Theory of Language in Ethnic Group Relations［A］. In H. Giles（eds.）. Language, Ethnicity and Intergroup Relations［C］. London: Academic Press, 1977.

［9］Gumperz, J. The speech community［A］. InD. L. Sills（ed.）International Encyclopedia of the Social Sciences［C］. London: Macmillan, 1971.

［10］Kiesling, S. Style as stance: Can stance be the primary explanation for patterns of sociolinguistic variation? ［A］. In A. Jaffe（ed.）. Stance: Sociolinguistic Perspectives［C］. Oxford: Oxford University Press, 2009.

［11］Lanza. E. Multilingualism in the Family［A］. In P. Auer & L. Wei（eds.）, Handbook of Multilingualism and Multilingual Communication ［C］. Berlin: Walter de Gruyter, 2007.

［12］Norton, Bonny&Carolyn McKinney. An identity approach to second language acquisition［A］. In Dwight Atkinson（ed.）. Alternative Approaches to Second Language Acquisition［C］. New York: Routledge, 2011.

［13］Tajfel, H. Social stereotypes and social groups［A］. In J. Turner&H. Giles（eds.）. Intergroup Behaviour［C］. Oxford: Blackwell, 1981.

附录Ⅰ 川西康区语言使用情况调查问卷

问卷编号:

_____

尊敬的各位朋友:

您好! 为了了解川西地区少数民族使用语言文字的习惯和对语言文字的看法, 做好当地少数民族的语言文化保护和语言教育工作。根据随机抽样方法, 您被选为调查对象, 希望您根据实际情况回答, 配合我们完成这份问卷。您提供的情况对调查结果很有用, 我们将对您的回答保密, 也不会用于其他目的。占用您的宝贵时间, 我们向您表示衷心的感谢!

"川西康区的语言认同与语言教育"课题组

A. 被调查者的基本情况

被调查者姓名:

被调查者联系方式:

被调查者家庭住址:

A1. 被调查者的性别:

1 男

2 女

A2. 您的年龄:

_____周岁

A3. 您是哪个民族？

_____族

A4. 您的父亲是_____族，您的母亲是_____族，您的丈夫/妻子是_____ 族

A5. 您是在哪里出生的？

_____省（自治区/直辖市） _____市（县/旗） _____镇/乡/村

A6. 您的受教育程度：

1 没上过学

2 寺院教育

3 小学

4 初中

5 高中（包括中专、技校、职高）

6 大专及以上

7 扫盲班

A7. 您父亲的受教育程度：

1 没上过学

2 寺院教育

3 小学

4 初中

5 高中（包括中专、技校、职高）

6 大专及以上

7 扫盲班

A8. 您母亲的受教育程度：

　　1 没上过学

　　2 寺院教育

　　3 小学

　　4 初中

　　5 高中（包括中专、技校、职高）

　　6 大专及以上

　　7 扫盲班

A9. 您现在做什么工作？【离退休人员按原职业选择】

　　01 公务员

　　02 工人

　　03 企事业工作人员

　　04 教师

　　05 教师以外的专业技术人员

　　06 农民

　　07 牧民

　　08 商业、服务业人员

　　09 学生

　　10 不在业人员

　　11 其他（请注明＿＿＿＿＿＿）

A10. 您在本地居住的时间是：

　　1 1-5 年

　　2 6-10 年

　　3 11-15 年

　　4 16-20 年

　　5 21 年以上

A11. 您是_____年迁入本地的（调查地出生，不填此题）

A12. 除本地外，您在哪些地方居住过一年以上_____（具体到市/县、乡/村）

B　语言使用及相关问题

B1. 您小时候（上学或 5 周岁前）最先会说的是哪种话（语言）？【可多选】

1 藏语（①安多方言；②卫藏方言；③康方言）

2 地角话（请注明_____）

3 普通话

4 汉语方言（请注明_____）

5 其他（请注明_____）

B2. 小时候，您父亲（或男性抚养人）对您最常说哪种话（语言）？【可多选】

1 藏语（①安多方言；②卫藏方言；③康方言）

2 地角话（请注明_____）

3 普通话

4 汉语方言（请注明_____）

5 其他（请注明_____）

6 无此情况（指记事前未见过父亲或男性抚养人）

B3. 小时候您母亲（或女性抚养人）对您最常说哪种话（语言）？【可多选】

1 藏语（①安多方言；②卫藏方言；③康方言）

2 地角话（请注明_____）

3 普通话

4 汉语方言（请注明_____）

5 其他（请注明_____）

6 无此情况（指记事前未见过母亲或女性抚养人）

B4. 您现在能用哪些话（语言）与人交谈？【可多选】

1 藏语（①安多方言；②卫藏方言；③康方言）

2 地角话（请注明_____）

3 普通话

4 汉语方言（请注明_____）

5 其他（请注明_____）

B5. 现在您对父亲（或男性抚养人）最常说哪种话（语言）？【可多选】

1 藏语（①安多方言；②卫藏方言；③康方言）

2 地角话（请注明_____）

3 普通话

4 汉语方言（请注明_____）

5 其他（请注明_____）

6 无此情况（指父亲或男性抚养人已不在世）

B6. 现在您对母亲（或女性抚养人）最常说哪种话（语言）？【可多选】

1 藏语（①安多方言；②卫藏方言；③康方言）

2 地角话（请注明_____）

3 普通话

4 汉语方言（请注明_____）

5 其他（请注明_____）

6 无此情况（指母亲或女性抚养人已不在世）

B7. 您在家对丈夫（妻子）最常说哪种话（语言)?【可多选】

　　1 藏语（①安多方言；②卫藏方言；③康方言）

　　2 地角话（请注明＿＿＿＿＿＿＿）

　　3 普通话

　　4 汉语方言（请注明＿＿＿＿＿＿＿）

　　5 其他（请注明＿＿＿＿＿＿＿）

　　6 无此情况（未婚或丈夫、妻子去世者）

B8. 您在家对同辈（兄弟姐妹）最常说哪种话（语言)?【可多选】

　　1 藏语（①安多方言；②卫藏方言；③康方言）

　　2 地角话（请注明＿＿＿＿＿＿＿）

　　3 普通话

　　4 汉语方言（请注明＿＿＿＿＿＿＿）

　　5 其他（请注明＿＿＿＿＿＿＿）

　　6 无此情况（无兄弟姐妹或兄弟姐妹去世者）

B9. 您在家对晚辈或子女最常说哪种话（语言)?【可多选】

　　1 藏语（①安多方言；②卫藏方言；③康方言）

　　2 地角话（请注明＿＿＿＿＿＿＿）

　　3 普通话

　　4 汉语方言（请注明＿＿＿＿＿＿＿）

　　5 其他（请注明＿＿＿＿＿＿＿）

　　6 无此情况（没有子女或子女尚不能说话者）

B10. 您在集贸市场买东西时最常说哪种话（语言)?【可多选】

　　1 藏语（①安多方言；②卫藏方言；③康方言）

　　2 地角话（请注明＿＿＿＿＿＿＿）

　　3 普通话

4 汉语方言（请注明_____）

5 其他（请注明_____）

6 无此情况

B11. 您到本地医院看病时最常说哪种话（语言）？【可多选】

　　1 藏语（①安多方言；②卫藏方言；③康方言）

　　2 地角话（请注明_____）

　　3 普通话

　　4 汉语方言（请注明_____）

　　5 其他（请注明_____）

　　6 无此情况

B12. 您到本地政府部门办事时最常说哪种话（语言）？【可多选】

　　1 藏语（①安多方言；②卫藏方言；③康方言）

　　2 地角话（请注明_____）

　　3 普通话

　　4 汉语方言（请注明_____）

　　5 其他（请注明_____）

　　6 无此情况

B13. 您在单位工作时最常说哪种话（语言）？【可多选】

　　1 藏语（①安多方言；②卫藏方言；③康方言）

　　2 地角话（请注明_____）

　　3 普通话

　　4 汉语方言（请注明_____）

　　5 其他（请注明_____）

　　6 无此情况

B14. 在学校、会议、工作地点等比较庄重的场合，您与本民族人通常使用哪种语言？【可多选】

1 藏语（①安多方言；②卫藏方言；③康方言）

2 地角话（请注明＿＿＿＿＿＿）

3 普通话

4 汉语方言（请注明＿＿＿＿＿＿）

5 其他（请注明＿＿＿＿＿＿）

6 无此情况

B15. 您跟本民族邻居或熟人聊天时说什么语言或方言？【可多选】

1 藏语（①安多方言；②卫藏方言；③康方言）

2 地角话（请注明＿＿＿＿＿＿）

3 普通话

4 汉语方言（请注明＿＿＿＿＿＿）

5 其他（请注明＿＿＿＿＿＿）

6 无此情况

B16. 您跟外民族邻居或熟人聊天时说什么语言或方言？【可多选】

1 藏语（①安多方言；②卫藏方言；③康方言）

2 地角话（请注明＿＿＿＿＿＿）

3 普通话

4 汉语方言（请注明＿＿＿＿＿

5 其他（请注明＿＿＿＿＿＿）

6 无此情况

B17. 您在当地遇到陌生人的时候最常用什么语言或方言？【可多选】

1 藏语（①安多方言；②卫藏方言；③康方言）

2 地角话（请注明＿＿＿＿＿＿）

3 普通话

4 汉语方言（请注明_____）

5 其他（请注明_____）

6 无此情况

B18. 您在上网时（例如用微信、QQ 等软件），最常用什么语言或方言?

【可多选】

1 藏语（①安多方言；②卫藏方言；③康方言）

2 地角话（请注明_____）

3 普通话

4 汉语方言（请注明_____）

5 其他（请注明_____）

6 无此情况

B19. 您的语言程度怎么样?

程度 \ 语气	安多方言	卫藏方言	康方言	地角话	普通话	汉语方言	其他语言（请注明：）
1 能流利准确地使用							
2 能熟练使用但有些音不准							
3 能熟练使用但口音较重							
4 基本能交谈但不太熟练							
5 能听懂但不太会说							
6 能听懂一些但不会说							
7 听不懂也不会说							

B20. 您是怎样学会下列语言的？

程度 ＼ 语气	安多方言	卫藏方言	康方言	地角话	普通话	汉语方言	其他语言（请注明：）
1 学校学习							
2 培训班学习							
3 看电视、听广播或者上网							
4 家里人影响自然学会							
5 社会交往							
6 寺庙学习							
7 其他（请注明：　）							

B21. 您觉得学（说）普通话遇到的最主要的问题是什么？

　　　1 周围的人都不说，说的机会少

　　　2 受汉语方言影响，不好改口音

　　　3 受本民族语言影响，不好改口音

　　　4 说普通话怕被人笑话

　　　5 其他（请注明＿＿＿＿＿＿）

B22. 您为什么要学（说）普通话？

　　　1 工作、业务需要

　　　2 为了同更多的人交往

　　　3 为了找更好的工作

　　　4 学校要求

　　　5 个人兴趣

　　　6 其他（请注明＿＿＿＿＿＿）

B23. 您所在的中小学里是否开设了汉语课？

　　1 是

　　2 否

B23.1.（选1的回答，选2的不回答）除了汉语课，在其他课上您的老师使用哪种语言讲课？

　　1 藏语（①安多方言；②卫藏方言；③康方言）

　　2 地角话（请注明＿＿＿＿＿＿）

　　3 普通话

　　4 汉语方言（请注明＿＿＿＿＿＿）

　　5 其他（请注明＿＿＿＿＿＿）

B23.2.（选2的回答，选1的不回答）您的中小学老师使用哪种语言讲课？

　　1 藏语（①安多方言；②卫藏方言；③康方言）

　　2 地角话（请注明＿＿＿＿＿＿）

　　3 普通话

　　4 汉语方言（请注明＿＿＿＿＿＿）

　　5 其他（请注明＿＿＿＿＿＿）

B24. 假如您家附近有不同语言授课的小学，您希望子女上什么语言授课的小学？

　　1 藏语（①安多方言；②卫藏方言；③康方言）

　　2 地角话（请注明＿＿＿＿＿＿）

　　3 普通话

　　4 汉语方言（请注明＿＿＿＿＿＿）

　　5 其他（请注明＿＿＿＿＿＿）

B25. 您经常收看什么语言或方言的电视节目和广播？【可多选】

　　1 藏语（①安多方言；②卫藏方言；③康方言）

　　2 地角话（请注明＿＿＿＿＿＿）

　　3 普通话

　　4 汉语方言（请注明＿＿＿＿＿＿）

　　5 其他（请注明＿＿＿＿＿＿）

B26. 您现在常看的是哪种语言的书和报刊？

　　1 藏文

　　2 汉字

　　3 其他文字（请注明＿＿＿＿＿＿）

B27. 您在进行宗教祭祀和传统民俗活动时使用什么语言？

　　1 藏语（①安多方言；②卫藏方言；③康方言）

　　2 地角话（请注明＿＿＿＿＿＿）

　　3 普通话

　　4 汉语方言（请注明＿＿＿＿＿＿）

　　5 其他（请注明＿＿＿＿＿＿）

B28. 您所在地的政府机构发通知或公文时，使用何种语言？【可多选】

　　1 藏语（①安多方言；②卫藏方言；③康方言）

　　2 地角话（请注明＿＿＿＿＿＿）

　　3 普通话

　　4 汉语方言（请注明＿＿＿＿＿＿）

　　5 其他（请注明＿＿＿＿＿＿）

B29. 您的本民族语是＿＿＿＿＿＿，现在主要是哪些人在使用？

　　1 本族所有人，包括儿童都在使用

2 大部分儿童都在使用

3 只有少数儿童在使用

4 主要是父辈及更上代人使用

5 只有祖父母辈及更上辈人在使用

6 其他（请注明 _____ ）

C. 文字和汉语拼音使用情况及相关问题

C1. 您的文字程度怎样？

语言 程度		藏文	汉文	其他文字 （请注明： ）
1 读	1）能读书看报			
	2）看不懂			
2 写	1）能写文章或其他作品			
	2）不会写			

C2. 您是怎样学会下列文字的？

语言 学习途径	藏文	汉文	其他文字 （请注明： ）
1 学校学习			
2 培训班学习			
3 看电视、听广播或者上网			
4 家里人影响自然学会			
5 社会交往			
6 寺庙学习			
7 其他（请注明： ）			

C3. 您最熟悉哪种文字?【可多选】

　　1 藏文

　　2 汉文

　　3 其他文字（请注明＿＿＿＿＿＿）

C4. 您会不会汉语拼音?

　　1 会

　　2 会一些

　　3 不会

D. 语言态度

D1. 您对小时候（上小学前）最先会说的话（语言）印象怎么样? 请您从以下几方面打分，1 为最低分，5 为最高分。

D1. 1. 好听	1	2	3	4	5
D1. 2. 亲切	1	2	3	4	5
D1. 3. 有社会影响	1	2	3	4	5
D1. 4. 有用	1	2	3	4	5
D1. 5. 有身份	1	2	3	4	5
D1. 6. 民族身份的标志	1	2	3	4	5

D2. 您当地通行＿＿＿＿＿＿话。您对当地通行的话（语言）印象怎么样? 请您从以下几方面打分，1 为最低分，5 为最高分。

D2. 1. 好听	1	2	3	4	5
D2. 2. 亲切	1	2	3	4	5
D2. 3. 有社会影响	1	2	3	4	5
D2. 4. 有用	1	2	3	4	5
D2. 5. 有身份	1	2	3	4	5

D2.6. 民族身份的标志　　　1　　　2　　　3　　　4　　　5

D3. 您对普通话印象怎么样？请您从以下几方面打分，1 为最低分，5 为最高分。

D3.1. 好听　　　　　　　　1　　　2　　　3　　　4　　　5

D3.2. 亲切　　　　　　　　1　　　2　　　3　　　4　　　5

D3.3. 有社会影响　　　　　1　　　2　　　3　　　4　　　5

D3.4. 有用　　　　　　　　1　　　2　　　3　　　4　　　5

D3.5. 有身份　　　　　　　1　　　2　　　3　　　4　　　5

D4. 您认为下列语言有用吗？

程度 ＼ 语气	安多方言	卫藏方言	康方言	地角话	普通话	汉语方言	其他语言（请注明：）
很有用							
对一部分人在部分地区有用							
没有用							
无法回答							

D5. 今后在工作和生活中，您认为哪些话（语言）比较重要？【可多选】

1 藏语（①安多方言；②卫藏方言；③康方言）

2 地角话（请注明_____）

3 普通话

4 汉语方言（请注明_____）

5 其他（请注明_____）

D6. 您认为学习下列文字有用吗？

语言 学习途径	藏文	汉文	其他文字 （请注明：　　　　）
1 很有用			
2 对一部分人在部分地区有用			
3 没有用			
4 无法回答			

D7. 您希望下列语言或方言有怎样的发展？

语气 程度	安多 方言	卫藏 方言	康方 言	地角 话	普通 话	汉语 方言	其他语 言（请 注明：）
1 会有很大发展							
2 会在一定范围内发展							
3 保持目前状况							
4 在不久的将来不再使用							
5 无法回答							

D8. 您希望下列文字有怎样的发展？

文字 发展程度	藏文	汉文	其他文字 （请注明：　　　　）
1 会有很大发展			
2 会在一定范围内发展			
3 保持目前状况			
4 在不久的将来不再使用			
5 无法回答			

D9. 您认为会民汉两种语言：

  D9.1. 有助于找工作 1 2 3 4 5

  D9.2. 知道更多的知识 1 2 3 4 5

  D9.3. 会有更多的朋友 1 2 3 4 5

  D9.4. 可以赚到更多的钱 1 2 3 4 5

  D9.5. 有身份   1 2 3 4 5

  【1 无所谓 2 非常不同意 3 比较不同意 4 比较同意 5 非常同意】

D10. 在和本民族朋友说本民族语时，您会夹杂汉语词语或句子吗？

  1 会

  2 不会

  D10.1（选1的回答，选2的不回答）您为什么会夹杂汉语词汇或

  句子？

  1 有些词或句子本民族语中没有

  2 让别人知道我是双语人

  3 有些词语或句子，用汉语表达更简洁明了

  4 个人习惯，没有别的意思

D11. 若本民族人跟您谈话时，在本民族语中夹杂汉语，您认为他是：

  1 非常聪明

  2 炫耀

  3 语言表达能力差

  4 正常

  5 其他（请注明_____）

D12. 本民族人跟您谈话时，只说汉语不说本民族语，您的态度是：

  1 可以理解

2 不理解但表示尊重

3 不理解并反对

4 无所谓

D13. 您希望今后自己的孩子学习：【可多选】

1 藏语（①安多方言；②卫藏方言；③康方言）

2 地角话（请注明_____）

3 普通话

4 汉语方言（请注明_____）

5 其他（请注明_____）

D14. 您希望本地中小学最好用哪种话（语言）教学？【可多选】

1 藏语（①安多方言；②卫藏方言；③康方言）

2 地角话（请注明_____）

3 普通话

4 汉语方言（请注明_____）

5 外语

6 其他（请注明_____）

D15. 您希望今后在本地的中小学里，汉语作为单独的一门课来教学吗？

1 希望，这样可以更系统地学习汉语知识

2 不希望，在本民族语教材中加入汉语翻译，即容易学，也很适用

3 无所谓

D16. 您认为本地广播或者电视应该使用什么语言？【可多选】

1 藏语（①安多方言；②卫藏方言；③康方言）

2 地角话（请注明_____）

3 普通话

4 汉语方言（请注明＿＿＿＿＿＿＿）

5 外语

6 其他（请注明＿＿＿＿＿＿＿）

D17. 您认为本地政府或者医院这样的公共领域应该使用什么语言？【可多选】

1 藏语（①安多方言；②卫藏方言；③康方言）

2 地角话（请注明＿＿＿＿＿＿＿）

3 普通话

4 汉语方言（请注明＿＿＿＿＿＿＿）

5 外语

6 其他（请注明＿＿＿＿＿＿＿）

D18. 您认为本地政府公文应用什么语言文字？【可多选】

1 藏文

2 汉文

3 其他文字（请注明＿＿＿＿＿＿＿）

D19. 您认为本地商店牌匾应用什么语言文字？【可多选】

1 藏文

2 汉文

3 其他文字（请注明＿＿＿＿＿＿＿）

D20. 您对母语（本民族语言）的发展持何种观点？

1 本民族语言逐渐消亡，被汉语取代

2 本民族语言继续发展

3 二者相互渗透，长期共存发展

4 其他（请写出＿＿＿＿＿＿＿）

D21. 您怎么看待跨族通婚？

　　　1 非常支持

　　　2 无所谓

　　　3 不太赞成，但是可以让步

　　　4 绝不同意

　　　5 其他（请写出＿＿＿＿＿＿＿＿）

E. 外语情况

E1. 您学过外语吗？

　　　1 学过

　　　2 没学过【结束调查】

E2. 您学过什么外语？

　　　1 英语

　　　2 法语

　　　3 俄语

　　　4 西班牙语

　　　5 阿拉伯语

　　　6 其他（请注明＿＿＿＿＿＿＿＿）

调查到此结束。谢谢！

调查员调查时主要使用的什么话（语言）？

1 普通话

2 汉语方言（请注明＿＿＿＿＿＿＿＿）

3 少数民族语言（请注明＿＿＿＿＿＿＿＿）

4 其他（请注明＿＿＿＿＿＿＿）

调查对象回答问题时主要使用的什么话（语言）？

1 普通话

2 汉语方言（请注明＿＿＿＿＿＿）

3 少数民族语言（请注明＿＿＿＿＿＿）

4 其他（请注明＿＿＿＿＿＿）

调查员签名：

调查日期：

调查地点：

对问卷的评论和建议：

附录Ⅱ　川西康区学生汉语认同评估量表

同学：

您好！本人希望通过此问卷了解川西康区学生朋友们普通话认同和普通话能力方面的情况，并得出一定结论。本问卷仅用于学术研究，问卷内容保密。请根据你的情况如实作答，回答没有对错，感谢您的配合！

第一部分：个人基本信息

1. 你的名字：

2. 你的性别：

3. 你的年龄：

4. 你学习了普通话多长时间：

5. 你目前就读于哪所学校：

6. 你的民族是：

7. 你父亲的民族是：＿＿＿＿＿＿＿＿，文化水平是：＿＿＿＿＿＿＿＿

8. 你母亲的民族是：＿＿＿＿＿＿＿＿，文化水平是：＿＿＿＿＿＿＿＿

9. 你的联系方式：

第二部分：普通话认同调查

答题说明：1 至 5 代表从非常不同意到非常同意的程度变化。（1＝非常不同意，2＝比较不同意，3＝一般同意，4＝比较同意，5＝完全同意）

例如：我觉得自己正在尽全力学习普通话。　　　1　2　3　4　5

如果你非常同意题目中的话，就选择数字 5 打钩。如果你觉得同意，但是感觉并不强烈，就选择数字 2 打钩。如果你觉得完全不同意，就选择数字 1 打钩。

1. 与木雅话相比，你平时更多使用普通话：　　1　2　3　4　5

2. 和父母交谈时，你更经常用普通话： 1 2 3 4 5

3. 和兄弟姐妹交谈时，你更多使用普通话： 1 2 3 4 5

4. 和祖父母聊天时，你更多使用普通话： 1 2 3 4 5

5. 在学校里，你更多使用普通话： 1 2 3 4 5

6. 与本族人聊天时，你会更常使用普通话： 1 2 3 4 5

7. 和陌生人交流时，你会更多使用普通话： 1 2 3 4 5

8. 在宗教场合时，你会更多地使用普通话： 1 2 3 4 5

9. 在本地商店买东西时，你会更多地使用普通话： 1 2 3 4 5

10. 在本地医院看病时，你会尽可能多地使用普通话： 1 2 3 4 5

11. 到本地政府办事时，你会尽可能多地使用普通话： 1 2 3 4 5

12. 你觉得木雅话与普通话有没有差别： 1 2 3 4 5

13. 你觉得普通话与木雅话的差别很大： 1 2 3 4 5

14. 你觉得普通话的地位很高： 1 2 3 4 5

15. 你觉得普通话更有经济价值： 1 2 3 4 5

16. 你觉得普通话更有文化价值： 1 2 3 4 5

17. 你认为普通话：

好听　　　　　　1 2 3 4 5

亲切　　　　　　1 2 3 4 5

容易学　　　　　1 2 3 4 5

有用　　　　　　1 2 3 4 5

有影响力　　　　1 2 3 4 5

附录Ⅲ　川西康区少数民族普通话能力自我评估量表

一、个人基本情况

1. 您的性别是：

A. 男　　B. 女

2. 您是_____族

3. 您的父亲是_____族，您的母亲是_____族

4. 您的年龄是：_____岁

5. 您是在哪里出生的？

_____省（自治区/直辖市）_____市（县/旗）

6. 您的文化程度是：

A. 没上过学

B. 寺院教育

C. 小学及以下

D. 初中

E. 高中（包括中专、技校、职高）

F. 大专及以上

G. 扫盲班

7. 您的职业是：

A. 公务员

B. 农民

C. 工人

D. 企事业工作人员学生

E. 教师

F. 牧民

G. 商业、服务人员

H. 学生

I. 不在业人员

J. 其他（请注明_____）

8. 您家所在地是：

A. 牧区　B. 农村　C. 县城或小城镇　D. 城市

9. 您在本地居住的时间是：

A. 1–5 年　B. 6–10 年　C. 11–15 年　D. 16–20 年　E. 21 年以上

10. 你是_____年迁入本地的（调查地出生，不填此题）

11. 除本地外，您在哪些地方居住过一年以上_____（具体到市/县）

二、普通话语言能力

（请您从以下几方面打分，1 非常不同意 2 比较不同意 3 既不同意也不反对 4 比较同意 5 非常同意）

（一）听

1. 我能听懂简短的对话。　　　　　　　　　　　　　　　（　　）

　　1　　2　　3　　4　　5

2. 我能听懂较长的对话。　　　　　　　　　　　　　　　（　　）

　　1　　2　　3　　4　　5

3. 我能猜测听不懂单词的意思。　　　　　　　　　　　　（　　）

　　1　　2　　3　　4　　5

4. 与他人交谈时，您可以听懂哪些内容？

A. 与自己有关的表达，例如我自己和家庭的情况、购物、周边环境、工作、学习等。　　　　　　　　　　　　　　　　（　　）

　　　1　　2　　3　　4　　5

B. 我能听懂自己熟悉或感兴趣的主题，比如与旅游、时事、或娱乐八卦、休闲有关的主题。　　　　　　　　　　　　（　　）

　　　1　　2　　3　　4　　5

C. 其他（请注明_____）

5. 我能听懂广播、电视中的新闻。　　　　　　　　（　　）

　　　1　　　2　　　3　　　4　　　5

6. 我能看懂电视剧、电影。　　　　　　　　　　　（　　）

　　　1　　　2　　　3　　　4　　　5

7. 您可以听懂以下哪种速度的对话？　　　　　　　（　　）

　　　A. 非常慢　　　B. 较慢　　　C. 正常语速

　　　D. 较快语速　　　E. 非常快

（二）说

1. 当与其他人用普通话交流时，您认为您的表达 ＿＿＿＿＿＿＿。

　　　A. 熟练　　　　　　　　1　2　3　4　5

　　　B. 准确　　　　　　　　1　2　3　4　5

　　　C. 流利　　　　　　　　1　2　3　4　5

　　　D. 连贯性　　　　　　　1　2　3　4　5

　　　E. 表达自如　　　　　　1　2　3　4　5

　　　F. 语音语调准确　　　　1　2　3　4　5

2. 我可以与他人进行日常的交流。如能描述自己的家庭、他人情况、自
　　己的生活状况、本人学历，以及自己目前的工作。　　（　　）

　　　1　　　2　　　3　　　4　　　5

3. 我能谈论我所熟悉的、自己感兴趣的和日常生活的话题（家庭、休
　　闲、工作、旅游、时事等）。　　　　　　　　　　（　　）

　　　1　　　2　　　3　　　4　　　5

4. 我能简单地讲述自己的梦想、经历、希望或目标。　（　　）

　　　1　　　2　　　3　　　4　　　5

5. 我能够与他人当场讨论问题。　　　　　　　　　　（　　）

　　　1　　　2　　　3　　　4　　　5

6. 我会藏汉和汉藏口译。　　　　　　　　　　　　　（　　）

　　　1　　　2　　　3　　　4　　　5

7. 我能讲述一本书的故事内容、一部电影的情节并发表自己的看法。

　　　　　　　　　　　　　　　　　　　　　　　　（　　）

1　　2　　3　　4　　5

8. 我能用普通话讨论自己的专业问题。　　　　　　　　　（　　）

1　　2　　3　　4　　5

（三）读

1. 我能阅读生活中常出现的名词和简单句子。　　　　　（　　）

1　　2　　3　　4　　5

2. 我能读懂非常简短的文章。　　　　　　　　　　　　（　　）

1　　2　　3　　4　　5

3. 我可以阅读生活中常见的广告、菜单等材料。　　　　（　　）

1　　2　　3　　4　　5

4. 我可以阅读报刊上的新闻。　　　　　　　　　　　　（　　）

1　　2　　3　　4　　5

5. 我能阅读各类文章，如教材、专业论文或者文学作品等。（　　）

1　　2　　3　　4　　5

6. 我可以从文章中快速获取所需要的信息。　　　　　　（　　）

1　　2　　3　　4　　5

7. 我能猜测单词的意思。　　　　　　　　　　　　　　（　　）

1　　2　　3　　4　　5

8. 您在阅读文章时，具备以下哪种能力　　　　　　　　（　　）

    A. 总结和概括　　　　　　1　2　3　4　5

    B. 寻找细节　　　　　　　1　2　3　4　5

    C. 查找段落关系　　　　　1　2　3　4　5

    D. 推论　　　　　　　　　1　2　3　4　5

    E. 联系汉语文化背景　　　1　2　3　4　5

    F. 使用参考书和词典　　　1　2　3　4　5

（四）写

1. 我会用汉语写本人的姓名、民族和家庭地址。　　　　（　　）

1　　2　　3　　4　　5

2. 我能写简历或个人介绍。　　　　　　　　　　　　　（　　）

    1　　2　　3　　4　　5

3. 我能用汉语写简短的便条和留言。　　　　　　　　　（　　）

    1　　2　　3　　4　　5

4. 我会用汉语写书信或电子邮件，如感谢信等。　　　（　　）

    1　　2　　3　　4　　5

5. 我能就自己感兴趣的话题写出清楚和详细的文章。　（　　）

    1　　2　　3　　4　　5

6. 我会用汉语写论文或研究报告。　　　　　　　　　（　　）

    1　　2　　3　　4　　5

7. 我能描述图表信息。　　　　　　　　　　　　　　（　　）

    1　　2　　3　　4　　5

8. 我能写出文章的主要内容、中心思想。　　　　　　（　　）

    1　　2　　3　　4　　5